广视角·全方位·多品种

权威·前沿·原创

皮书系列为
"十二五"国家重点图书出版规划项目

21世纪教育研究院／编

中国教育发展报告
（2014）

ANNUAL REPORT ON CHINA'S EDUCATION
(2014)

主　编／杨东平
副主编／黄胜利　邓　峰

图书在版编目(CIP)数据

中国教育发展报告.2014/杨东平主编.—北京：社会科学文献出版社，2014.5
（教育蓝皮书）
ISBN 978-7-5097-5906-6

Ⅰ.①中… Ⅱ.①杨… Ⅲ.①教育事业-研究报告-中国-2014 Ⅳ.①G52

中国版本图书馆 CIP 数据核字（2014）第 073476 号

教育蓝皮书
中国教育发展报告（2014）

主　　编／杨东平
副 主 编／黄胜利　邓　峰

出 版 人／谢寿光
出 版 者／社会科学文献出版社
地　　址／北京市西城区北三环中路甲29号院3号楼华龙大厦
邮政编码／100029

责任部门／皮书出版分社（010）59367127　　责任编辑／陈晴钰　陈　颖　王　颉
电子信箱／pishubu@ssap.cn　　　　　　　　责任校对／师敏革
项目统筹／邓泳红　桂　芳　　　　　　　　　责任印制／岳　阳
经　　销／社会科学文献出版社市场营销中心（010）59367081　59367089
读者服务／读者服务中心（010）59367028

印　　装／北京季蜂印刷有限公司
开　　本／787mm×1092mm　1/16　　　印　　张／21.5
版　　次／2014年5月第1版　　　　　　字　　数／346千字
印　　次／2014年5月第1次印刷
书　　号／ISBN 978-7-5097-5906-6
定　　价／79.00元

本书如有破损、缺页、装订错误，请与本社读者服务中心联系更换
版权所有 翻印必究

教育蓝皮书编委会

主　　编　杨东平

副主编　黄胜利　邓　峰

课题核心组成员

　　杨东平　黄胜利　邓　峰　杨　旻　熊丙奇
　　柴纯青　刘胡权　曾国华　王　烽　储朝晖
　　李敏谊

本书作者　（以文序排列）

　　杨东平　岳昌君　孙百才　刘云鹏　宋映泉
　　周金燕　袁连生　邹　雪　熊丙奇　刘云杉
　　刘胡权　曾国华　于明潇　缪静敏　尚俊杰
　　徐冬梅　方建锋　程平源　张天雪　高　莎
　　袁芳艳　周翠萍　施永孝　吴　杨　周祝瑛
　　杨　旻　李敏谊　丁芳华

本书系乐施会资助出版，内容并不代表乐施会立场

摘 要

2013年是《国家中长期教育改革和发展规划纲要（2010~2020）》颁布的第三年，各类教育继续在发展中改善品质，在区域义务教育均衡发展的推进上取得阶段性成果。与此同时，改革也进入深水区，每一步探索都关系着亿万民众的切身利益，每一项创新都牵涉着多个部门的联动协作。2013年11月，中共中央十八届三中全会关于全面深化改革的决定颁布，对改善政府治理、深化教育领域综合改革提出新的要求和具体措施。教育多元化格局初现，改革蓄势待发。

一系列深化改革的举措，需要更加强大的物质保障。根据教育部、国家统计局、财政部发布的《2012年全国教育经费执行情况统计公报》，2012年全国财政性教育经费占GDP比例为4.28%，成为中国教育发展史上一个重要的里程碑。继"4%"之后，中国教育财政投入面临的问题除了从制度上保障教育财政投入的充足和公平外，还需重视和研究教育财政投入的效率问题，以促进公共财政资源的合理使用。

2013年，全球经济继续处于缓慢的复苏过程中，增长乏力，这对于世界第一出口大国的我国影响显著。2013年，我国高校毕业生规模达到创纪录的699万人，但由于我国经济增长速度放缓，劳动力市场对高校毕业生的需求难以同步提高，2013年也被称为大学生"史上最难就业年"。北京大学教育经济研究所于2013年进行了第六次全国规模的大学生就业问卷调查，结果显示，应届毕业生离校时的初次就业率达到了71.9%，没有人们想象的那样低。

异地高考和高考改革是2013年最热门的教育话题之一。上半年，舆论聚焦异地高考政策的落地推进，而下半年，以北京为代表的地方高考改革方案拿英语"开刀"，也引发持续关注。三中全会《决定》启动了高考改革，并具体到减少统一科目、文理不分科、英语一年多次考等措施，以期解决一考定终身

的弊端。国家考试制度改革总体方案即将颁布并开展试点,有可能成为一场实质性教育改革的重要突破。

在实现了教育一定数量供给的基础上,中国教育发展的主题也逐渐转入促进公平和提高质量的新阶段。党的十七大报告和党的十八大报告都将教育公平放到了突出的位置。三中全会《决定》再次提出要"大力促进教育公平"。对平均受教育年限和教育基尼系数的分析表明,中国的教育成就和教育公平程度在2002~2012年间都得到显著提高,教育不平等程度则呈现西高东低的趋势,不同性别的教育发展差距呈逐年收敛的趋势。

近年来中小学生自杀的事件不断发生。深入的分析表明,中小学生的自杀并不是个体单纯的心理脆弱,而是高度的学习压力导致的普遍心理崩溃。我国中小学生学业负担过重已经成为严重的教育问题和社会问题。2013年,教育部开展"减负万里行"活动,《小学生减负十条规定》也被称为史上最严"减负令"。然而,一些调查显示,许多家长并不支持这一意见,导致学校减负、家长加负,课外补习依然火爆。

三中全会《决定》核心的改革精神就是通过深化市场经济改革,进一步释放改革红利,增强社会活力。这主要是通过改革政府治理、推进国家治理体系和治理能力现代化来实现的。在重建政校关系的过程中,各地探索出一些有效的做法,如政府简政放权,推进管、办、评分离,转变政府的教育行政职能等,努力建构一种有助于保障社会公正和公平、有助于学生更好发展的新型政校关系。

社会组织的发展是社会现代化的标志之一,顺应了政府治理能力现代化的需要。2013年11月举行的第三届全国教育类社会公益组织年会,显示近年来中国教育社会组织正在进入一个快速生长期。截至2013年10月,全国有教育类基金会983家,出现了一批发展较稳定的教育公益机构。助学、支教、儿童阅读、关注留守儿童和流动儿童,是教育公益组织参与最多的领域。

在强势的学校教育之外,多样性和多元化的各类教育也逐渐发展起来。首先,家庭教育重新获得重视,消失已久的"私塾""书院"等国学教育模式悄然复兴。作为一种家长自助的非学校化学习方式,近年来"在家上学"也成为一种选择。其次,MOOCs(中文译为"慕课")的兴起强烈冲击着中国教育。大规模视频公开课和翻转课堂的实施,让个别化、自主性、互动式教学成为可能,将深刻改变现有学校和教育的面貌。

"努力办好让人民满意的教育"是深化教育领域综合改革的重要政策目标。教育部在2013年正式开始全国范围内的教育满意度测评工作,这充分体现了党中央对教育事业的高度重视、对优先发展教育的坚定决心。21世纪教育研究院与搜狐网教育频道合作的"2013年公众教育满意度调查活动"的结果显示,教育总体状况还没有获得公众的认可。此外,什么是人民满意的教育,如何根据人民群众的呼声改进教育工作,仍然是一个值得深入探讨的理论问题和实践诉求。

目录

BⅠ 总报告

B.1 教育多元化格局初现 改革蓄势待发 …………… 杨东平 / 001
  一 促进义务教育均衡发展 ……………………………………… / 002
  二 在新形势下保障和促进教育公平 …………………………… / 004
  三 现代学校制度建设和政府转型起步 ………………………… / 007
  四 教育开放和多元化的新格局 ………………………………… / 008
  五 以高考改革为抓手，深化教育领域综合改革 ……………… / 012

BⅡ 特别关注

B.2 2013年高校毕业生就业状况调查报告 …………… 岳昌君 / 015
B.3 中国的教育发展与教育公平变动趋势分析：
  2002~2012年 ……………………………… 孙百才 刘云鹏 / 028
B.4 学前教育公共财政投入、事业发展趋势及
  公平性挑战 …………………………………………… 宋映泉 / 048
B.5 中国教育财政投入20年的回顾和评价
  ………………………………………… 周金燕 袁连生 邹 雪 / 073

BⅢ 教育新观察

- B.6 高考改革"箭在弦上" ………………………………… 熊丙奇 / 090
- B.7 "悬浮的孤岛"及其突围
  ——中国乡村教育的再出发 ………………… 刘云杉 / 098
- B.8 后"撤点并校"时代农村小规模学校的建设 ………… 刘胡权 / 110
- B.9 重建政校关系：探索与思考 …………………………… 曾国华 / 123
- B.10 中国儿童权益保护现状及政策建议 …………………… 于明潇 / 131
- B.11 中国在线教育的发展及趋势 ………………… 缪静敏 尚俊杰 / 143
- B.12 2008年以来大陆民间阅读公益组织发展报告 ………… 徐冬梅 / 151

BⅣ 教育调查与评价

- B.13 我国高等职业教育发展中的招生和就业问题分析 …… 方建锋 / 160
- B.14 2013年全国中小学生自杀问题调查 …………………… 程平源 / 175
- B.15 地级教育行政网站信息公开的现状及发展进路
  ………………………………………………… 张天雪 高 莎 / 191
- B.16 从"在家上学"到非学校型态实验教育 …… 袁芳艳 刘胡权 / 201
- B.17 教育培训机构的现状及趋势研究 ……………………… 周翠萍 / 213
- B.18 高等教育普及化对教育公平影响分析 ……… 施永孝 吴 杨 / 226

BⅤ 教育满意度

- B.19 2013年公众教育满意度网络调查报告 …… 21世纪教育研究院 / 233
- B.20 幼儿园家长教育满意度影响因素的实证研究及启示
  ………………………………………………… 李敏谊 丁芳华 / 242

Ⓑ Ⅵ 附录

- B.21 2012年全国教育事业发展统计公报 …………………………… / 255
- B.22 2012年全国教育经费执行情况统计公报 ………………………… / 262
- B.23 2013年教育大事记 ………………………………………………… / 265
- B.24 2013年度十大教育新闻 …………………………………………… / 284
- B.25 2013年高考语文作文题汇集 ……………………………………… / 286
- B.26 中国"在家上学"北京共识 ……………………………………… / 295
- B.27 中国的教育问题，教育的中国问题
  ——2013年11月9日做客"岭南大讲堂"
  时的演讲 …………………………………………… 葛剑雄 / 297
- B.28 我们期待什么样的中国教育 ……………………………… 戴志勇 / 303
- B.29 财政补贴公办重点校是中国教育最大的不公平 ……… 郎咸平 / 306
- B.30 我为什么去深圳？ ………………………………………… 程红兵 / 310

Abstract ………………………………………………………………… / 313
Contents ………………………………………………………………… / 317

皮书数据库阅读 **使用指南**

总报告

General Report

B.1
教育多元化格局初现　改革蓄势待发

杨东平*

摘　要：

2013年国家继续推进义务教育均衡发展和保障教育公平，国家财政性教育投入实现占GDP4%的目标，教育对外开放取得新的进展，现代学校制度建设和政府转型的教育改革起步，教育多元化和学习化社会的格局初现。与此同时，严重的应试教育、学业负担过重等痼疾仍未破解，教育腐败事件频发。中共中央十八届三中全会《决定》再次激活公众对于教育改革的期望，高考制度改革蓄势待发，有可能成为一场实质性教育改革的重要突破。

关键词：

义务教育均衡发展　教育经费　教育公平　高考制度改革

---

* 杨东平，北京理工大学教育研究院教授，21世纪教育研究院院长。

2013年是《国家中长期教育改革和发展规划纲要（2010~2020）》颁布的第三年，各类教育继续在发展中改善品质，在区域义务教育均衡发展和学前教育的推进上取得阶段性的成果；教育对外开放有新的进展，不同领域的教育改革逐渐开展。2013年11月，中共中央十八届三中全会关于全面深化改革的《决定》颁布，对改善政府治理、深化教育领域综合改革提出新的要求，2014年被称为"改革元年"，以高考改革为主的教育改革将会有实质性的推进。

一 促进义务教育均衡发展

1. 293个县（市、区）通过国家义务教育均衡发展评估认定

中国举办着世界上规模最大的教育。目前，全国共有2.6亿学生在校，占总人口的1/5，52.3万所学校遍布城乡。截至2012年底，学前教育毛入学率达64.5%；全国城乡全部实现九年免费义务教育；高中阶段教育毛入学率达85%，高等教育毛入学率为30%。2013年，高考录取率达76.2%。[①]

根据教育部、国家统计局、财政部发布的《2012年全国教育经费执行情况统计公报》，2012年全国财政性教育经费为22236.23亿元，占GDP比例为4.28%，比2012年的3.93%增加了0.35个百分点。如期完成《教育规划纲要》提出的4%的目标，成为中国教育发展史上一个重要的里程碑。[②]

促进义务教育均衡发展成为基础教育领域的重点工作。2013年5月，启动全国县域义务教育均衡发展的评估认定，目前全国已有293个县（市、区）通过国家教育督导部门的评估认定。江苏省62个县（市、区）达到国家规定的义务教育发展基本均衡县（市、区）评估认定标准，是接受国家督导评估认定最多的省份。浙江全省90个县（市、区）中，有79个义务教育阶段实行"零择校"，其余11个择校比例下降到5%以下。在这一过程中，出现了一些具有重要影响的先进典型，如山西晋中市通过将示范性高中招生指标全部分配到普通初中，建立城乡教师、校长的交流制度，有效地实现了义务教育均衡

---

① 《教育部：目前我国教育规模位居世界首位2.6亿学生在校》，人民网，2013年10月15日。
② 《国家财政性教育经费支出占比达4.28%》，《中国教育报》2013年12月23日。

发展。杭州市和成都市后来居上，成为大面积消除小升初择校竞争的新典型。

当然，发展并不平衡。据中国教育科学研究院对全国186个区县的调查发现，各个区县的义务教育均衡水平与其发展水平并不一致；仅有约1/4的区县小学、初中均衡水平均达到国家标准，初中校际均衡水平好于小学；东部地区达到均衡评估国家标准的县比例高于中西部地区，"中部塌陷"的现象比较明显。①

2013年12月，全国人大常委会执法检查组向全国人大常委会汇报《义务教育法》实施情况。2012年九年义务教育巩固率为91.8%；中央支持新建、改扩建特殊教育学校1182所，加大对残疾儿童少年入学的保障力度。但农村教育仍是短板，基层经费、保障水平有待提高。2011年普通小学、初中生均公共财政预算公用经费支出，最高省份超出最低省份9倍左右。②

2. PISA 2012测试上海蝉联第一

基础教育的一个亮点，是OECD的"国际学生评估项目（PISA）2012"测试结果，上海继2009年首次夺冠后再获第一。具体成绩是：数学613分（比第二名新加坡高40分）、阅读570分（比第二名香港高25分）、科学580分（比第二名香港高25分），各项都比平均值高出一倍以上。上海的"教育奇迹"引发全国乃至国际社会的瞩目。上海学校发展较为均衡，中心城区和郊区学校，以及农民工子女学校均能获得较好的发展，是基础性原因；同时，具有中国特色的教研制度，形成市、区、学校三级教研网络，重视教师继续教育等等，都被认为是基本经验。

发人深省的是，在学业成就之外，上海还获得了另一个世界第一：课业负担最重。上海学生每周作业时间平均为13.8小时，高于OECD国家的平均值7小时，是香港、澳门、台北的2倍多，是韩国、芬兰、捷克的2倍多。加上校外辅导和私人家教，上海学生每周校外学习时间平均为17小时左右，远远高于OECD的平均值7.8小时。③可见，在很大程度上，上海的教育奇迹仍然

---

① 吴建涛、左晓梅：《均衡与发展：义务教育发展的双重责任》，《新京报》2013年11月18日。
② 全国人大常委会执法检查组关于检查《中华人民共和国义务教育法》实施情况的汇报，中国人大网，2013年12月24日。
③ 沈文林：《PISA 2012上海学生再夺世界第一作业时间最长》，《新民晚报》2013年12月4日。

具有中国教育的共性,即重视纸笔考试、"时间加汗水"的教育模式。

3. 教育部启动"减负万里行",颁布最强"减负令"

我国中小学生学业负担过重已经成为严重的教育问题和社会问题,因不堪学业负担和考试压力,中小学生自杀的事件时有发生。年初,教育部开展"减负万里行"活动,对各地各校学生负担状况进行不打招呼的检查。2013年8月和9月,教育部两次就《小学生减负十条规定》面向社会征求意见,引起社会强烈反响。被称为史上最严"减负令"的这10条意见,其内容包括阳光入学、均衡编班,切实缩小校际差距,招生不依据任何获奖证书和考级证明,禁止以各种名目分重点班和非重点班;一年级新生入学后从"零起点"开展教学;一至三年级不留书面家庭作业,四至六年级要将每天书面家庭作业总量控制在1小时之内;每天锻炼1小时;等等。其实不过是重申《义务教育法》的有关规定,以及小学应当做到的基本要求。

然而,一些调查显示许多家长并不支持这一意见,导致学校减负、家长加负,课外补习依然火爆。9月初《中国青年报》的调查显示,93.9%的受访者确认身边很多小学生仍在上补习班。71.3%的被访者反映,学校老师向学生、家长推荐或要求上补习班的情况很普遍;"英语"补习班最多(81.1%),其次是"数学(包括奥数)"(59.4%),"语文"(36.0%)排在第三位。对于孩子上补习班的主要原因,受访者首选"竞争太激烈,周围人都上补习班"(60.6%),其次为"许多考试内容课堂不讲,只在补习班里讲"(26.1%)和"学校课堂质量不高"(21.1%)。这一现象显示,在义务教育学校差距仍然较大的情况下,择校难以真正取消;同时说明教育改革作为一种整体性的变革,如果没有家长的价值观和行为改变,仅靠学校是难以奏效的。①

二 在新形势下保障和促进教育公平

1. 城镇化进程中的流动儿童和留守儿童教育

在我国快速城镇化进程中,教育领域出现的新情况、新问题,就是大量进

---

① 孙震:《93.9%的人确认新学期身边很多小学生在上补习班》,《中国青年报》2013年9月19日。

入城市的务工人员随迁子女（俗称"流动儿童"），以及他们仍然留在农村的子女，即"留守儿童"。

据教育部2013年8月16日公布的《2012年全国教育事业发展统计公报》显示，2012年全国义务教育阶段在校生中进城务工人员随迁子女共1393.87万人。其中，在小学就读的1035.54万人，在初中就读的358.33万人。较2011年增加了32.9万人，较2010年增加了226.7万人。如此巨大数量的随迁子女涌入城市，无疑对城市的教育公共服务提出了巨大的挑战。各地推动进城务工人员随迁子女在城市公平接受义务教育，落实"以输入地为主、以公办学校为主"的政策，2012年在公办学校就读的比例已超过80%。① 然而，随着大城市"异地高考"政策的启动，外来人口在城市生活、接受教育的年限将与能否在本地参加高考挂钩，上海等地实行"居住证"制度，开始控制义务教育阶段流动儿童的就学。

在农村，大量的"留守儿童"集中在两类学校，即农村的寄宿制学校和偏僻的小规模学校。尤其是农村的寄宿制学校已经成为学校类型的主体，这在世界各国是没有的。据"我国义务教育均衡发展改革研究课题组"对湖北、江西、甘肃、广西、贵州和广东6个省区13个县30余所农村寄宿制学校的调研，显示农村中小学生总体寄宿率达到26.6%，留守儿童比例高达71.1%。宏观统计数据显示，2011年全国农村初中生总体寄宿率为52.88%，而初中生寄宿率超过50%的省份达到16个，超过60%的省为6个，广西初中寄宿率甚至达到88.03%。就地区差异而言，西部12个省区明显高于全国，西部农村地区2011年义务教育阶段学生的寄宿率为34.30%，初中学生整体寄宿率达到62.36%，小学生寄宿率达到19.65%。调研还显示低龄寄宿趋势明显，寄宿生从小学高年级不断向下延伸，少数学校还出现了一年级甚至是幼儿园就开始寄宿的现象。② 这些集中了大量留守儿童的农村寄宿制学校，普遍存在缺乏基本的生活设施，办学条件差，学生营养和健康状况差，教师编制不足、工作压力大等突出问题。在中西部欠发达地区，尤其是边远、贫困及少数民族地

---

① 全国人大常委会执法检查组关于检查《中华人民共和国义务教育法》实施情况的汇报，中国人大网，2013年12月24日。
② 董世华：《调查显示：寄宿制学校已成农村学校主体》，《中国教育报》2013年9月26日。

区，农村初中辍学率较高，有的地区超过10%。① 各地频频发生对女童的校园性侵事件，受害者绝大多数是农村留守儿童。

农村教育长期未能解决的根本问题是教师问题。农村教师队伍仍存在待遇不高、结构性短缺、队伍不稳的现象。一些边远贫困地区的农村学校多年未补充年轻的新教师，教师老龄化问题严重；由于教师职业吸引力不足，优秀教师派不进、留不住；一些地区还存在低薪聘用代课教师的现象；很多农村中小学缺少体育、音乐、美术、英语及信息技术教师。

2013年12月，国务院常务会议部署全面改善贫困地区义务教育薄弱学校基本办学条件，不让贫困家庭的孩子输在成长"起点"。争取经过3～5年，使学校教室坚固适用，达到消防和抗震的要求，图书、实验仪器、桌椅、运动场地等满足基本教学需要，学校宿舍、厕所、食堂、饮水、洗浴等设施满足基本生活需求，教师队伍素质、结构等基本满足义务教育要求，办好必要的教学点，解决县镇学校大班额问题，提升农村教育信息化水平。教育部、财政部并决定对连片贫困地区乡、村和教学点的农村教师发放生活补贴。

2. 保障农村学生的高等教育机会

高等学校扩招后，农村学生上大学的比例整体在提高，2000年农村学生占招生总数的比例为48%，2012年达到59.1%，其中本科生中农村学生的比例由44.1%提高到52.5%。但重点大学中农村学生比例仍然偏低。为此，国家在招生政策中采取补偿性措施，2012年实施面向680个国家级连片特困县的定向招生专项计划，共录取1万多名本科生，在专项计划覆盖的省份，重点高校录取农村户籍学生人数比2011年增加了8.5%。② 2013年，这一计划扩大到3万人，范围扩大到832个县，包括所有国家级贫困县以及一些重点高校录取率相对较低的省份，研究型大学的农村学生比例将继续提高。

北京大学2013年招生3145名，农村学生比例为14.2%，较2012年增长1.7%。清华大学共录取3374名学生，其中来自县级及县级以下高中的考生首次超过四成，达到41%，2012年约为1/3；在高考统招中，来自中西部地区

---

① 全国人大常委会执法检查组关于检查《中华人民共和国义务教育法》实施情况的汇报，中国人大网，2013年12月24日。
② 袁贵仁：《提高农村学生进入重点大学的比例》，中国新闻网，2013年10月15日。

的学生人数占录取学生总数的65.8%；来自西部12个省份的学生占28.1%，比2012年提高0.7%。① 从2014年起，上海交通大学、浙江大学也将与清华大学联合实施自主招生选拔"自强计划"。复旦大学将实施面向中西部和边远地区农村优秀学生的"腾飞计划"，2014年将招收不低于300名的优秀应届农村户籍学生，约占该校当年招生总人数的10%。

今后，国家将继续实施"支援中西部地区招生协作计划"，扩大"农村贫困地区定向招生专项计划"规模，调整招生规则，降低部属高校在属地的招生比例，使更多优质高等教育资源惠及农村学生。同时，实施中西部高等教育振兴计划，中央安排100亿元支持100所中西部地方高校，安排60亿元支持没有国家部属高校的13个省（区）和新疆生产建设兵团各重点建设1所地方高水平大学。

三 现代学校制度建设和政府转型起步

《国家教育改革和发展规划纲要》将教育体制、机制改革作为重要内容。从各地的实践看，区域教育主要是促进义务教育均衡发展；学校层面开展的主要是课堂教学改革。在一些局部地区，开展了实质性的教育体制、机制变革的试点。

制定"大学章程"是作为现代大学制度建设的基础性工作。中国人民大学、东南大学、东华大学、上海外国语大学、武汉理工大学和华中师范大学6所高校获得教育部颁发的高等学校章程核准书。

学校"去行政化"改革的关键之一是取消学校的行政级别，实行校长职级制。青岛市正式启动中小学校长职级制改革，摘掉校长的"官帽"。目前青岛的小学校长一般为正科级，初中、高中的校长为处级。在校长职位与行政级别脱钩后，重新规定校长职级工资系列，健全校长的选聘、任期交流、待遇保障等配套制度，促进教育干部的专业发展和教育家办学。湖

---

① 陈竹：《清华28.1%新生来自西部县级及以下高中生源超四成》，《中国青年报》2013年8月23日。

南省茶陵县也进行这一改革，校长只有头衔，没有了"官帽子"。同时全面精简学校行政岗位职数，全面推行校长聘任制，副校长以下人员全部由校长聘任。

浙江省扩大高校自主权，出台《关于落实和扩大普通高等学校专业设置管理权的指导意见》，确定该省高校可自主设置本校专业，省教育厅只做形式审核。

温州市承担了国家民办教育综合改革试点的任务，经过广泛深入的调研，最终出台了《加快民办教育改革与发展的若干意见》和9个配套实施办法，涵盖内容包括教师队伍建设、民办学校分类管理、公共财政补助、社会保险制度、明确法人产权、财务管理、办学水平评估等，具有很大的突破，操作性也很强。其中比较核心的，一是学校按照营利性、非营利性进行分类登记管理，"非营利性的全日制民办学校按照民办事业单位法人进行登记管理，营利性的全日制民办学校按照企业法人进行登记管理"。二是教师待遇参照公办，"凡取得相应教师任职资格，参加人事代理，并从事相应教育教学工作的民办学校教师，均按公办学校教师标准参加事业单位社会保险，单位应缴纳的各项社会保险费由民办学校承担"。"参加事业单位社会保险的民办学校教师，享受与公办学校教师同等的退休金、住房公积金、困难救助等待遇。"破解了多年来困扰民办学校发展的政策瓶颈。

上海浦东新区转变政府职能，通过购买服务、委托管理的方式，将民办非学历教育管理的部分事务委托给社会组织成人教育协会承担。

2013年初各地制定了进城务工人员子女"异地高考"政策，全国约有4500名考生参加异地高考，占高考报名总数912万人的0.5‰，为破冰之举。以此为起点，大城市的这一政策加以修订调整，有所放宽。

四 教育开放和多元化的新格局

在全球化时代和信息环境中，教育开放的步伐日益加大，在正规的学校教育之外，个性化、社会化学习等多样化学习方式的出现，教育类社会组织的快速发展，教育的丰富性和选择性逐渐增加，预示着学习化社会的到来。

教育多元化格局初现　改革蓄势待发

1. 高等教育国际化加速

中外合作办大学在长期停滞之后重新得以加速发展。2013年9月，华东师范大学与美国纽约大学合作的上海纽约大学正式开学，首届295名学生来自全球34个国家和地区。上海纽约大学实行打通文理和专业壁垒的全新教学模式，本科课程分为"通识教育核心课程""专业课程"和"选修课程"三个部分。同时，武汉大学与美国杜克大学合作举办的昆山杜克大学正式获得教育部批准。根据教育部公布的资料，温州肯恩大学、香港中文大学（深圳）也已获批筹建。

中国大学第一所海外分校——厦门大学马来西亚分校建设协议在吉隆坡签订，这是我国大学第一个在海外建设独立校园的分校。创办于2006年的老挝苏州大学作为中国与东盟人文交流的"桥头堡"也备受关注，它是由苏州大学与在老挝的中资企业合作举办的。

2. 低龄留学和留学生回国潮持续高涨

21世纪以来，中国掀起新一轮的出国留学热潮，其中青少年留学的群体在不断扩大，留学低龄化成为一个持续的现象。据美国国务院教育文化部和非营利的国际教育学院（IIE）联合发布报告称，2012~2013学年，共计有81.9万名国际学生到美国留学，比前一学年增加了7%，创下历史新高。中国仍然是在美留学人数最多的国家，其次是印度、韩国、沙特阿拉伯和加拿大。报告指出，上一学年，美国约有23.5万名国际学生来自中国，比例增加21%，1/3的中国留学生攻读商务和管理专业。其原因一方面是富裕的中产阶层的兴起，另一方面是中国父母坚信美国高校的教育质量，了解国际教育的重要性。①

据美国国土安全局的统计数字显示，2005~2006学年，我国仅有65名中学生持因私护照去美国读中学；到了2010~2011学年，中国有6725人到美国去读中学。短短5年，赴美留学的中学生增长了100余倍。低龄留学趋势愈演愈烈的背后，折射出我国教育体制存在的问题。调查显示，高中生选择出国留

---

① 王欢：《美82万留学生创历史新高　中国生源居首10年翻3番》，2013年11月14日，中国新闻网。

学的理由排在首位的是"接受更好的教育"（67%），其次是"增强职业竞争力"（38%），而为"逃离国内升学压力"的占19%。① 据对北京5所中学出国留学情况的抽样调查显示，高中生出国留学人数从2010年的215人上升到2012年的385人，占毕业生总数的比例从9.28%提高到15.74%。②

与此同时，海归回国也呈现强劲的势头。中国与全球化研究中心著述的《中国海归发展报告（2013）》显示，2012年中国留学人员回国数量达27.29万人，回流比例达到41.3%，同比增长46.56%，出现"史上最大海归潮"。预测不久之后回流比例将超过50%，未来5年将出现回国人数比出国人数多的历史拐点。中国经济的稳定发展是留学人员回流的主要原因，但回国人员约一半为国外1年期硕士学位毕业生，获得博士学位又有相应研究经历的高层次留学人员回国比例还较低。③

3. 私塾、书院、在家上学等教育形式悄然兴起

在强势的学校教育之外，家庭教育重新获得重视，各种各样的家长学校和面向家长的教育活动蓬勃发展，家长对学校教育的参与和影响越来越大。消失已久的"私塾""书院"等国学教育模式悄然复兴，各种书院已达近千所。北京大学哲学系教授楼宇烈认为，中国传统书院的根本精神，就是教之以"为人之道、为学之方"。书院密切师生关系的传统，"师生如父子，书院如家庭"，实行"有教无类、因材施教"、启发式教育和"自学为主、相互切磋、教学相长、自由讲学"等教育理念值得借鉴。

中华书局引进出版了台湾地区使用了近60年的传统文化教材《中华文化基本教材》，在内地30所中学试点推广。教育部新闻发言人对两岸传统文化教材交流，持赞同和支持的态度。

作为一种家长自助的非学校化学习方式，近年来"在家上学"也成为一种选择。8月，21世纪教育研究院举行的研讨会，发布了《中国在家上学研究报告（2013）》，显示当前活跃于中国大陆的在家上学群体规模约为1.8万

---

① 郑祖伟：《超两成学生海外上中学　低龄学生比例持续走高》，《现代教育报》2013年7月5日。
② 杨桂青：《与发达国家抢夺人才储备》，《中国教育报》2013年10月19日。
③ 万玉凤：《中国出现"史上最大海归潮"　去年回国人数27.29万》，《中国教育报》2013年11月5日。

人;据在家上学联盟网的估计,正在实践在家上学的孩子约为2000人,主要处于小学阶段。多数家庭主要由母亲负责孩子的在家学习,大多数家长不认同学校应试教育的模式和理念。①

4. 慕课冲击波

近年来,MOOCs("大规模网络开放课程",中文译为"慕课")的兴起强烈冲击着中国教育。大规模视频公开课和翻转课堂的实施,让个别化、自主性、互动式教学成为可能,将深刻改变现有学校和教育的面貌,被视为21世纪最重要的教育革命。中国高校和教育界积极响应,加入这一洪流。北京大学首批大规模网络开放课将在edX(美国麻省理工学院和哈佛大学创办的非营利在线教育平台)开课,面向全球免费开放,是中国内地高校首次在全球网络公开课平台开课。上海30多所高校建立了课程资源共享中心(UCC),集中各校的优势力量,打造中国精品网络共享课程。华东师大慕课中心分别成立初中和小学慕课联盟。

与此同时,也出现对教育过度技术化的警惕。正如被称作"慕课之父"的George Siemens所说:不要试图让慕课解决一切问题。大家认识到学校教育的功能和教师角色需要转换,但并不会真正消失。

5. 教育公益组织快速发展

社会组织的发展是社会现代化的标志之一,顺应了政府治理能力现代化的需要。2013年11月举行的第三届全国教育类社会公益组织年会,显示近年来中国教育社会组织正在进入一个快速生长期。截至2009年,全国教育类社团1.3万个,教育类民非9.3万个;截至2013年10月,全国教育类基金会983家(包括100多家高校教育基金会)。出现了一批发展较稳定的教育公益机构。我国74%的教育公益组织主要针对农村儿童开展工作,18%的公益组织针对城市流动儿童开展工作,助学、支教、儿童阅读、关注留守儿童和流动儿童,是教育公益组织参与最多的领域。在地域分布上,东部地区和西部地区的组织数量明显多于中部地区。②

---

① 21世纪教育研究院:《中国在家上学研究报告(2013)》,2013年8月,教育思想网,http://www.eduthought.net/index.php?a=news_x&m=News&id=176。
② 21世纪教育研究院:《中国教育公益组织现状及发展趋势研究》,2013年11月,教育思想网,http://www.eduthought.net/index.php?a=news_x&m=News&id=519。

教育蓝皮书

五 以高考改革为抓手，深化教育领域综合改革

近年来，我国学龄人口明显减少，政府对教育的投入越来越多，各类学校在硬件条件上逐渐改善，教育的供求关系日益宽松。教育在总体上已经超越极度短缺和贫困的状态，有可能追求好的教育、理想的教育。然而，沉重的学业负担、激烈的择校竞争和严酷的应试教育并未真正改变，公众对教育的失望溢于言表，由此出现越来越多"用脚投票"、逃离应试教育的现象。它促使我们反思，教育的问题究竟何在，应当如何改变？

2013年末，中共中央十八届三中全会《决定》发出了深化改革的号令，要求以政府治理的改革推进市场化改革，也对深化教育改革提出了一系列明确、具体的要求，又一次激活了公众对于教育改革的期望。

1. 腐败倒逼改革

与此同时，严重的教育腐败也在倒逼改革。2013年可以说是教育腐败事件的"大年"。中国教育科学研究院院长袁振国被曝违反国家有关出国和吃喝的规定，尤其是由其负责、掌握大量资源的国家教育科学规划办公室，被曝管理漏洞很大，行为极不规范，有钱权交易之嫌而受到调查，袁本人引咎辞职。此后，浙江大学党委常委、副校长褚健因经济问题落马；四川大学党委常委、副校长安小予涉嫌严重违纪受到调查。中国人民大学招生就业处原处长蔡荣生涉嫌招生腐败，金额巨大，持假护照从深圳闯关被截获而遭调查。中国科学院院士、复旦大学附属眼耳鼻喉科医院王正敏教授遭前任助手举报，涉及论文造假、专著抄袭等，院士评审制度的问题被揭露曝光。

在这些人的个人行为背后，是制度性的缺陷或缺失。例如科研经费的使用。财政部部长楼继伟的报告称，全国财政性科技支出从2006年的1688.5亿元提高到2012年的5600.1亿元，年均增长22.73%，7年累计增长2.42万亿元，占同期全国财政支出的4.37%。同时，中国科协进行的一项调查显示，在一些高校和研究机构，科研资金用于项目本身仅占40%左右，大量科研经费流失在项目之外。《第二次全国科技工作者状况调查报告（2009）》显示，在申报过财政支持科研项目的科技工作者中，41.8%的人认为财政项目申报过程中存在"拉关系、走后门严重"的问题，38.4%的人认为存在"审批程序不透明"的问题。① 如果不能正视这些问题，没有实质性的制度变革，就难以根治各种教育腐败、招生腐败、科研腐败。

2. 高考制度改革箭在弦上

三中全会《决定》启动了高考改革，国家考试制度改革总体方案即将颁布并开展试点，有可能成为一场实质性教育改革的重要突破。高考制度改革方案的核心概念，是实行分类考试，逐步推行普通高校基于统一高考和高中学业水平考试成绩的综合评价多元录取机制；统考减少科目、不分文理科、外语等科目实行社会化考试和一年多考；探索招生和考试相对分离、学生考试多次选择、学校依法自主招生、专业机构组织实施、政府宏观管理、社会参与监督的运行机制等，以期解决一考定终身的弊端。

高考制度改革牵一发而动全身，具有高利害性和高风险性。高等学校关注的是如何落实招生自主权和科学选拔人才，家长关注的主要是保障考试公平和教育公平；而站在全社会整体利益的立场上，这一制度必须能够引导和促进中小学的素质教育，保障亿万少年儿童的健康成长。北京市率先提出降低英语分值的高考改革方案，引起轩然大波。高考改革之难，在于价值和目标的冲突，有可能会陷入一种难以自我超越的怪圈。由于担心道德环境影响考试公平，重视高中学业成就和综合素质的措施，往往难以推进。因而，不仅需要深入的社会动员、形成改革共识和合力；更重要的是要通过保障公平的招生录取制度建设，建立公众的信心，从而推进考试和评价制度的改革。这成为对教育主管部门、高校和高中的重大考验。

3. 深化教育领域综合改革

2014年被称为"改革元年"。三中全会《决定》核心的改革精神，就是通过深化市场经济改革，进一步释放改革红利，增强社会活力。这主要是通过改革政府治理，推进国家治理体系和治理能力现代化来实现的。因此，高考改革虽然是"牛鼻子"，但并不是改革的全部。《决定》明确提出教育改革的任

---

① 赵梦瑶、王聪聪：《中科协调查显示仅四成科研资金用于项目本身》，《中国青年报》2013年10月31日。

务，包括改革管理体制和办学体制，以管办评分离为重点，进一步简政放权；加快事业单位"去行政化"的改革，逐步取消学校、科研院所、医院等单位的行政级别；创新社会治理体制，鼓励社会力量兴办教育；等等，都是十分重大和实质性的。

政府治理改革包括两个方面：构建新型的政社关系和新型的政校关系。前者是指按照建设有限政府、服务政府的目标，改变政府包揽过多、权力过于集中的弊端，通过简政放权，管办评分离，实行购买服务和委托管理，促进教育对内对外的开放，建立全社会共同参与的教育治理模式。后者是指通过简政放权、"去行政化"的改革，落实学校的办学自主权，建立现代学校制度，形成政府依法管理、学校依法自主办学的局面，从"教育局办学"走向"教育家办学"。

按照教育《规划纲要》的规定，离2020年基本实现教育现代化还有7年。只有通过这一系列实质性的制度变革，才能有效革除久治不愈的各种"教育病"，从而超越"硬件的现代化"，走向教育的科学发展。

特别关注

Topics of Special Concern

B.2
2013年高校毕业生就业状况调查报告*

岳昌君**

摘 要: 自高校扩招后,大学毕业生的供给持续增加,2013年我国高校毕业生规模达到创纪录的699万。但由于我国经济增长速度放缓,劳动力市场对高校毕业生的需求难以同步提高,2013年也被称为大学生"史上最难就业年"。北京大学教育经济研究所继2003年、2005年、2007年、2009年、2011年对全国高校毕业生就业状况进行了问卷调查之后,于2013年又进行了第六次大规模的问卷调查。本文对2013年高校毕业生的基本就业状况和求职状况的统计分析结果进行介绍。

关键词: "史上最难就业年" 就业状况 求职状况

---

* 基金项目:国家社会科学基金重大项目"高校毕业生就业问题与对策研究"(项目编号09&ZD058)。
** 岳昌君,北京大学教育经济研究所教授。

2013年对于高校毕业生来说是一个特殊的年份,被称为大学生"史上最难就业年"。这一年的高校毕业生规模达到699万,逼近700万大关,几乎相当于香港地区的总人口(见图1)。高校毕业生的供给持续增加,而劳动力市场对高校毕业生的需求却难以同步提高。

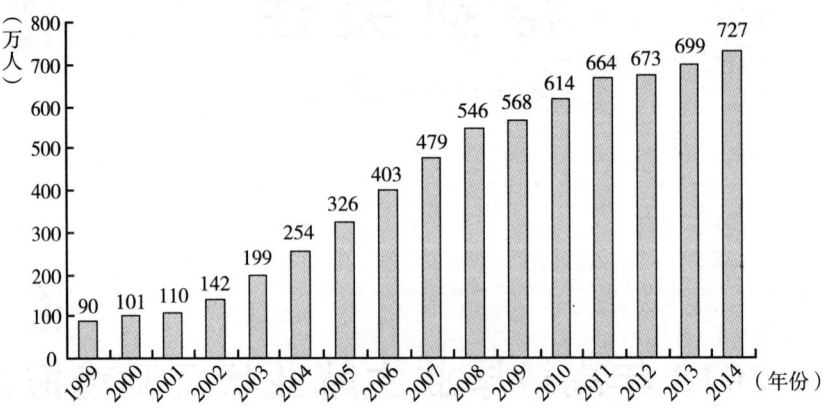

图1 我国普通高校毕业生人数

资料来源:1999~2012年的数据来自2013年国家统计局《中国统计年鉴》;2013年和2014年的数据来自教育部。

2013年全球经济继续处于缓慢的复苏过程中,增长乏力。世界银行和国际货币基金组织对全球经济增长的预测都在3%之下。世界主要经济体美国、日本、欧盟,不是负增长就是低增长,对于世界第一出口大国的我国影响显著。2013年,我国国内生产总值增长7.7%,是21世纪以来增速最低的一年。[1]

在全球经济发展低迷和各国就业压力增加的背景下,我国高校毕业生整体的就业状况如何,影响高校毕业生就业的因素有哪些,是关系高校毕业生就业的重要问题。为及时、准确地了解高校毕业生的就业状况,为教育决策和毕业生就业提供更丰富有效的信息,北京大学教育经济研究所继2003年、2005年、2007年、2009年、2011年对全国高校毕业生就业状况进行问卷调查之

---

[1] 国家统计局:《2013年国民经济发展稳中向好》,2014年1月20日,http://www.stats.gov.cn/tjsj/zxfb/201401/t20140120_502082.html。

后，于 2013 年 6 月又进行了第六次大规模的问卷调查。本报告是对 2013 年高校毕业生就业状况进行的统计分析。

一 样本说明

本次调查包括我国东、中、西部地区 21 个省份的 30 所高校，东部地区包括北京、天津、河北、辽宁、江苏、浙江、山东、广东和海南 9 个省份的 11 所高校；中部地区包括吉林、黑龙江、安徽、江西、河南和湖北 6 个省份的 7 所高校；西部地区包括重庆、四川、云南、陕西、甘肃和宁夏 6 个省份的 12 所高校。其中"985"重点高校 5 所、"211"重点高校 4 所、一般本科院校 9 所、高职院校 7 所、民办高校 2 所、独立学院 3 所。每所高校根据毕业生学科和学历层次按一定比例发放 500~1000 份问卷。调查共回收有效问卷 15060 份。

在有效样本中，专科毕业生占 22.4%，本科毕业生占 68.0%，硕士毕业生占 9.2%，博士毕业生占 0.4%；男、女毕业生比例分别为 52.7% 和 47.3%。"985"重点高校学生占 19.9%、"211"重点高校学生占 9.4%、一般本科院校学生占 28.9%、高职院校学生占 28.1%、民办高校学生占 7.7%、独立学院学生占 6.0%。

二 就业状况

（一）初次就业率

为了更具体、准确地反映毕业生毕业时的状况，本次调查将毕业生被调查时的状况分为 10 类，每一类毕业生所占的比例如表 1 所示。

从被调查的毕业生总体统计来看，毕业生毕业时"已确定单位"的比例为 43.5%，"升学（国内）"与"出国/出境"的比例合计为 16.8%。

将表 1 中已经确定去向（第 1~6 项）的比例之和定义为"初次就业率"[①]，则毕业生毕业时的初次就业率达到了 71.9%。虽然 2013 年全球经济

---

① 此处的就业率口径与劳动经济学中的就业率是不一样的。

表1 2013年高校毕业生就业状况

单位：%

	专科生	本科生	硕士生	博士生	平均
(1)已确定单位	53.1	36.3	72.8	56.9	43.5
(2)升学(国内)	8.6	16.7	7.1	10.8	14.0
(3)出国/出境	0.9	3.4	2.6	10.8	2.8
(4)自由职业	5.0	2.1	0.4	0.0	2.6
(5)自主创业	2.4	2.2	0.5	3.1	2.1
(6)其他灵活就业	9.7	6.7	2.8	4.6	7.0
(7)待就业	16.2	27.4	12.1	12.3	23.4
(8)不就业拟升学	1.7	2.4	0.2	0.0	2.0
(9)其他暂不就业	1.6	1.9	1.0	0.0	1.8
(10)其他	0.8	0.9	0.4	1.5	0.9

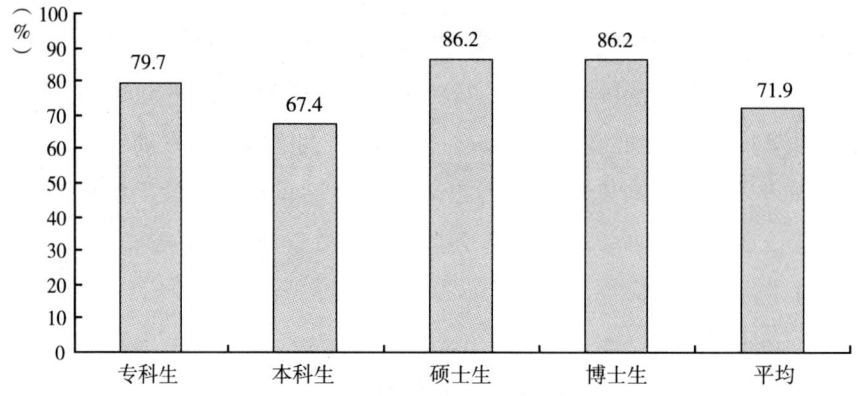

图2 分学历层次的初次就业率

增长缓慢，该年被称为我国史上"大学生最难就业年"，但是初次就业率仍然达到70%以上，没有人们想象的那样低。

从学历层次的比较来看，就业状况具有以下特点：分学历层次的初次就业率呈现"两头高、中间低"的特点：博士生和硕士生的初次就业率最高，均为86.2%；其次是专科生，为79.7%；本科生的初次就业率最低，为67.4%。(见图2)

从性别之间的比较来看：男性初次就业率显著高于女性。男性初次就业率为77.3%，女性为65.9%，两者相差11.4个百分点。性别差距主要体现在"已确定单位"和"自主创业"两项上，男性分别高出女性9.8个和1.3个百分点。

从学校类型的比较来看，高职大专院校的初次就业率最高，为78.1%；其次是"211"（包括"985"）重点大学，为75.5%；普通本科院校排第三，为75.4%；独立学院和民办高校的初次就业率最低，仅为44.3%。

从学校所在地的比较来看，东、中、西部地区高校之间存在显著差异，西部地区高校的初次就业率远低于东部和中部。东、中、西部高校的初次就业率分别为80.3%、74.0%、58.1%。

（二）起薪比较

收入是反映就业状况的关键指标之一。在本次调查中，由已经确定就业单位的毕业生对自己的起薪进行了估计。为了排除奇异值，我们只统计了月起薪为500~20000元的观测值。统计结果显示，2013年高校毕业生月起薪的算术平均值为3378元（见图3）。

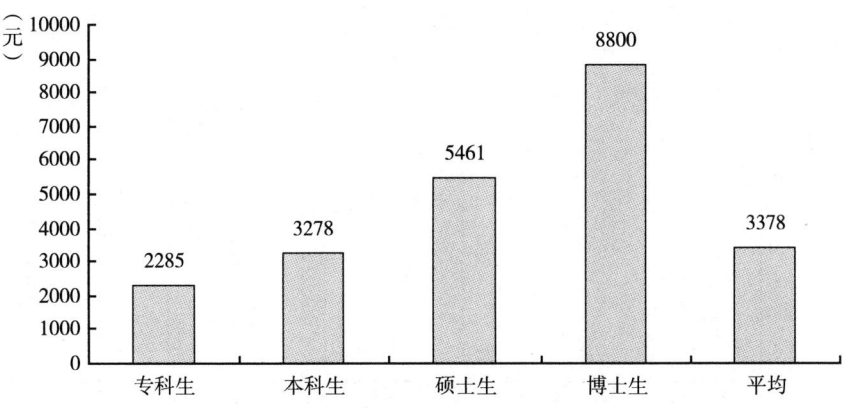

图3　分学历层次的月起薪比较

毕业生的起薪具有以下特点。

第一，学历越高起薪越多。从算术平均值看，专科生为2285元，本科生为3278元，硕士生为5461元，博士生为8800元。本科生的月起薪比专科生高43.5%，硕士生的月起薪比本科生高66.6%，博士生的月起薪比硕士生高61.1%。从收入的角度看，各层次的高等教育收益率都很高。

第二，性别之间存在差异。从算术平均值看，男性为3579元，女性为3094元，两者相差485元，男性比女性高15.7%。性别之间存在收入差异，男性收入高于女性,这是世界各国普遍存在的现象。收入差异的原因主要是所从事的职业和学历等因素的不同,在某些情况下,也存在一定程度上的性别歧视。

第三,学校类型之间存在差异。从算术平均值看,"211"重点高校为3157元,一般本科院校为3793元,高职院校为3291元,民办高校和独立学院为2610元。这一结果说明学校层次高并不能够直接带来高收入。

第四,就业地区之间存在差异。从算术平均值看,京津沪为5419元,东部地区为3148元,中部地区为2882元,西部地区为3167元。地区之间呈现中部低、两头高的特点,最高与最低收入之比为1.88∶1。这一现象与整个劳动力市场的地区收入水平的差异一致,我国劳动力收入水平"中部塌陷"的现象多年来持续存在。

第五,就业地点之间存在差异。省会城市或直辖市的平均收入最高,为3791元;地级市的平均收入为3033元;县级市或县城的平均收入为2656元;乡镇和农村的收入分别为2518元和2485元。最高与最低收入之比为1.53∶1。

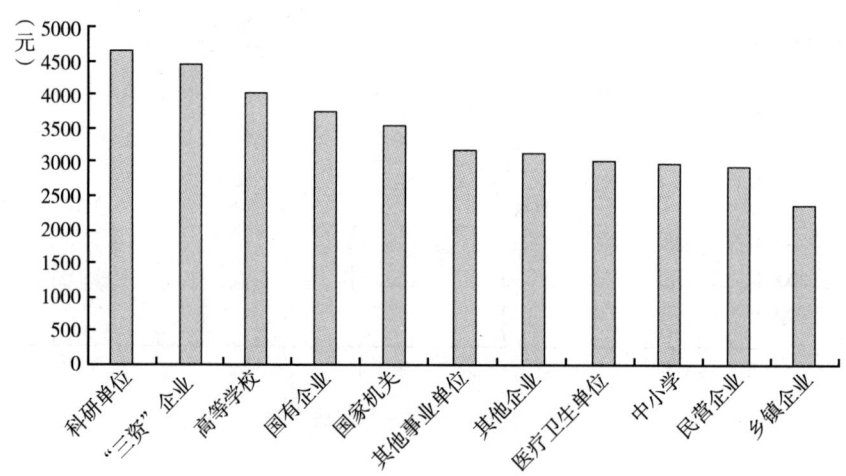

图4 分单位性质的月起薪比较

第六,工作单位性质之间存在差异。11个单位类型按照平均起薪由高到低的排列顺序依次为:(1)科研单位4620元;(2)"三资"企业4420元;(3)高等学校4025元;(4)国有企业3703元;(5)国家机关3536元;(6)其他事业单位3195元;(7)其他企业3121元;(8)医疗卫生单位3030元;(9)中小学2983元;(10)民营企业(民营、个体)2914元;(11)乡镇企业2347

元。最高与最低收入之比为1.97∶1。

第七,工作类型之间存在差异。企业管理工作、专业技术工作、国家机关党群组织事业单位管理人员的收入位居前三名,分别为3724元、3597元和3577元;商业和服务人员、办事人员和有关人员的收入居中,分别为3139元和3012元;最低的是生产运输设备操作人员及有关人员、农林牧渔水利业生产人员,收入分别只有2577元和2386元。最高与最低收入之比为1.56∶1。

第八,行业之间存在差异。19个行业按照平均起薪由高到低的排列顺序依次为:(1)信息传输、计算机服务、软件业为4501元;(2)金融业为4181元;(3)科学研究、技术服务、地质勘查为3770元;(4)房地产为3590元;(5)水利环境公共设施管理为3576元;(6)文化、体育、娱乐为3469元;(7)电力、煤气和水的生产和供应业为3310元;(8)公共管理与社会组织为3285元;(9)采矿业为3221元;(10)卫生、社会保障与福利为3109元;(11)教育为3090元;(12)建筑业为2956元;(13)制造业为2935元;(14)交通运输、仓储和邮政业为2907元;(15)农林牧渔业为2876元;(16)租赁和商务服务业为2736元;(17)批发零售业为2718元;(18)居民服务为2708元;(19)住宿餐饮业为2600元。最高与最低收入之比为1.73∶1。

(三)就业满意度

由于高校毕业生找工作有充分的选择权,因此毕业生对自己所找到工作的满意程度较高。在已经确定就业单位的毕业生中,有13.7%的毕业生对找到的工作感到非常满意;51.1%的毕业生感到满意;32.4%的毕业生感到一般;2.5%的毕业生感到不太满意;只有0.4%的毕业生很不满意自己的工作。

毕业生的就业满意度具有以下特点。

第一,学历之间存在差异。博士生的满意度最高,其次是硕士生,再次是专科生,本科生的满意度最低。对于找到的工作,博士生认为"非常满意"和"满意"的比例高达85.1%,硕士生也较高,比例为73.1%。本科生与专科生的差异并不大,比例分别为58.6%和61.1%,本科生略低。(见图5)

第二,就业地区之间存在差异。在京津沪地区就业的满意度最高,在中部地区就业的满意度最低,东部地区与西部地区之间没有显著的差异。

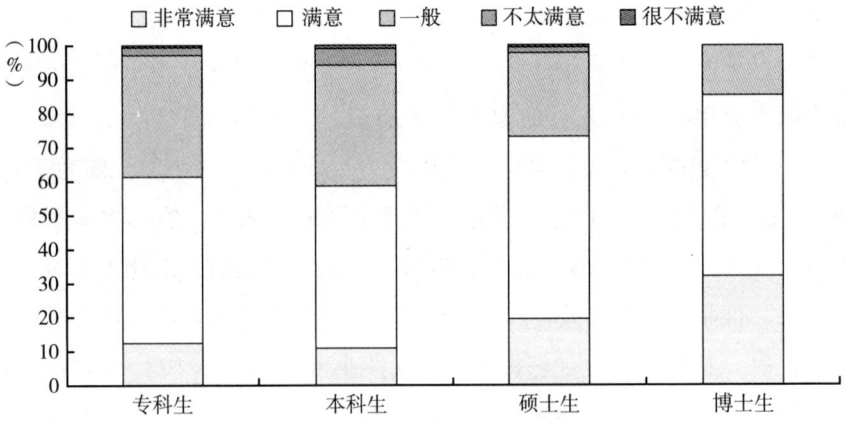

图 5　分学历层次的就业满意度比较

第三，就业地点之间存在差异。城市越大满意度越高：在省会城市或直辖市就业的满意度最高，其次是地级市，再次是县级市或县城，最后是乡镇，在农村就业的满意度最低。对于找到的工作，在省会城市或直辖市就业的毕业生认为"非常满意"和"满意"的比例最大，为65.3%；地级市次之，比例为61.8%；县级市或县城第三，比例为55.2%；乡镇最低，为47.0%；农村倒数第二，比例为54.9%。从"不太满意"和"很不满意"的比例看，农村明显高于其他地方，比例为15.6%。其他地方的这一比例均在5%之下（见图6）。可见，高校毕业生去农村工作还存在很多问题，需要研究和解决。

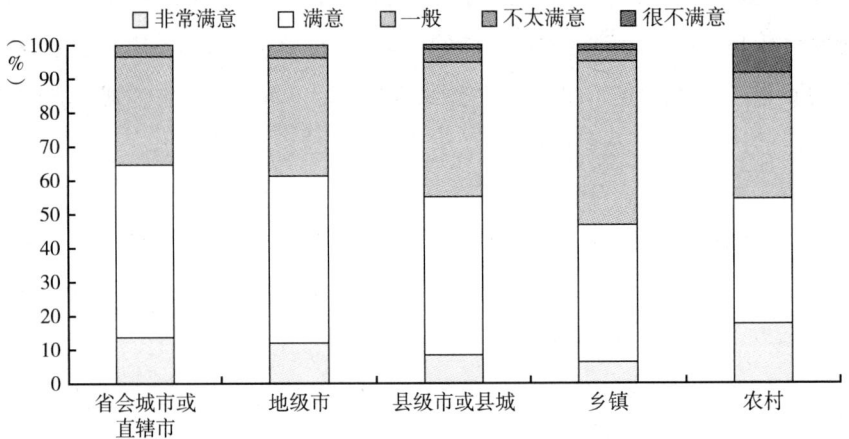

图 6　分城乡的就业满意度比较

第四，工作单位性质之间存在差异。11个单位类型按照满意度由高到低的排列顺序依次为：（1）国家机关；（2）高等学校；（3）科研单位；（4）国有企业；（5）"三资"企业；（6）其他事业单位；（7）民营企业（民营、个体）；（8）其他企业；（9）医疗卫生单位；（10）中小学；（11）乡镇企业。

第五，工作类型之间存在差异。7个工作类型按照满意度由高到低的排列顺序依次为：（1）国家机关、党群组织、事业单位管理人员；（2）企业管理人员；（3）专业技术人员；（4）商业和服务人员；（5）办事人员和有关人员；（6）农、林、牧、渔、水利业生产人员；（7）生产、运输设备操作人员及有关人员。

第六，行业之间存在差异。19个行业按照满意度由高到低的排列顺序依次为：（1）公共管理与社会组织；（2）农林牧渔业；（3）文化、体育、娱乐；（4）电力、煤气和水的生产和供应业；（5）金融业；（6）教育；（7）房地产；（8）科学研究、技术服务、地质勘查；（9）信息传输、计算机服务、软件业；（10）建筑业；（11）水利环境公共设施管理；（12）采矿业；（13）批发零售业；（14）交通运输、仓储和邮政业；（15）卫生、社会保障与福利；（16）制造业；（17）居民服务；（18）住宿餐饮业；（19）租赁和商务服务业。

此外，性别之间、学校类型之间的就业满意度差异不大。

（四）就业分布

根据已经确定就业单位者的回答，2013年高校毕业生的就业分布状况如下。

第一，按就业地区划分：在京津沪地区工作的毕业生占12.8%，在东部地区工作的毕业生占46.0%，在中部地区工作的毕业生占22.2%，在西部地区工作的毕业生占19.0%。

第二，按就业地点划分：在省会城市或直辖市工作的毕业生占52.6%，在地级市工作的占33.4%，在县级市或县城工作的占11.2%，在乡镇工作的占2.2%，在农村工作的占0.5%。

第三，按工作单位性质划分：11个单位类型按照比例由高到低的排列顺序依次为：（1）民营企业，占38.2%；（2）国有企业，占30.2%；（3）"三资"企业，占7.6%；（4）国家机关，占5.8%；（5）其他企业，占4.0%；（6）其他事业单位，占3.9%；（7）医疗卫生单位，占3.5%；（8）科研单位，占1.6%；（9）高等学校，占1.4%；（10）中小学，占1.2%；（11）乡镇企业，占0.6%。从分布结构看，毕业生就业的单位类型非常集中，民营企业和国有企业是最主要的就业单位（见图7）。

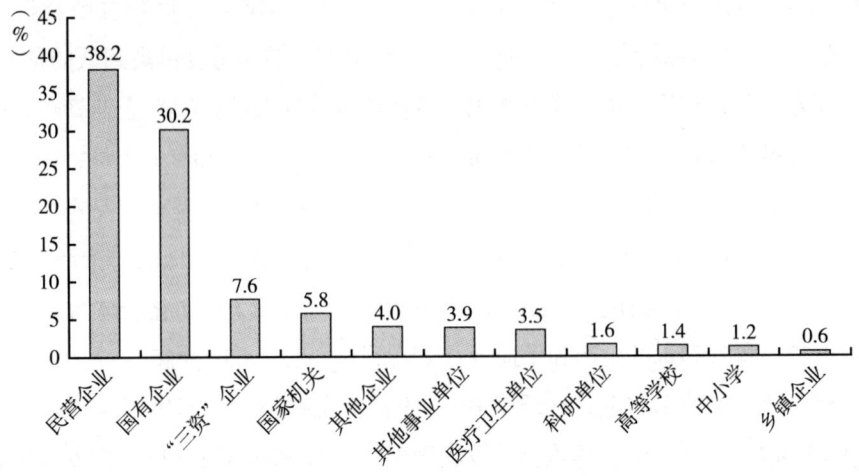

图7　分单位性质的就业分布

第四，按工作类型划分：7个工作类型按照比例由高到低的排列顺序依次为：（1）专业技术人员（37.7%）；（2）商业和服务人员（16.2%）；（3）国家机关、党群组织、事业单位管理人员（12.4%）；（4）企业管理人员（11.6%）；（5）办事人员和有关人员（10.9%）；（6）生产、运输设备操作人员及有关人员（4.7%）；（7）农、林、牧、渔、水利业生产人员（0.9%）。从分布结构看，毕业生就业的工作类型比较分散，有5个类型的工作比例达到两位数。

第五，按行业划分：在19个行业中按比例由高到低的排列顺序是：（1）制造业为13.9%；（2）金融业为13.0%；（3）建筑业为11.5%；（4）信息传输、计算机服务、软件业为11.1%；（5）电力、煤气和水的生产和供应业为5.5%；（6）教育为5.0%；（7）卫生、社会保障与福利为4.9%；（8）科学研究、技术服务、地质勘查为3.6%；（9）房地产为3.3%；（10）交通运输、仓储和邮政业为3.1%；（11）批发零售业为3.1%；（12）农林牧渔业为3.0%；（13）公共管理与社会组织为3.0%；（14）采矿业为2.2%；（15）租赁和商务服务业为2.0%；（16）文化、体育、娱乐为2.0%；（17）住宿餐饮业为1.5%；（18）居民服务为0.9%；（19）水利环境公共设施管理为0.7%。

前4个行业比例合计达到49.6%，接近一半。这4个行业分别属于以下两种类型：工业（制造业和建筑业）、新兴服务业（信息传输、计算机服务、软件业和金融业）。教科文卫体等事业部门合计占比为15.4%。

（五）就业影响因素

毕业生就业受多种因素的影响，各种因素的相对重要性如何，应该从用人单位和毕业生供给和需求两种角度综合考虑，但是本次问卷调查对象只包含毕业生，因此统计结果只是毕业生的看法。问卷包含的影响就业的各种因素共有20种，调查统计结果中按照影响程度从重到轻的排列顺序，这20种影响因素分别为：（1）工作能力强；（2）有相关实习和工作经历；（3）了解自己，扬长避短；（4）了解求职岗位的要求及特点；（5）形象气质好；（6）学历层次高；（7）应聘技巧好；（8）就业信息多；（9）学校名气大；（10）热门专业；（11）学习成绩好；（12）老师的推荐；（13）朋友的帮助；（14）亲戚的帮助；（15）往届毕业生的声誉好；（16）学生干部；（17）拥有就业地户口；（18）性别为男性；（19）是党员；（20）送礼买人情（见图8）。

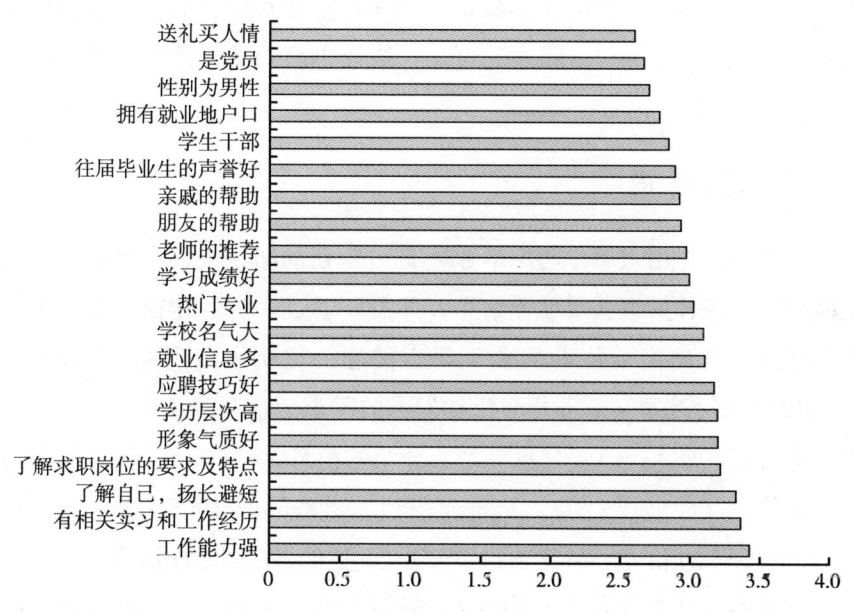

图8 就业影响因素排序

上述统计结果表明,工作能力、实习经历、求职技巧等与就业直接相关的因素显得最为重要。学校名气、热门专业、学习成绩等与高等教育直接相关的因素的重要性一般,排在中间位置。亲朋好友、党员干部、性别等与社会资本、政治资本、人口特征等相关的因素最不重要。

三 求职状况

(一)择业意向

就业对每一位毕业生来说都是人生中的一件大事。在择业过程中,毕业生们普遍重视的是哪些因素?本次调查共涉及16种因素,按照影响程度从重到轻的顺序排列如下:(1)发展前景好;(2)利于施展个人的才干;(3)福利待遇好;(4)工作稳定;(5)经济收入高;(6)符合自己的兴趣爱好;(7)工作单位的声誉好;(8)能获得权力和社会资源;(9)对社会的贡献;(10)工作自由;(11)工作舒适、劳动强度低;(12)工作单位的规模大;(13)工作单位在大城市;(14)专业对口;(15)可兼顾亲友关系;(16)能够解决户口问题。可见,毕业生最看重的是个人发展和福利待遇。

(二)求职渠道

毕业生求职与用人单位聘用毕业生是一个互动的过程,在此过程中,毕业生需要通过各种渠道获得就业信息,并需要通过一定的途径向有关单位发出求职信息。已确定单位者的求职渠道被选的比例由高到低依次排列为:(1)学校(包括院系)就业指导机构发布的需求信息(34.0%);(2)网络招聘信息(27.0%);(3)父母、亲戚介绍的信息(8.8%);(4)朋友或熟人介绍的信息(8.1%);(5)从企业得到的招聘广告(7.8%);(6)在人才洽谈会获得的信息(4.7%);(7)实习单位提供的信息(4.4%);(8)专门性的人才招聘信息刊物(2.2%);(9)从职业介绍机构获得的信息(1.6%);(10)新闻媒介的零散招聘广告(1.3%)。

（三）就业指导课程

从毕业生对学校开设的就业指导课或讲座的帮助程度看，有 8.2% 的毕业生认为帮助很大，有 19.0% 的毕业生认为帮助较大，有 50.4% 的毕业生认为帮助一般，有 15.3% 的毕业生认为帮助较小，有 7.1% 的毕业生认为没有帮助。

（四）求职数量

在需要求职的毕业生中，在择业过程中毕业生递交过求职简历的单位数平均为 12.9 个，接受过面试的单位数平均为 5.3 个，曾表示愿意接收的单位数平均为 2.6 个。进一步的分析发现，求职单位的数量与求职成功率有一定的联系，求职成功者付出了较大的努力。"已经确定单位"的毕业生平均求职单位数为 14.1 个，"待就业"者为 9.9 个；"已经确定单位"的毕业生参加面试的单位数为 6.0 个，"待就业"者为 3.8 个；"已经确定单位"的毕业生获得接收的单位数为 2.9 个，"待就业"者为 1.9 个。统计数据还显示"待就业"者存在"有业不就"的现象。

（五）求职费用

排除求职总费用在 0 元以下和 10000 元以上的奇异值后，2013 年高校毕业生为求职而花费的相关费用人均为 1766 元。其中，求职简历的制作 130 元，交通费 258 元，招聘会门票 142 元，通信费用 170 元，购置服装费 313 元，人情、礼品费用 438 元，其他相关费用 349 元。"已确定单位"者的总求职费用平均为 1749 元，而"待就业"者平均为 1791 元，说明求职结果与求职费用之间没有显著的相关关系，在求职过程中过分地增加支出并不一定能够提高求职的成功率。

B.3 中国的教育发展与教育公平变动趋势分析：2002～2012年

孙百才 刘云鹏*

摘　要： 实现教育公平是全面建设小康社会的根本要求，也是未来深化教育领域综合改革的基本价值取向。使用2002～2012年中国各级受教育人口的分布数据，测算了全体人口及分性别人口的平均受教育年限和教育基尼系数，并进行了地区间分层聚类分析和教育基尼系数的分解。研究发现，2002～2012年中国的教育成就和教育公平程度都得到了显著的提高；中国北部地区的教育发展水平明显高于南部地区，教育不平等程度呈现西高东低的趋势；不同性别的教育发展差距呈逐年收敛的趋势，但地区间的教育发展差距稍有扩大。

关键词： 教育成就　教育公平　平均受教育年限　教育基尼系数

一　前言

许多学者认为人力资本与劳动生产率具有显著的正相关，尤其强调教育对经济的促进作用。尽管人力资本可以通过工作培训或者"干中学"（learning by doing）等渠道获得，但教育构成了人力资本投资的重要内容。"因为教育是人力资

---

* 孙百才，西北师范大学西北少数民族教育发展研究中心教授，博士生导师；刘云鹏，西北师范大学知行学院讲师。

本中最大而且是最容易理解的组成部分，所以教育是向人投资的合适代表"。[①] 不仅如此，教育还与一些经济和社会发展指标显著相关，如犯罪率、健康、收入分配等。从这个意义上说，教育发展水平与教育在人口中的分配是影响社会经济、政治、文化的关键变量。而无论这些社会发展指标与教育的关系是直接的还是间接的，都使教育发展问题成为各国政府施政过程中需要考虑的一个重要领域。

改革开放以来，中国政府一直高度重视教育事业的发展，科教兴国已经成为国家的主要发展战略。2012年，中国的公共教育经费占GDP的比例为4.28%，实现了4%的目标。近年来，在实现了教育一定数量供给基础上，中国教育发展的主题转入了促进公平和提高质量的新阶段。党的十七大报告，将教育公平放到了一个突出的位置，报告指出："教育是民族振兴的基石，教育公平是社会公平的重要基础。"党的十八大报告提出要"努力办好人民满意的教育，深化教育领域综合改革，大力促进教育公平"。2013年9月23日，习近平向联合国"教育第一"行动发视频贺词，提出要努力让13亿中国人民享有更好更公平的教育。紧接着，十八届三中全会通过了《中共中央关于全面深化改革若干重大问题的决定》，对"深化教育领域综合改革"进行了战略部署，再次提出"大力促进教育公平"。以上充分体现了党和政府对"教育公平"的高度重视，为推进教育领域综合改革、努力办好人民满意的教育指明了方向。

本文使用中国各级受教育程度的人口分布数据，计算2002~2012年全国与各地区的平均受教育年限和教育基尼系数，研究中国教育发展成就与教育公平的动态变化。在此基础上，进一步分析不同性别人群的教育发展状况，并将教育基尼系数在不同性别群体间进行分解。

二 方法与数据

（一）教育成就与教育公平的测算方法

1. 教育成就指标

尽管"入学率"作为衡量教育成就（educational attainment）的一种常见

[①] 西奥多·舒尔茨：《改造传统农业》，商务印书馆，1987。

指标，但"平均受教育年限"被较多地应用于经验研究。本研究将文盲半文盲的教育年限定义为0年，小学6年，初中9年，高中12年，大专及以上16年，以受各级教育的人数占总人数的比重为权重系数，计算平均受教育年限。

2. 教育分配指标

平均受教育年限是衡量一个国家劳动者所提供的"人力资本"数量的最重要的指标，不过这只是教育状况的一个方面。我们还必须考虑这种教育资本在整个人口中的分布情况，这就是教育分配。在研究教育分配时，标准差和基尼系数是常用的分析方法。一些文献使用教育标准差（the standard deviation of schooling）。但教育标准差缺乏稳定性，有时会得到误导的结果。与教育标准差相比，教育基尼系数被认为是衡量在时间序列上各国家和地区教育公平发展变化程度的更有效指标。准确地测量教育基尼系数，需基于教育成就的存量指标。而平均受教育年限恰好属于一种较好反映教育成就的存量指标。基于以上认识，本文使用人口的平均受教育年限来计算教育基尼系数。教育基尼系数的具体计算方法参见孙百才（2009）的研究。① 教育基尼系数的取值范围为[0,1]，教育基尼系数的数值越大，教育不平等程度越高。

（二）数据来源

中国迄今已经进行过6次人口普查，在20世纪90年代以前，只在很少的年份进行过抽样调查，90年代以来的抽样调查也缺乏1991年、1992年的数据，1995年、2005年进行的是1%的抽样调查，其他年份为1‰的抽样调查。根据历年《中国人口统计年鉴》和《中国统计年鉴》，得到了2002~2012年全国各地区及分性别的各级教育人口分布数据，统计口径为"6岁及6岁以上人口"。

三 平均受教育年限与教育基尼系数的测算

（一）全国及分性别人口的平均受教育年限与教育基尼系数

从表1可以看出，2002~2012年，中国不同群体居民的平均受教育年限

---

① 孙百才：《测度中国改革开放30年来的教育平等——基于教育基尼系数的实证分析》，《教育研究》2009年第1期。

是逐年提高的,而教育基尼系数呈现逐年降低的趋势。从2002年的7.73年提高到2012年的8.94年,提高了1.21年。从性别来看,男性的平均受教育年限从2002年的8.27年提高到2012年的9.28年,提高了1.01年;女性的平均受教育年限从2002年的7.18年,提高到2012年的8.59年,提高了1.41年;2002年男性与女性的平均受教育年限差异为1.09年,2012年降低为0.69年,性别间的差异呈现逐年缩小的趋势(见图1)。从教育公平的发展程度来看,2002~2012年教育基尼系数是逐年降低的,从2002年的0.246降低到2012年的0.215,降低了0.031;女性的教育基尼系数降低更快,从2002年的0.283降低到2012年的0.236,降低了0.047;男性的教育基尼系数变化不大,只从2002年的0.208降低到2012年的0.194,降低0.014(见图2)。

表1　2002~2012年平均受教育年限与教育基尼系数

年份	平均受教育年限(年)			教育基尼系数			性别比
	全体	男性	女性	全体	男性	女性	
2002	7.73	8.27	7.18	0.246	0.208	0.283	1.043
2003	7.91	8.43	7.38	0.244	0.209	0.279	1.042
2004	8.01	8.50	7.51	0.238	0.205	0.272	1.034
2005	7.83	8.39	7.27	0.249	0.209	0.288	1.021
2006	8.04	8.55	7.53	0.237	0.203	0.272	1.027
2007	8.19	8.66	7.70	0.230	0.198	0.262	1.029
2008	8.27	8.73	7.80	0.226	0.196	0.255	1.031
2009	8.38	8.81	7.94	0.223	0.195	0.250	1.033
2010	8.80	9.16	8.44	0.211	0.189	0.232	1.050
2011	8.85	9.20	8.48	0.216	0.193	0.238	1.052
2012	8.94	9.28	8.59	0.215	0.194	0.236	1.047

注:性别比数据来源于历年《中国统计年鉴》,统计口径为全国人口。

由此看来,2002~2012年,中国的教育成就和教育公平程度都得到了显著的提高,表现在不同群体的平均受教育年限逐年升高,女性的平均受教育年限的提高速度高于男性,性别之间的受教育年限差异逐年缩小,性别之间的教育结果更加公平;全国和不同性别的教育基尼系数都呈逐年降低的趋势,说明全国及不同性别内部的教育不平等程度在逐年降低;女性基尼系数降低速度明显高于男性,不同性别的基尼系数呈收敛的趋势,说明国家促进女性教育发展的努力日见成效。

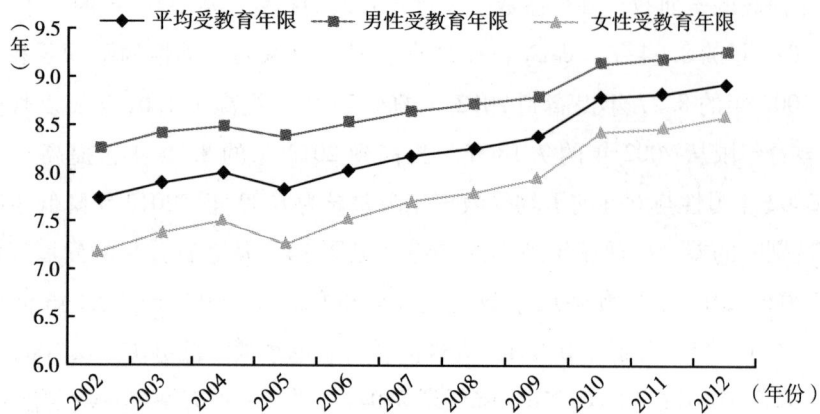

图1 2002~2012年全国分性别的平均受教育年限时序变化

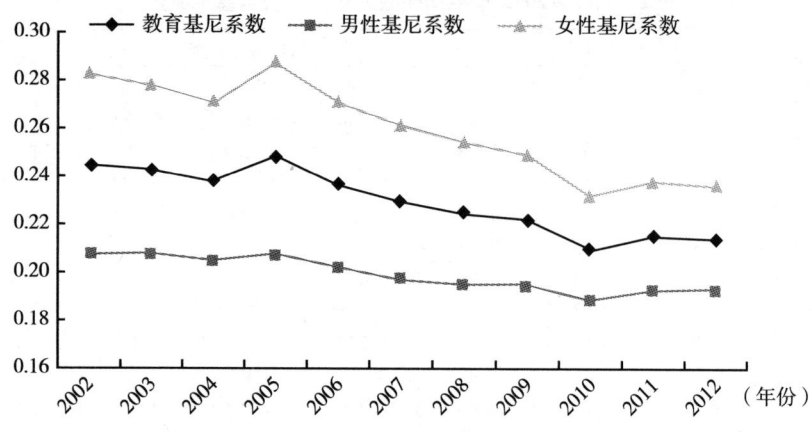

图2 2002~2012年全国分性别的教育基尼系数变化

为了在更长的时间区间上反映中国的教育发展与教育公平的动态变化，根据孙百才（2009）的研究结果，结合本研究，得到1982年、1986年、1987年、1990年、1993~2012年的平均受教育年限与教育基尼系数的变化趋势。从图3可以看出，整体上中国居民的平均受教育年限与教育基尼系数都呈现改善的趋势，随着平均受教育年限的提高，教育基尼系数呈现逐年下降的趋势，说明居民受教育程度的提高能够降低教育基尼系数，政府大力发展教育事业本身就有利于改善教育的不平等程度。

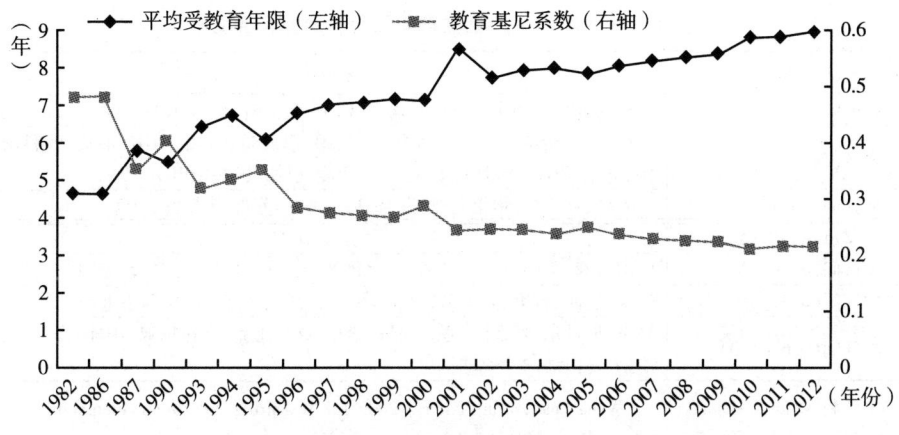

图3 1982~2012年全国平均受教育年限与基尼系数总体变化

为了与其他国家进行比较,根据已有文献,得到了部分国家或地区的教育基尼系数。Thomas等(2003)研究了1960~2000年140个国家或地区的教育基尼系数,发现各地区的平均受教育年限和基尼系数都呈现不断改善的发展趋势,除坦桑尼亚外,各地区的平均受教育年限都呈现增长的趋势,而除英国、坦桑尼亚、哥伦比亚、多米尼加、哥斯达黎加、比利时等外,各地区的教育不平等程度都有所降低。[①] 表2根据Thomas等(2003)的研究结果整理,可以看到,经济发展水平高的国家具有较高的平均受教育年限和较低的教育基尼系数,受教育年限越高的国家,教育的不平等程度越低。

从表2还可以看出,中国的平均受教育年限和教育基尼系数都处于中间水平,与发展水平较高的国家还存在着差距。最近的一个相关研究计算了中东和北非国家(MENA)的教育基尼系数(见表3),中国与人均GDP相差不多的国家相比,教育基尼系数相对较低,甚至低于沙特阿拉伯、科威特等人均GDP较高的国家,说明中国政府在降低教育不平等方面取得了一定的成绩。但是,与大部分经济发达国家相比,中国的教育发展和教育公平程度仍有差距。美国2009年的教育基尼系数为0.112,平均受教育年限为13.48年。中

[①] Thomas V., Wang Yan, Fan Xibo (2003). Measuring Education Inequality: Gini Coefficients of Education for 140 Countries, 1960 - 2000. *Journal of Educational Planning and Administration*, Vol. 17 (1), 1: 5 - 33.

表2 2000年的平均受教育年限与教育基尼系数

平均受教育年限	国家或地区
高区间(9~13)	美国、新西兰、加拿大、挪威、瑞典、瑞士、俄罗斯、日本、英国
中区间(4~9)	冰岛、中国台湾、奥地利、菲律宾、法国、墨西哥、泰国、中国、葡萄牙、科威特、南非、伊朗、土耳其、哥伦比亚、印度、巴西、巴基斯坦
低区间(0~4)	喀麦隆、乌干达、坦桑尼亚、海地、利比里亚、苏丹、阿富汗、马里
教育基尼系数	国家或地区
低区间(0~0.3)	中国台湾、英国、瑞士、日本、澳大利亚、俄罗斯、瑞典、加拿大、美国
中区间(0.3~0.6)	印度、巴西、意大利、中国、智利、墨西哥、西班牙、法国、中国香港
高区间(0.6~1.0)	马里、尼日尔、阿富汗、塞拉利昂、苏丹、莫桑比克、利比里亚、中非、海地、尼泊尔、塞内加尔、巴基斯坦

资料来源：Thomas V., Wang Yan, Fan Xibo (2003). Measuring Education Inequality: Gini Coefficients of Education for 140 Countries, 1960–2000. *Journal of Educational Planning and Administration*, Vol. 17 (1), 1: 5–33。

国的教育即使与美国1980年的水平（教育基尼系数0.138，平均受教育年限12.31年）相比，仍存在较大的差距。另据2006年世界银行发布的《世界发展报告》，英国1999年的平均受教育年限为12.2年，教育基尼系数为0.11；日本2000年的平均受教育年限为11.7年，教育基尼系数为0.17。

表3 2010年中国、中东和北非国家的教育基尼系数

国家	年份	教育基尼系数	人均GDP(美元)
埃及	2010	0.420	2776
叙利亚	2010	0.370	2803
突尼斯	2010	0.410	4198
中国	2010	0.246	4223
伊拉克	2010	0.490	4277
苏丹	2010	0.300	4326
阿尔及利亚	2010	0.380	4567
伊朗	2010	0.360	5638
利比亚	2010	0.400	11729
土耳其	2010	0.300	15051
巴林	2010	0.200	19420
沙特阿拉伯	2010	0.300	25085
科威特	2010	0.330	33481
卡塔尔	2010	0.420	74901

注：中东和北非国家的教育基尼系数根据 Ibourk et al. (2012)；人均GDP参见 IMF, http://www.imf.org/external/pubs/ft/weo/2013/01/weodata/index.aspx；中国的教育基尼系数由笔者计算。

（二）中国各地区的教育发展成就与教育公平

根据中国大陆31个地区受教育程度人口分布状况，计算了2002~2012年不同地区人口的平均受教育年限与教育基尼系数。限于篇幅，本文只给出了2012年各地区平均受教育年限和教育基尼系数的计算结果，并绘制了地理分布图（见图4和图5）。从图4可以看出，2012年平均受教育年限最高的地区为北京（11.8年）、上海（10.7年）、天津（10.5年），最低的地区为西藏（5.1年）、贵州（7.6年）、青海（7.6年），中国北部地区的受教育年限明显高于南部地区。从图5可以看出，2012年教育基尼系数最低的地区为北京、吉林、上海，最高的地区为西藏、青海、贵州，呈现西高东低的趋势，说明越往西部地区，教育的不平等程度越高。综合两个地理分布图，大体上来看，受教育年限较高的地区往往是教育基尼系数较低的地区，教育发展程度与教育公平程度具有一定的一致性。

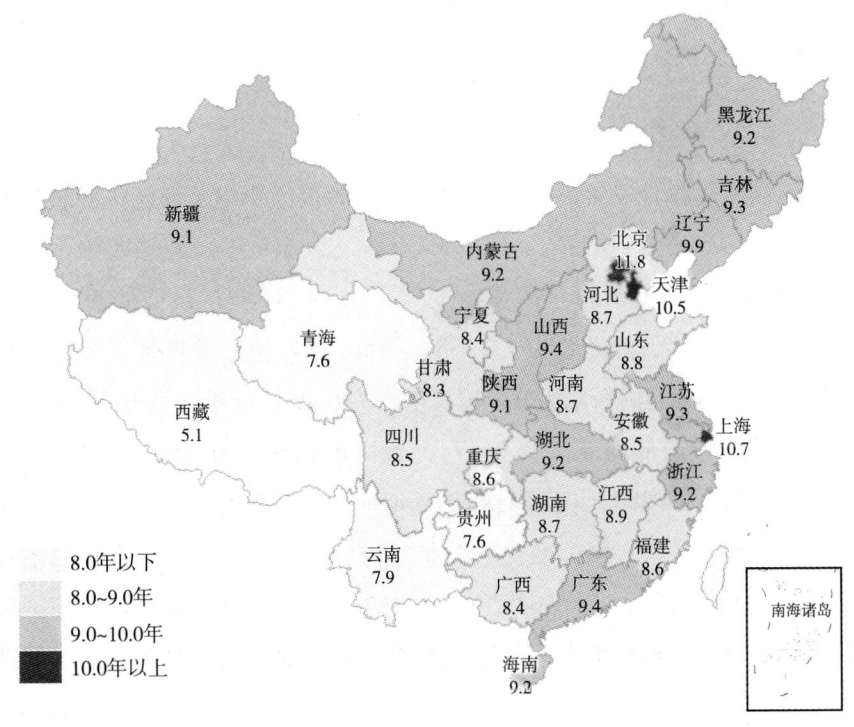

图4　2012年全国平均受教育年限

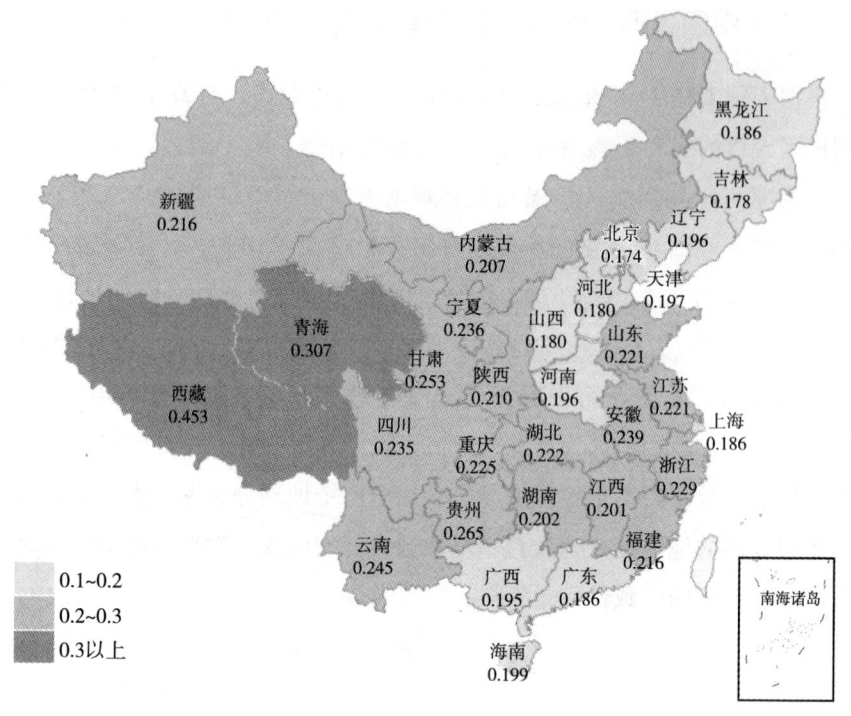

图5 2012年全国教育基尼系数情况

从地区间的教育发展差距分析，2002年各地区平均受教育年限最高的北京为10.26年，最低的西藏为4.32年，全距为5.9年，标准差为1.07年；2012年各地区平均受教育年限最高的北京为11.84年，最低的西藏为5.07年，全距为6.8年，标准差为1.11年。2002年各地区教育基尼系数最低的北京为0.193，最高的西藏为0.449，全距为0.26，标准差为0.05年；2012年教育基尼系数最低的北京为0.174，最高的西藏为0.453，全距为0.28，标准差为0.05。从2002年发展到2012年，平均受教育年限的全距从5.9年提高到6.8年，教育年限标准差从1.07年提高到1.11年，教育基尼系数的全距从0.26提高到0.28。说明各地区间的教育不平等程度有所提高，各地区间教育发展差距稍有扩大，虽然差距扩大的幅度不大，但需引起决策部门的关注。

为了从时间序列分析，本文分别计算了2002~2012年各地区总体和

中国的教育发展与教育公平变动趋势分析：2002~2012年

分性别的平均受教育年限和教育基尼系数的变化值，以此考察各地区教育发展和教育公平的改善程度。从图6可以看出，2002~2012年各地区平均受教育年限均有所增长，增长最快的地区是湖北，增长1.86年，最慢的是河南，提高0.58年。从图7可以看出，2002~2012年教育基尼系数降低最快的地区是云南，降低0.073，西藏和辽宁不降反增，分别上升0.004和0.003。

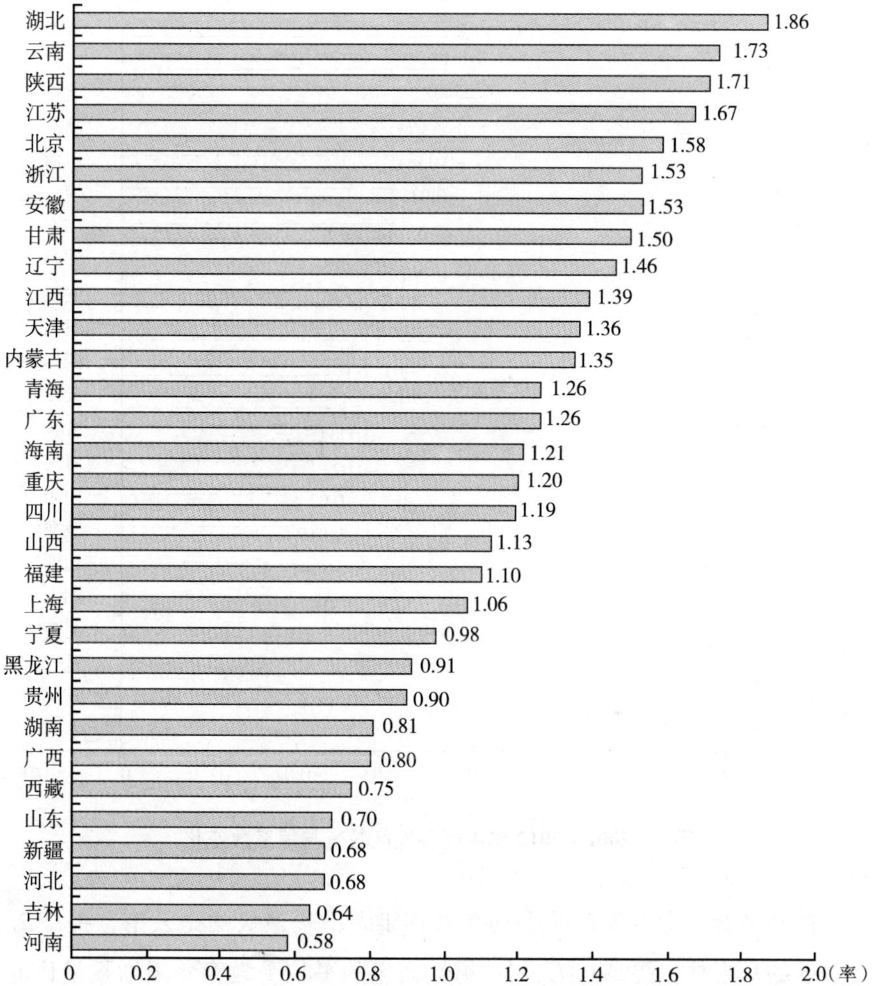

图6 2002~2012年中国各地区平均受教育年限变化

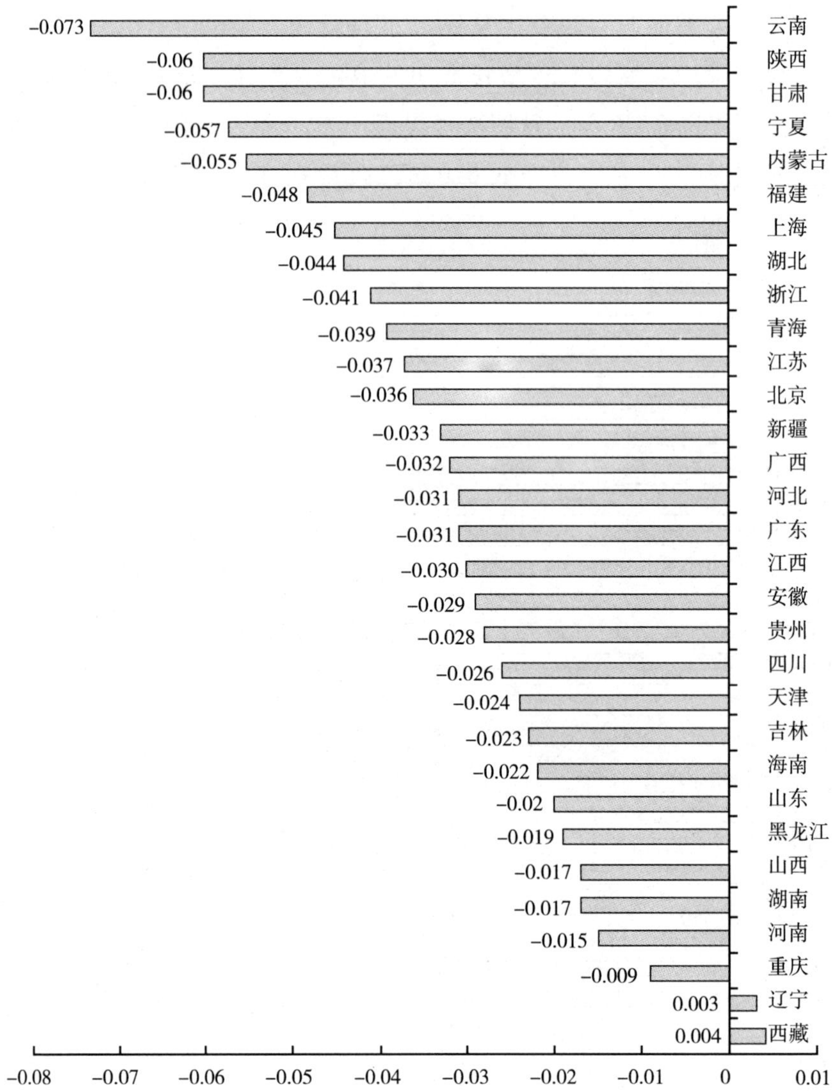

图 7　2002～2012 年中国各地区教育基尼系数变化

分性别来看，女性人口的平均受教育年限增长最快的是云南，提高 2.12 年，最低的是吉林，提高 0.73 年；男性人口的平均受教育年限增长最快的是湖北，提高 1.62 年，最低的是河南，提高 0.44 年（见图 8）。女性的教育基尼系数降低最快的是云南，降低 0.12，最慢的是辽宁，降低了 0.005；男性的

中国的教育发展与教育公平变动趋势分析：2002～2012年

教育基尼系数降低最快的是陕西，降低了0.043，最慢的是西藏，升高了0.042（见图9）。

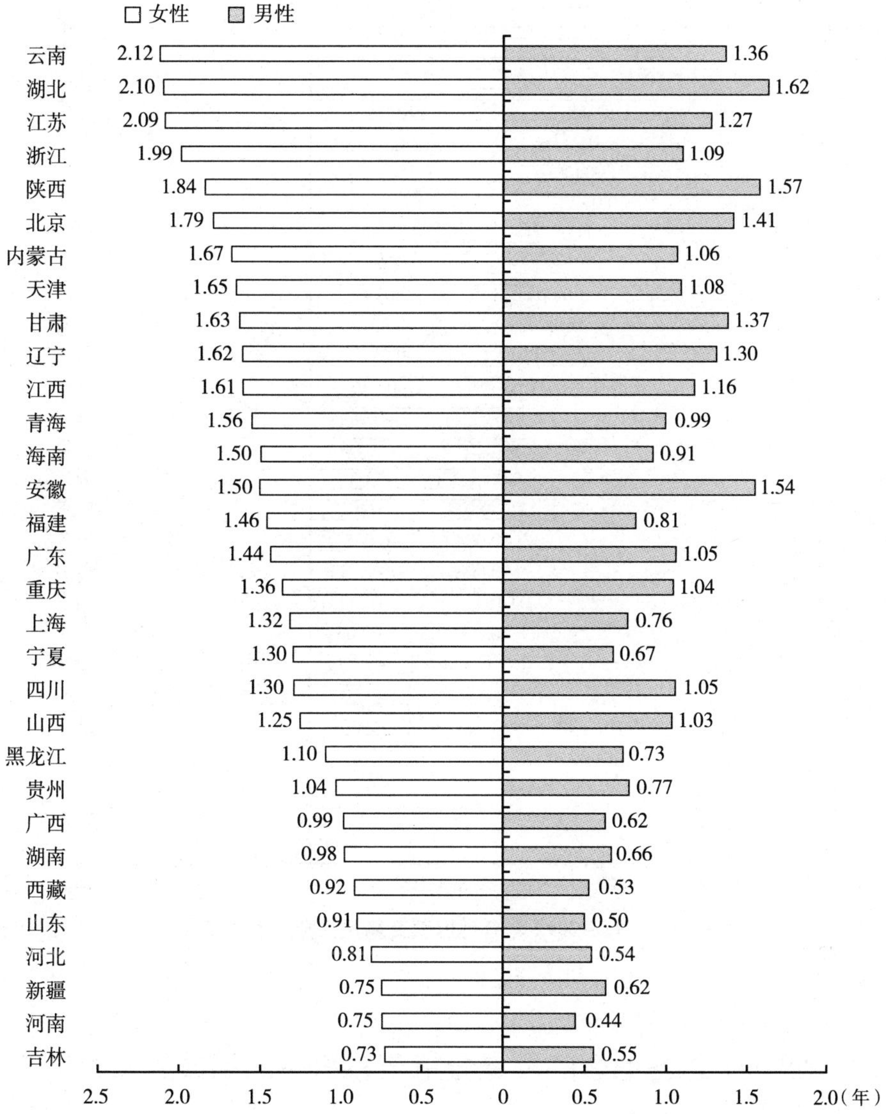

地区	女性	男性
云南	2.12	1.36
湖北	2.10	1.62
江苏	2.09	1.27
浙江	1.99	1.09
陕西	1.84	1.57
北京	1.79	1.41
内蒙古	1.67	1.06
天津	1.65	1.08
甘肃	1.63	1.37
辽宁	1.62	1.30
江西	1.61	1.16
青海	1.56	0.99
海南	1.50	0.91
安徽	1.50	1.54
福建	1.46	0.81
广东	1.44	1.05
重庆	1.36	1.04
上海	1.32	0.76
宁夏	1.30	0.67
四川	1.30	1.05
山西	1.25	1.03
黑龙江	1.10	0.73
贵州	1.04	0.77
广西	0.99	0.62
湖南	0.98	0.66
西藏	0.92	0.53
山东	0.91	0.50
河北	0.81	0.54
新疆	0.75	0.62
河南	0.75	0.44
吉林	0.73	0.55

图8 2002～2012年中国各地区男女平均受教育年限变化

039

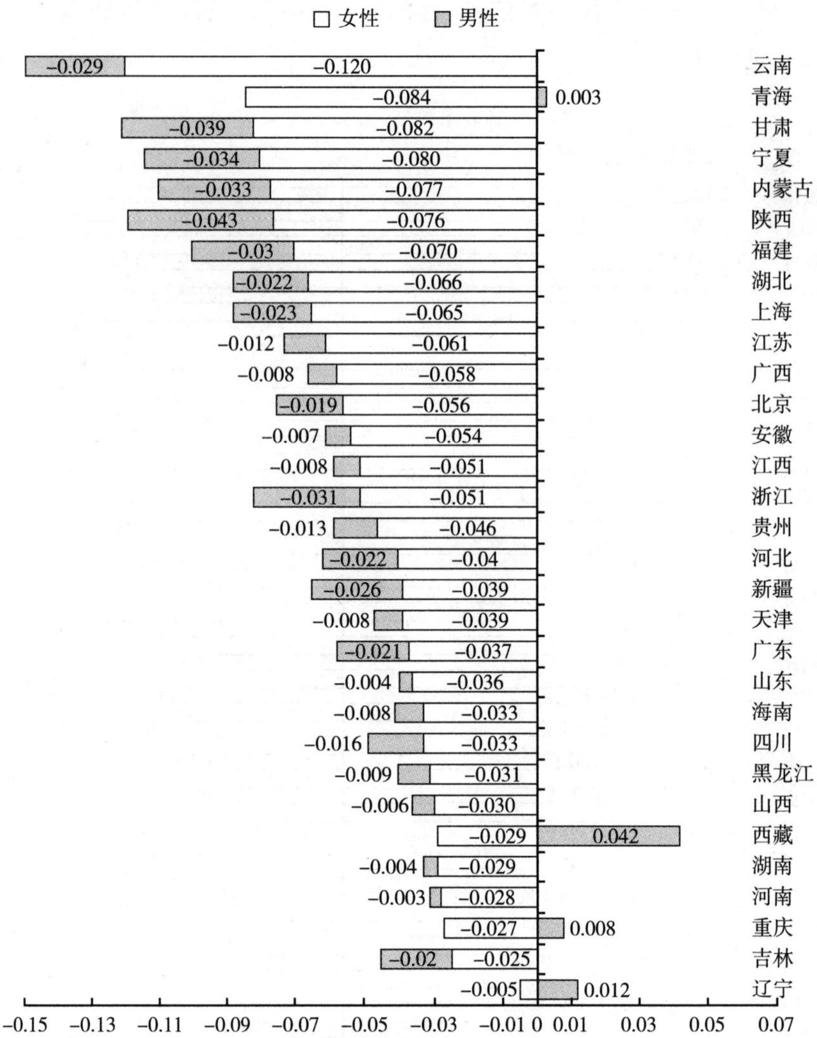

图9 2002~2012年各地区教育基尼系数分性别变化

四 中国各地区的聚类分析与教育基尼系数的分解

（一）中国各地区教育发展成就与教育公平的聚类分析

从2002~2012年中国31个地区的教育发展成就与教育公平状况的分析来看，无论是不同性别人口的平均受教育年限，还是不同性别人口的基尼系数，都呈现相同的发展趋势，即平均受教育年限都呈现逐年提高的趋势，教育基尼系数均呈现逐年降低的趋势。且平均受教育年限与教育基尼系数表现出相反的发展趋势，即平均受教育年限较高的地区，往往也是教育基尼系数较低的地区，平均受教育年限与教育基尼系数呈现较高的一致性。① 因此，将全体人口、男性人口、女性人口的平均受教育年限和教育基尼系数作为分析变量对中国 31 个地区进行分层聚类 (hierarchical classification)。为了了解分类后各地区在时序上的变化，本文对 2002 年和 2012 年的地区进行聚类，聚类的树状图见图 10 和图 11。

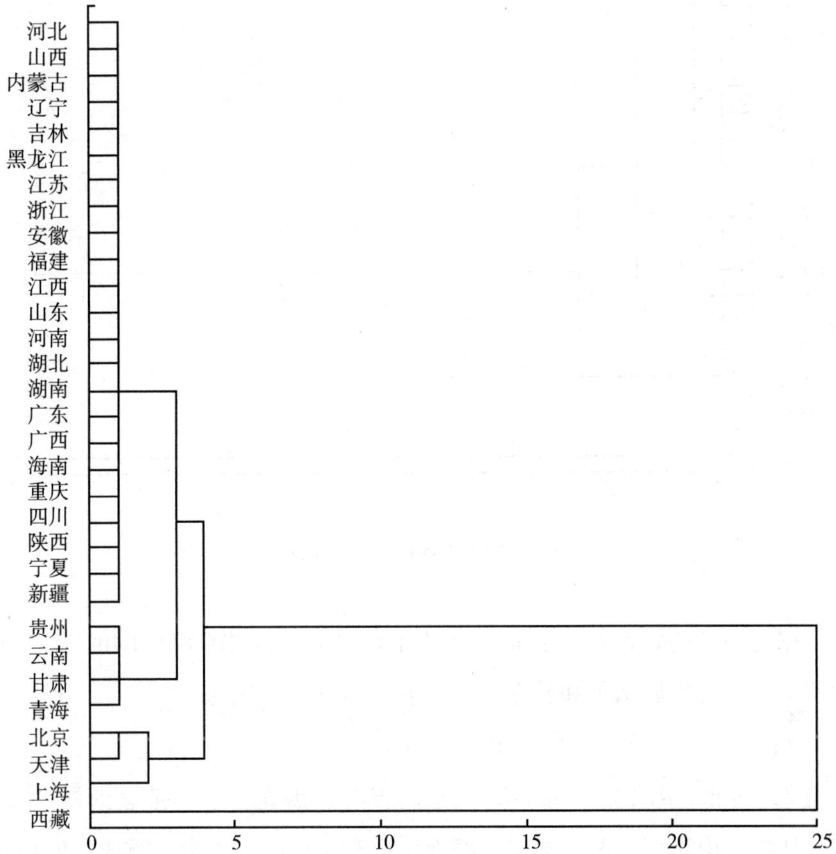

图10 2002年各地区聚类树状图

---

① 2002~2012年各地区平均受教育年限与教育基尼系数的相关系数分别为 -0.847、-0.871、-0.826、-0.864、-0.822、-0.806、-0.796、-0.802、-0.817、-0.821、-0.823，均在0.01水平上显著。

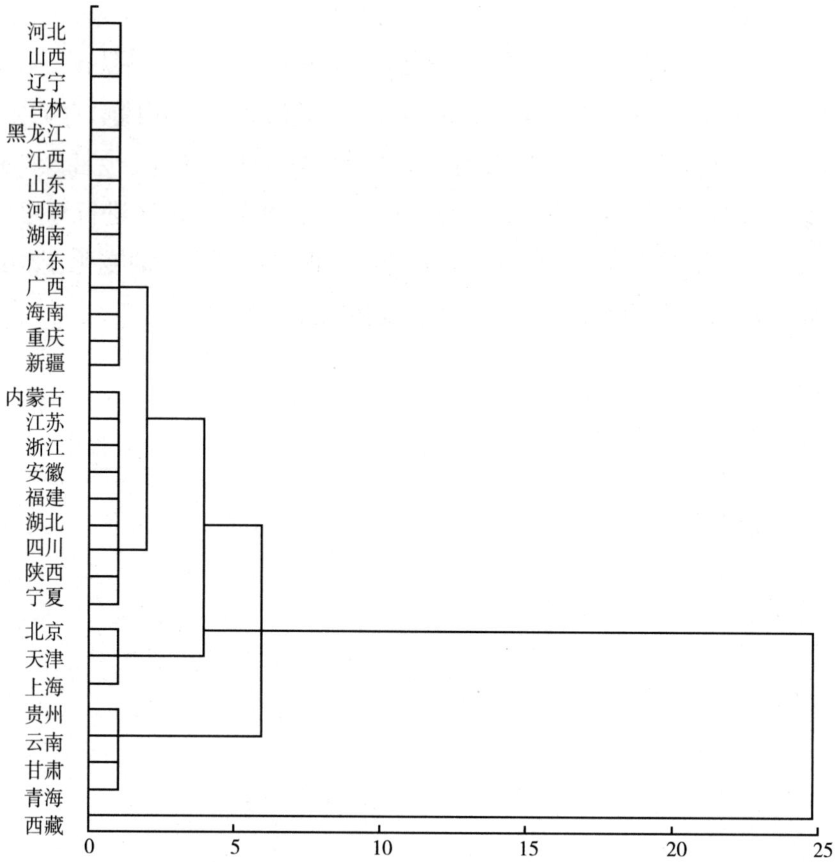

图11 2012年各地区聚类树状图

根据各地区的教育发展水平，2002年的聚类分析结果将中国的31个地区分为四类，教育发展水平和教育公平程度从高到低分别为：

组1：北京、上海、天津（共3个省份）；

组2：河北、山西、内蒙古、辽宁、吉林、黑龙江、江苏、浙江、安徽、福建、江西、山东、河南、湖北、湖南、广东、广西、海南、重庆、四川、陕西、宁夏、新疆（共23个省份）；

组3：贵州、云南、甘肃、青海（共4个省份）；

组4：西藏（共1个省份）。

2012年的聚类分析结果将中国的31个省份分为五类，教育发展水平和教育公平程度从高到低分别为：

组1：北京、上海、天津（共3个省份）；

组2：河北、山西、辽宁、吉林、黑龙江、江西、山东、河南、湖南、广东、广西、海南、重庆、新疆（共14个省份）；

组3：内蒙古、江苏、浙江、安徽、福建、湖北、四川、陕西、宁夏（共9个省份）；

组4：贵州、云南、甘肃、青海（共4个省份）；

组5：西藏（共1个省份）。

从聚类分析的结果来看，2012年与2002年相比，中国教育发展与教育公平程度在各省份之间呈现发散的趋势，2002年的第二组分化为两组，其他各组的分类没有发生变化。2002年最高组与最低组的平均受教育年限差距为5.35年，教育基尼系数差距为0.228（见表4），2012年最高组与最低组的平均受教育年限差距为5.93年，教育基尼系数差距为0.267（见表5）。说明各地区的组间差异呈现拉大的趋势，我国的地区教育差距与经济差距具有一致的发展趋势，这一点与前文的分析有着类似的结论。

表4　2002年聚类分析的各组聚类指标的算术平均数

组别	平均受教育年限	教育基尼系数	男性平均受教育年限	男性教育基尼系数	女性平均受教育年限	女性教育基尼系数
组1	9.67	0.221	10.07	0.190	9.25	0.252
组2	7.81	0.238	8.32	0.204	7.28	0.272
组3	6.50	0.318	7.16	0.257	5.80	0.381
组4	4.32	0.449	4.89	0.371	3.81	0.520

表5　2012年聚类分析的各组聚类指标的算术平均数

组别	平均受教育年限	教育基尼系数	男性平均受教育年限	男性教育基尼系数	女性平均受教育年限	女性教育基尼系数
组1	11.00	0.186	11.16	0.173	10.84	0.199
组2	9.01	0.197	9.28	0.182	8.72	0.212
组3	8.89	0.224	9.25	0.198	8.50	0.249
组4	7.84	0.268	8.28	0.238	7.38	0.298
组5	5.07	0.453	5.42	0.413	4.73	0.491

（二）教育基尼系数的分解

基尼系数的分解被广泛应用于教育领域，其分解公式也受到学术界的高度关注。许多文献讨论了基尼系数的分解方法，并对分解后各部分所表示的意义进行了解释。一些文献将基尼系数分解成两部分，即组内和组间的差异。还有一些文献将基尼系数分解成三部分，即组间不平等（GW）、组内不平等（GB）、剩余项（GT 或 GO），其中的剩余项是由于各群体组间可能的交叠（Overlapping）而产生的。由于将基尼系数分解成三部分时所产生的剩余项会和组间不平等、组内不平等有重叠，这会在不同程度上削弱组间和组内不平等的准确度。针对以上问题，本研究使用 Zhang 和 Li（2002）的教育基尼系数分解公式，该分解方法将教育基尼系数分解成组间和组内差异两部分，并充分考虑了某群体平均受教育年限和各阶段受教育人口占比对组内和组间不平等贡献率的影响。① Mesa（2007）采用 Zhang 和 Li（2002）的分析，给出了基尼系数的分解公式：

$$E_L = G_1^2 \left(\frac{\mu_1}{\mu}\right) E_1 + G_2^2 \left(\frac{\mu_2}{\mu}\right) E_2 + E_B$$

这里的 E_L、μ、G_k、μ_k 分别代表总教育基尼系数、总人口平均学校教育年数、子群 k 人口占总体人口的比例、子群 k 平均学校教育年数和子群 k 的教育基尼系数，E_B 为对总教育基尼系数的绝对群间贡献。$G_1^2 \left(\frac{\mu_1}{\mu}\right) E_1$ 是子群 1 对总教育基尼系数的绝对贡献，$G_2^2 \left(\frac{\mu_2}{\mu}\right) E_2$ 是子群 2 对总教育基尼系数的绝对贡献。从百分比的角度看，每个子群对总教育基尼系数的相对贡献如下：

$$100 = \left[\frac{G_1^2 \left(\frac{\mu_1}{\mu}\right) E_1}{E_L} \times 100\right] + \left[\frac{G_2^2 \left(\frac{\mu_2}{\mu}\right) E_2}{E_L} \times 100\right] + \left[\frac{E_B}{E_L} \times 100\right]$$

本文对中国 2002～2012 年的教育基尼系数进行性别间的分解，分解结果

---

① Zhang Junsen and Li Tianyou（2002）. International inequality and Convergence in Educational Attainment, 1960 - 1990, *Review of Development Economics*, 6（3）: 383 - 392.

见表6。可以看出，女性的贡献率随着时间的发展起伏波动，2005年上升到最高点，此后逐年下降，整体上呈下降趋势；男性的贡献率呈现波动上升的趋势，2005年达到最低点，此后逐年上升；性别之间的群间贡献率较高，占50%左右，说明性别间的不平等对总不平等的贡献达到一半以上，但这种不平等呈现逐年下降的趋势，从2002年的50.68%降低为2012年的50.29%，降低了0.39个百分点，下降幅度不大。说明在2002~2012年，中国性别之间的公平程度逐年提高，性别之间的教育差距逐年缩小。同时还应看到，女性的贡献率虽然有所降低，但贡献率仍处于相对较高的水平，在所有的年度都高于男性贡献度，国家仍需继续加大对女性教育的重视和关注。

表6 2002~2012年全国教育基尼系数分解贡献率变化情况

单位：%

年份	女性贡献率	男性贡献率	群间贡献率
2002	25.91	23.40	50.68
2003	25.83	23.56	50.61
2004	26.09	23.36	50.55
2005	26.66	22.67	50.66
2006	26.35	23.08	50.57
2007	26.31	23.16	50.52
2008	26.16	23.35	50.49
2009	26.05	23.52	50.43
2010	25.40	24.27	50.33
2011	25.39	24.28	50.33
2012	25.34	24.37	50.29

五 结论与政策建议

（一）主要研究结论

实现"教育公平"是全面建设小康社会和和谐社会的根本要求，也是未来深化教育综合领域改革的基本价值取向。本文使用2002~2012年中国受各级教育的人口分布数据，分别测算了全国人口、大陆31个地区不同性别人口的平均受教育年限和教育基尼系数，讨论了教育成就与教育公平程度的发展变化，并对全国的教育基尼系数进行了分解。研究主要得出以下结论。

第一，中国的教育成就和教育公平程度均得到了显著的提高。2002~2012年，平均受教育年限从7.73年提高到8.94年，教育基尼系数从0.246降低到0.215。从不同性别分析，男性的平均受教育年限从8.27年提高到9.28年，女性的平均受教育年限从7.18年提高到8.59年；男性的教育基尼系数变化不大，只从0.208降低到0.194，女性的教育基尼系数降低相对较快，从0.283降低到0.236。从不同地区看，2002~2012年各地区平均受教育年限均有所增长，增长最快的地区是湖北，增长1.86年，最慢的是河南，提高0.58年；几乎所有的地区教育基尼系数都有所降低，降低最快的地区是云南，降低0.073。

第二，性别间的教育发展差异呈逐年收敛的趋势。2002~2012年，虽然不同性别的平均受教育年限均有所提高，但女性的提高更快，2002年男性与女性的平均受教育年限差异为1.09年，2012年降低为0.69年，性别间的教育发展差异呈逐年缩小的趋势；不仅如此，女性的教育基尼系数降低速度明显高于男性，不同性别的基尼系数呈收敛的趋势。结合教育基尼系数分解的结果分析，性别间的教育不平等贡献率呈现逐年下降的趋势，说明在2002~2012年中国的性别间教育不平等程度在逐年改善，但性别间的不公平贡献度占50%以上，国家仍需加大对女性教育的重视与关注。

第三，地区间的教育发展差距稍有扩大。从2012年31个地区的数据分析，中国北部地区的教育发展水平明显高于南部地区，教育不平等程度呈现西高东低的趋势。从2002年到2012年，各地区平均受教育年限的全距从5.9年提高到6.8年，教育年限的标准差从1.07年提高到1.11年，教育基尼系数的全距从0.26提高到0.28，地区间的教育不平等程度有小幅度的提高。地区间分层聚类分析验证了上述发现，2012年的各地区聚类结果与2002年相比，虽然北京、上海、天津（组1）继续领跑，贵州、甘肃、云南、青海、西藏的教育发展水平相对落后，但2002年的第二组分化为两组，各地区聚类的分组由2002年的四组发展成2012年的五组，且2012年的平均受教育年限和教育基尼系数的组间差异均有所提高。

（二）政策建议

积极发展教育事业可以有效地促进经济增长，而教育不平等会扩大收入差距，进而对经济的长期可持续发展产生影响。因此，中国的教育发展与教育公平关乎国家的经济发展战略和产业升级。经过十多年的发展，中国的教育事业取得了令人振奋的成绩。

应该看到，2002~2012年，中国的地区间教育发展差距有所扩大，这将对中国的区域经济发展战略产生不利影响。一般情况下，经济越发达的地区也拥有较高的人口平均受教育年限，且教育分配更加公平，而越不发达的地区越是具有较低的人口平均受教育年限和较高的教育分配不公平，说明提高一个地区的人口受教育年限可以很好地降低教育不平等，进而会提高该地区的经济发展水平。从这个意义上说，今后中国政府应更多致力于提高教育欠发达地区的教育发展水平，增加这些地区的教育投资，并采取有效措施降低欠发达地区内部的教育不平等程度，不断缩小其与发达地区的教育差距。

从中国不同性别人群的教育成就和教育公平程度分析，虽然性别间的教育差距和不平等程度逐年缩小，但女性对教育不平等的贡献率仍处于较高的水平，女性的平均受教育年限与男性相比仍有一定的差距，国家仍需继续加大对女性教育关注。

尽管目前中国的教育发展取得了很大的成就，但通过国际比较分析，无论是在平均受教育年限还是教育基尼系数上，与世界上发达地区或国家的差距依然存在。美国在2009年25~64岁的人口中，只有4.2%人口的受教育年限低于9年，至少接受过高中教育的人口比例为88.6%。中国台湾地区在1990年平均受教育年限就达到了9.13年，教育基尼系数为0.253。4%目标实现后，虽然中国教育转入内涵式发展为主的阶段，教育供给与需求矛盾得到一定程度的缓解，但中国政府今后仍需高度重视教育事业发展，建立教育经费投入保障的长效机制，在保证质量的前提下继续增加教育供给，以满足人民群众日益增长的多样化教育需求。

B.4 学前教育公共财政投入、事业发展趋势及公平性挑战

宋映泉[*]

摘　要： 中国政府自2010年开始加大对学前教育的财政投入。随着政府加大财政投入，学前教育事业发展发生了显著变化的同时也面临着严重的公平性挑战。本文简述2010年以来中央和地方政府学前教育财政投入；通过时间序列宏观数据展示学前教育在学前三年毛入园率、幼儿园规模、在园儿童规模、公民办供给及结构质量指标等方面的变化；同时剖析学前教育公平性挑战。公平性挑战具体表现为：一是公共财政倾向于投入公办幼儿园，而来自优势家庭儿童入读公办幼儿园机会更高；二是普惠性民办幼儿园收费标准对中低收入家庭而言负担仍然过高；三是农村同城镇幼儿园与城市幼儿园相比在保教质量上还存在巨大差距；四是大多数农民工子女在城市还不能享受有质量保障的学前教育。最后，本文提出改进学前教育不公平现状的相关政策建议。

关键词： 学前教育财政投入　事业发展趋势　公平性

一 中央和地方政府加大对学前教育公共财政投入

2010年被称为中国学前教育的新纪元。在此之前，中央政府对学前教育

---

[*] 宋映泉，北京大学中国教育财政科学研究所副研究员。

几乎没有投入①，地方政府对学前的投入也非常有限，多具有象征性质。长期以来，学前教育公共财政投入不足、资源短缺，"入园难"和"入园贵"是该领域里令各级政府非常头疼和尴尬的问题。2010年国务院发布的《国家中长期教育改革和发展规划纲要（2010～2020）》（以下简称《教育规划纲要》）提出2020年基本普及学前教育的目标。其具体目标为：学前三年毛入园率到2015年达62%，2020年达75%；在园规模分别为3530万人和4000万人。同年《国务院关于当前发展学前教育的若干意见》（国发〔2010〕41号，简称"国十条"）提出发展学前教育"必须坚持公益性和普惠性原则，努力构建覆盖城乡、布局合理的学前教育公共服务体系，保障适龄儿童接受基本的、有质量的学前教育"。为了实现《教育规划纲要》目标，基于"国十条"精神，2011年财政部、教育部发布了《关于加大财政投入支持学前教育发展的若干意见》（财教〔2011〕405号）及系列配套文件，提出中央政府加大学前教育财政投入的基本原则和具体措施。同时，中央政府也要求各地方政府制订学前教育三年行动计划。随着这些政策的出台以及各级政府加大对学前教育的投入，学前教育事业进入一个新的发展阶段。

（一）中央政府对学前教育的专项投入

自2010年起中央政府加大了对学前教育的财政投入。中央政府对学前教育财政投入主要有两个专项②。一是财政部和教育部负责的中央财政支持学前教育发展专项项目。该项目分为四大类七大项，具体包括：（一）支持中西部农村扩大学前教育资源（简称"校舍改建类"项目），包括三类：（1）利用农村闲置校舍改建幼儿园；（2）农村小学增设附属幼儿园；（3）开展学前教育巡回支教试点。（二）鼓励社会参与、多渠道多形式举办幼儿园（简称"综合奖补类"项目）。（1）积极扶持民办幼儿园发展，安排"扶持民办幼儿园发展奖补资金"，根据各地扶持普惠性、低收费民办幼儿园发展的工作实绩给予奖补；（2）鼓励城市多渠道、多形式办园和妥善解决进城务工人员随迁子女

---

① 自2008年开始中央财政在新疆的双语幼儿园建设专项经费除外。
② 中央政府还有自2008年对新疆双语幼儿园的专项经费投入，但由于该项目的特殊性，本文在此不作讨论。

入园;(三)实施幼儿教师国家级培训计划(简称"幼师培训类"项目);(四)建立学前教育资助制度(简称"幼儿资助类"项目)。2011~2012年中央财政一共投入253亿元,其中校舍改建类196亿元,综合奖补类47亿元,幼儿资助类8亿元,教师培训类2亿元。2013年中央财政一共投入160多亿元。

中央政府的第二个专项是"农村学前教育推进工程"。该项目由国家发改委及教育部负责。2010~2012年共投入计56亿元,这些经费共新建、改扩建3163所幼儿园。2010年5亿元(416所),2011年15亿元(891所),2012年36亿元(1856所)。中央专项资金主要支持乡镇建设中心幼儿园,发挥辐射指导作用;同时支持人口较多的行政村建设幼儿园和人口较少的村联建幼儿园。

自2010年以来的3年中,中央政府为上述两个学前教育专项投入财政总量500亿元左右。表1概括了两个学前教育中央专项的基本情况。这两个项目的共同特点是:(1)以投入公办幼儿园建设为主;(2)以投入硬件建设(改扩建校舍)为主;(3)以倾斜中西部农村贫困地区为主;(4)专项投入。

表1 学前教育中央专项基本情况

年份	2010	2011	2012	2013
财政部:中央财政学前教育项目	—	97亿元 校舍改建类:90亿元 综合奖补类:5亿元 教师培训类:2亿元	156亿元 校舍改建类:106亿元 综合奖补类:42亿元 幼儿资助类:8亿元	160亿元 —
发改委:农村学前教育推进工程	5亿元 10个省试点,规划建园416所	15亿元 中西部25个省,规划建设幼儿园891所	36亿元 重点向贫困落后地区和少数民族地区倾斜,规划建园1856所	—

注:由财政部、教育部以及国家发改委公开数据整理。

(二)地方政府对学前教育的财政投入

按照中央财政支持学前教育发展的"地方为主、中央奖补"的原则,中央学前教育财政投入的目的之一是带动地方政府的财政投入。尽管目前还不能获得各地方政府过去三年学前教育财政投入的具体数据,但据教育部数据,地

学前教育公共财政投入、事业发展趋势及公平性挑战

方政府的投入总量超过 1600 亿元。①

各地政府通过多种方式增加了对学前教育的财政投入。比如，2012 年上海市通过新的公办幼儿园生均公用经费基本标准，规定每生每年 1200 元，逐步提高政府在学前教育成本中承担的比例。同时，制定困难家庭儿童接受学前教育的资助政策，从 2011 年下半年起对上海户籍困难家庭儿童免除管理费，并补助伙食费，以保障贫困家庭儿童的入园需求。此外，上海市加大对学前教育的专项投入，使每年用于支持学前教育园舍建设的市教育附加由原来的 4 亿元增加到 6 亿元。以浦东区为例，2009～2013 年，一共投入 12.4 亿元新建 63 所幼儿园。公办幼儿园每年生均公用经费财政拨款定额从 2009 年的 360 元，提高到 2010 年的 1000 元、2011 年的 1300 元，到 2012 年为 2200～2500 元。② 广州以民办幼儿园为主，2011 年拨款 1 亿多元用于支持普惠性民办幼儿园。

即使在中西部经济欠发达地区，地方政府也增加了对学前教育的财政投入。比如，陕西 2011～2012 年全省学前教育经费总投入达 62.2 亿元。从 2011 年秋季学期起，陕西省在全国率先实施学前一年免费教育，落实幼儿生均公用经费和对家庭经济困难幼儿补助政策。全省 2011～2013 年实施学前一年免费，下拨资金累计达 8.81 亿元。2011～2013 年，省级财政投入学前教育一免一补及公用经费共 12.89 亿元。目前，延安、榆林两市所辖区县全部实施学前三年免费教育，全省 107 个县中已有 32 个县实施了学前三年免费教育。③

再以西部某省省会城市所属某县为例，中央财政在该县学前教育专项中占一定比例，同时县级财政所占比例为主体。如图 1，2011 年来自省、市、县三级财政的学前教育专项投入共计 1045 万元，省财政投入 100 万元，大体占一成（9.57%）；市财政投入 322 万元，占三成（30.81%）；县财政投入 623 万元，约占六成左右（59.62%）；2012 年，中央、省、市、县四级财政投入总计 1235 万元，其中中央财政投入 220 万元，占近两成（17.81%）；省财政没

---

① 中华人民共和国教育部主办学前教育三年行动计划新闻发布会介绍材料，2014 年 2 月 26 日。
② 浦东新区教委：《学前教育财政投入与绩效监控的实践探索》，教育部—联合国儿童基金会普惠性民办幼儿园项目结题会资料，2013。
③ 冯丽、柯昌万：《陕西：实施学前教育三年行动计划实现跨越发展》，《中国教育报》2014 年 2 月 16 日。

有投入；市财政投入200万元，占16.19%；县财政投入815万元，占66%。如果把这两年的数据放在一起分析就会发现：县财政承担的比例最高，六成多（63.07%）；市财政承担的比例第二，占两成多（22.89%）；中央财政所占比例不足一成（9.65%）；省财政的比例非常有限，不足5%。①

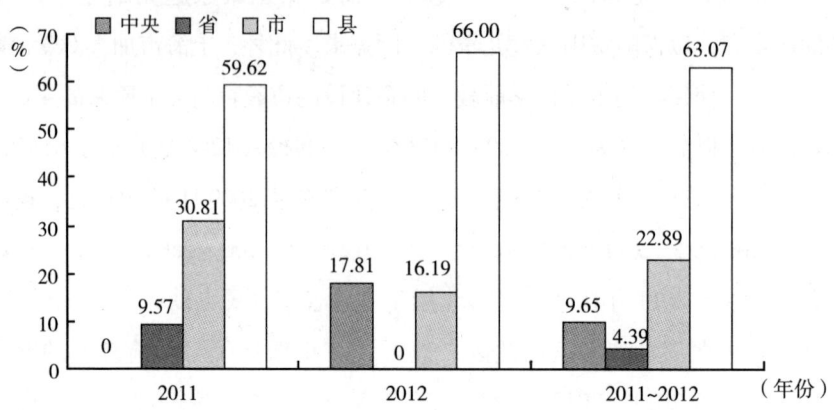

图1　西部某县2011～2012年学前教育各级财政投入比例

数据来源：根据2012年田野调研数据制作。

当然，中西部省份部分区县也有由于政府财力不足，在省级财政能力薄弱的情况下，对学前教育的财政投入主要依靠中央政府专项经费。② 目前尚缺少系统统计数据描述各级地方政府在学前教育领域里财政投入的分担比例。即便如此，我们可以断言，近3年中央和各级地方政府加大对学前教育的财政投入，学前教育财政性经费有明显增长。

（三）学前教育财政性经费明显增长

由于中央和地方政府加大对学前教育财政投入，学前教育财政性经费占财政性教育总经费的比例在最近几年，尤其从2010年以后开始有明显增长。图

---

① 宋映泉：《学前教育三年行动计划的实施、挑战与政策建议——一份调研报告》，财政部内部报告，2012。
② 杨灿明：《学前教育发展支持政策研究（财政部与共建高校联合研究课题报告）》，中南财经政法大学，2013。

2 显示了这种变化趋势。在 2001~2008 年之间，该百分比一直在 1.30% 以下。自 2009 年开始出现了持续增长的趋势：2009 年为 1.36%，2010 年为 1.66%，2011 年为 2.24%，到 2012 年为 3.23%。当然这个比例存在很大地方差异。比如，2012 年上海浦东区公办学前教育财政性经费为 10.3 亿元，占同级财政性教育经费的 15.62%（浦东新区教委，2013）。而在全国许多地方尤其是中西部农村地区，这个比例还要低许多，为 2%~3%。比如安徽某县为 2.63%，贵州某县为 2.98%（杨灿明，2013）。

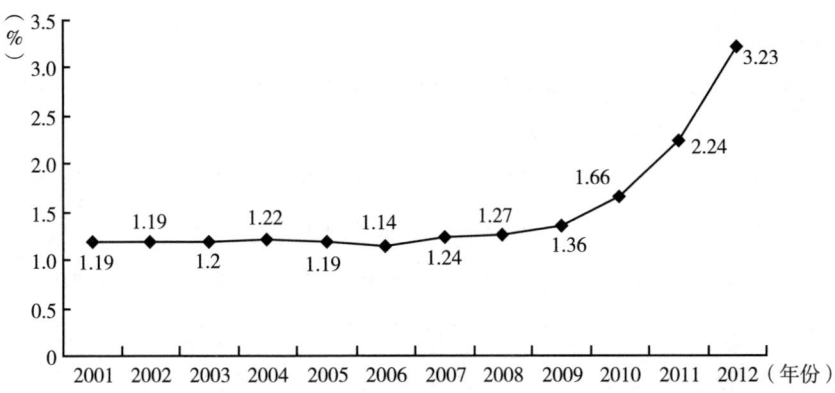

图 2　学前教育财政性经费占财政性教育经费百分比（2001~2012）

数据来源：根据有关年份《教育经济经费统计年鉴》数据计算制作。

总之，在《教育规划纲要》和中央政府大力发展学前教育若干意见"国十条"的指导下，自 2010 年开始，中央财政和地方各级财政前所未有地通过多种形式投入大量财政资金发展学前教育领域。中央财政的专项拨款带动了地方政府的大量财政投入。据初步估计，中央和地方新增财政投入 2100 亿元以上。投入的主要方向是中西部欠发达地区改扩建公办幼儿园，奖励和补贴普惠性民办幼儿园建设。

二　学前教育事业发展主要趋势

随着中央一系列学前教育政策的出台和各级政府加大财政投入，学前教育事业自2010年以来发生了显著变化。本节试图通过较长时间序列数据展现这种变化，具体包括：学前三年毛入园率持续增加；学前教育规模（机构数和在园儿童规模）增加；公民办幼儿园机构及规模占比结构变化；幼儿园结构性质量指标（专任教师学历结构、班级规模、生师比等）变化。

（一）学前教育规模有较大增长

1. 学前教育三年毛入园率已提前达到《教育规划纲要》2015年目标

自2010年以来我国学前三年毛入园率持续增长。首先，学前三年毛入园率已经提前4年达到《教育规划纲要》2015年目标。根据《教育规划纲要》，2015年的三年毛入园率目标为62%，根据教育部公布数据，2013年全国三年毛入园率已经达到67.5%，2012年为64.5%，2011年为62.3%。这就是说，2015年目标在2011年已经实现。其次，尽管2000年以来全国学前三年毛入园率持续增长，但2010年之后学前三年教育毛入园率增长尤为突出。2000年全国学前三年毛入园率仅为35%，2010年学前三年毛入园率为56.6%，年平均增长率为2.16%。而在2010~2013年间，全国学前教育毛入园率的增长非常明显，2013年达到67.5%，年平均增长率达到3.63%。

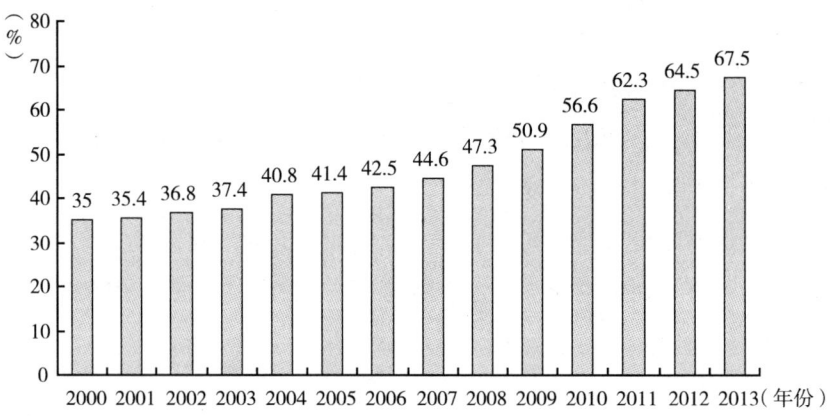

图3　学前三年毛入园增长率（2000~2013）

资料来源：2000~2010年的数据来自中国人民共和国教育部《中国教育事业发展简明统计分析》，2011年、2012年、2013年数据来自教育部新闻报道。

2. 幼儿园数量自 2010 年开始有大幅度增长

我们可以从幼儿园数量和在园儿童规模两个方面来看学前教育规模的增长。首先从全国幼儿园数量来看，从 1997 年到 2013 年期间，全国幼儿园数量有一个下降然后增长的趋势（如图 4 所示）。全国幼儿园数量从 1997 年的 18 万所降到 2001 年的 11 万所左右，达到最低谷。这种下降主要是由于计划经济向市场转型，大量企事业单位没有激励继续开办为自己职工子女创造福利的学前教育机构，于是大量公办幼儿园被关闭转卖。然后，由于民办幼儿园的兴起，全国总幼儿园数逐渐增加到 2009 年的 14 万所。2001～2009 年 8 年间，全国幼儿园总数仅增长 2.6 万所，平均每年增加 3250 所；自 2010 年以来全国幼儿园数量有了较大规模增长，2013 年接近 20 万所（19.9 万所）。2009～2013 年 4 年间增加幼儿园 6 万余所，平均每年增加 15000 余所。

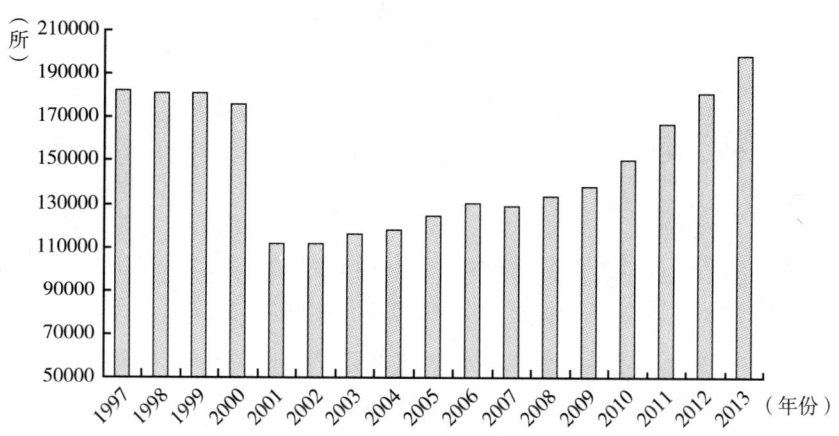

图 4　幼儿园数量大幅增长（1997～2013）

资料来源：根据 1998～2013 年《教育事业统计年鉴》数据和 2014 年教育部新闻发布会数据制作。

3. 幼儿园在园儿童规模自 2010 年有较大增长，2013 年已经达到 3895 万人

从学前教育在园儿童规模看，近年特别是 2010 年以来有非常显著的提升，2012 年达到 3686 万人，2013 年达到 3895 万人，已经提前 3 年超过《教育规划纲要》提出的 2015 年入园规模目标。事实上，如图 5 所示，2000～2012 年的 12 年间我国在园儿童规模有一个下降然后增长的趋势。2003 年，在园儿童规模降到最低点 2004 万人。2003～2009 年的 6 年间，一共增长 654 万人，平

均每年增长109万人；2010～2013的3年间一共增长918万人，平均每年增长306万人。因此，我们能够看到自2010年以来学前教育在园儿童整体规模开始大幅度提升。如果照2010年以来在园儿童平均增长速度，2014年就可以实现《教育规划纲要》所规定的2020年在园目标4000万人。

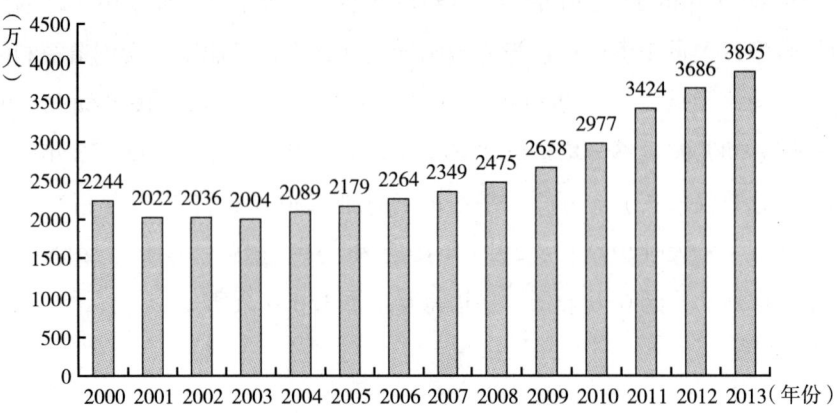

图5 幼儿园在园儿童规模（2000～2013年）

资料来源：根据2001～2013年《教育事业统计年鉴》数据和2014年教育部新闻发布会数据制作。

更长一些的时间序列数据能帮助我们看到一个更为清楚的图画。图6中我们将幼儿园在园儿童规模数据延伸到1977年，这样自2010年开始学前教育在园儿童规模的变化趋势显得更为突出。从1977年到1995年，全国幼儿园在园儿童规模基本保持一个持续上升的趋势，1995年达到一个高峰为2700万人左右。然后在1996～2003年出现了在园儿童规模下降，2003年之后再次开始增长，而只有到了2010年之后在园儿童规模才超过1995年以来的最高历史水平。

（二）学前教育公民办供给结构发生变化

根据管理体制和财政体制，学前教育供给机构可以粗略分为民办幼儿园和公办幼儿园两类。公办幼儿园主要包括教育部门、企事业单位和其他部门所属幼儿园；而民办幼儿园是指非上述主管部门的社会力量（个人或集团）所举办的幼儿园。以下从幼儿园机构数和在园儿童规模分别简述公民办供给结构的变化趋势。

学前教育公共财政投入、事业发展趋势及公平性挑战

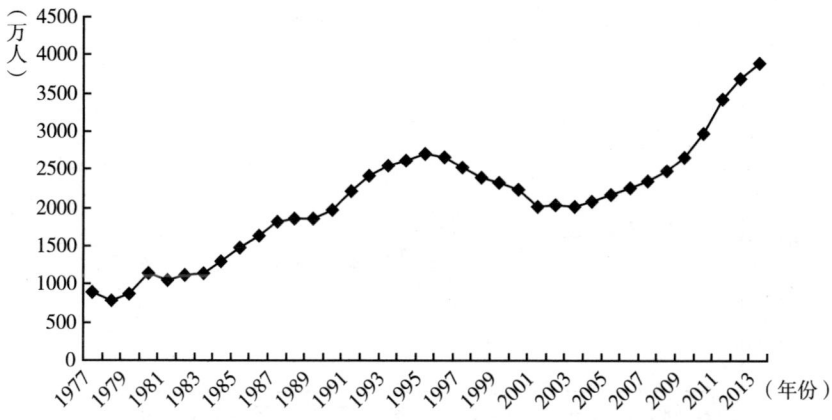

图6 全国幼儿园在园儿童规模（1977～2013年）

来源：据1978～2013年《教育事业统计年鉴》数据和2014年教育部新闻发布会数据制作。

1. 公办民办幼儿园机构数

公办幼儿园数量在2010年之后才开始有增加趋势。图7呈现了自2000年以来中国学前教育公民办供给结构的变化趋势。首先，公办幼儿园机构数呈持续下降趋势但自2010年后有增长趋势。在2000～2010年的10年期间，全国公办幼儿园数量一直呈明显下降趋势。2000年全国公办幼儿园数量为13万所，到2010年减少到不足5万所（48131所），平均每年减少公办幼儿园数量为8319所。这种公办幼儿园数量不断减少的趋势自2010年之后不再持续。自2010年开始，公办幼儿园数量出现了明显上升趋势，2011年公办幼儿园增长为51346所，到2012年增长到接近6万所（56568所）。

民办幼儿园数量持续增长。从图7我们也能清楚看到民办幼儿园持续增长的趋势。2000年只有4万多所民办幼儿园，到了2012年已经超过12万所。另外，由于公办幼儿园数量的持续下降，民办幼儿园数量的持续增长，到2004年民办幼儿园数量就已经超过公办幼儿园数量。

2. 公办、民办幼儿园的在园儿童规模

了解公办、民办幼儿园机构中在园儿童规模变化趋势也非常重要。图8展示了1997～2012年间公办、民办幼儿园在园儿童规模的变化趋势。至少有三点值得关注。第一，在1997～2007年期间，公办幼儿园在园儿童规模有一个持

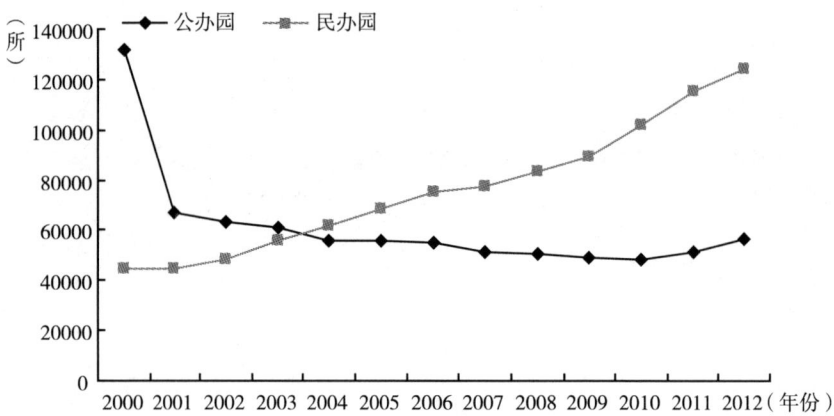

图7 公办、民办幼儿园数量变化趋势（2000~2012年）

资料来源：根据2001~2013年《教育事业统计年鉴》数据制作。

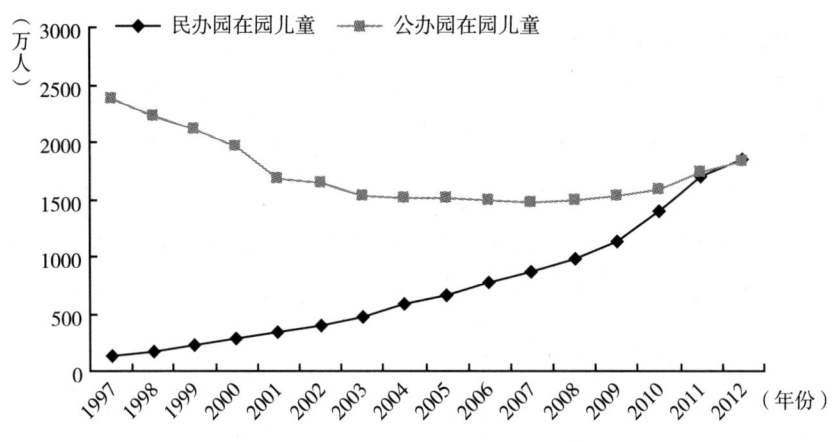

图8 公办和民办在园儿童规模变化（1997~2012年）

资料来源：根据1998~2013年《教育事业统计年鉴》数据制作。

续下降过程，直到2008年开始有一个缓慢上升趋势。1997年全国公办幼儿园在园儿童规模达2384万人，到2007年下降为1480万人。2008年公办幼儿园在园儿童规模1493万人，到2012年增长到1833万人。而比较显著的增长发生在2010年之后，因为2008~2010年两年间仅增长84万人。2010~2012年两年间增长256万人。第二，在同一时期，民办幼儿园在园儿童规模持续增长。1997年民办幼儿园在园儿童规模仅为135万人，2012年增长到1853万人，其间增长了近13倍。第三，尽管民办幼儿园数量从2004年起就已经超过公办幼儿园数，但在公办幼儿园中的儿童规模数始终比在民办幼儿园的儿童规模大。不过到了2012年，民办幼儿园在园儿童规模开始超过公办幼儿园在园儿童规模。至此，民办幼儿园在园儿童规模在全国学前教育提供中已经超过了"半壁江山"。

3. 民办幼儿园在学前教育提供中的重要角色

民办幼儿园在学前教育提供中扮演着非常重要的角色。图9显示了民办学前教育发展日益重要的趋势。上面一条线展示幼儿园机构在全国幼儿园机构数中所占百分比增长趋势，下面一条线展示民办幼儿园在园儿童规模在全国在园儿童规模百分比增长变化趋势。这里有三个方面的信息值得留意。第一，民办幼儿园机构占比在1997年仅为13.5%，到2012年已经增长为68.8%。这就是说，2012年全国超过2/3的幼儿园机构是民办幼儿园。第二，民办幼儿园在园儿童规模占比在1997年仅为5.4%，到了2012年达到50.3%。民办幼儿园在园儿童规模的这种增长趋势非常引人注目。第三，民办幼儿园机构占比和规模占比从2010年开始都出现了增长明显放缓趋势。就机构占比来看，在1997~2009年间，年平均增长4.26个百分点。而在2010~2012年期间基本没有太多增长。2010年为68%，2011年为69.2%，2012年为68.8%，只增长了0.8个百分点。这种变化是因为政府大量投入公办幼儿园建设的结果。就在

图9 民办幼儿园机构占比及在园占比（1997~2012）

资料来源：根据1998~2013年《教育事业统计年鉴》数据计算制作。

园儿童占比来看，1997～2009年的12年间，年平均增长3.1个百分点。而2010～2012年期间，年平均增长1.65个百分点。这说明民办幼儿园机构占比和规模占比增长从2010年以来都有逐渐放缓趋势。

（三）学前教育结构性质量有一定改善

学前教育质量往往比较难以直接测度，使用幼儿园专任教师学历结构、幼儿园班级平均规模以及幼儿园幼儿与专任教师之比等几个指标可以粗略勾画学前教育结构性质量情况。根据教育部学前教育事业发展宏观数据，以下我们描述自2009～2012年3年间我国幼儿园结构性质量变化。

1. 幼儿园专任教师的学历结构有明显改善趋势

幼儿园专任教师学历结构有较为明显的改善。专任教师中有大学本（专）科学历教师比例明显增加。首先，拥有本科学历的幼儿园专任教师在全体幼儿园专任教师中的百分比有明显改善。该百分比从2009年的10.83%增加到2010年的11.88%，到2011年为12.95%，到2012年，该比例为14.28%。过去三年增加了3.45个百分点。其次，从拥有专科学历的幼儿园教师百分比来看，过去几年也有明显提高。2009年有专科学历的幼儿园专任教师占47.7%，到2010年该百分比为48.3%，2011年为49.4%，2012年为50.7%。过去三年增加了3个百分点。一个相应明显的趋势是幼儿园专任教师中高中学历教师的占比呈下降趋势。2009年高中学历幼儿园专任教师占比为38.1%，2010年降低为36.2%，2011年为34.3%，2012年为31.8%。过去三年高中学历教师占比降低了6.3个百分点。

大量研究发现，本科学历以及专业领域的知识对幼儿发展有重要影响。[1]从2008年全国县级数据看，差不多一半（50.13%）的幼儿园教师有大专文凭，不到一成（9.29%）的幼儿教师有本科以上文凭。对比2012年和2008年幼儿园教师的学历结构，有本科学历的百分比增加了大约5个百分点，但与美国的数据相比（见表2），我们就能看到差距。美国学前教育专业教师中大学本科以上（含研究生）的比例高得多。美国教育部明确规定服务于"提前开

---

[1] M. Bueno, L. Darling-Hammond, and D. Gonzales, (2010). *A Matter of Degrees: Preparing Teachers for the Pre-K Classroom*. The Pew Center on the States, Retrieved from: http://www.preknow.org/documents/teacherquality_ march2010.pdf.

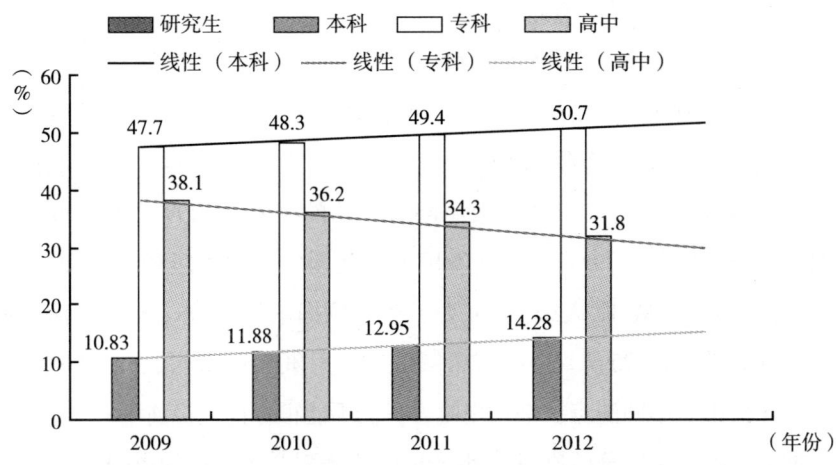

图 10　幼儿园专任教师学历结构变化

资料来源：根据教育部官方网站公布的幼儿教育发展数据计算制作。

端"和州政府财政支持的幼儿园教师必须学历达标（主班教师须有本科文凭）。美国州政府支持的幼儿园本科及以上学历者占 48%，[1] 而我国 2012 年幼儿园教师中不足 15% 的有本科及以上学历。同时需要注意的是，美国数据是差不多 10 年前的数据，最近这些年份美国幼儿园应该有很大提高。如此看来，我国幼儿园专任教师的学历结构有大大提升的空间。

表 2　中美幼儿园专任教师学历结构差异

单位：%

		CDA	高中以下	高中及等同	大专	本科	研究生以上
美国		22	—	13	14	24	24
中国	2008 年	—	3.57	36.96	50.13	9.29	0.5
	2012 年	—	3.0	31.8	50.7	14.28	0.11

注：1. 美国数据来源于（Saluja, et al., 2002），其中 CDA 只指儿童发展专科证书。2. 中国数据根据 2008 年全国 2096 个县级单位学前教育事业发展数据计算。3. 中国 2012 年数据来自教育部全国宏观汇总数据计算。

---

[1] G. Saluja, D. M. Early, and R. M. Clifford, Demographic characteristics of early childhood teachers and structural elements of early care and education in the United States, *Early Childhood Research and Practice*, 2002（4）：1.

2. 幼儿园平均班级规模略有下降

大量研究表明幼儿园班级规模对学前教育质量和儿童发展有重要影响,[1]因此幼儿园班级规模往往是用来推测学前教育质量非常重要的指标。在本文中平均班级规模由在园儿童数除以幼儿园班级数计算而出。图11显示我国幼儿园平均班级规模在过去三年中有减小趋势。总的来看,2009~2012年,平均班级规模从31人减到29人;单独看民办幼儿园,平均班级规模从29人减到28人;公办幼儿园从32人减到31人。按照原国家教委颁布的幼儿园编制标准,小班规模为20~25人,中班26~30人,大班31~35人。由于现有数据不能区分年龄组下不同的班级平均规模,我们不能很好把握目前平均班级规模的含义,同时也没有实证分析班级总量减少1~2人对学生发展的影响。

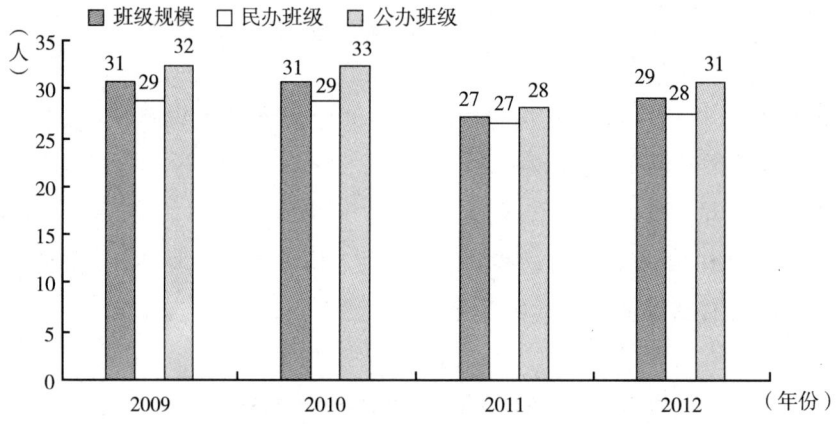

图11 幼儿园平均班级规模变化（2009~2012）

数据来源：根据教育部官方网站公布的幼儿教育发展数据计算制作。

3. 幼儿园师生比略有降低

师生比与学前教育质量有密切关系，一般说来，生师比越低，保教质量越高。我们计算了两个指标，一个是幼师比，一个是幼职比。幼师比是在园幼儿

---

[1] Chetty, R; Friedman & Nathaniel Hilger & Emmanuel Saez & Diane Whitmore Schanzenbach & Danny Yagan, 2011. "How Does Your Kindergarten Classroom Affect Your Earnings? Evidence from Project Star," The Quarterly Journal of Economics, Oxford University Press, vol. 126（4）, pages 1593–1660.

数与专任教师之比，而幼职比是在园幼儿数与幼儿园教职工人数之比。首先，我们注意到幼师比有降低的趋势（见图12）。2009年幼师比为27∶1，2010年和2011年为26∶1，而2012年为25∶1。其次，幼职比也有减小趋势，从2009的17∶1减小到2012年的15∶1。尽管师生比有降低趋势，但如果与国家标准和地方标准相比，专任教师和教职工数量都不达标。按教育部规定，全日制幼儿园的幼职比为1∶(6~7)。江苏省幼儿园编制标准，师生比为16∶1；山东省幼职比为1∶(6~8)；广东省标准为1∶(7~10)。

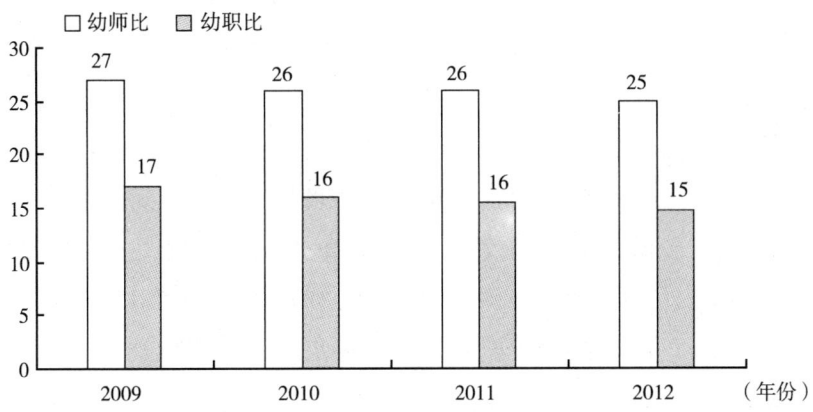

图12 幼儿园幼师比变化（2009~2012年）

数据来源：根据教育部官方网站公布的幼儿教育发展数据计算制作。

三 学前教育公平性挑战

随着中央和地方各级政府增加对学前教育的财政投入，我国学前教育在规模、公民办供给结构以及结构性质量等方面都发生了明显变化。然而，当回顾学前教育自2010年以来所取得成就时，学前教育发展现实离坚持公益性和普惠性原则，构建覆盖城乡、布局合理的学前教育公共服务体系，保障适龄儿童接受基本有质量学前教育的政策目标还有很大的距离。学前教育发展还面临诸多问题，而公平性挑战是首要的。以下笔者指出学前教育公平性挑战的四个方面。

（一）公共财政倾向于投入公办幼儿园，而"公办幼儿园"资源往往被优势群体家庭儿童所享有

"入园难"被认为是我国学前教育的严重问题之一，但入读优质低价"公办幼儿园"难才是"入园难"问题的实质。这有三个方面的原因。第一，学前教育财政投入倾向于公办幼儿园，这样就导致整体而论公办幼儿园质量普遍高于民办幼儿园。但一般而言，由于政府财政投入和价格控制，公办幼儿园收费普遍比民办幼儿园低。这样公办幼儿园学前教育往往就成为低价优质的教育产品。前文已经显示中央学前教育专项绝大多数用于公办幼儿园建设，也有研究显示地方政府学前教育投入也倾斜地投入较好的公办幼儿园（机关园、县直园等）。[①] 第二，长期以来，非常稀缺的公办幼儿园资源大多数只能为来自优势家庭的子女所享有。[②③④] 换言之，来自较低社会经济地位的弱势家庭的孩子进入公办幼儿园的可能性相对较低。这种学前教育领域里的不公平之格局在过去三年中并没有根本改变。第三，公办幼儿园资源非常短缺。如前文所述，2012年在全国幼儿园中只有不足1/3是公办幼儿园；同时，公办幼儿园在园儿童规模占全国在园儿童规模不足一半。尽管近年来大量财政经费投入公办幼儿园建设使公民办幼儿园占比略有变化，但除了个别地方（上海、河北），就全国的局面来看，以公办幼儿园为主的格局并未形成。即使在已经形成了公办幼儿园为主的地区，优质公办幼儿园资源的分布也倾向于优势人群家庭儿童获得更多机会。

更进一步地讲，以公办幼儿园为主的财政投入倾向如果不以服务对象的家庭社会经济地位为条件，则可能加剧对公办学前教育资源的竞争，可能加剧学前教育领域公办资源分布的不公平。比如据笔者在西部某省会城市某区的调研，在2010年以前没有一所公办幼儿园。2010年由于中央财政的投入，该区

[①] 宋映泉：《不同类型幼儿园办学经费中地方政府分担比例及投入差异——基于3省25县的微观数据》，《教育发展研究》2011年第17期。

[②] 徐雨虹、陈淑华：《从公有学前教育资源占有者的构成看学前教育的公平性》，《幼儿教育（教育科学版）》2007年第4期。

[③] 桂磊：《关于财政性学前教育经费在幼儿园之间的分配问题》，《事业发展与管理》2004年第3期。

[④] X. Gong and Xu D. (2012). Household Income and Preschool Attendance in Rural China: Evidence from CHNS, working paper submitted and presented in the 2012 CIES conference, Puerto Rico.

改建 1 所公办幼儿园，6 个班，180 个孩子的规模，由于收费较低，幼儿园保教质量和硬件质量都不错，于是家长们都想将孩子送到这个公办幼儿园。教育局的方案是 20% 名额给关系户，80% 名额利用"摇奖机"公平摇号。

此外，根据目前公办幼儿园的收费标准，我们也可以给出证据显示优质幼儿园往往是优势家庭儿童的特权。为了考察公办幼儿园收费标准对不同家庭收入人群学前教育成本的可负担性，笔者收集整理了全国 27 个①城市不同类型公办幼儿园保育费标准（包括省级示范园和最低级别幼儿园）及城镇居民年均可支配收入和农民人均纯收入数据，并计算出各地两类公办幼儿园（示范性公办幼儿园和普通合格公办幼儿园）保教费收费标准相对于三口之家城镇居民和农民家庭收入的百分比。主要包括：(1) 城市示范性公办幼儿园的生均月平均保育费为 511 元，合格公办幼儿园的平均保育费为 235 元。(2) 对于城市居民三口之家而言，进入示范公办幼儿园的保教费成本在家庭可支配收入中的比例在各个城市有较大差别，最高的占 1/6 左右（天津 15.75%），最低的在 3% 以下（昆明 1.98%，西安 1.45%）；平均为 6.51%。进入一般合格公办幼儿园保教费占比最高仅为 7.88%。(3) 农民家庭子女上示范公办幼儿园的最高保育费占其家庭纯收入比例 1/3 以上（34.39%，天津），平均 15.36%。(4) 农民家庭子女上合格公办幼儿园的保教费占其家庭纯收入平均百分比为 7.2%，而城市居民子女上示范公办幼儿园的保教费占家庭可支配收入平均百分比为 6.51%。这些数据表明，从价格上讲，城镇居民子女更有可能上示范性公办幼儿园，而农民子女大多上非示范性低等级公办幼儿园。

表 3　若干城市公办幼儿园收费标准占城镇居民可支配收入及农民家庭纯收入百分比

省/自治区/直辖市	省会城市	公办幼儿园		示范园收费		非示范园收费	
		示范/高级园收费（元/月）	非示范/低级别园收费（元/月）	占城镇居民家庭可支配收入百分比（%）	占农民家庭纯收入百分比（%）	占城镇居民家庭可支配收入百分比（%）	占农民家庭纯收入百分比（%）
北　京	—	750	250	6.86	15.17	2.29	5.06
天　津	—	1400	700	15.75	34.39	7.88	17.19
河　北	石家庄	220	160	3.18	8.15	2.32	5.93
山　西	太　原	370	95	5.46	12.24	1.4	3.14

① 因为数据的不可得，本文没有包括上海、西藏和青海三个省区市。

续表

省/自治区/直辖市	省会城市	公办幼儿园		示范园收费		非示范园收费	
		示范/高级园收费（元/月）	非示范/低级别园收费（元/月）	占城镇居民家庭可支配收入百分比（%）	占农民家庭纯收入百分比（%）	占城镇居民家庭可支配收入百分比（%）	占农民家庭纯收入百分比（%）
辽宁	沈阳	1000	500	12.61	25.55	6.31	12.78
吉林	长春	750	315	10.88	27.58	4.57	11.58
黑龙江	哈尔滨	600	155	8.89	17.48	2.3	4.52
江苏	南京	600	220	6.11	15.01	2.24	5.5
浙江	杭州	520	100	4.14	10.19	0.8	1.96
安徽	合肥	400	280	5.24	14.68	3.67	10.28
福建	厦门	400	250	3.55	9.91	2.22	6.19
江西	南昌	400	300	5.65	13.7	4.24	10.28
山东	济南	400	200	6.66	19.23	3.33	9.62
河南	郑州	400	100	5.5	10.64	1.37	2.66
湖北	武汉	460	210	5.67	13.7	2.59	6.26
湖南	长沙	500	100	5.5	10.57	1.1	2.11
广东	广州	865	365	7.58	17.17	3.2	7.25
广西	南宁	300	210	4.43	6.54	3.1	4.58
海南	海口	480	300	7.16	19.67	4.48	12.29
重庆		400	120	5.81	18.06	1.74	5.42
四川	成都	650	500	7.97	18.84	6.13	14.49
贵州	贵阳	400	100	6.12	15.71	1.53	3.93
云南	昆明	150	70	1.98	6.22	0.92	2.9
陕西	西安	130	35	1.45	3.79	0.39	1.02
甘肃	兰州	380	180	6.87	20.35	3.25	9.64
宁夏	银川	260	120	3.96	10.74	1.83	4.96
新疆	乌鲁木齐	600	400	10.88	19.31	7.25	12.87
平均值		511	235	6.51	15.36	3.05	7.20

注：①各地公办幼儿园收费标准通过查询各地政策文本和媒体报道获得；②城镇居民年均可支配收入和农民人均纯收入来自各地2012年《国民经济和社会发展统计公报》；③示范性公办幼儿园收费占比计算方式：每学期按10个月，每个家庭按3个人计算。分子为示范性或者非等级公办幼儿园收费乘以10，分母为城镇居民年均可支配收入或者农民纯收入乘以3。

（二）普惠性民办幼儿园建设并没有根本解决中低收入家庭子女"入园贵"问题

普惠性民办幼儿园建设是政府通过财政投入方式增加幼儿园资源的主要方

式,很多城市和地方政府将公办幼儿园和普惠性民办幼儿园占总幼儿园的百分比作为政策目标。笔者以下试图说明目前全国普惠性民办幼儿园建设方式并没有根本解决中低收入人群子女"入园贵"问题。

为了分析目前普惠性民办幼儿园收费标准对于一般家庭子女入园的可负担性现状,笔者收集了16个城市公益性民办幼儿园保育费标准的限价,同时收集了这些城市城镇居民年均可支配收入和农民人均收入数据,并由此计算公益性民办幼儿园收费标准对三口之家城镇居民有一个儿童入园占其可支配收入的百分比,以及对三口之家农民家庭有一个孩子入园在其家庭纯收入中的百分比。有关结果见表4。

表4 若干城市普惠性民办幼儿园收费标准占城镇居民可支配收入及农民家庭纯收入百分比

省份	城市	普惠性民办幼儿园收费(元/月)	城镇居民年均可支配收入(元)	农民人均纯收入(元)	占城镇居民家庭可支配收入的百分比(%)	占农民家庭纯收入的百分比(%)
北京	—	2000	36469	16476	18.28	40.46
天津	—	1200	29626	13571	13.50	29.47
辽宁	沈阳	1000	26431	13045	12.61	25.55
江苏	南京	550	32732	13328	5.60	13.76
安徽	合肥	640	25434	9081	8.39	23.49
福建	厦门	500	37576	13455	4.44	12.39
山东	济南	480	20032	6932	7.99	23.08
湖北	武汉	400	27061	11190	4.93	11.92
湖南	长沙	600	30288	15763	6.60	12.69
广东	广州	1380	38054	16788	12.09	27.40
广西	南宁	1800	22561	15292	26.59	39.24
四川	成都	600	27194	11501	7.35	17.39
贵州	贵阳	800	21796	8488	12.23	31.42
云南	昆明	900	25240	8040	11.89	37.31
甘肃	兰州	950	18443	6224	17.17	50.88
新疆	乌鲁木齐	500	18385	10356	9.07	16.09
平均值		894	27333	11846	11.17	25.78

注:①公益性民办幼儿园收费标准通过查询各地政策文本和媒体报道获得;②城镇居民年均可支配收入和农民人均纯收入来自各地2012年《国民经济和社会发展统计公报》,③普惠性民办幼儿园收费占比计算方式:每学期按10个月,每个家庭按3个人计算。分子为公益性民办幼儿园收费乘以10,分母为城镇居民年均可支配收入或者农民纯收入乘以3。

从表4我们可以看到以下几点。第一，普惠性民办幼儿园保育费收费标准在全国有较大差异，最低的有400元/月，最高的达2000元/月。平均保育费为894元/月。第二，普惠性民办幼儿园保育费占标准城市居民家庭可支配收入百分比有较大差异。最低仅占4.44%（福建厦门），最高占26.59%（广西南宁），平均占比为11.17%。第三，各地普惠性民办幼儿园保育费标准相对于三口之家农民家庭收入来讲，其平均占比高达25.78%。最高达到50.88%（兰州），最低为12%左右（厦门、武汉等）。同时，需要说明的是上述百分比是对城市居民和农民收入的平均值而言，如果是使用收入的中位数数据，该比例还会更高。此外，上述计算仅包括保育费而并没有包括伙食费等其他费用。

尽管由于中央财政幼儿资助措施，各地纷纷出台政策对贫困幼儿入园实施财政资助，但覆盖范围还是非常有限。以上海浦东为例，2011年9月，浦东新区发布《关于对浦东新区经济困难家庭适龄幼儿实施学前教育资助的通知》，规定凡符合条件的经济困难家庭儿童，其入园期间保育教育费、一日一餐两点伙食费由幼儿园统计后上报，由财政统一划拨。这一政策加大了对经济困难家庭儿童的资助。2009～2012年，浦东新区共投入财政资金784.83万元，资助儿童4000人次。90%左右的在园幼儿能够享受到普惠性服务，浦东新区普惠性幼儿园保教费标准为上海市最低工资标准的1/8，为上海市平均工资标准的1/28。[①] 浦东新区也许可以算作全国学前教育的典型，获得资助儿童平均每年1000人左右。因此我们可以断言，对于全国大多数地区的中低收入家庭而言，入读普惠性民办幼儿园依然"入园贵"。

（三）农村幼儿园和县镇幼儿园与城市幼儿园相比保教质量还存在巨大鸿沟

中央政府和地方政府学前教育财政投入中相当大比例投到了中西部农村，推动农村乡镇幼儿园建设。由于大量经费投入硬件建设，与儿童身心发展密切相关的保教质量似乎并没有得到显著改善。证据显示，农村幼儿园和县镇幼儿园与

---

① 浦东新区教委：《学前教育财政投入与绩效监控的实践探索》，教育部—联合国儿童基金会普惠性民办幼儿园项目结题会资料，2013。

城市幼儿园相比在结构性质量指标上还有明显差距。笔者计算了2012年全国按城乡分布的幼儿园专任教师学历结构（见表5）以及按城乡分布的幼儿园职幼比和师幼比（见表6）。表5显示，城市幼儿园专任教师大专学历比县镇幼儿园教师高出4.5个百分点，比农村幼儿园教师高出14.4个百分点；城市幼儿园专任教师中本科学历比例比县镇幼儿园教师高出6个百分点，比农村幼儿园教师高出12个百分点。而农村幼儿园专任教师由更高比例的高中及以下学历的教师组成。

表5　2012年按城乡分布幼儿园教师学历结构

单位：%

	高中以下	高中及等同	大专	本科	研究生以上
城　市	0.1	25.6	54.5	18.2	0.19
县　镇	3.5	34.2	50	12.23	0.04
农　村	7.2	46.4	40.1	6.26	0.02

注：根据来自教育部全国汇总数据计算。

生师比是表示幼儿园结构性质量的另一个指标。如表6所示，我国城市、县镇和农村幼儿园在这个指标上还有明显差距。2012年城市幼儿园平均幼职比为10∶1，县镇幼儿园为17∶1，农村幼儿园为28∶1。如果看幼儿与专任教师之比，差异更为显著。2012年城市幼儿园平均幼师比为17∶1，县镇为27∶1，农村为45∶1。

表6　2012年按城乡分布幼儿园生师比

	幼职比	幼师比
城　市	10	17
县　镇	17	27
农　村	28	45

注：根据来自教育部全国汇总数据计算。

（四）大多数进城务工农民工子女在城市还不能享受有质量保证的学前教育

中央财政学前教育专项"四大类七大项"之"综合奖补类"资金专门用

于"鼓励多渠道、多形式办园和妥善解决进城务工人员随迁子女入园",然而大量证据显示,进城务工农民工子女在城市的学前教育质量堪忧。他们中的绝大多数只能在城市就读"非注册"民办幼儿园。这些"非注册"幼儿园往往收费不高,规模不大,质量不高,数量惊人。似乎没有证据显示哪个城市因为"学前教育三年行动计划"的实施,这种"非注册"民办幼儿园大大减少或者消灭。即使在学前教育发展最好的上海市,也有大量民办三级幼儿园和看护点存在。仅上海市闵行区,2012年底就有104家看护点(其中11家正筹备申请民办三级幼儿园)。民办三级幼儿园算是获得资格予以办理的学前教育机构,而看护点则是非正式注册机构。在104家看护点中93家看护点共有幼儿20432人,占该区在园幼儿总数的37%左右。再如沈阳市2013年有经过审批的各级各类幼儿园959所(其中公办幼儿园287所、民办幼儿园672所),在园儿童14.3万人。现有未审批的不规范幼儿园1459所,在园儿童58535名,这些幼儿园主要为不规范的家庭托儿所。这就是说,在该市大约29%的孩子在"非注册"幼儿园。在经济发达地区城市如此,在西部欠发达地区也是如此。比如,据笔者调研,2012年底贵阳市有291所"非注册"幼儿园。甘肃兰州城关区有143所"无证"民办托幼机构,占该区幼儿园总数的60%。

大量"非注册"幼儿园存在有多方面原因。一方面是学前教育市场上有质量保障的合格幼儿园资源供给不足;另一方面也因为地方政府管理部门过度管制,过高门槛导致一些幼儿园无法获得合法身份。

四 总结与建议

本文首先简述了中央和地方政府自2010年对学前教育增大财政投入。据初步估计,新增中央和地方学前教育财政投入2100亿元。这些经费主要用于公办幼儿园建设和鼓励扶持普惠性民办幼儿园。其次,通过使用时间序列数据描述了学前教育事业在三年毛入园率、幼儿园规模、在园规模、公民办幼儿园供给比例、结构性质量等方面的发展变化趋势。学前教育三年毛入园率及在园儿童规模已经超过《教育规划纲要》2015年目标;公办幼儿园数量和在公办幼儿园中的儿童自2010年之后大幅度增加；民办幼儿园已经占全国幼儿园总数的2/3以上，在民办幼儿园中的儿童数超过50%。同时，学前教育结构性质量指标（教师学历结构、班级规模、幼师比）也有明显改善，但与国家标准和国际上可比较的质量指标相比，还有较大差距。最后，本文指出经过实施学前教育三年行动计划之后，我国学前教育依然面临着公平性挑战。具体表现在四个方面：①公共财政倾向于投入公办幼儿园，而来自优势家庭儿童入读公办幼儿园机会更高；②普惠性民办幼儿园收费标准对中低收入家庭而言负担仍然过高；③农村幼儿园与城镇幼儿园在保教质量上与城市幼儿园相比还存在巨大差距；④大多数农民工子女在城市还不能享受有质量保障的学前教育。

毋庸置疑，本文还存在诸多不足。首先，关于政府财政投入数据，笔者并没有获得中央各项专项在各省、自治区、直辖市的分布以及各地方政府各自投入总量的地方差异。其次，由于时间序列微观财政数据的不可得，本文并没有能够分析不同财政投入方式（公办幼儿园建设、普惠性民办幼儿园建设、教师培训、幼儿资助等）对地方学前教育发展的因果关系。再次，关于学前教育事业发展，同样由于省、市、县级微观数据的不可得，本文也没有能够系统分析地区之间的差异及影响因素。最后，几个学前教育发展指标的使用还有待于进一步提高其准确性。比如学前教育质量指标是投入性指标而非幼儿实际发展和成长的指标或者过程性指标；政策文本中的示范性幼儿园或者普惠性保教费标准与各幼儿园实际收取的费用有差距。此外，本文也没有能够分析乡镇中心幼儿园建设对农村幼儿入园机会和质量的影响。建议未来的研究可以在上述方面进行深入。

对于改善学前教育事业、促进其公平性提出如下政策建议。第一，政府对公办幼儿园的财政投入应该以服务弱势群体家庭（社会经济地位）儿童为条件。具体讲，公办幼儿园只有为来自社会经济地位低的弱势群体家庭儿童服务时才有接受公共财政投入的正当理由。否则，公共财政对公办幼儿园的投入导致的结果是优势人群子女享有高质低价的幼儿园，这都是在加大学前教育领域的不公平。第二，在幼儿园价格管制方面，可以考虑公办幼儿园和普惠性民办幼儿园实施梯度收费政策。对于家庭人均收入在当地人均收入中位数或者平均水平以下一定百分比的儿童入园实施全额或部分补贴。这样就不至于限制公办幼儿园和普惠性民办幼儿园在市场上获得合理的私人成本分担。目前公办幼儿园和普惠性民办幼儿园最高收费的限制会制约幼儿园发展的活力。第三，加大对农村和县镇地区幼儿园教师队伍发展的财政投入。如果第一个三年行动计划建设了大量乡镇中心幼儿园，接下来的重点应是采取灵活多样的形式扩大幼儿园教师规模和提升质量。第四，中央政府应将进城务工农民工子女学前教育入园率、入园率规模、质量指标作为城市发展和建设的考核指标；改变"四大类七大项"中的"综合奖补类"项目，以促进民办幼儿园机构、非政府组织、民办团体通过多种形式举办有质量、收费合理、面向农民工子弟的合格的民办幼儿园。

B.5
中国教育财政投入20年的回顾和评价

周金燕　袁连生　邹　雪*

摘　要： 2012年，中国的国家财政性教育经费占国内生产总值的比例首次突破"4%"，实现了1993年提出原计划在20世纪末实现的"4%"目标，距今已整20年，标志着教育财政新阶段的开始。本文以"充足"和"公平"为评价维度，结合20年来的主要财政政策，对中国的教育财政投入历史情况进行了回顾、评价和分析。继"4%"之后，中国教育财政投入面临的问题仍然是如何从制度上保障教育财政投入的充足、公平和效率。

关键词：

教育财政　充足　公平

一　问题提出和财政教育投入政策回顾

2012年，中国的国家财政性教育经费占国内生产总值（GDP）的比例为4.28%，首次实现了"4%"的目标，这标志着教育财政新阶段的开始。但随之产生的问题是实现了"4%"目标以后怎么办？如何使用好巨额的教育经费？这需要对中国近20年的教育财政投入历史及变革进行回顾和评价，以为后来决策提供借鉴。

---

* 周金燕，北京师范大学教育经济研究所、首都教育经济研究院讲师；袁连生，北京师范大学经济与工商管理学院、首都教育经济研究院教授；邹雪，北京师范大学教育经济研究所在读硕士生。本文得到北京高等学校"青年英才计划"的资助（项目号YETP0297）。

国家财政性教育经费占GDP的比例在20世纪末达到4%目标是在参照20世纪80年代发展中国家的平均水平上确立的,① 首次在1993年的《中国教育改革和发展纲要》中提出,② 并写入1995年的《中华人民共和国教育法》中,距今已近20年。这20年来,中国的教育财政投入体制可总结为三次重大变革。

一是1994年的分税制改革。这次改革旨在调整20世纪80年代形成的中央和地方的关系。③ 通过这次改革,中央政府成功获得了在改革初期转移到地方政府手中的大部分财政权力,掌握了对财政收入的再分配权力,加强了中央权威,但也由于中央财政转移支付制度和事权改革等没有及时跟进,造成了很多问题,对地方教育财政投入产生深远的影响。

二是2001年确立"以县为主"的基础教育财政投入和管理体制。1985年的《关于教育体制改革的决定》建立了分权的各级经费负担体制,虽然在筹集经费和普及义务教育方面发挥了重要作用,但也造成了贫困地区和农村地区的义务教育经费难以保障的问题。为此,2001年颁布的《国务院关于基础教育改革与发展的决定》中确立了"由地方政府负责、分级管理、以县为主"的基础教育管理体制,基础教育的重心上移到县级政府,标志着农村基础教育经费的供给由"乡村自给"过渡到"以县为主",这对于解决乡镇教育财政困难有积极的作用。

三是2006年实施的农村义务教育经费保障新机制。针对农村地区,尤其是在农村教育集资和教育费附加被取消后,暴露出农村教育经费严重短缺的问题,中国政府于2005年底发布《关于深化农村义务教育经费保障机制改革的通知》,建立了中央和地方"分项目、按比例"分担的农村义务教育经费保障机制,并写入2006年新修订的《中华人民共和国义务教育法》中。"新机制"明确规定了新增教育经费主要用于农村(义务教育),并确定了各级政府对义

---

① 厉以宁:《教育经济学研究》,上海人民出版社,1988。
② 1993年《中国教育改革和发展纲要》提出的是到2000年财政性教育经费占国民生产总值(GNP)的比例达到4%。后来,由于国民经济统计更多使用国内生产总值(GDP)指标,且GNP与GDP二者数量差异很小,所以学术界和政府都逐渐将4%指标表述为财政性教育经费占GDP的比例4%。
③ 刘克崮、贾康:《中国财税改革三十年:亲历与回顾》,经济科学出版社,2008。

务教育的财政责任关系;定位于公平的分配,努力缩小各类经费差异。"新机制"的目标是实现农村义务教育经费供给的"全面保障",将农村中小学办学基本需求全面纳入财政保障范围。

总的来说,这三次改革对中国的教育财政投入产生了重要且深远的影响。那么在这一改革背景下,中国的教育财政投入情况发生了什么变化呢?如何评价?一般来说,在教育财政领域里,教育财政投入的充足和公平是评价一国教育财政体制的重要维度。本文将围绕这两个目标,结合中国教育财政体制的改革背景,对中国过去20年的教育财政投入进行回顾和评价,以为后"4%时代"到来的教育财政投入决策提供咨询和参考。

二 教育财政的投入充足

教育规模和质量的保持和发展,必须有充足的经费支持,这也是教育财政领域将"充足"作为教育财政首要目标的原因。从绝对意义上看,教育财政的充足是指所提供的经费能够保障国民接受基本教育的权利,能满足维持教育系统的正常运行和健康发展;从相对意义上看,是指教育资源的供给能适应国家或地区的经济社会发展水平,并要求和政府的公共财政支出保持一个合理的比例。基于此,本文在评价我国教育财政投入充足的时候,以各级生均预算内教育经费来测量绝对充足;以国家财政性教育支出占国内生产总值的比例来测量相对充足;以财政性教育经费占财政支出的比例来测量各级政府的教育投入努力。数据来源于《中国教育经费统计年鉴》和《中国统计年鉴》。

(一)教育投入的绝对充足:生均经费的增长

以各级生均预算内教育经费衡量教育财政投入的绝对充足,测量结果如图1和图2所示,发现以下几点。

其一,过去20年,小学和中学的生均预算内教育经费总体表现为上升趋势,以不变价格计算,小学的生均经费从1993年的168元上升到2011年的2447元,升幅达13.6倍;中学的生均经费从1993年的384元上升到2011年的3179元,升幅达7.3倍。这表明我国的基础教育财政投入的充足情况得到

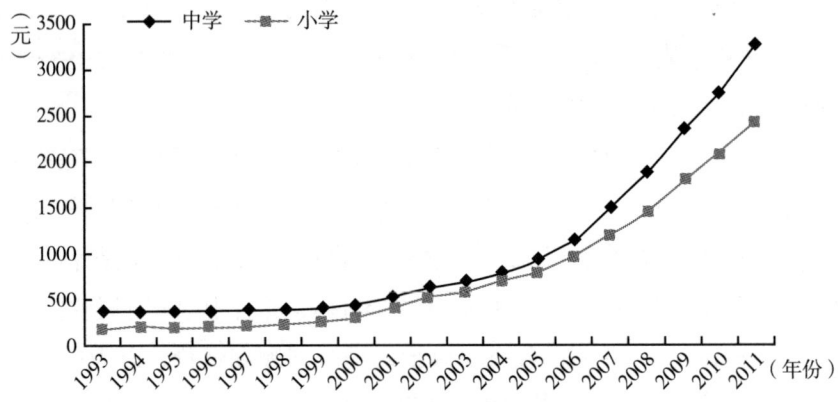

图1 义务教育生均预算内经费支出趋势
（1993~2011，不变价格）

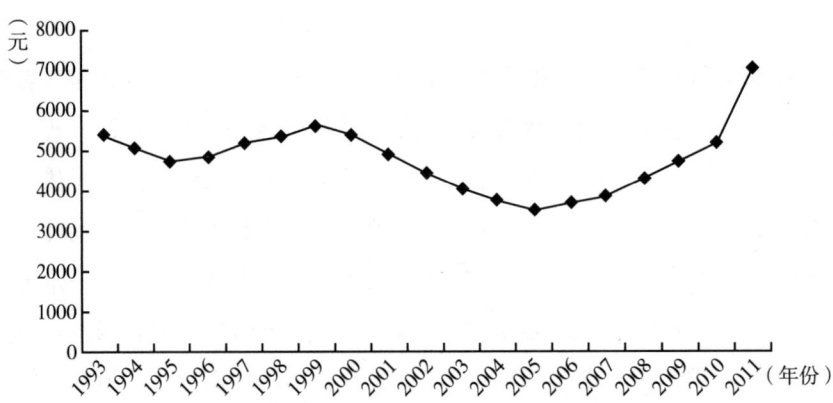

图2 高等教育生均预算内经费支出（1993~2011，不变价格）

了极大的改善。但进一步观察，我们发现，这一升幅主要来自2005年后的变化，而1993~2000年初这一阶段的升幅很小。结合这一阶段的基础教育财政政策，这或许要归功于2006年农村义务教育经费保障新机制的实施。总的来说，中国的基础教育财政充足情况是趋于改善的。

其二，过去20年，高等教育财政投入的充足表现并不乐观，但近年有明显的改善。经历了20世纪90年代中后期短暂的上升后，由于受到高等教育扩招的影响，高等教育生均预算内经费从2000年开始出现明显的下降趋势，以不变价格计算，从1999年的5633元下降到2005年的3497元，降幅达1/3

多。这一趋势到 2006 年开始被扭转，直到 2011 年才重新超越 1999 年的投入充足水平。2011 年对高等教育预算内经费投入力度很大，仅这一年增幅就达 1/3。总的来说，20 年来，以生均计算，高等教育财政投入增幅很小，与 1993 年相比，不到 1/3。

（二）教育投入的相对充足："4%"目标的实现

20 世纪 60~70 年代，西方发达国家常以教育支出占国内生产总值是否达到 8% 的标准来衡量教育财政投入的相对充足。① 而中国也在 20 年前提出了教育财政投入充足的目标，即国家财政性教育经费支出占 GDP 的比例在 20 世纪末达到 4%。② 然而这一目标的实现却花费了 20 年，比原计划整整延后了 12 年。

如图 3 所示，国家财政性教育经费支出占 GDP 的比例，虽然总体呈现上升趋势，但在分税制改革初期，以及 21 世纪初都曾有过下降阶段，直到 2006 年开始才表现为强劲的上升趋势，并最终于 2012 年超过 4%，实现了原本计划在 20 世纪末实现的教育财政投入的充足目标。

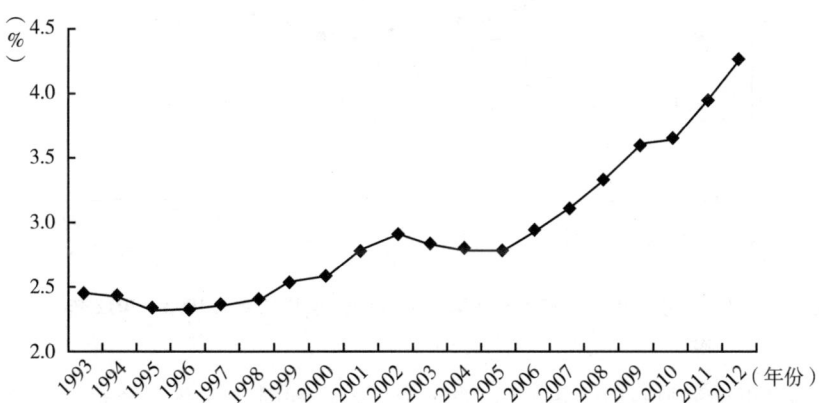

图 3 国家财政性教育经费占 GDP 的比例（1993~2012 年）

---

① Benson, C. S. Educational Financing. In Martin Carnoy (ed.), *International Encyclopedia of Economics of Education* (Second Edition), NY: Pergamon, 1995: 408-409.
② 国家财政性教育经费包括：各级政府征收用于教育的税、费，企业办学校教育经费，校办产业、勤工俭学和社会服务收入用于教育的经费。

如何解释这一指标的变化呢？本文将用国家财政能力（以国家财政收入占GDP的比例来衡量）和国家财政的教育支出努力（以国家财政性教育经费占国家财政支出的比例来衡量）这两方面内容来进行解释。

如图4所示，1994年后，呈现明显上升趋势的指标是国家财政能力指标，即国家财政收入占GDP的比例，从1995年的10.3%上升到2012年的23%，上升幅度不止1倍。结合1994年的改革，说明分税制改革后国家财政能力得到了迅速的增强。尽管国家财政能力得到加强，政府对教育支出的努力却不容乐观，表现为财政性教育经费占财政支出的比例，不仅在1996年后出现明显的下降，进入21世纪后也未见上升，直到2006年后才略有改善，并仍然起伏不定。2012年国家财政性教育经费占国家财政支出的比例是17.5%，仍然未能回升到1996年的比例（21.1%）。

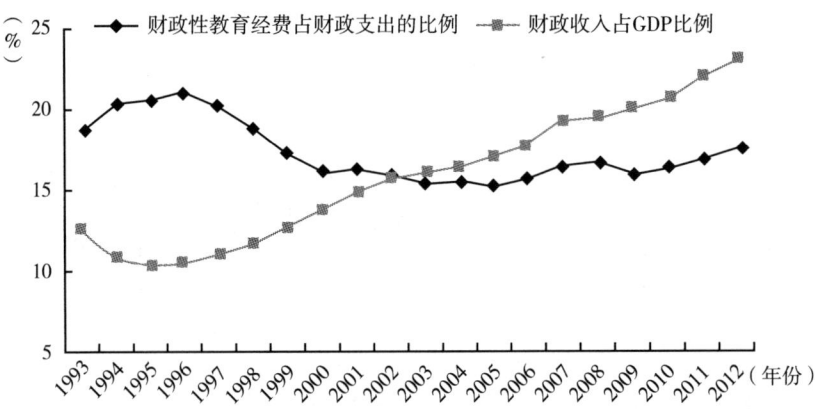

图4 财政教育支出努力和国家财政能力的变化趋势（1993~2012年）

如果以国家财政收入占GDP的比例（x_1）和财政性教育经费占财政支出的比例（x_2）作为解释变量，以国家财政性教育经费占GDP的比例（y）作为被解释变量，得到的线性回归模型为：

$$y = 0.157x_1 + 0.087x_2 + \varepsilon \quad (\text{sig.} < 0.001)$$

该模型表示，国家财政性收入占GDP比例每上升1个百分点，财政性教育经费占GDP的比例将上升0.157个百分点；而财政性教育经费占财政支出的比例每上升1个百分点,财政性教育经费占GDP的比例变化将上升0.087个百分点。两者的影响都通过了0.001的显著性水平检验。

据此我们认为,过去20年,引起国家财政性教育经费占GDP的比例上升的最主要因素是1994年分税制改革所导致的国家财政能力的迅速加强,表现为国家财政性收入占GDP比例的上升。但国家财政的教育支出努力却不容乐观,甚至还曾出现不进反退的阶段,对"4%"的目标一度起到负向作用,虽然近年有所改善,但仍然未能回到20世纪90年代的水平。

(三)政府的努力:教育支出占公共财政比例的变化

如上所述,考虑到政府的教育支出努力不仅是教育财政充足的重要保障,同时也是我国延迟实现"4%"目标的重要因素,本部分将重点对中国各级政府的教育支出努力进行测量分析。20世纪60~70年代,西方国家常以教育支出占公共财政的20%来衡量政府的教育支出努力。那么过去20年,中国政府的教育投入努力程度表现如何呢?

1. 各级财政的教育支出努力

从全国来看,过去20年中国政府的教育支出努力表现并不佳,虽然2006年之后有小幅回升,但总体来说是下降的,未能回到20世纪90年代的水平。为了深入分析,本部分将国家教育财政支出分为中央和地方两级,分别考察这两级政府财政的教育支出努力,测算结果如图5所示,发现以下特征。其一,地方财政的教育支出是全国财政性教育经费的主要来源,占全国财政支出的15%左右;而中央财政的教育支出比例比较低,不到3%。其二,1996年之前,中央财政和地方财政的教育支出比例虽然都经历了上升过程,但之后长达近10年出现下降趋势,直到2006年才开始有小幅回升。2011年中央财政的教育支出比例为1.4%,仍然低于1996年的2.7%;地方财政的教育支出比例为15.6%,也低于1996年的18.4%。中央和地方财政的教育支出比例的变化共同影响了财政性教育经费占国家财政支出比例的变化趋势,尤其是地方财政的教育支出比例,作为教育经费的主要来源,其变化趋势和国家总财政的教育支出比例相一致,起到了主要性的影响。

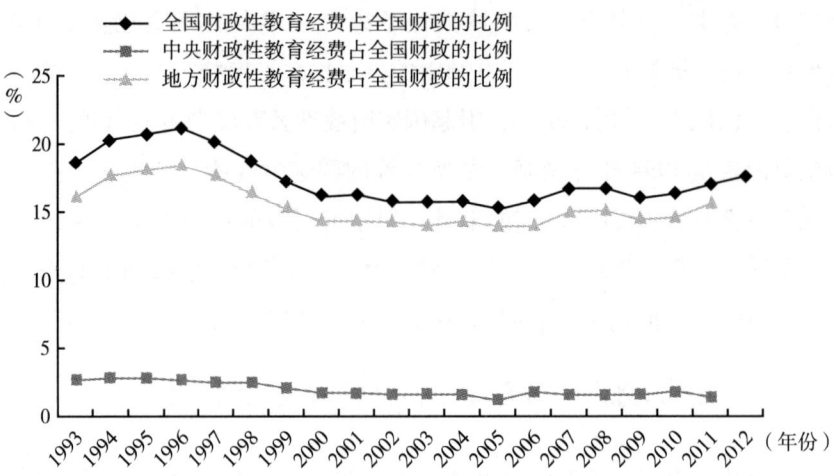

图5 各级财政性教育经费占全国财政支出的比例（1993~2012年）

2. 省级财政的教育支出努力

如图6所示，过去20年，除西藏自治区之外，中国各省区财政的教育支出比例在经历了1994年之前的上升之后，基本都呈现下降趋势。到2011年，绝大部分省区市都未能回升到20年前的水平，说明地方政府教育投入的努力程度是不断减弱的。例如江苏省，从1993的30.8%下降到2011年的18.9%，

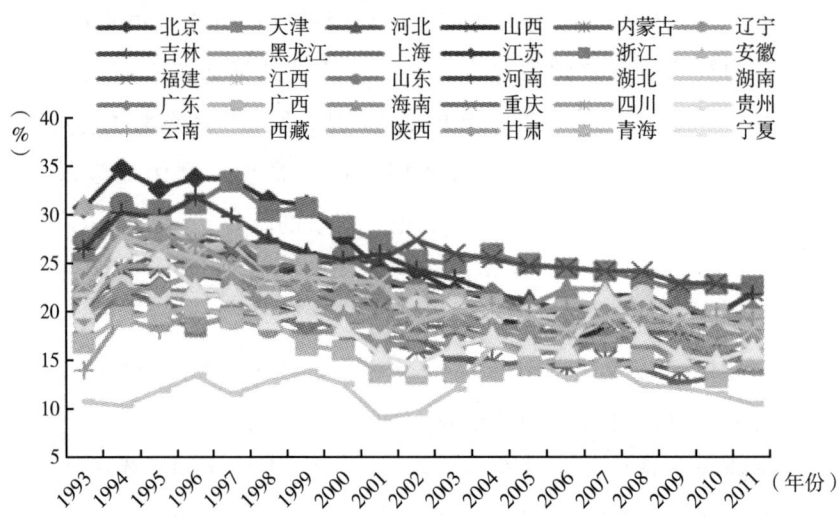

图6 各省区财政性教育经费占省级财政支出的比例（1993~2011年）

降幅达 1/3 多。这表明，过去 20 年，虽然中国经济有了巨大的发展，但是政府对教育投入的努力并未能跟上这一迅速的经济发展，反而表现为逆增长的态势，这是明显不符合社会发展规律的。

那么地方政府对教育投入的努力为何不进反退呢？是什么因素导致了这一变化？从图 6 中我们获知，明显的变化发生在 1994 年分税制改革之后。那么是否正是这一改革造成了这一影响？一般来说，一项财政制度的改革包含两方面的内容：一方面是"财"，即政府内部对于税收以及其他公共性收入的分配和支出；另一方面是"政"，指政府在使用这些公共收入的时候，不但将其作为宏观经济的调控手段，而且它也是用来平衡收入在地区、居民间的分配模式，更重要的它还用来规范和控制政府官员的行为。

一些学者从"财"的变化角度给出解释，指出分税制改革提升了中央财政收入的比例，降低了地方财政收入，使地方政府的收支不对等，收支缺口变大，以至于地方政府对日益增加的教育投入责任难以为继，只好压缩教育支出。但这一解释值得商榷。如图 7 所示，虽然分税制改革明显改变了中央财政和地方财政初次分配收入的占比，1993~1994 年，中央财政本级收入占全国财政收入比例从 22% 上升到 57.7%，而地方财政本级收入占全国财政收入从 1993 年的 78% 下降到 44.3%，但是如果观察地方财政的实际收入（地方本级收入—上解中央收

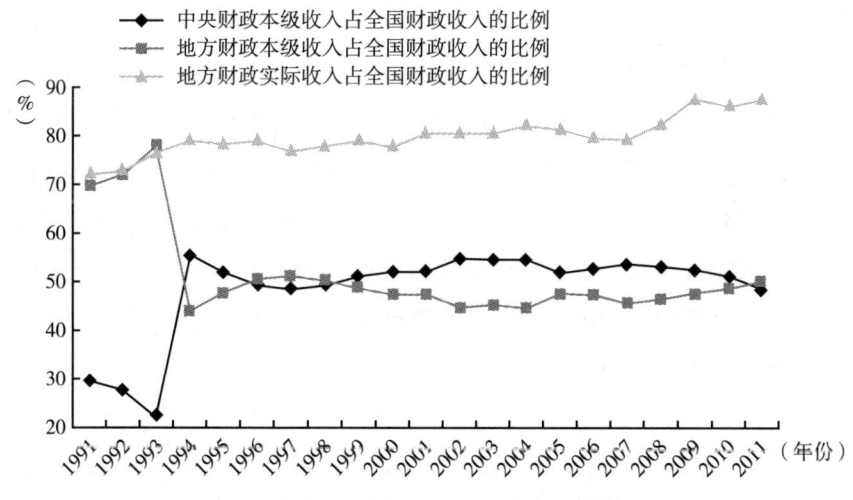

图 7　各级财政收入的结构（1993~2011 年）

入+中央转移支付),发现在分税制改革后并没有受到负面的影响,反而略有上升。地方财政实际收入占全国财政收入比例,从1993年的76.7%上升到1994年的79.2%,到2011年则达到87.9%。实际上,针对分税制改革引起的地方财政收支不平,中央财政的2/3仍然是通过税收返还的方式返还给地方,以实现地区财政的收支平衡。因此,分税制改革并没有导致地方财政能力的明显下降。

由此引发的疑问是,分税制改革后,地方财政能力在没有下降的情况下,为何仍会明显减少对教育的投入比例呢?这需要从"政"方面的影响来解释。通常,为所在辖区提供公共品以换取中央政府政治上的支持一直是解释中国地方政府公共支出的逻辑,[1] 同时经济绩效的考核对地方政府官员的政治前途也发挥着重要作用,这适用于整个中国的中央和地方关系。[2] 1994年分税制改革后,上述逻辑和考核标准并未发生改变,但是地方政府所面临的财政收入分配方式及经济环境发生了改变,于是其公共支出行为也随之发生改变。具体来说,表现为以下两个方面。

一是分税制的集权化效应,促使地方政府行为更迎合中央的经济绩效考核。分税制改革后,地方财政对中央财政的依赖度大大增加,为了获取中央政府更多的财政转移支付,在改革初期中央还未能建立合理的返还支付方式的基础上,并且中央对地方政府及官员晋升的考核都偏重经济绩效的情况下,地方政府更愿意投给短期就能产生明显经济绩效的领域,而非长远才能看到收益的教育领域。

二是外资引进热促使地方政府更愿意投资基础设施。20世纪90年代中期后,外来资本逐渐成为地方政府新的经济增长点,这段时间地方政府围绕外来资本展开的竞争比以前明显加剧。在公共支出行为上的表现是,地方政府更愿意优先投入基础设施建设,以吸引外来投资,推动国内经济增长。对那些具有较高外部性或投资回报期长于官员任期的领域,地方政府并不情愿投入过多。而教育是一个投资回报期很长,并且绩效也难以被精确评估的领域,因此地方政府自然就失去了投入热情。

---

[1] Qian, Y. How Reform Worked in China, in Rodrik, D. (ed.), *In Search of Prosperity: Analytic Narratives on Economic Growth*. Princeton, N. J.: Princeton University Press, 2003.

[2] 陈硕:《分税制改革、地方财政自主权与公共品供给》,《经济学季刊》2010年第4期。

总的来说，本文数据显示，各级财政在教育支出上的比例在过去长期处于下降的态势，虽然近年有所上升，但是还未能回到20世纪90年代中期的水平，这是极不符合中国社会发展的战略的，也是导致中国延迟实现"4%"目标的主要原因。分税制改革虽然加强了中央财政再分配的权力，但在旧有"政"体还未能改革的情况下，其将会扭曲分税制改革原本试图加强政府公共服务职能的目标。也就是说，地方政府对这一改革的反应将是压缩收益慢、不利于中央考核领域的支出，包括教育领域的投入。因此，需要进一步推动和完善教育财政体制的改革。

三 教育财政投入公平的回顾和评价

教育财政公平通常包括水平公平和垂直公平两个方面。水平公平是指在假设所有成员都是同一的前提下，均等地分配给每一个体同等的份额；而垂直公平指在考虑个体成员差异的基础上，分配给不同个体不同的份额，强调关注弱势群体的利益。本部分重点回顾和评价义务教育财政的水平公平，即对义务教育财政在城乡之间和省区之间的投入均衡评价。

（一）义务教育财政投入的城乡均衡

以农村生均预算内教育经费支出占总体平均数的比例这一指标来评价教育财政投入的城乡均衡度，测算结果如图8所示，可以发现如下两个问题。其一，中国政府对农村义务教育的投入明显低于城市地区，尤其是在20世纪90年代中后期，农村的生均预算内经费投入普遍不到平均值的80%；并且初中的城乡均衡度明显低于小学。其二，从变化趋势来看，20年来义务教育财政投入的城乡均衡情况经历了一个U形曲线的变化。从1994年开始，小学和初中的生均预算内经费的城乡投入均衡程度有明显的恶化趋势，到2001年才开始趋于改善。2011年农村生均预算内经费占总体平均数的比例达95%，表示义务教育财政投入的城乡均衡有明显的改善，但是农村地区仍然要低于城市地区。

结合我国的教育财政改革历史，我们可以粗略地提供一些解释。其一，分税制改革有可能会导致追求经济绩效的地方政府更没有动力去缩小教育投入的

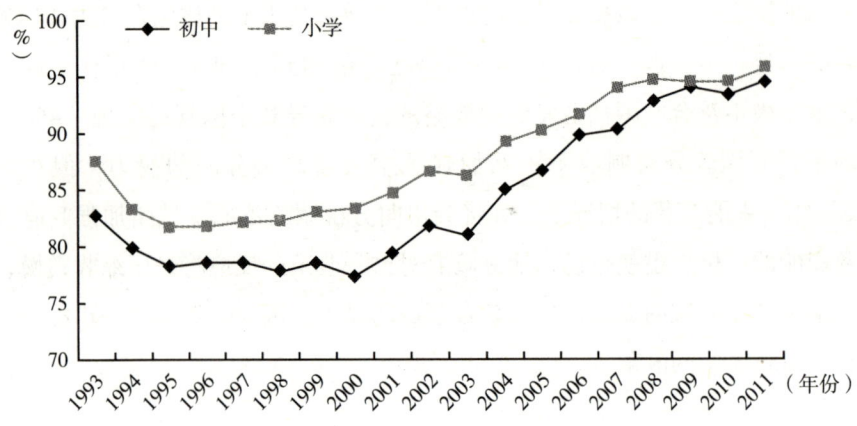

图8 义务教育财政投入的城乡均衡（1993～2011年）

城乡差距，促进教育公平，因而导致了 U 形曲线的前半段——义务教育财政投入的城乡差距扩大。其二，针对 2001 年之前分权的各级经费负担体制下农村地区的义务教育经费难以保障的问题，2001 年确立的"以县为主"的义务教育财政体制，将农村的教育经费投入统筹到县级单位；之后又于 2006 年实施专门针对缩小差距的"新机制"，这两方面的改革在缩小义务教育投入的城乡差异方面起到了比较明显的积极作用。

（二）义务教育财政投入的省际均衡

本文使用基尼系数来测算义务教育生均预算内经费投入的省际均衡发展情况。基尼系数取值为 0～1，值越小代表省际差距越小，值越大代表省际差距越大。测算结果如图 9 所示，发现以下两点。其一，过去 20 年，小学阶段生均经费的省际差距明显大于初中阶段，但在近年趋于一致，2011 年小学和初中生均经费的省际基尼系数都为 0.28。其二，从 1994 年开始，生均预算内经费的省际差距基本表现为倒 U 形发展的趋势，可概括为省际发展均衡的迅速恶化期（1994～1997 年）——波浪起伏期（1998～2005 年）——明显改善期（2006～2011 年）。但总的来说，2011 年义务教育阶段生均经费的省际差距，仍然大于 1994 年的情况（2011 年小学基尼系数为 0.28，高于 1994 年的 0.27；初中基尼系数为 0.28，高于 1994 年的 0.23）。

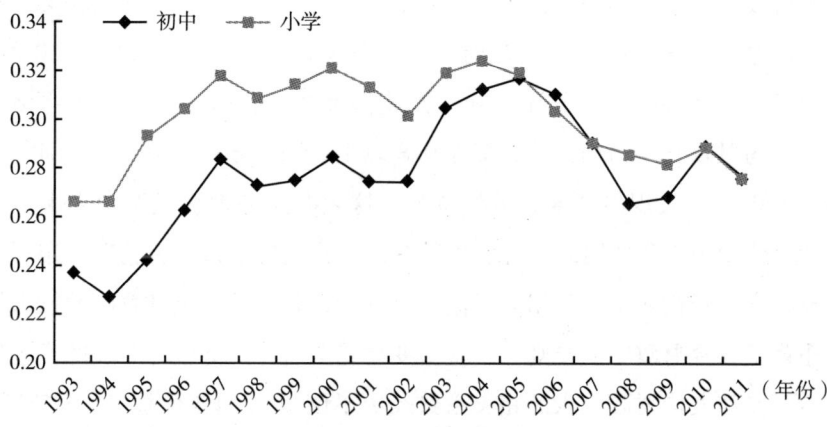

图 9　义务教育生均预算内经费的省际基尼系数（1993～2011 年）

如何解释这一变化趋势呢？本部分将从教育财政中立和省际财政不平衡这两个方面来解释义务教育经费的省际差距。教育的"财政中立"思想，最初源于美国针对学区差距所进行的基础教育财政体制改革。20 世纪中期前，美国的学区财政投入体制造成了学区教育经费和学区富庶程度高度相关，这被认为是不公平的，于是提出了"财政中立"的教育财政体制。所谓财政中立是指，教育资源的分配不应该依赖于地方的富庶状况，不应该由于地方财政情况的不同而不同。在这一原则的指导下，美国通过加大联邦和州财政的投入比例，降低基础教育资源对地方学区财政的依赖，进而缩小了学区之间的教育差距。① 财政中立也通常被用来解释教育财政的分配差异。那么中国的义务教育财政中立的表现如何呢？地方义务教育经费投入水平是否高度依赖地方财政的富庶情况？进而在地方财政发展不平衡的情况下，对省际义务教育投入均衡发生影响？本部分试图结合我国教育财政投入体制的改革历史，给出测量和解释。

其一，教育财政中立的测量和变化。本文使用各省的生均预算内教育经费支出和人均财政支出的相关系数来进行测量教育财政中立。相关系数越小，表

---

① Ko, J. W, The Impact of New Funding Formula on School Finance Equity in Missouri, *Education*, 2006, 126 (3): 559–568.

明教育财政越中立;相关系数越大,表示教育财政越不中立。通常相关系数小于 0.5 是评价教育财政制度满足财政中立的标准。[①] 测算结果如图 10 所示,我们发现:一是从绝对值来看,20 年来我国义务教育阶段的各级生均预算内经费和人均财政支出的相关系数都在 0.8 以上,明显超过了 0.5,个别年度甚至超过了 0.98,表现出高度相关的特征。这表明义务教育经费投入水平在很大程度上依赖于该省的财政情况。也就是说,是地方财政富庶情况决定了地方的义务教育经费投入水平。据此我们可以认为,我国的义务教育财政投入体制明显违背了教育财政中立原则。二是从变化趋势看,义务教育阶段的各级生均预算内经费和人均财政收入的相关系数经历了倒 U 形的变化趋势,从 1994 年开始,相关系数先上升,之后长期维持高位水平,直到 2006 年才有所下降,到 2010 年开始有明显的下降。这表明过去 20 年,我国教育财政不中立的变化经历了加强期—高位徘徊期—下降期三个阶段。

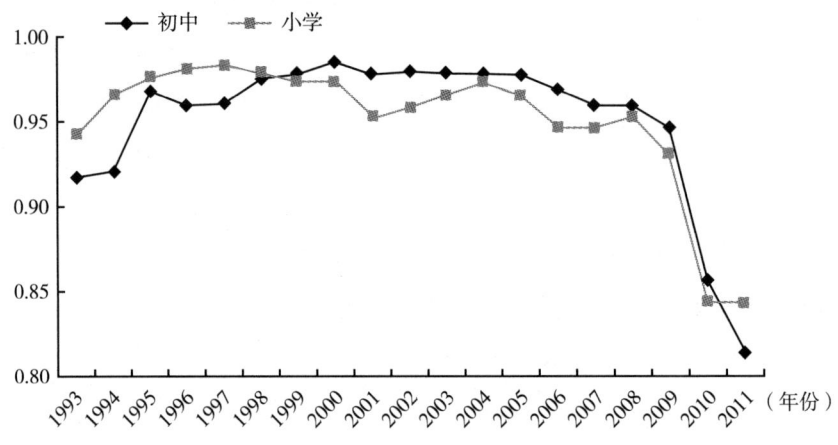

图 10　生均预算内经费和人均财政收入的相关系数(1993～2011 年)

其二,省际财政差距的测量和变化。以基尼系数测量人均财政收入的省际差距,如图 11 所示,我们发现,人均财政收入的省际差距同样表现为倒 U 形的趋势。1993～1997 年间迅速上升,并超过了 0.3,表明各省的财政差距较

---

① A. R. Odden, O. P. Lawrence, *School Finance: A Policy Perspective*, Boston: McGraw-Hill. 2000: 59.

大;之后保持基本平稳的趋势,2005年是一个转折点,之后省际基尼系数表现为迅速下降的趋势,到2011年为0.22。

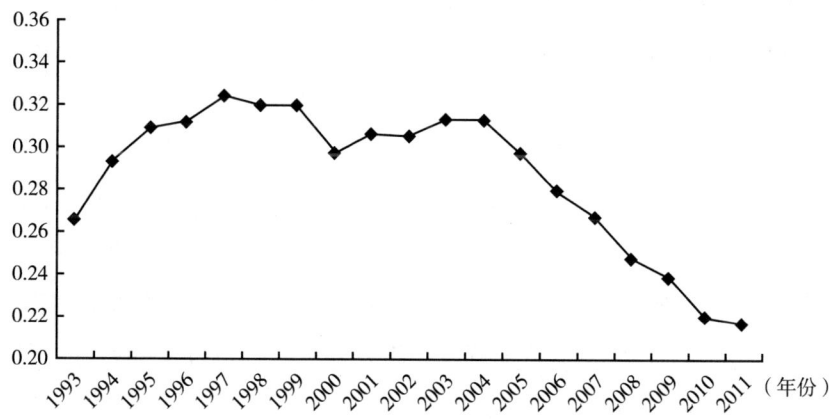

图11 人均财政收入的省际基尼系数(1993～2011年)

通过对教育财政中立变化和省际财政差距变化的测量,我们发现,过去近20年来,教育财政中立程度呈现倒U形变化(见图10),而省际财政差距也表现为倒U形变化(见图11),两者共同导致了义务教育财政投入省际差距的倒U形变化(见图9)。结合教育财政投入体制改革,第一和第三阶段的变化正好也对应了我国教育财政的两次重大改革——分税制改革和2006年的"新机制"。为此我们可以推论,分税制改革可能间接地扩大了义务教育投入的省际不均衡,而2006年的农村义务教育经费保障"新机制"则作为一种后期的教育财政投入调整,对促进省际义务教育的均衡发展起到了积极的作用。

四 讨论:"4%"之后怎么办?

需要肯定的是,2012年中国财政性教育经费占国内生产总值的比例已达4.28%,完成了20年前提出来的"4%"目标。而近年来在教育财政领域的改革,如"以县为主"的教育财政投入体制和农村义务教育经费保障新机制的推行,也被发现对促进教育投入公平起到了积极的作用,尤其是"新机制",被证实明显缩小了城乡之间和区域之间的教育投入差距。①② 但从绝对值上来看,2011年各级财政在教育支出上的比例、义务教育投入的区域均衡水平,都还未能回到20世纪中期的水平;地方的教育经费充足水平还严重依赖于地方财政的富庶程度。因此继"4%"之后,中国财政教育投入面临的问题仍然是如何从制度上继续保障教育财政投入的充足、公平和效率。

2013年11月十八届三中全会通过了《中共中央关于全面深化改革若干重大问题的决定》,提出要"建立现代财政制度,发挥中央和地方两个积极性,清理规范重点支出同财政收支增幅或生产总值挂钩事项,一般不采取挂钩方式"。教育投入作为一项重要的民生支出,过去设置了"财政性教育经费占GDP达到4%"的目标,"各级财政支出中教育经费所占的比例全国平均不低于15%",以及保障"四个增长"的规定。③ 这些挂钩规定为各级政府编制教育预算、优化支出结构、保障教育的基本经费需求起到了底线作用。那么如果取消了这些目标和挂钩机制,地方财政的教育支出将会是什么状况呢?学术界对中国地方政府财政支出偏好的研究中有一个共识性的结论,认为地方政府在安排财政支出时具有生产性偏好,更愿意投入经济建设方面,而对包括教育在内的民生支出则会尽量压缩。这是因为地方政府主要对上负责,GDP增长率是政绩考核和晋升的主要指标,并且经济建设和基础设施投入又容易设租寻租,而投给教育给官员带来的利益远小于经济建设和基础设施,依此推理,地方政府将难以按照居民意愿安排财政支出,支出结构会偏离社会最优目标。因此,如果在现有体制下,取消上述挂钩,可以预测的结果是,政府的教育支出比例不仅不会继续提高,可能会大幅度下降。

---

① 范先佐、付卫东:《农村义务教育新机制:成效、问题及对策》,《华中师范大学学报(人文社会科学版)》2009年第4期。
② 孙志军、杜育红、李婷婷:《义务教育财政改革:增量效果与分配效果》,《北京大学教育评论》2010年第1期。
③ 1993年中共中央、国务院发布的《中国教育改革和发展纲要》规定:"逐步提高国家财政性教育经费支出占国民生产总值的比例,本世纪末达到4%。各级政府必须认真贯彻《中共中央关于教育体制改革的决定》所规定的中央和地方政府教育拨款的增长要高于财政经常性收入的增长,并按在校学生人数平均的教育费逐步增长的原则,切实保证教师工资和生均公用经费逐年有所增长。要提高各级财政支出中教育经费所占的比例,八五期间逐步提高到全国平均不低于15%。"这些内容也写入了1995年的《教育法》中。

要取消财政教育投入的挂钩指标，就必须有替代机制来保障教育经费的基本需求。可考虑的方案包括两点。一是在完善人民代表大会制度的基础上将全部政府支出的决定权放到人大，由各级人大的预算委员会与财政部门共同编制预算草案，预算草案要在人大全体会议上充分讨论，再进行表决。因此同时，也需要将人大会议的时间、预算编制的时间都大大提前。二是改进地方政府及官员的政绩考核机制，将教育投入的核心指标纳入考核指标体系之中，比如财政性教育经费占政府财政的比例，用来考核政府的教育支出努力。

除了考虑教育财政投入的充足和公平之外，还需重视和研究教育财政投入的效率问题。效率是教育财政投入需要被考虑的另一个重要原则。教育财政效率解决的是"投向何处才能以最小的成本实现最大的目标"这样的问题，以促进公共财政资源的合理使用。分税制改革后，教育财政投入趋于集权化，这虽然有利于调整地区差距，从国家层面促进社会均衡发展，但由于信息不对称及管理成本等，可能会对教育经费的使用效率造成一定影响。近些年对一些教育专项资金投入的效率问题，已出现很多质疑和批评，但有依据的评估研究很少，这也是本文没有对教育财政的效率进行回顾的重要原因。因此，有必要重视和研究教育财政投入的效率问题，保障公共资源不被浪费，为财政投入的科学决策提供依据。

教育新观察

New Observations

B.6
高考改革"箭在弦上"

熊丙奇*

摘　要：

　　高考改革是 2013 年最热门的教育话题之一。异地高考政策在各地的落实推进、以北京为代表的地方高考降低英语分值改制，直至十八届三中全会决定中各种具体的高考改革措施，都使得高考改革呈"箭在弦上"之势，公众对新高考改革方案的出台充满期待。但高考改革要取得切实成效，必须突破现在的高考利益框架，寻求高考改革的思路。必须意识到，我国高考制度的核心问题是按计划集中录取，考试、招生分离才是高考改革的灵魂，离开了灵魂，其他的改革，是难有效果的。

关键词：

　　高考改革　异地高考　招考分离

---

* 熊丙奇，上海交通大学教授，21 世纪教育研究院副院长。

2013年,异地高考和高考改革,是最热门的教育话题之一。上半年,舆论聚焦异地高考政策的落地推进,而下半年,以北京为代表的地方高考改革方案拿英语"开刀",也引发持续关注,直至党的十八届三中全会的决定(以下简称《决定》)花较多的笔墨提及高考改革,并具体到减少统一科目、文理不分科、英语一年多次考等措施,让高考改革呈"箭在弦上"之势,公众对新高考改革方案的出台,充满期待。

一 异地高考"破冰"首年"遇冷"受关注

2013年高考,备受关注的最大政策变化是,有多个省市迈出异地高考的第一步,允许达到条件的随迁子女在当地报考、当地录取。江苏、浙江、湖北、湖南、重庆、安徽、河南、云南、吉林、辽宁、河北、黑龙江12个省份打开异地高考之门,但这并没有引来火爆的报名场景,只有4000多名随迁子女报名异地高考。①

不少舆论由此称,异地高考"遇冷"。对于异地高考"遇冷",有着多种解读,有人认为开放异地高考,并不像想象中那样会对当地考生带来冲击,完全可以加大力度推进,这部分人主要是异地高考的推动者;还有人认为,异地高考动静闹得那么大,可真正选择异地高考的人并不多,没必要把心思花在这个问题上,这部分人主要是当地户籍居民、考生。

这些解读都只是就事论事,没有深入分析异地高考之所以遇冷的根本原因。异地高考在上述一些地方遇冷,有多方面原因。

其一,这是首次开放异地高考,很多考生和家长已经选择回原籍就读高中,因此,适合报考条件的随迁子女较少。如果异地高考政策持续推进,就可能有更多的考生在中考时,选择留在城市求学,异地高考的人数会持续增加。

其二,不少省市公布异地高考政策的时间比较晚,就是在城市就读的随迁子女,也有相当部分已回原籍所在地报名高考。这是我国高考政策的老问题,

---

① 李凌、阳锡叶、胡航宇、缪志聪:《首次"试水",异地高考真的遇冷了吗?》,《中国教育报》2013年6月13日。

总是在临到考试时才做出政策调整，没给老百姓调整、适应政策的时间。

其三，这些省市，对随迁子女异地高考，不但提出学籍要求，还提出父母工作年限、居住所在地的要求，这提高了异地高考的门槛，一定程度把异地高考变为"拼爹"。

其四，有的开放异地高考的省市，表面上看条件并不苛刻，可在资格审查方面，却比较严格，比如有的随迁子女，就遭遇开不出三年学籍证明的难题。这个问题在今后很长一段时间内都可能存在，地方政府会视异地高考报名人数的情况，"调整"报名的门槛，甚至人为设置障碍控制异地高考人数。

其五，以上地区有一个共同特点，即高考竞争十分激烈，就是符合条件的考生，在权衡实际高考竞争压力之后，也有的选择回原籍所在地报考。这是这些地区异地高考遇冷的根本原因，放在高考竞争相对不激烈的地区，情况就可能完全不同。事实上，早在国家推进异地高考政策之初，舆论关注的焦点就集中在人口流入多、高等教育资源丰富的北京和上海地区，并认为这些地区解决异地高考问题，面临激烈的利益冲突，而在2013年，北京并没有开放异地高考，而上海还是延续此前的10类拥有人才居住证的随迁子女可以报考的政策。

很显然，异地高考遇冷，为进一步推进异地高考，提出更现实的课题。

首先，要清晰地认识到，解决异地高考的难点，在北上广等地区。北上广的异地高考问题不解决，就等于没有解决异地高考问题。我国政府部门不要满足于有多少比例的省市已经开放了异地高考。

其次，已经开放异地高考的省市，要进一步降低开放的门槛，应该只针对学生的学籍提出要求，而不应该设置针对考生父母的职业、住所门槛。

最后，在落实异地高考政策过程中，应该积极为考生服务，而不应该处处为难。推进异地高考，其用意是促进教育公平，而扩大教育公平，将是我国教育发展的出发点和目标。

与此同时，这也要求解决北上广的异地高考问题必须有新的思路。我国各地的人口流入情况、高等教育资源分布情况、高考竞争情况，大不相同，适合一地的政策，并不适合另一地，在高考资源分布不均衡的现实中，在北上广开放异地高考，不可能复制其他地方的政策。

事实上，从北京、上海、广东公布的异地高考方案和思路看，设置的开放门槛都很高,其中,北京只开放了异地高职,根据北京市教育部门公布的《2014年进城务工人员随迁子女在京参加高等职业学校招生考试实施办法》,从2014年起,随迁子女可在京参加高等职业学校招生录取。① 而上海公布的《关于来沪人员随迁子女就读本市各级各类学校的实施意见》则把随迁子女在上海参加异地高考与居住证挂钩,意见要求来沪人员持有"上海市居住证"且积分达到标准分值,其子女在上海市参加高中阶段学校招生考试并完成高中阶段完整学习经历后,可在上海市参加普通高等学校招生考试;来沪人员持有"上海市居住证",积分达到标准分值,且已连续持有"上海市居住证"3年及以上,其子女为上海市高中阶段学校毕业的,可在上海市参加普通高等学校招生考试。② 根据上海的规定,随迁子女能在上海获得异地高考机会参加本科录取的只有15%左右。广东的异地高考方案与上海类似,而在2014年首次开放的异地高职中,仅深圳就有半数本以为符合报考条件的考生,而没有通过审核。

以笔者之见,人口流动和高考利益是影响异地高考政策的主要因素。因此,解决北上广的异地高考问题,必须从根本上突破当前的高考利益框架,采取新的思路。在现有高考利益框架之下,解决异地高考,极有可能加剧利益冲突。

在笔者看来,由于利益考量主导异地高考政策和异地高考选择,所以,根本解决北上广等地的异地高考问题,必须突破现在的高考利益框架,寻求高考改革的思路。这就是打破分省按计划集中录取制度,探索全国重点高校面向全国统一、自主招生的新制度,而不是在现有高考利益框架下,加剧利益冲突。

二 降低英语分值改革成效有待观察

北京于2013年10月公布新高考改革方案,从2016年起,英语分值变为100分,一年考两次,成绩三年有效,与此同时,语文总分升至180分。这引起各界广泛关注。舆论普遍认为,这传递出让英语教学摆脱畸形的应试教育回

---

① 李新玲:《北京异地高考仅限高职有限政策短期受益者少》,《中国青年报》2013年10月14日。
② 《上海向符合条件者开放异地高考》,《文汇报》2013年12月24日。

归本质，同时也重视语文教育、保护母语的改革信号。

从各地公布的高考改革方案看，新一轮的高考改革，有拿英语科目开刀的趋势，基本的做法，就是降低英语的权重（降低分值或只计等级），并实行一年多次考（整体多次考或口语、听力多次考）。

从表面上看，改革是英语和语文的此消彼长，或者说抑英扬汉。有意思的是，有关教育官员和专家并不承认这一点，认为减少英语分值，是有利于推进英语教育教学改革的。可是，这一逻辑放在语文上，就行不通了，依此逻辑分析，增加语文分值，将不利于语文教育改革才是，为何又变为增加语文分值，是体现了对母语的保护、对语文教学的重视吗？

这矛盾的逻辑，恰恰体现出当前高考改革的焦虑。客观而言，高考科目分值的增减，并不能从根本上改变基础教育的应试教育格局，而打破应试教育格局，才能让包括语文、英语在内的学科教育，摆脱应试化倾向，重视学生的能力与素质培养。进一步说，语文教育或者母语保护的问题，并非由英语教育引起，不要认为降低英语分值，就能起到提高语文教育质量、保护母语的效果。试问，那些英语不好的学生，语文水平就很高吗？

英语分值下降，就能让英语教学回归本质吗？这也很难说。按照北京的高考录取规则，学生可一年两次参加高考，高中三年可考6次，可将最好一次成绩计入高考总分录取，在这一录取规则之下，学校、学生学英语必然围绕考出最高的分数转——有的考生甚至希望在高一第一次考试时就考出满分，之后就不再花时间学英语，而如果一名学生第一次考了90分，必定会考第二次，直到考出100分为止。在每分必究的录取制度中，分数才是硬道理。这还是应试英语，根源在于考什么，才教什么，学生才学什么的考试、录取制度没有打破。

在这种考试录取制度下，增加语文分值，很可能不是保护母语，而是进一步让语文教育应试化。面对180分的语文，有多少学校、学生会针对考题的要求进行应考准备？众所周知，我国语文教育教学本身，就因应试教育存在严重的问题，比如，每年的高考，舆论都会对高考作文进行"吐槽"；还有人感叹，自己第一次说谎，是从写小学作文开始。在阅读、作文以标准答案、主题先行方式对学生进行考核、评价的背景中，很多学生花大量时间学语文，结果却没有人文修养，也缺少独立思考的能力。

所以，保护母语，就应该把语文教育从应试教育中解放出来。这就要求打破现在的高考录取制度。高考制度包含考试制度和录取制度，其中，录取制度是决定因素。我国实行的录取制度是按计划集中录取制度，教育考试院根据学生的高考分数，结合学生的高考志愿把档案投给高校，高校被动获得学生档案从中进行录取，每个学生只能获得一张大学录取通知书。根据这样的录取制度，考试就处于教育的核心位置，中学教学必然围绕考试转，而大学录取则把考试成绩作为唯一标准。我国的应试教育就是这样形成的。

为改变基础教育的应试教育局面，我国在过去20多年时间中，推行过多次高考改革。20世纪80年代，高考科目从7门减少为6门；20世纪90年代，全国各地推行3+X改革；21世纪初，又推出高校自主招生改革和平行志愿录取改革，可这些改革，都未触及按计划集中录取制度，包括自主招生改革，也是和传统的计划录取制度相嫁接，每个考生只能获得一张录取通知书。一个十分尴尬的局面出现在大家面前：改革未能减轻学生的负担、提高人才培养质量、推进素质教育，反而造成学生负担、高考焦虑越来越沉重。

目前的高考改革，其实还是以前改革思路的继续。因此，对于改革的效果，需要谨慎地评价。这样的改革，还制造出一种学科间的对立情绪，会把一门学科的问题归到另一门身上。但其实，学科本身没有问题，问题在于改革要有正确的思路。

2010年制定的《国家中长期教育改革和发展规划纲要（2010~2020）》（以下简称《教育规划纲要》）已给出正确的思路，这就是推进考试、招生分离。按照这一思路，中学自主教学、考试社会组织、大学自主招生，也就是"教招考"从过去的一体化到各自分离。在这种教育环境中，大学可根据自身的办学定位、专业特点，自主提出学科和成绩的要求，建立多元评价体系；中学则办出自身的个性，可实行学分制教学，学生可根据自己的个性、兴趣选择自己喜欢的课程；考试完全社会化，由大学自主认可、学生自主选择报考。这就把学习的选择权交给了学生，也让各学科的教育回归教育本质。

具体来说，高校都可以要求学生提供母语成绩，可根据办学定位、专业的不同，提出不同的英语要求；中学则把母语作为必修课，而英语在有的学校可以是必修课，也可以是选修课，且难度可不同，学生则结合自己的个性、兴趣和学业规划，自主选择，这样，英语从过去的"一刀切"要求变为选择性学习，而母语学习也摆脱应试化，会更关注学生独立人格和人文修养的培养。

三 高考改革的核心在招考分离

教育部副部长刘利民2013年12月5日在接受记者采访时表示，根据党的十八届三中全会的部署，教育部已经完成制定考试招生总体方案，即将面向全社会公开征求意见。之后，修改完善，印发实施。针对《决定》提出的"逐步推行普通高校基于统一高考和高中学业水平考试成绩的综合评价多元录取机制"，刘利民说，今后的考试主要考查学生高中学业完成情况，将分别采用合格和等级方式来呈现考试成绩，不再用百分制，避免"分分计较"。学生也将根据自己的兴趣、志向和优势，自觉选择部分等级性考试科目参加考试，每一门课程学完即考，"一门一清"，避免毕业时"一次考三年"的压力。①

以等级方式记录高中学业考试成绩，其意图是为了减轻学生负担，可如果没有考试招生分离的改革配套，这一计分方式改革没有多大价值。假如高考录取依旧维持当下的集中录取制度，等级计分只是折腾。

其实，我国也有省市探索实行统一高考、学业水平测试、综合评价三位一体的高考录取制度，江苏从2008年起，高考统一考试就只考三门（语文、数学、外语），以三门计总分，考生再选测两门其他学科，学科只计等级，其余科目的测试在高二举行，也只计等级，这完全符合教育部的高考改革设想——减少统考科目，高中学业计等级，在录取时综合评价。江苏的高考录取规则是用语、数、外三门总分作为投档分投档，大学自主提出两门科目的等级要求（比如物理A、化学B），教育考试部门还规定学生的其他学科等级必须合格才能报考普通院校。可是，这一改革并没减轻学生负担，反而增加焦虑。

首先，以三门科目分数作为投档分投档，学生一门学科考砸就会名落孙山。江苏高考总分480分，2013年文科一本线328分，二本线298分，只相差

---

① 吴晶、刘奕湛：《教育部：考试招生总体方案即将面向全社会公开征求意见》，新华网，2013年12月5日。

30分,而在这个区间有2万多名学生,可谓一分之差就是1000名的差距。学生不得不每分必究,而且比过去更严重。

其次,两门选测科目,等级其实是用分数结合百分比折算的,在录取中,学校提出等级要求,其实给学生增加一道门槛,比如,一名学生如果投档分第一,可有一门等级为C,填报一本院校将十分困难,大多院校的等级要求是两个B。

最后,其他不计总分投档、学生未选测参加高考录取的科目,则变为小高考,为避免学生不重视这些科目,江苏在高考录取中,规定一科目得A投档分加1分,4个科目都得A加5分。换言之,最后还是要变为录取的分数、门槛才会引起考生重视。

这种情况在其他省市的学业水平测试中也存在。上海10门学科的学业测试分在高一到高三三个年级进行,只计等级。由于高考录取时实行平行志愿,按3+1科目分数投档录取,学校根本不会在录取时看学生的学业水平测试成绩,因此学生对学业水平测试普遍不重视,虽然教育部门将学生参加学业水平测试的成绩作为评价学校办学业绩的重要指标,但学业水平测试还是味同鸡肋。目前,上海正在酝酿改革,就是想办法提高学业水平测试在高考录取中的作用,将学业水平测试纳入高考。这实质还是考什么就教什么、教什么就学什么的思路。

我国高考制度的核心问题,不是考试,而是录取,如果集中录取(按学生分数高低依次投档)制度不变,再怎么进行科目改革,都没有多大意义,只是换汤不换药的折腾,因为集中录取制度,必然制造教招考一体化。只有打破集中录取,实行高校自主招生,学生可以参加统一的社会化测试,以统一成绩去申请大学,大学独立录取,才可能考察学生的学业成绩和综合表现,建立多元评价体系。

也就是说,考试、招生分离才是高考改革的灵魂,离开了灵魂,其他的改革,是难有效果的。《教育规划纲要》和《决定》都提到考试、招生相对分离,我们期待教育部在这方面有突破性举措。这是观察高考改革具体方案是否有突破的基础,如果在考试、招生分离方面,新方案毫无作为,那么,对高考改革很难有期待。

而考试、招生分离,就要求政府教育部门和考试部门彻底放权,能否分离,检验教育部门是否愿意放权,对于其他所有教育改革,都是如此。

B.7 "悬浮的孤岛"及其突围*
——中国乡村教育的再出发

刘云杉**

摘　要：

本文指出，与乡镇"悬浮型政权"相伴的"文字上移"，"学校进城"更似一座孤岛悬浮在乡村及普通人的生活之上。"知识改变命运"的诉求，使教育成为稀缺资源分配的代理，孤岛衍生出一套压迫性的制度。如何从孤岛中突围？"美丽中国乡村教育"的实践启示：好的乡村教育以乡土为根，以生活为本，与乡村融为一体。

关键词：

乡村教育　学校布局　孤岛

一　悬浮的孤岛

以2001年5月国务院颁布《关于基础教育改革与发展的决定》为起点，全国范围的农村义务教育学校布局调整启动，到2012年9月《国务院办公厅关于规范农村义务教育学校布局调整的意见》的出台，紧急叫停这一政策，"撤点并校"政策走到了终点。

10年间，我国农村中小学数量锐减一半，在小学在校生数量减少了

---

* 基金项目：教育部人文社会一般项目"培养可持续性的发展观：城乡学生相关知识、态度与行为的比较研究"（项目编号09YJA880006）的阶段性成果。

** 刘云杉，北京大学教育学院教授，博士生导师，主要从事教育社会学、高等教育研究。

23.72%的情况下，小学数量却减少了56.43%。平均每一天就要消失63所小学、30个教学点、3所初中。几乎每过一小时，就要消失4所农村学校。

内蒙古小学数量由1995年的13645所减少到2010年的2996所，减幅达到78%；教学点的减幅达到95%。地处吕梁山区的山西省石楼县，全县原有349所中小学，近年撤并的目标是，"全县中小学布局调整后保留小学30所，普通初中4所，九年制学校6所，普通高中1所，职业教育中心1所"，撤并了88%的中小学。广西柳州的鹿寨县，2012年全县239所学校撤并后只保留33所，乡镇初中全部撤并到县城，在县城建设一个教育集中区，新建可容纳7000名学生的初中。①

撤点并校政策的初衷是为了满足人民对优质教育的需求，在"有学上"之后，还要"上好学"。我们有若干经验与推论支持撤离的正当性：其一，农村适龄儿童减少；其二，城镇化进程中，村民有意愿、有能力主动选择城镇更为优质的教育资源；其三，规模办学，教育投资更富有成效。因此，农村学校的布局逐步上移，"学校进城"成为新的工作目标。此很具理性的治理模式却带来了若干计划外的后果："有学上"且"上好学"的意愿后，却出现了"上学远、上学难、上学贵"等显性的症结。

农村学生上学越来越远，据近年多项调查，学校布局调整后农村学校的服务半径大大增加，由过去的平均5千米扩大到10多千米，最多的达到方圆20千米。据华中师范大学2008年对全国6个省区调查的数据，学校布局调整后，上学路程的平均值为14.7千米，学生步行上学时间平均为2.3小时。② 学校和学生由农村向县镇集中，根据《中国教育统计年鉴》，从校均规模看，2000年县域小学平均规模为161.33人，2009年增加到850.69人，增幅达4.27倍。

发展寄宿制学校是解决学生上学远的主要措施。据教育部统计，2011年全国义务教育阶段学校寄宿生占在校生总数的21.85%；其中，小学寄宿生所占比例为10.89%，初中寄宿生比例为43.34%。2012年，据21世纪教育研究

---

① 21世纪教育研究院：《农村教育向何处去——对农村撤点并校政策的评价与反思》，北京理工大学出版社，2013。
② 21世纪教育研究院：《农村教育向何处去——对农村撤点并校政策的评价与反思》，北京理工大学出版社，2013。

院在10个省区所做的调查，农村小学生中寄宿生比例为39.8%，初中生的寄宿比例达到61.6%。然而，农村寄宿制学校无论就其理念，还是具体的实施，均存在一些突出问题。譬如，低龄寄宿影响儿童的身心健康，学校生活设施严重不足，学生营养健康状况差。据调查显示，农村寄宿制学校中学生的营养状况堪忧，农村小学生中寄宿生的身高，在不同年龄段均比走读生低3~5厘米。①

我们来看远离村庄的学校，不难看到规范达标的寄宿制学校，开足开全的科目与课程，专业水平提升的教师……然而，布局上移的学校出现特有的教育景观：县市一些重点小学出现近百人的超大额班级，省市一级出现垄断优秀生源与优秀师资的超级中学，一个年级能由30~40个班级构成。一个百人的课堂，教师能记住学生的名字吗？教师还能知道学生的兴趣与喜好吗？一个几千人的年级，考试成绩的一分之差，名次可以下坠几十名，如此唯恐落后半拍，除了整齐划一地齐步走之外，学生们还可以选择散步、漫游、发呆甚至另辟蹊径吗？什么是适度的教育？什么是温暖的教育？什么是善的教育？什么是恶的教育？

学校如同一个孤岛，隔离了孩子与家庭、与社区亲切、自然的联系，不少家长进城陪读，不仅影响生产劳动和对老人的赡养，甚至导致离婚率上升和家庭破裂。有学者借喻费孝通先生的"文字下乡"，用"文字上移"或"文字不再下乡"描述此变局。② 农民群众的话说得更直白，学校迁走了，孩子荒了，婆姨荒了，土地荒了，老人荒了！

"学校进城"背后的缘由、所导致困局的整体性，远超出单一的教育系统之外。此番学校布局的调整也绝非仅是教育系统内部的事情。从更宏观的乡村治理角度来看，"学校进城""文字上移"背后是乡镇"悬浮型政权"的形成。

21世纪开始的税费改革使地方政府，尤其是县、乡两级政府和组织受到

---

① 21世纪教育研究院：《农村教育向何处去——对农村撤点并校政策的评价与反思》，北京理工大学出版社，2013。

② 费孝通：《乡土中国》，北京大学出版社，1998；熊春文：《"文字上移"：20世纪90年代末以来中国乡村教育的新趋向》，《社会学研究》2009年第5期。

了前所未有的巨大冲击，其中尤以乡镇政府为甚。对于以农业为主的县乡政府而言，其财政收入的主要部分开始由农业税费变成来自中央及上级政府的转移支付，而农村公共事业的支出责任也在调整和改革中逐渐上移。由于国家的财政转移支付不足以完全弥补取消农民负担造成的乡镇财政缺口，乡镇财政在税费改革后变得越来越"空壳化"。由于不再在农民身上摊派费用，村庄内部的公共事务如教育、卫生、道路、水利和治安等资金来源发生了困难，农村公共服务出现了明显的缺位，而乡镇大量的工作人员则变得无事可做，陷入"吃不饱、也饿不死"的尴尬境地。乡镇政府不但没有转变为服务农村的行动主体，而且正在和农民脱离其旧有的联系，变成了表面上看上去无关紧要、可有可无的一级政府组织，有学者称之为"悬浮型政权"。① 同时，为了减轻乡镇的财政压力，乡镇政府实行了较大规模的合并，精简机构虽减缓基层政府的财政压力，然而，对农民的生活空间来说，意味着中心集镇所提供的公共服务也上移与远离。

学校走了，乡村荒了。有这样一个打动人心的说法：一个没有了学校的村庄，就如同一个没有孩子的家庭。乡村生活中许多习焉不察的惯习与制度，是围绕学校建立起来的，譬如上学散学的钟声，奠定起居作息的基本节奏；琅琅读书声，将逼仄有限的一隅之地置放于寥廓悠长的时空中；学校中的国旗、流行的普通话、教育中的价值观，是国家权力的符号象征。而学校的操场，孩子们的运动嬉戏，是村庄的活力与青春。村庄的孩子们，在村民的注视中，自然生长。这种注视，正如农人注视庄稼，放松达观、乐享天成。学校并不仅仅"教育"孩子，学校也绝不仅仅属于国家，学校同样是村庄的灵魂。

布局上移的学校如同一座飞岛悬浮在乡村社会之上，封闭且孤傲，它早在精神上、心理上切断了与乡村的连带。而学校物理空间的外移，不过是这一飞岛的具形化，它不仅是空间意义上的，也是心理情感与文化认同上的"孤岛"。

多年前，父辈青壮年劳力外出打工，但家尚在村庄：身体虽迁徙辗转，但人有根，心安稳——劳务输出，不过是乡村生产性功能的外移。学校进城了，

---

① 周飞舟：《以利为利：财政关系与地方政府行为》，上海三联书店，2012。

孩子们进城了，母亲或祖父母围绕学校赁屋而居，城镇拥挤且喧嚣，村庄衰老了。"学校进城"意味着把孩子、母亲和乡村的抚育性功能强行外移，家没了，根断了。守护文化、延续文明的学校，却充当起城镇化的铲土机！还有比这更诡异的吗？"城市——让生活更美好"——这句盛行的意识形态，具有价值正当性吗？乡村消除得如此惨烈且无声，乡村需要如此被消灭吗？

上溯40年，毛泽东时代既已形成的"乡有中学、村有小学"的普及教育成就；上溯100年，20世纪初，随着西式教育理念传入，中国乡村兴办新式小学甚至中学，已经蔚然成风；上溯1000年，宋明以来，家学、私塾，甚至更高级的书院，就经营整饬中国的乡村生活，承启孕育一方山水之间的文脉文气，激荡涵养着普通中国人的精神生活与意义世界。顷刻，却"换了人间"。

二 孤岛通往哪里？

作为国家代理机构的学校与乡村究竟是什么关系呢？它既外居于乡村，更高居于乡村之上。现行的国民教育课程体系不是为农村生活作准备的，乡村社会的需要亦不在教育系统的考虑之内。学校的功能在于将乡村精英经由教育轨道纳入国家体系与城市生活之中，即通过个体与家族生命历程中的"向上流动"而获得乡村的认可。学校是乡村人才的输出机制，准确地说，以城市为模板的现代学校成为乡村精英的掠夺机制。

在孤岛中何为有效的教育？有效且成功的教育即知识改变个体的命运。现代社会因知识的专业性与技能的复杂性，新型的知识技术精英取代了旧的阶级占据统治地位，晋身为精英阶层一员不再以先赋性出身或财产为基础，而是以自致性的成就为基础。在"智商+努力=成就"的精英治理（meritocracy）逻辑下，教育可以打破既有的社会阶层区隔，选贤任能，促进阶层之间合理的流动，实现社会必要的民主。

孤岛中成功教育的典范可谓以"河北衡水中学"为代表的"县中模式"，其教育理念是"吃得苦中苦、方为人上人"，好的县中亦有考试"集中营"之称。在高训诫的纪律空间中，教育以"总体制度"（total institutions）（布尔迪厄语）的方式来运作，这些制度被设计用来彻底转变学生的心智、身体和自我，以适应名牌精英学校和未来精英集团的预定要求。这类学校用严厉甚至苛刻的制度来进行时间控制与空间控制，用频繁的、高竞争、高淘汰的考试来控制学生的心智结构。用"选择性禁闭"使学生与他们的家庭隔离开来，也使他们和同龄的其他群体隔离开来，彼此之间形成既竞争又认同的同源性群体，这一群体的同源性又进一步强化了他们共享的社会化进程和社会资本的封闭性。从此意义上来看，这些成功的中学成就了学生新的社会出身与身份团体。①

然而，在"选择性禁闭"中强化出来的学生将如何面对这个丰富多彩的世界？在孤岛学校"选择性禁闭中"，家庭缺席了，中国学生可谓一个"制度的孩子"——理性的、高竞争的制度的孩子。在中下阶层的精英培养与选拔中，学校的作用远大于家庭的影响，学校是学生价值观念形成、行为习惯养成、参照体系确定的重要场所。针对乡村子弟，情形尤甚：家庭单薄的社会资本、薄弱的文化资本对其成长影响甚小，求学的历程就是一个个人奋斗的历程。成功的农家子弟可以说是学校的骄子、制度的宠儿——需要注意的是，他们既是这一制度显性的"获利者"，也是这一制度隐形的"受伤者"，更是其家庭与社区文化及价值的"背叛者"。

孤岛中所奉行的"教育改变命运"，强调竞争与"出人头地"，它用阶梯的隐喻导致新的分裂，农家子弟成功地晋升新的阶梯，恰是成功地摆脱原有的位置，即成功且彻底地背叛且背离其自然的、浓郁的血缘亲情连带、社区文化连带。在凭借优秀的成绩进入精英集团之后，他们需要面对、接受一个疏离甚至背离自己的家庭文化与价值的社会圈子。在精英团体的塑造过程中，文化资本或者匮乏或者殊异的农家子弟，在经济资本、社会资本与文化资本丰厚的城市学生之中，是否被强化"阶层差异的暗伤"？他们内在认同与家乡已背离，不过多有不同形式的接济与回馈。我们需要严肃地询问：乡村社会能从这些成功的"离开者"身上获得相应的提升与文化尊严吗？

成功离开即向上流动，成为教育选拔与培养人才的目标。"向上"与"高处"成为一个励志的意象。然而，一个稳定的社会结构，又如何能拓展出充足的空间，以容纳大量既被教育动员得野心勃勃又被教育剥夺得一无所有的年

---

① 刘云杉：《精英的选拔：身份、地域与资本的视角》，《清华大学教育评论》2009年第5期。

轻人呢？再回到个体，一个在学校孤岛中培育成长的年轻人，假如回到乡村，更可能是"种田不如老子，养猪不如嫂子"，一个回不去又上不来的人，一个内心无处安放的人又如何能安居一个位置、安享一种生活呢？

我们需要清醒地认识到：在知识改变命运的"教育机会均等"背后是原子论的社会观，它所对应的是经济的个人主义，它用阶梯的意象导致新的阶层，它并没有带来社会的团结与整合。① 教育公平不过是诸多公平之一，即教育公平仅有在政治权利、经济权利与社会权利均有较为均衡的保障的前提下，才能有效运行；若无后者的综合保障，希望以教育公平的薄弱之力来推动社会诸多层面的公平，无异于螳臂当车。寄望于教育公平所实现的逆袭，有一明一暗的两个治理逻辑：显白的逻辑是教育功能的异化，即人们期待教育成为夷平社会阶层的利器，实践中教育更准确的功能是充当重新洗牌的核心机制。教育公平允诺社会团结与融合，实质却以成就等绩效为标准导致新的社会分裂，这与它所替代的血缘或财富为基础的阶层化社会，不过是五十步笑百步，同样是不可取的。荒诞但合理的逻辑由此成立：促进整合与团结的教育却成为稀缺机会分配的代理机制。

扩而视之，学校不仅撤离乡村，学校教育也从普通人的日常生活中消隐，悄然无声却销骨蚀魂。学校不再立基于平实朴素的日常生活，学校的根基在哪里？学校的根基由下移上，由内而外，在所谓专业化的旨趣下，在隔离知识与生命的训练中，在高利害的竞争性选拔中，学校教育培养着"超人"——"非人"成为教育的主题！学校隔离于社会之外，凌驾于生活之上，学校的围墙越建越高，看守越来越严；学校的知识离生活越来越远，学校所培养的人才，心仪的目标是"高处"与"远处"，而非"此地"与"内心"。吊诡的是，此种消隐并非遁于无形无物，而是衍生出一套异己的、压迫性的制度，如铁笼般笼罩你我众生。

三　孤岛如何突围？

山西有所风陵渡中学，风陵渡中学有个农具博物馆。博物馆里都有些啥农

---

① 雷蒙·威廉姆斯：《文化与社会（1780~1995）》，高晓玲译，吉林出版集团，2011。

具？锹、镢、锄、镰、斧、扁担、筐……当然，还少不了乡间居家过日子的寻常物什：粗笨的碾子，朴拙的石臼、做土坯的木框……这些乡间寻常的、陈旧的、疤痕累累的物件随意地摆在这所乡村中学的教室里。

这些农具有啥来历？山西作家李锐尝试用图片与文字、史料与虚构挖掘农具以及其后农耕文化、农业社会的意涵。他平实地介绍：所有农民使用的农具，都有长得叫人难以置信的历史，都有极其丰富的发展经历。他们手里握着的镰刀，新石器时代就已经有了基本的形状；他们打场用的连枷，春秋时期就已经定型；他们铲土用的方锹，在铁器时代就已流行；他们播种用的耧是西汉人赵过发明的，他们开耕陇上的情形和汉代画像石上的牛耕图一模一样……他仔细地考证，惊讶地发现：一些被农民用方言称呼的农具，原来一直被认为是字典里根本就没有的字，被认为是乡下人固执、封闭的语言偏好的所谓方言，竟然和两三千年前的历史完全重合，和古音古字一模一样。

这些农具之于农民、农村、农业文明究竟意味着什么？李锐写道：农具通人性，农具与人朝夕相伴，用的时间一长，体会也就入微起来，镢把的粗细，锄钩弧度的大小，锹把的长短，扁担的厚薄，都和每个人的身体相对应、相磨合。……千百年来，被农民们世世代代拿在手上的农具，就是他们的手和脚，就是他们的肩和腿，就是从他们心里日复一日生长出来的智慧。干脆说，农具根本就是他们身体的一部分，就是人和自然相互剥夺又相互赠予的果实。中华五千年文明史，其实是一部农业文明史，是被农民手上的工具一锹一镢刨出来的。可是人们对历史和知识的记忆，往往只是对于正统典籍的记忆，没有多少人在乎也很少有人注意养活了历史与知识的工具。①

700年前，王祯看到牛背上牧童吹奏的牧笛，"牧笛，牧牛者所吹，早暮招来群牧，犹牧马者鸣笳也。尝于村野间闻之，则知时和岁丰，寓于声也。"一派宜人的田园风光，和平、丰足、恬静，而又久远。这景物深深地打动了他，他发出由衷的赞美："每见摹为图画，咏为歌诗，实古今太平之风物也。"

若干年前，李锐在"如同磨光了字迹的残碑，赤裸裸的田园没有半点诗意可言"的农具面前，心灵深处发生着一场关于"知识"与"历史"的震撼：

---

① 李锐：《太平风物》，生活·读书·新知三联书店，2012。

农村、农民、乡土、农具等千年不变的事物，也在所谓现代化、全球化的冲击下翻天覆地、面目全非。亿万农民离开土地涌向城市的景象，只能用惊天动地、惊世骇俗来形容。人与农具的历史关系早已荡然无存，衣不蔽体的田园早已没有了往日的从容和安静。李锐以农具为意象，凭吊正在消失的古老农业社会、农耕文明，记载失去土地、失去世世代代的生活方式、生活环境的农民的茫然、创痛和决绝。

今天，这些安静地躺在中学教室里的农具，它们不是作为一个符号被凭吊，而是活着的课程资源，风陵渡中学校园里有大片的农田与果园，历年来师生培育了多种种子。——这是一所从泥土中生长出来的学校，它虽有围墙，却是乡村文明的核心，它不是孤岛，而是周遭乡村社区的灵魂。

这所学校培养人才定位于"升学不慌，种田不愁"。在这个时代，能让农村孩子走出大山，是学校的功绩；能让走出来的子弟，还愿意、还能够回来，是教育的德性。这意味着对生养地的尊重、理解和敬惜。

风陵渡中学并非一个偶然与异数，其背后是一批乡村学校。我们放在一个更长时空中，在乡土的历史诗意和现实困境之间，从历史的进步与偶变之间，从城市的霸权与乡村的脆弱之间，从人类的坚韧与个体的软弱之间，需要重新认识农业与农村。再来思考乡村教育的意涵——这个时间、这片土地上最有智识的人在做什么呢？

成都浦江是茶乡，农民几乎家家户户种茶，茶乡的学校将茶文化引入课堂，修订完善了《茶史茶情篇》《茶乡茶技篇》等校本教材，语文课上阅读茶文化读物，音乐课上唱茶歌、跳茶舞，劳动课上讲专业技术，茶乡的孩子将课堂内外所学的茶知识和实践紧密结合，活学活用，还当起了家人的"小先生"！学校还与企业深度合作，学校开放教育资源，提供培训场所，企业负责提供实习基地。在浦江，因地制宜地办学，立足地方特色产业发展，利用社区资源形成"学校、家庭、企业、社区"四位一体的教育合力。

山西永济蒲韩社区有个农民学校，这所农民学校可真是没有大门，将根深植于村民之中，全区43个村有3800多户参与到学校的各项活动之中，农民学校尝试每年给农户免费培训技术四五次。周末，孩子们来学校参加手工艺课培训，学习纺线、织布；更多时候，他们到青年农场的棉田里，从播种到棉花发芽、开花一路跟踪，熟悉了棉花生长的过程。①

80多年前，梁漱溟先生就画出这样的漫画：政府、外国人与为他们服务的教育家站在村子外边说："我给你们办一所学校吧！"这样的学校一上手即与乡村本身相隔离，这一定是办不好的。乡村是有生命的，生命是有其痛痒知觉的，好的教育应该从生命的痛痒处自己生长出来，而不是从外面移花接木安上去。好的乡村教育则应从乡村内在生命的痛痒处生长出来。乡村教育不是自上而下的权力以"现代化"的名义改造乡村的堡垒，它是乡土的，是乡土知识、传统文化的涵养地。

乡土教育应以乡土为根，乡土文化是丰富的教育资源。我们需要重新思考：什么知识是适宜的？此间的教育知识，若不能让乡间孩子对父辈的营生方式、故土的风物人情，有基本的熟悉、理解、认同，对自己所根植的文化与历史怀抱"温情的敬意"以及难以割舍的亲情连带，取而代之的是陌生、疏离、厌倦甚至背弃，孤岛式的学校只能生产大批无根的"弃儿"。此处的抛弃是彻底的，乡村孩子在抛弃乡村的同时，也失去了乡村的庇护。

安徽休宁县历史上出了19名状元，号称中国第一状元县。这个状元大县近年又推出了"匠士"学位——木匠士。休宁是个林业大县，历史上徽州木匠多产于此，技艺精湛，名声在外。然而，现实中一方面传统手艺后继乏人，另一方面，初中毕业生升学难、就业难，这就催生了新型的职业学校——鲁班木工学校。在这所学校里，它的文化课与实训课的比例是3∶7，学生毕业作品就是自己动手制作的八仙桌和"太师椅"，他们获得的文凭是"匠士"。这个学校招收的学生都是土生土长的农村孩子，毕业时却成了社会急需的"香饽饽"，一个家庭只要有一个孩子学木匠，这个家庭就脱贫了。②农村的素质教育也不应该是城市背景下的特长教育，而是农村情境下的生存教育与生活教育。农村的教育不应该是锦上添花，它一定要是雪中送炭。

还是在安徽休宁，有所带有慈善性质的平民学校，这是一所真正的平民学校，学生全部来自休宁及附近偏僻山区贫困村民家庭，学生无须支付学费、杂

---

① 《农村教育回归多元：不再单纯追逐中高考目标》，《瞭望（周刊）》2013年6月。
② 《乡村教育的喜与忧》，《光明日报》2013年12月19日。

费、衣费、食费、宿费。平民教育的模式贯穿于学校教育的每一个细节，每天从晨起穿衣、叠被到洗漱、收拾房间等，7~11岁的孩子们料理自如。下午有一节劳动课，一、二年级的学生打扫卫生，整理校园；三年级的学生种菜、打猪草，四、五年级的学生管理菜园、养猪、竹编、补鞋等。学生劳动的自种田一度达到了九亩，师生们吃的粮食、猪肉，乃至用的扫帚、斗笠都是自己辛勤劳动的成果。①

"做平民的事，过平民的生活"，乡村教育是生活教育，学校教育绝不应该成为昂贵的、装饰性的头饰；学校教育应该是一双合脚的、舒适的、结实的布鞋，穿上可以自如地行走，甚至奔跑。

在对孤岛的突围中，重新认识我们的社区。乡村有丰富的资源，是适宜的教育资源。陈鹤琴先生提出的"大自然，大社会，都是活教材"，河南辉县侯兆川教育文化中心幼儿园做出了积极的尝试：缺乏教具吗？乡间随处可见的玉米皮就是最好的材料，老师们用玉米皮编织成各种工艺品，孩子们学着用玉米皮来练习穿鞋带；塑料袋也是好材料，老师们用它们做成玩具时装。教育是艺术，在教师的眼中，身边随处是好的教育材料：旧纸壳可以被雕刻成版画；空酒瓶里插着用布片、废纸、玉米皮做成的假花束和山上采来的野花；河滩捡来的石头，可以按照形状的不同，涂成不同的图案。在儿童的眼里，石头不仅是石头，还可以是艺术品，用来欣赏，教室的窗台上摆着大大小小的彩绘石头。幼儿园开辟了60亩荒地，这是儿童的自然教材，种植以葫芦和红薯为主，花生、红豆、玉米、香椿为辅。各种植物被标上儿童的名字，地块被分到班级。儿童在管理植物的过程中培养责任感，体验成长与关爱，孩子们尝试学习描绘植物生长过程，制作成长日记，科学精神不就是这样培养出来的吗？在这所幼儿园的走廊上，悬挂着条幅："村无游民，野无狂徒"②——这句话出典于当地的文化地方志，可追溯到当地厚重的人文理想，这是这间小幼儿园所怀抱的大同社会之梦。把教育之梦安放在社会之中，再小的学校，都不是在一穷二白的沙砾上建一座虚幻的海市蜃楼，而是将根植于历史的深处，置于文化与传统

---

① 《农村教育回归多元：不再单纯追逐中高考目标》，《瞭望（周刊）》2013年6月。
② 关瑶：《扎根乡土的优质教育》，"农村留守人口、农村教育：反思发展主义视角"研讨会会议论文，2013年12月。

的滋养与庇护中。

所有这些努力都在启示：教育不必昂贵，学校不必封闭，乡村教育以乡土为根，以学生为本，真实的教育如春雨润物，它可以发生在家族的祠堂里，传递于村庄的大树下、寺庙中，在田间地角、俗话俚语、仪轨与传说中，自然地传承着。真实自然的教育如同社会生活一样，多表现为复杂而不规则的镶嵌画，生活的丰富与滋味体现于此，文化的绵实与持久体现于此，而学校则应嵌入这幅不规则的镶嵌画中，与周遭融为一体，妥帖自然，因为它属于乡村。

B.8 后"撤点并校"时代农村小规模学校的建设*

刘胡权**

摘 要：2012年以来，全国各地落实国务院文件精神，着手恢复和建设小规模学校。在改善办学条件、创新教育管理模式、补充及稳定小规模学校教师、提高教学质量、密切与社区关联等方面作了不同的探索和实践。这些探索和实践为未来建设农村小规模学校奠定了政策基础。

关键词：后"撤点并校"时代 小规模学校 农村教育

2012年9月7日，国务院发文《关于规范农村义务教育学校布局调整的意见》（以下简称《意见》），坚决制止盲目撤并农村义务教育学校，暂停农村义务教育学校撤并，要求采取多种措施办好村小和教学点，解决学校撤并带来的突出问题。由此，我国农村教育停止了长达10年的大规模撤并农村义务教育学校，进入后"撤点并校"时代。截至2012年，全国共有155008所乡村小学和62544个教学点。①

---

* 本文是根据21世纪教育研究院2013年"发现美丽乡村教育高峰论坛"之《农村小规模学校建设研究报告》缩写而成。
** 刘胡权，北京师范大学教育学部博士研究生。
① 《普通小学校数、教学点数及班数》，教育部网站，2013年8月28日更新，http：//www.moe.gov.cn/publicfiles/business/htmlfiles/moe/s7567/201308/156444.html。"乡村小学"是指排除了城市小学和县镇小学之外的小学。

在后"撤点并校"时代,如何按照《意见》的要求,建设好这些小规模学校,成为农村教育的一个热点和难点。2013 年,21 世纪教育研究院在香港乐施会的支持下,针对全国各地恢复和建设农村小规模学校的案例展开调研,了解农村小规模学校的生存现状以及各地采取的改善措施。

一 落实国务院文件精神,恢复小规模学校

2012 年以来,各省分别发文暂停学校布局调整,制定新的农村学校布局调整规划,恢复必要的小规模学校,保障农村儿童就近入学。

2012 年 10 月,重庆市政府出台《关于进一步推进中小学布局结构调整的实施意见》,明确学校服务半径,要求每 5000 个居民布局一所幼儿园,每 2 万人有一所小学,每 3.5 万人有一所初中,每 8 万人有一所普通高中。在校学生有 10 人左右的村小或教学点原则上不得撤并。

福建省规定现有农村小学和教学点原则上不再撤并,农村小学中、低年级学生原则上不安排在寄宿制学校寄宿;在交通不便的农村边远地区,将继续保留在校生数小于 100 人的农村小规模学校和教学点,并通过经费拨付、师资保障、装备配置等方面的扶持政策,加强学校软硬件建设,促进这类学校从"小而差"向"小而优"转化。

徐州市自 2012 年起,启动农村中小学布局优化工程,计划用 3~4 年时间,预计投入 19.5 亿元,新建、改扩建农村中小学 213 所,全面消除覆盖范围 5 千米以上的义务教学区,保障就近入学需求。睢宁县政府批拨经费 1264 万元,专项用于恢复农村 13 个小学教学点,有效解决家校距离 5 千米以上约 1000 名以上学生的就近入学问题。

湖北红安县计划每年新建、改建 30 所教学点。2010 年兴建农村教学点 35 所(其中新建 6 所,改扩建 29 所),投入资金 379.9 万元,平均每所学校建设费用为 10.85 万元。自 2012 年起,河北丰宁县完成了 74 个教学点(幼儿园)的标准化改造和建设。湖南泸溪县每年拿出危房改造资金 300 万元,以及义务教育的维修基金,2012 年投入了 660 万元,扩建 47 所村小,2013 年改造了 27 所村小。

湖北襄阳、十堰等地 2013 年秋恢复 400 余所(个)农村小学和教学点,

"流动花朵"返乡上学。老河口市目前已经恢复2个教学点，近几年共计划恢复2所小学和9个教学点。湖北房县恢复重建2005年停办的13个教学点，解放了189位陪读妈妈，338名学前班学生、小学低年级学生告别寄读生活，每天可以回到家中亲人身边。中村和小裕的2个教学点分别投入经费50万元。

各地恢复重建小规模学校的模式，一是政府主导，投入财政经费；二是政府与农村共建，如河北省丰宁县教学点的改建主要由村委会出资；三是村民自行恢复；四是社会组织参与重建。

二 改善农村小规模学校的实践探索

农村小规模学校存在的问题具有共性。一是地处偏远，办学条件恶劣，缺乏基本的教学设备设施。二是办学经费难以保障。三是教师年龄老化、难以补充和更新。因而，与恢复改建相比，更艰巨的挑战是如何提高农村小规模学校的教学质量。各地已经有不同的探索和实践。

（一）改善办学条件，保障基本需求

1. 开展"农村教学点（幼儿园）标准化建设"

2012年5月20日，河北省丰宁县教育体育局下发了《关于印发〈农村教学点（幼儿园）标准化工程实施方案〉的通知》，要求各学区总校、中心校和乡镇中心小学按照相关方案，以及相应的建设标准、配备和保教标准、管理标准和教学管理标准的要求，协调各乡镇、村认真组织实施村教学点（幼儿园）的标准化工程。该《方案》明确而具体地列出了2012年各乡镇的教学点改造或新建的目标和任务，要求到2013年全部的教学点（幼儿园）完成标准化任务。整个工程由县教体局制定标准，再由各学区总校制订本区域教学点标准化建设分年度计划和各校点具体建设计划，上报教体局。之后由教体局成立工作组，按标准考查、审核和批准各校点具体建设计划和设计方案，再由各学区总校、中心校联合各乡镇、村组织资金筹措和开工建设。最后由教体局组织工程验收，合格后兑现补贴资金。从下发文件到2012年岁末，丰宁县共完成了74处教学点（幼儿园）的改造和新建，为农村地区的适龄儿童上学提供了相对

安全和舒适的就学环境。

2. 实施数字教育资源覆盖教学点工程

2012年底，教育部启动实施"教学点数字教育资源全覆盖"项目，为确需保留和恢复的农村教学点配备数字教育资源接收和播放设备，配送优质数字教育资源，要求2013年底前完成所有教学点建设任务。安徽3699个教学点中，已有2574个教学点实现了数字资源覆盖。"在线课堂"是安徽实施的教学点教育信息化项目。有别于更常见的视频播放，"在线课堂"通过信息技术，将县城或中心校教师的授课现场向教学点直播，并实现传统课堂的师生互动。据教学点的教师反映，在线课堂比视频播放效果更好。

2013年河北省实施"教学点数字教育资源全覆盖"项目，年底前实现农村教学点数字教育资源全覆盖，全省3421个农村教学点用上"多媒体"，触控电视电脑一体机预装小学数字教育教学内容，可通过网络实时更新。

目前全国6万多个教学点中，已有2万多个教学点使用项目配置的设备和资源开展教学。除了"在线课堂"外，有的教学点还以播放视频的方式授课。通过技术手段，相关部门可以清楚地知道教学点是否有效地使用了由中央电教馆提供的数字资源。

3. 依托各项工程，将资源向边远地区薄弱学校倾斜

为改善农村教育落后现状，中央和省政府实施了一系列工程，如中小学校舍安全工程、中小学校舍维修改造工程等。部分地市、县政府充分统筹资源，满足边远地区薄弱学校需求。

山东莱芜市基于自然村分布于山区、库区的事实，制订了《莱芜市普通中小学办学条件标准化建设计划（2011～2014年）》，依托各项工程的实施，加大财政投入力度，并将教育资源配置优先向农村、山区、库区薄弱学校倾斜，加强农村薄弱学校办学条件标准化建设，包括中小学实验室标准化建设、普通中小学图书室标准化建设、教育信息化建设和体育卫生艺术设施设备等建设。

吉林省桦甸县从2012年起力争用3年时间使村级小学达到标准化水平，全额拨付村小生均公用经费，安排专项经费，加大投入，改善办学条件，教育基础设备向村小倾斜，加强村小的各种建设。

湖北红安县针对教育资源分配不均衡、教学点辐射范围过大等问题,一方面加大对教学点的建设,新建、改扩建项目36个,共投入资金490万元;另一方面加大农村学校基础设施建设力度,通过动员会、现场调研、定期检查督导等形式,扎实推进示范合格学校创建工作,并积极实施41.6万平方米危房校舍改造、维修工程和30所农村教学点的新建工程。

处于浙西山区的淳安县,出台近年来力度最大的农村小规模学校"保护政策"。从2013年起,每年安排70万元小规模学校运转经费,提高在校生270人以下的小规模学校生均公用经费,确保教育教学正常运行。

4. 社会力量和村民介入恢复建设小规模学校

在目前农村义务教育"以县为主"的体制下,省级统筹的力度仍不足,通过社会集资办学,对缓解农村小规模学校的困境起到了很大的作用。中国滋根乡村教育与发展促进会与山西省石楼县教体局合作拨款9万多元,为偏僻的转角村小学兴建了四间漂亮的教室,维修了教室和学生住宿的危房,并且为包括转角小学在内的附近的田家岔小学、毛坪小学等学校建立起图书馆(图书角),为全校师生带来丰富多彩的阅读生活。2004~2011年,香港乐施会与地方政府合作,探索解决山区学校的辐射能力受地理条件制约的办法,尝试一校多点的模式,兼顾中心与边远,既改善生源集中区的学校建设,又采取补点的方式在边远山区建立教学网点,除因灾救援的学校外,援建38所村小教学楼或学生食堂。

(二)提高教师待遇,加强教师队伍建设

农村小规模学校教学质量差,除了受办学条件影响以外,还受师资情况影响。为稳定农村小规模学校教师队伍,吸引优秀教师到村小和教学点任教,不少省市和地区纷纷出台优惠政策,加大投入力度,提高农村小规模学校的教师工资待遇,改善其生活条件。

1. 各地设立边远地区教师特殊津贴

湖北省2012年4月出台"招聘的新教师实行年薪制"政策,增强了农村教师的职业认同感,并对到艰苦边远地区补贴任教的教师每年补贴3.5万元。

湖南省泸溪县实行了农村教师岗位津贴制度,形成待遇杠杆,来吸引和留

住优秀教师在村小任教。2009年，农村村片小教师每人每月300元。2010年，在上年基础上翻一番，农村村片小教师岗位津贴提高到每人每月600元。2011年，在上年的基础上再翻一番，农村村片小教师岗位津贴提高到每人每月1200元。绩效工资坚持向农村学校倾斜，设立农教补贴，农村村片小教师每人每月200元，共有467名村片小教师享受农村教师岗位津贴。2012年，一名普通村小教师的年均收入约5万元，较当地公务员高出1.5万元，比城镇教师多出1.7万元。"待遇上来了，以前是城里教师不愿下到村小，现在是大家都争着来。"

2. 各地创新农村学校教师补充机制

师资短缺、年龄结构老化、教学水平低是当前农村小规模学校发展的最大困境。为此，一些省市和地区牢牢抓住"教师"这个关键，及时补充新教师、对现任教师加强教育培训，以此来促进农村教育质量的提高和农村小规模学校的发展。

（1）通过"联校走教"充实村小和教学点师资

湖北省通山县根据该县山区、库区多，校点布局分散的实际，率先在湖北省提出了"联校走教"的办学新模式。所谓"联校"就是打破学校之间的界限，以一所完全小学为主体，按地理位置、生源范围将附近初小、教学点作为其分部，几校联合而成的"教学联合体"，实现"人事统一调配，财务统一管理，教学统一协调"，让区域内的孩子同享教育资源。在教师资源调配上，教师到各校上课，以满足学生就近入学的要求。

湖北红安县实行"九年一贯制，校点一体化"。教学点建成以后，教学点的管理及资源配置成为难题。为了解决这一难题，湖北红安县改革教学点的管理模式，实行了"九年一贯制，校点一体化"的管理思路，将教学点作为寄宿制完小的一个班或几个年级统一管理，统一分配教学任务，统一配备师资力量。中青年教师轮流任教，短缺学科教师实行走教，建立经费保障和教师激励机制，确保教学点的师资力量，提高教学点的办学水平。

湖南岳阳县实行"学校联管、教师走教"的农村办学模式，由一到两所完小牵头，联合周边的三五个教学点组成"片联校"，教学点里的英语、计算机、音体美等课程没有专业教师，同一"片区"的完小教师送教上门。

(2) 对口帮扶和城乡换岗支教模式

河南省灵宝市建立边远和薄弱学校对口帮扶长效机制，实施城镇学校和教师对口支教帮扶边远薄弱学校及受援学校教师跟岗学习制度。市里每年组织局直13所学校对口支援26所农村薄弱学校，选派120名骨干教师到农村进行为期一年的蹲点支教，让山里的孩子与城区的名师零距离接触。此外，灵宝市在职称晋升、评优表模、生活津贴等方面实行倾斜政策，引导优秀教师去农村小规模学校支教。

湖南省泸溪县推行"城乡换岗"模式，中心完小教师和片村小教师按30%比例，以一学期或一个月为实践单位互换工作岗位，结成伙伴关系，共享教育资源。同时，泸溪对骨干教师和学科带头人实行无校籍动态管理方法，要求骨干教师定期到农村薄弱学校开展教学指导，特级教师和高级职务教师须定期到农村学校服务，时间不少于1年。

(3) 湖南省麻阳县补充农村教师的"2+3"模式

湖南省麻阳县有村小和教学点105个，学生总数3571人，教师263人，其中代课老师51人，45岁以上教师占80%。师资建设呈现年龄结构偏大、代课教师多等问题，村小和教学点的师资长期得不到补充的问题尤为突出。为破解村小教师紧缺难题，麻阳县提出了师资补充的"2+3"模式。"2+3"模式中的"2"是师资补充的2个主体方式，"3"是师资补充的3种辅助方式。2个主体方式分别是"定向培养"和"定岗招聘"。"定向培养"是指根据自愿原则，每年从本乡（镇）初中毕业生中选择生源，然后由教育局与其签订定向委培合同，委托师范院校培养，毕业后回到所在乡（镇）的村小当教师，合同约定毕业后在本乡（镇）村小服务满3年方可转正、调动等，但不满5年不得离开本乡（镇）村小岗位，否则不再保留教师编制、身份及待遇等。"定岗招聘"中的"岗"指的是村小老师岗位。从师范毕业生中定岗公开选拔，以本地生源为主，实行"岗位合同管理"，合同约定被聘用者必须在某乡村小岗位服务满3年方可转正、调动。3种辅助方式是"走教"、支教和"代教"。

3. 探索培养农村全科教师

为缓解农村小规模学校教师短缺和课程开设要齐全的矛盾，广西省教育厅、财政厅等部门联合印发《广西农村小学全科教师定向培养计划》，2013～

2017年，广西要培养5000名左右"下得去、留得住、教得好"，能胜任小学各门课程教学任务的农村小学教师。按照"全科培养、免费教育、定向就业"培养模式，定向全科师范生不分科培养，在校学习期间免除学费，免缴住宿费，并补助生活费，在安排国家和自治区各项奖助学金时，培养对象与同类学生享受同等待遇；毕业时，全科师范毕业生到教学岗位后，有关市、县人力资源和社会保障、编办等部门要及时为其办理录用、入编、工资等手续；毕业后，在农村乡镇以下小学从教时间不得少于6年。①

4. 各地实施农村教师提升工程，做好教师培训

湖北省以实施"农村教师素质提高工程"为载体，大规模提高农村教师队伍素质。从2005年起，采取"政府招标购买培训服务，受训者全免费接收培训，严格考核培训各方情况，根据绩效给予奖励"模式，每年安排2000万元，组织2万名农村教师、校长到武汉高校免费集中培训。

吉林省桦甸市加强了对村小教师的培训提高。桦甸市教育主管部门指出，中心校要充分发挥管理村小、教学点的职能。教研部门要采取责任到人、分片承包的方式进一步加大对村小的领导、管理、帮助和指导，要将工作重心下移到村小。要进一步加强村小教学常规管理，认真落实教学常规，确保村小按国家教育教学计划开齐课程，开足课时。认真组织实施教育教学改革，促进村小教师在教育理念、质量意识、教育教学方法、手段等方面的更新。

湖南泸溪县每学期以中心完小为主阵地，对农村教师进行两次业务培训（全年4次）；每年暑假组织全县片村小教师分批进行全员培训，给教师灌输新的教育理念，传授科学的教学方法。2011年暑假，泸溪组织453名农村片小教师分三批进行了全员培训，受训的教师普遍反映效果好。

（三）改善教学管理，提高教育质量

虽然现存的农村小规模学校存在校舍和办学条件差、经费来源缺乏保障、教师负担重、师资水平较低等一系列问题，但小规模学校有其潜在的优势，它不仅能够保障农村学生的教育机会，有利于亲情的呵护，有利于降低重大自然

---

① 谢振华：《广西定向培养农村小学"全科教师"有编有岗》，《人民日报》2013年6月5日。

灾害、流行疾病中的伤害率等，而且小班小校是农村学校的主要样式，是现代学校教育的基本趋势，有利于实现"自主、合作、探究"的理念，能够关注个体差异，适应不同学生的学习需要。为实现其应然价值的发挥，许多地方已经因地制宜地做了卓有成效的探索。这些探索，为未来农村小规模学校的教学质量提升提供了典范。

1. 通过建立学校质量评价体系，加强督导

湖南泸溪县为提高农村小规模学校的教育质量，让留在农村的孩子同样能上好学，制定了村片小教育质量评价体系，村片小教育教学质量与教师岗位津贴挂钩，使得农村教师的积极性大增。同时，还加强了村片小的日常管理，2008年，泸溪县教育局修改了村片小管理规定，规定村片小作息时间等全县统一，充分保证教师在校时间，还规定了农村教师"几有几不准"，由中心完小派人不定期抽查。为保证村小教学质量，各镇中心完小也采取了不少措施。达岚镇中心完小对下辖6所村小建立了领导班子联校帮管机制，设立一月一次负责人会议制度和教师绩效工资分配方案等，村小教育教学质量得到提高，在2012年期末的教学质量检测中，达岚镇村小的教学教育质量总体评价排在了全县第五名。

吉林省桦甸市构建和完善了对村小督导评估、帮助指导的制度，将村小建设、管理情况纳入对乡镇政府教育评估的重要内容。教育局将每年开展一次村小办学水平评估，将考核结果纳入对各乡镇中心校目标管理责任书中，进行专项表彰。其中，将在村小学生的就读率作为考核乡镇政府、中心校的一项硬性指标，加大考核的权重。通过努力，在村小构建起建设、管理的长效机制，不断缩小并最终消除村小与城镇学校的差距，使义务教育得到均衡发展。

2. 通过引入新的教育理念，开展教学改革实验

山东莱芜市于2011年开始在全市区域推进新教育实验，力图通过"营造书香校园、师生共写随笔、聆听窗外声音、培养卓越口才、构筑理想课堂、建设数码社区"等实际行动，以先进理念引领村小传统教研和教育教学方式的改变，贯彻落实课改精神，构建理想课堂，让师生过一种幸福完整的教育生活。同时实行教育干部听评课制度、教研人员"蹲点包校"制度和"联系点"

制度，强化教学一线指导和研究，促进了课堂教学效率的不断提高。定期组织各种形式的大型研讨活动和"送课下乡"活动，提高了村小教师的业务水平，推动了农村小规模学校的内涵发展。此外，一批农村小学注重特色办学，如牛泉中心小学的老师积极探索网络教研模式，逐步形成了以互动群组、博客论坛等为载体的"四位一体"网络教研特色，已成为偏远农村教师专业成长的得力助手，在全区得到推广，激活了农村小规模学校教研的一池春水；南朱家庄小学全力打造绿色生命课堂和综合实践教育活动特色，推进了农村小规模学校学生的全面发展。

3. 开展复式教学

一人一校或几人一校的小规模办学是当前农村小学教育的主要办学模式，复式班教学也就自然成了村小、教学点的主要课堂教学形式。甘肃省联合国教科文组织协会从2004年开始，借鉴国外复式教学的经验，结合我国中西部地区实际情况，在甘肃和青海的8个县进行了数年"升级版"的"垂直互动式"复式教学法教师培训，加强不同年级的生生互动、师生互动，以及不同学科之间的互动。经过培训的校长、教师在受到启发后，进行自主创新，实验校区学生的双科合格率得到显著提高。

垂直互动的复式教学法秉承新课改精神，一改陈旧的"动静结合"模式以教师为中心、学生被动接受等缺点，建立以学生为中心、探索型、合作型的学习模式，学生之间充分合作，积极参与，激发学习兴趣。同时，整个培训项目构建了以中心校为依托、单复式教师共同参与的研究—培训—改善教学的新机制，促进了教师尤其是复式教师的专业发展。对学校管理者的培训，使得校长们成长为教学的领航者和创新者，与老师们一起推进复式教学发展。

4. 开发乡土资源，开展乡土文化教育

山西省晋中市太谷县通过村委会聘用一些懂美术和二胡、懂民间艺术的兼职老师，到学校开展素质教育，借用乡土文化资源发展素质教育。甘肃省定西市安定区的大平小学，利用远程教育设备与资源，为社区居民提供技术培训；利用学校的场地、图书资料，建设社区文化广场，开展民间剪纸培训，活跃了社区文化生活，正在走向一种科技、教育、信息、人才的综合性教育之路。

甘肃省榆中县夏官营镇农村社区学习中心依托原有的乡村小学，整合了包

括农村小学、成人学校、原乡村农民文化技术学校、学前班等教育资源，也统筹了县级农、林、水、牧、医疗、卫生、安全、供销、青年、妇女、科技、教育等多个涉农部门在农村开展的教育、培训、咨询、服务功能，还容纳了民间文化、民俗、传统社火、庙会、棋牌、文艺演唱和节庆活动。"中心"的核心是乡村小学，同时也是社区的教育中心、科技中心、信息中心、文化中心和人才中心。

中国滋根乡村教育与发展促进会在改善村小硬件设施和师资力量的同时，非常重视乡村文化的传承与保护。山西石楼县转角小学在滋根的帮助下拥有了一些文娱器材，开设了秧歌、快板等艺术课，有一技之长的村民受邀成为艺术课程的老师，手艺得到传承。家长们看到孩子们精彩纷呈的表演，惊喜又感动。贵州榕江县高扒小学和苗兰小学在滋根的支持下开办了芦笙、侗歌等"民族文化进课堂"的项目。开设了乡土文化课程的学校，校园生机勃勃，民间文化代代相传，课外活动更加丰富。

三 改善农村小规模学校建设的政策建议

无论从保障学龄儿童就近入学还是从应试教育向素质教育的转化来看，农村小规模学校都有其不可替代的作用和优势。为了能使农村小规模学校更好地发挥以上功用，真正实现政府让边远地区的儿童"有学上、上好学"的庄严承诺，应该在相关的政策上有所改进。

（一）建立农村小规模学校基本办学标准

实现基本教育权利公平要有标准可依，有底线可守。建立学校办学底线标准，不能滥用"因陋就简"的原则，不能用"比过去好"的标准。对于特别贫困的地区、特别落后的教育角落，判断是否实现了基本的社会公平与教育公平，不能靠宏观的进步数字标准来判断，也不能用"比他们以前好多了"的相对标准来判断，必须设置底线标准。

因地制宜的底线办学条件标准是保证义务教育公平性的前提，国家已经颁布了相关标准，诸如校舍建筑标准、教学设施设备配置标准、学校编制及师生比标准等。实践证明，这些标准是以城市学校的适度规模标准为参照的。在边远地区的规模特别小的学校，应当因地制宜、实事求是地保障最基本的办学条件，并可以根据国家标准的原则有所变通，但是，就近、安全、卫生、健康的底线是必须保障的。

边远地区的义务教育应当逐步提高教育质量标准，从国家的层面上讲，教育质量标准由国家课程体系以及与之相适应的教师配置、设施设备配置保证。但是，对于贫困地区的农村学校而言，质量标准主要应当强调的是受教育的条件和过程，再综合学生的学习成绩（分数）来评判。

（二）提升教师待遇，增加培训机会，采取多种方式补充师资

农村小规模学校偏远、交通不便、教学和住宿条件差等不利因素，导致无法获得优势师资。因而在改善这些学校办学条件的同时，要重视改善和提升这些学校的教师待遇。

改善教师住宿条件，建设教师周转房；为农村小规模学校教师提供特殊岗位津贴，津贴额度参照基本工资、当地物价等因素综合考虑，需具备一定的激励效应；制定专项政策，将"国培计划"等教师培训计划惠及这些学校的教师。

修改农村中小学教师编制标准，探索"班师比"或"校师比"的教师编制核定方式。或出台农村小规模学校教师编制的专项政策。将"特岗计划"实施的范围扩大，惠及农村小规模学校。

（三）加强乡镇教育统一领导的建设，带动学区整体发展

下放农村教育管理的重心，加强乡镇一级的教育管理和督导，把下放权力和乡镇中心学校建设结合起来。转变中心学校的职能，把学区的行政管理、教学指导、师资配置三位一体的职能交给中心学校，把分散的、弱小的教学点统一管理起来，协调学区的各类资源配置。

在生源多、学校多的乡镇可以设立专门的学区教育管理委员会（简称"学管委"），主要承担全乡镇所有大小学校的教育管理职能、教师流动和教师培养职能、学校后勤保障职能。

（四）重视农村社区参与，建设小规模学校

村小和教学点由于在农村最基层，直接关系农民切身利益，受到农民和社区的欢迎。好的教育应该是学校和社会、教育和生活相互联系的。在农村办教育，还是应当强调政府和基层的两个积极性，这是当前办好农村小规模学校的一个重要思路。当然不能重蹈卸除政府责任、"人民教育人民办"的旧路，而是在尊重农民需求、满足农民意愿的情况下，调动发挥乡村办教育的积极性，从而在生活教育的框架下，使农村学校真正成为新农村建设的一个文化生长点，促进农村教育、科技、经济的结合，促进基础教育、成人教育和职业技术教育的融合。

B.9 重建政校关系：探索与思考

曾国华*

摘　要： 在重建政校关系的过程中，各地探索出了一些有效的做法，如政府简政放权，大量减少对学校不必要的检查、评估；推进管、办、评分离，建立权责明确的管理体制和现代学校制度；转变政府的教育行政职能，变无限政府为有限政府、管制型政府为服务型政府。提出政校关系重建中要重点思考改革的目的、如何收紧政府的"手"、如何监控学校的办学自主权等问题。建议制定《学校法》，厘清政校权力边界，用教育行政管理制度、教育投入制度、问责制度等来固化改革成果，建构一种有助于保障社会公正和公平、有助于学生更好发展的新型政校关系。

关键词： 政校关系　简政放权　办学自主权　"负面清单"　问责制度

政校关系重建是一个颇为引人关注的跨世纪话题。

1985年，《中共中央关于教育体制改革的决定》就提出简政放权、扩大学校办学自主权、实行校长负责制，新型政校关系的基本框架得以确立。此后，国家先后召开三次全国教育工作会议开展探索，但政府对学校"统得过多、管得过死"的问题依然严重。2010年发布的《国家中长期教育改革和发展规划纲要（2010~2020）》（以下简称《教育规划纲要》）提出建设现代学校制度，"构建政府、学校、社会之间新型关系"。十八届三中全会审议通过的

---

* 曾国华，《中小学管理》杂志记者、编辑，主要关注教育公平、学校变革等。

《中共中央关于全面深化改革若干重大问题的决定》（以下简称《决定》）指出要深入推进管、办、评分离，扩大省级政府教育统筹权和学校办学自主权，完善学校内部治理结构。

在上述国家政策的指引下，多地进行了不懈探索，努力重塑政校关系，创造了许多经验。梳理各地历年来的探索历程，有助于我们对新型政校关系有更清晰的认知与期许。

一 政校关系重建的地方探索

各地在重建政校关系的过程中，探索出了一些有效的做法，如政府简政放权，大量减少对学校不必要的检查、评估，校长可任命副校长和中层干部，公用经费的使用由学校做主；按照"政府投资、专家办学、行业监管、中介评价"的思路，推进管、办、评分离，建立了权责明确的管理体制和现代学校制度等。教育局的主要职能是提供服务，如制定规则、搭建平台、组织评价、调配资源等。自中共十八大召开以来，中央多次要求政府转变职能、简政放权，全国各地政校关系的正向变革有望更趋活跃。

1. 大力简政，减少对学校不必要的行政干预

由于教育行政干扰过多，校长往往疲于应付各种会议、检查，很难静下心来研究学校发展。校长们对此颇多怨言。针对这个问题，一些地方教育行政部门大力简政，减少对学校不必要的行政干预。

如山东潍坊市 2004 年全面取消了直属事业单位面向学校的行文权、召开会议权和达标验收权，以减轻基层负担。为此，潍坊市教育局将召开会议、检查评比、用人管理、财务管理和教师培训实行归口统一管理。

2012 年，四川成都市郫县创新学校管理体制，在全县义务教育阶段建设"自主管理试点校"。没有学校邀请，教育局相关科室不能到试点校检查工作，教育局召开和举办的各种会议、活动，除注明所有学校参加的外，试点校均可选择不参加，要求上交的各种资料也可选择不上交。

江苏镇江市为进一步简政放权、充分调动中小学校长的办学积极性，于 2013 年初对全局性会议和重大活动实行"扎口管理"，凡可通过电话通知等方式解决问题的,一律不开会;时间相近、议题相关的会议,一律合并召开;对各种检查评比"扎口管理",整合进行,凡局以上部门没有文件规定和明确要求的,各处室均不得开展全系统性的检查评比活动,确保校长能集中精力专注学校工作。

2. 还权于校,落实和扩大学校办学自主权

政府应摒弃"全能主义"观念,树立"有限职能"观,变无限政府为有限政府,把"不该管"的职能(如学校内部一些具体的人事安排)坚决下放给学校。

早在2001年,山东潍坊市就进行了一系列简政放权的改革,把高中自主招生权、中层干部和教职工的聘用权、学校经费的使用权、教职工的收入分配和考核的权力等还给学校。其中,潍坊市坊子区的学校实行理事会领导下的校长负责制、任期制,教育局只对理事会决定聘请的校长登记备案;教育局不再考察、任命学校副校长和中层干部,各校副校长和中层干部由校长组织教师考察,实行校长聘任;校长根据学校年度预算,可自主支配学校经费开支;校长可根据学校的传统、资源、优势,选择学校发展特色,教育局不再平行推进学校的发展;面对多层次的培训,学校干部和教师可根据培训的时间、地点、形式、内容等自主选择。

四川成都市青羊区教育局则在2005年2月的全区教育工作会议上提出"五还给"理念——"把课堂还给学生,把教改还给教师,把学校还给校长,把质量评估还给专家,把教育评价还给社会",教育局从学校的微观管理退出,从教育局办学向学校自主办学转变。同时,成立社会参与的学校民主管理委员会,把教育评价权还给社会,对学校进行民主管理、监督和评价。教育行政部门则主要负责政策制定、宏观调控、经费保障和监督检查,建设规范化、服务型政府。

江苏镇江市教育局通过扩大校长的干部使用权,落实学校岗位聘任权、教师流动决定权、绩效考核分配权,试行"自主管理试点校""副校级干部选聘制"等举措,促进中小学自主发展。"试点校"享有以下权利:除安全工作和财务工作由教育局统一管理外,其余工作全部由学校自主管理;除中考外,市级以下其余考试学校可自主命题、自主组织考试等。

3. 政府转型，管制型政府转为服务型政府

长期以来，我国政府的管理形态一直属于管制型。自2007年中共十七大报告提出"加快行政管理体制改革，建设服务型政府"的目标后，政府行使职能的方式发生了一些变革：由人治型管理转变为法治型管理，由控制型管理转变为服务型管理，新型政校关系的内涵逐渐明晰。

作为服务提供者，政府在教育规划、学校建设、办学条件保障、办学行为监管等方面责无旁贷。其中的一些服务，政府可与学校、中介机构合作，共同提供；还有一些服务，政府可以购买，也可委托给学校或中介机构。如上海浦东区社会发展局自2005年始探索"委托管理"新机制，厘清了教育三大"主体"（政府、学校与社会）的基本职责与关系，促进了政府职能转变。浙江杭州上城区教育局2010年构建"管办助评"区域教育管理新模式，推动教育管理体制变革，转变服务意识、服务内容和服务方式，确立了服务学生的全面发展、服务教师的专业发展和服务学校的科学发展的价值理念。

吉林省长春市宽城区教育局则从2011年起，将已往对学校的"指令性管理"变为"主导性服务"，构建了双向互动的"资源调控—目标引领—策略支撑"的服务体系：为学校提供"导航系统"，使学校由被动地"跟团游"走向自主发展的"自驾游"；为学校增配"助力系统""加速系统"，协助学校提升自主发展能力，使学校在"自驾游"中操控稳定、节能省力、动力十足。

成都市青羊区教育局打造规范化服务政府的标语——"宁愿自己千万苦，不让学校一事难"曾广为流传，形象地表明了教育行政部门的服务态度。

二 政校关系重建中几个需要重点思考的问题

在政校关系重建的过程中，会出现许多问题，但有几个问题需要重点关注。

1. 政校关系重建的目的是什么？

在世界各国的政校关系变革中，尽管政府放权的程度不一，但总体趋向是将更多的权力下放给学校，赋予学校更多的自主管理权。从上述我国各地的探索可以看出，我国的情况亦是如此。但人们往往纠结于政校之间权力的收收放放,对于政校关系重建的目的却疏于思考。其实,"落实和扩大学校办学自主权"只是手段,重建政校关系不是为了放权而放权。理顺政校关系、增强学校自主性,最终目的是更好地促进学生发展、教师发展和学校发展。

回望1985年出台的《中共中央关于教育体制改革的决定》,并思考其精神内核,我们才能更加清楚地理解重建政校关系所为何事——"在整个教育体制改革的过程中,必须牢牢记住改革的根本目的是提高民族素质,多出人才、出好人才。衡量任何学校工作的根本标准不是经济收益的多少,而是培养人才的数量和质量。紧紧掌握这一条,改革就不会迷失方向"。

2. 能否以"负面清单"思维收紧政府的"手"?

落实和扩大学校办学自主权后,学校是否就能依法依规顺畅地行使权力了呢?现实告诉我们,学校的"实际拥有"离文件上的"允许拥有"尚有一段距离。即使将一些本属于学校的权力还给学校,教育行政部门往往还是难以控制"伸手"的冲动。

一个关于教育局长的调查显示,教育局长在回答是否愿意将办学自主权完全下放到学校时,多数人的回答是否定的。一是因为他们认为很多校长没有自主能力,二是担心权力下放之后校长滥用权力,三是考虑到自身的利益,担心权力下放之后自身的地位问题——到时怎样指挥学校?某地曾经有过这样的尝试,将多数义务教育阶段的学校划归区教育局管辖,但优质的小学和初中仍牢牢把握在市教育局的领导之下。①

这种想法至今仍具有一定的代表性,显示了长期计划经济体制对政校关系变革的影响之大、政校关系改变之难。教育行政部门始终把学校当成一个未成年的"孩子",而不是一个具有独立法人地位、能够自主发展的"成人",因此,多年来呼吁落实和扩大学校的办学自主权,总是收效甚微:出现收收放放的反复,走不出计划经济体制固有的"自主权怪圈"——"一放就乱,一管就死"。

要让政府抛弃行政思维,真正管住政府的"手",需要法律保障,在具体的实践中需要新的思维模式。十八届三中全会通过的《决定》提出的"负面

---

① 刁文:《赋予学校更多自主权》,《现代教育报》2006年12月20日。

清单"思维也许能给予我们一些启发。在《决定》中,有两个清单的提法,一是负面清单,一是权力清单。前者指的是"不能做什么"的清单,后者是可作为的清单,亦可称为正面清单。

"负面清单"思维可运用在很多领域,用在政校关系变革方面,它强调的是政府和学校各自"不能做什么",这有利于明确各方的权力边界,束缚政府不当干预之手,使学校更好地行使办学自主权。显然,政府"不动"比政府"乱动"更有利于促进变革。政府只有时刻搞清楚"不能做什么",才能把该做的事真正做好。

3. 学校的办学自主权如何监控?

在批评政府对中小学校管得过多、统得过死,学校没有获得充分的自主权的同时,公众往往忽视学校获得一定自主权后,也可能出现问题,一些学校只要权力,不要监督;只要权利,不尽义务,出现了校园腐败等问题。

有学者认为,政府与学校的关系实质上是一种行政法律关系,双方的地位具有不对等性。政府对学校的管制是现实存在的,具有现实性,也具有必要性甚至永恒性。[1] 政府应建立有效问责制度和绩效评估制度,监督学校办学行为以及校长权力的运用。除了"负面清单",还应有"准许清单"和"监管清单",建立监督系统。

既然重建政校关系的目的之一是提高学校的办学绩效,政府还可以考虑建设"绩效换自主"的机制。所谓"绩效换自主",就是政府并不给所有学校完全相同的自主权,而是将部分自主权或自主程度的高低与学校的办学绩效挂钩,办学绩效高的学校,可以获得较高程度的自主权,办学绩效低的学校,只能得到较低程度的自主权。[2] 考察国外的政校关系变革实践,我们可以发现,这种"绩效换自主"的做法颇为流行,如美国政府对特许学校的管理,英国政府对自由学校的管理,都是采用这种基于绩效的方式。

优化学校内部治理结构是监控学校行使办学自主权的关键。学校的办学自主权,不等于校长的办学自主权。下放到学校的权力,应该将教学方面的一定

---

[1] 褚宏启:《政府与学校的关系重构》,《教育科学研究》2005年第1期。
[2] 冯大鸣:《我国政—校关系改革中须明辨的若干关键词》,《教育科学研究》2011年第2期。

自主权分配予教师，将监督、评价、参与管理等权利放给家长、社区、社会中介机构，从而建立学校内部的民主管理和学校外部的社区参与、监督、评价机制。这正是《教育规划纲要》指出的方向——完善中小学学校管理制度，建立健全教职工代表大会制度；建立中小学家长委员会，引导社区和有关专业人士参与学校管理和监督。

在实践中，有些地方非常重视完善学校内部的民主监督制度。2006年4月，潍坊市教育局出台了《关于加强学校民主决策、民主管理与民主监督的实施意见》，建立了学校领导干部民主评议制度和教师代表参与的经济审计制度等，规定每年组织一至两次学校领导干部民主评议，对信任票达不到2/3的中层干部，原则上不再聘用；凡是学校代表大会通过的事项，校长不得以任何理由不施行；等等。江苏镇江市2013年在推行"选聘制"的同时，还实行了"评议干部制"，对评议中不合格票数多于全体教职工人数1/3的，校长可以将其解聘。同时还规定，副校长和中层行政干部有1/2以上提请评议校长且评议其不合格，或在年度考核中有1/2以上评议校长不合格，校长必须辞职。

三 对重建政校关系的两点建议

1. 制定《学校法》，厘清政校权力边界

关系是靠规则来调整的，政校关系的调整需要通过法律来明确各自的权限与责任。目前，我国的教育法律制度供给不足。尽管改革开放以来，我国制定了一系列教育法律、法规，如《义务教育法》（1986年，2006年修订）、《教师法》（1993年）、《教育法》（1995年）等，但这些法律法规主要调整国家与各级各类教育的关系、各级各类教育与教师的关系，而调整国家、社会与学校的关系却存在着明显的法律"真空"地带。我们亟须将《学校法》立法列入重要议程，规范政府、社会与学校以及学校与教师、学校与学生、教师与学生、学校与家长的关系。

近年来，要求出台"学校法"的呼声越来越高。教育法学界的专家学者围绕"学校法"的立法做了大量的研究，召开了一系列的研讨会。2003年8月，教育部成立教育立法工作领导小组，将"学校法"列入《2003～2007年教育振兴行动计划》，并将调研、起草和制定工作列入教育立法规划的重要议事日程。2003年11月和2004年3月，将"学校法"的调研、起草任务分别委托给了有关单位，至今已有多个版本的"学校法"草案。2012年，教育部在《国家教育事业发展第十二个五年规划》中再次提出开展"学校法"的调研起草工作，依法理顺政府和学校的关系。

"学校法"若出台，将从法律层面上确定政府和学校各自应当干什么、不该干什么，界分政府权限和学校权限，厘清政府行为和学校行为，使各自的职权清晰、职责明确。它将促使学校治理模式由行政管理走向由开放的公共管理与广泛的公众参与二者整合而成的新型治理模式，并逐步走向集合法性、透明性、责任性、法治、回应以及有效等特征于一身的"善治"，① 形成新的学校治理思维模式和公共治理结构。

2. 地方探索经验亟须总结形成制度

我们注意到，一些地方的探索还停留在方法和策略层面，并没有形成制度。而给学校下放权力，不能靠文件、靠会议，也不能靠觉悟。"改革改到深处就是制度。"构建新型的政校关系，制度需先行，应当积极推进教育制度创新，用制度来固化探索的成果。

在政府保障与监管学校办学自主权方面，应出台一系列制度，如教育行政管理制度、教育投入制度、人事制度、考试评价制度、问责制度、教育督导与评估制度等。在当前的环境下，尤其要重视问责制度的建设。面对现实中存在有些地方政府推卸应该承担的责任、有些优质公立学校权力"越界"等问题，② 要按照《教育规划纲要》提出的"严格落实问责制"的要求，追究政府、学校相关人员所应承担的责任。

---

① 俞可平：《治理和善治：一种新的政治分析框架》，《南京社会科学》2001年第9期。
② 褚宏启：《政府与学校的关系重构》，《教育科学研究》2005年第1期。

B.10
中国儿童权益保护现状及政策建议

于明潇[*]

摘　要： 中国作为一个大的发展中国家，地区发展不均衡，儿童权益保护是一个复杂问题。本文从儿童生存权、儿童保护权和儿童发展权三个方面入手，在对我国儿童权益保护所取得的成就、面临的挑战以及保护儿童权益的各项行动和政策进行详细总结的基础上，对完善我国的儿童权益保护制度，确保我国儿童生存、保护和发展权利的实现提出了具体的政策建议。

关键词： 儿童权益保护　现状　政策建议

儿童在很大程度上承载着一个国家和民族的未来和希望。作为社会中的弱势群体，儿童权益保障体系的完善程度直接反映一个国家文明与进步的程度。我国自签订《儿童权利公约》后，已经形成了比较完善的保护儿童权益的法律体系。然而，近几年侵犯儿童权益的事件频发，这应当引起对我国现行儿童权益保障体系的反思。

一　儿童权益概述

儿童是人类的未来，国际社会及各国都运用法律手段严格保护儿童权益。1989年11月，联合国通过《儿童权利公约》，把"儿童"界定为"18岁以下

---

[*] 于明潇，中国发展研究基金会研究员。

的任何人，除非对其适用之法律规定成年年龄低于18岁"。其中明确阐述："儿童因身心尚未成熟，在其出生以前和以后均需要特殊的保护和照料，包括法律上的适当保护。"联合国《儿童权利公约》认为，每一位儿童既是一个独立的个人，又是家庭和社会的一分子，儿童享有一个人的全部权利；公约规定缔约国应采取一切适当措施，对儿童权益进行保护。《儿童权利公约》共54条，实质性条款41条，对儿童基本权益进行了详细界定，综合来看其最基本的权利可以概括为四种，即生存权、受保护权、发展权和参与权。①

自1992年加入联合国《儿童权利公约》20余年来，中国先后颁布了《中国儿童发展纲要（2001~2010）》和《中国儿童发展纲要（2011~2020）》，并把促进儿童全面发展纳入国民经济和社会发展第十二个五年规划。但是，中国作为一个大的发展中国家，地区发展不均衡，18岁以下少年儿童数量庞大，接近3.1亿，儿童权益保护是一个复杂问题。

二 儿童生存权

生存权要求每个儿童都有其固有的生命权和健康权，包括有权接受可达到的最高标准的医疗保健服务。为实现生存权，应采取的措施包括：降低婴幼儿死亡率；向全体儿童提供必需的保健和医疗援助；消除营养不良现象和疾病；保证饮水的清洁，考虑环境污染的危害；确保母亲产前产后保健，向社会尤其是父母介绍儿童卫生、保健、母乳喂养、环境卫生、防止意外事故等方面的基本知识等。

（一）儿童生存权保护取得的成就

中国在儿童生存权保护上取得的成就主要表现为健康状况持续改善。中国加强基层妇幼卫生服务网络建设，实施免费孕前优生健康检查、降低孕产妇和

---

① 儿童参与权是参与家庭、文化和社会生活的权利，即儿童有参与社会生活的权利，有权对影响他们的一切事项发表自己的意见。在我国，儿童参与权虽然日益引起社会的普遍关注，但重视程度还远远不够，目前对儿童权利的关注仍停留在基本的健康、教育和受保护权利方面，对参与权提及很少。中国儿童的自主性、参与意识有所增加，但是仍然存在参与的机会少、参与领域有限、参与程度不够深入的问题。本文对参与权不作详细论述。

新生儿死亡等项目,国家免疫规划基本实现城乡儿童全覆盖。2013 年婴儿死亡率从 2003 年的 32.2‰下降到 10.3‰,5 岁以下儿童死亡率从 2003 年的 39.7‰下降到 13.2‰,提前实现联合国千年计划目标。中国城乡儿童的生长发育水平迅速提高,城市儿童的平均生长发育水平已经达到甚至超过世界卫生组织推荐的儿童生长标准,接近西方发达国家同龄儿童的平均水平。与世界各国比较,5 岁以下儿童的低体重率和生长迟缓率低于大多数发展中国家。在"金砖国家"中,中国儿童的低体重率和生长迟缓率处于中等水平。

表 1 部分国家 5 岁以下儿童营养不良状况

单位:%

	国家	低体重率	生长迟缓率
"金砖国家"	中 国	4	10
	巴 西	2	7
	印 度	43	48
	俄罗斯	—	—
	南 非	9	24
其他国家	美 国	1	3
	土耳其	2	12
	墨西哥	3	16
	泰 国	7	16
	越 南	20	31

资料来源:(1)联合国儿童基金会编《2012 年世界儿童状况报告》;(2)中国卫生部编《中国 0~6 岁儿童营养发展报告(2012)》。

(二)儿童生存权保护受到的挑战

如同社会经济发展水平差异一样,儿童生存权保护也面临严重的地区差异方面的挑战。在贫困农村地区,婴幼儿日常膳食中蛋白质、热量、微量营养元素明显摄入不足,营养不良状况相当严重。以缺铁性贫血为例,2010 年我国农村 6~12 月龄婴幼儿贫血率为 28.2%,13~24 月龄为 20.5%。对西北、西南贫困县的抽样调查结果显示,西部贫困农村 6~24 月龄婴幼儿的贫血率高达 60% 以上,比全国平均水平高出 1 倍以上。2012 年 4 月,中国发展研究基金会与中国疾病预防控制中心对贵州省松桃县贫困地区的3~6岁儿童开展了一项营养状况抽样调查，结果表明，该地区3~4岁和4~5岁儿童的贫血率分别为29%和19.7%，是城市同龄儿童的2~3倍。①农村妇女和流动妇女接受产前检查比例明显低于城市妇女。根据环保部检测，2012年农村居民使用不安全饮用水的数量达到2.98亿人。②截至2013年11月，农村卫生厕所的普及率为72%，仍有28%的厕所无法满足卫生设施要求。③

（三）保护儿童生存权的行动和政策

中国保护儿童生存权的行动和政策主要表现在促进儿童健康成长方面。主要包括：第一，母婴生存健康。卫生部自2000年以来开展了"降低孕产妇死亡率和消除新生儿破伤风"项目，转移支付专项资金总数达到4.4亿元，覆盖人口约3亿。第二，婴幼儿营养补充。从2008年起，卫生部与妇联等相关部门合作陆续采取措施为6~36月婴幼儿免费提供辅食营养补充品，改善婴幼儿营养不良状况。2013年贫困地区儿童营养改善试点项目范围已经覆盖21个省的300个县，受益儿童超过40万。第三，健康教育和传播。主要面对育龄妇女和婴幼儿，通过健康教育和培训手段，普及和传播健康及科学喂养知识，提高妇幼卫生服务的可及性、公平性和可持续性。

三 儿童受保护权

儿童保护权是儿童不受危害自身发展的、被保护的权利，包括保护儿童免受歧视、剥削、酷刑、虐待或疏忽照料，以及对失去家庭的儿童和难民儿童的基本保障。

（一）中国儿童保护现状

中国的儿童保护一般指国家通过一系列的制度安排，包括社会救助、法庭

---

① 中国发展研究基金会：《人口形势的变化和人口政策的调整》，2012。
② http://www.360doc.com/content/12/0528/15/4801854_214264228.shtml。
③ http://money.163.com/13/1119/20/9E2PFVB100254TI5.html。

命令、法律诉讼、社会服务和替代性养护等措施，对受到和可能受到暴力、忽视、遗弃、虐待和其他形式伤害的儿童提供的一系列旨在救助、保护和服务的措施，使儿童能够在安全的环境中成长。① 我国改革开放以来，形成了以《宪法》为引领，以《未成年人保护法》和《预防青少年犯罪法》为主干，包括《民法通则》《婚姻法》《收养法》等在内的一系列有关儿童保护的法律，形成了相对完善的法律保障体系，但是通过对各个法律的考察可以发现，各项法律制度之间未能有效衔接，没有形成严密的体系，缺乏实质性的保障。因此，像贵州父母虐童案、南京饿死女童案、贵州男孩取暖中毒致死案、陕西拐卖婴儿案等仍然不断触动人们的神经。

（二）重视儿童家庭保护

家庭保护是"父母或其他监护人通过对儿童依法行使监护权，履行对儿童进行抚养教育的义务。家庭中的其他成年人有协助幼儿的监护人行使其保护的责任"。家庭作为儿童成长的首要环境，对儿童保护有着不可推卸的责任。家庭既可能成为儿童保护的主导者，也可能构成儿童保护的危险因素。② 儿童家庭保护的不当主要表现在以下几个方面。

第一，遗弃儿童。据《中国儿童福利政策报告（2012）》显示，中国每年约有10万名儿童被遗弃。石家庄的社会福利院于2011年6月设立了中国第一个"婴儿安全岛"，在两年时间内一共接收了181名弃婴。之后，天津、江苏、陕西、贵州、福建、内蒙古和黑龙江等地也都设立了类似设施，广东2014年1月设立的首个婴儿安全岛，10天内已接收33名弃婴。这些弃婴患有不同种类、不同程度的疾病，比如唇腭裂、脑瘫、先天性心脏病以及与遗传因素有关的唐氏综合征等。

第二，虐待儿童。古语有曰："虎虽凶猛，尚且不食虎崽。"可是在少数家庭中，有多少日日遭受父母毒打和虐待，夜夜以哭泣为唯一发泄的"受

---

① 尚晓援、张雅桦：《儿童保护制度的要素缺失：三个典型个案的分析》，《青年研究》2008年第5期。
② 刘文、刘娟、张文心：《我国儿童保护的现状及影响因素》，《辽宁师范大学学报》（社会科学版）2013年第4期。

刑"儿童。家庭虐待儿童的主要方式有毒打、饥饿、肢体伤害和性伤害等。从遍体鳞伤的小丽、饥饿致死的南京两个女童，到被自家婶婶割双耳砍下巴的凡凡、被继父性侵6年之久的晓晓，从这些案例中可以发现，虐待儿童多发的家庭多少存在一些问题，比如贫困家庭、单亲家庭、未婚妈妈家庭、留守儿童家庭等。

另外，忽视儿童也是虐待儿童的形式之一。比如单独留儿童在家或者交通工具内，频繁发生的儿童坠楼事件就是忽视儿童造成的。

（三）加强儿童校园保护

学校保护是指有关的学校、幼儿园及其他教育机构依照我国《未成年人保护法》及其他有关法律、法规，对未成年学生和幼儿园儿童实施的专门保护，学校应该确保儿童的人身安全、财产安全，以及最基本的受教育权利。目前，中国校园儿童保护最大的问题就是校园安全。2012年8月，由上海交通大学舆情研究实验室发布的《中国社会舆情与危机管理报告（2012）》指出，2011年教育舆情事件中校园安全事件成为年度教育舆情重灾区，校园日常管理类、教育方式及体制类舆情事件大幅上升。从舆情类型来看，2011年影响较大的168起教育舆情事件中，校园安全类事件成为年度关注度最高的教育舆情类型，整体占比29.2%，在全部49起影响较大的校园安全类教育舆情事件中，由校车事故引发的舆情事件就有26起，占整体校车安全类舆情事件的53.1%，比2010年多了26.2个百分点。校园暴力事件以28.6%的比例成为校园安全问题的"第二杀手"。[1]

（四）构建儿童社区保护

儿童社区保护是以社区为依托，将保护儿童权利和促进儿童发展作为宗旨，向儿童提供娱乐、游戏、卫生教育和社会心理支持的一体化服务体系。从表层理解，它是构建一个对儿童友好的、像家一样的开展儿童活动和服务的场所；从深层理解，它是一个面向儿童的、按照科学的儿童权利和保护理念去运

---

[1] 谢耘耕主编《中国社会舆情与危机管理报告（2012）》，社会科学文献出版社，2012。

行的社区服务体系。随着趋利型社会基本机构的形成，社会治安形势日趋复杂化，拐卖儿童、残害儿童及控制儿童并利用儿童进行乞讨等犯罪活动也十分猖獗，儿童的生存和发展受到了极大的威胁。以"儿童友好家园"为代表的儿童社区保护服务是在汶川地震后逐步由震后支持家庭帮助儿童回归正常生活转变为正常社区的常态模式。构建儿童社区保护网络有助于形成预防、报告和反应三大儿童保护机制，与家庭和学校一起构筑儿童保护之网，避免南京饿死女童悲剧的发生。

四 儿童的发展权

发展权是要求充分发展儿童全部体能和智能的权利，具体指儿童有权接受正规和非正规的教育，以及儿童有权享有促进其身体、心理、精神、道德和社会发展的生活条件。儿童的发展离不开教育，只有保障受教育权利才能促进儿童的发展。1978~2010年，全国小学学龄儿童入学率从94%提高到99.7%，初中毛入学率从20%提高到100%，高中阶段教育毛入学率从不到10%提高到82.5%，高等教育毛入学率从不到1%提高到26.5%。2010年，中国实施"学前教育三年行动计划"，学前三年毛入园率由2009年的50.9%提高到2012年的64.5%。针对城市化过程中出现的留守儿童和流动儿童，为保障他们的受教育权，全国在农村建设8000多所寄宿制学校，完善留守儿童教育监护网络，采取多项措施保障近1400万进城务工人员随迁子女接受义务教育。2010年，中国15岁以上人口的平均受教育年限达到8.5年，在发展中国家处于较好水平。

（一）儿童早期教育值得重视

儿童早期一般是指从出生到入学（一般为6岁）之前的生命阶段。儿童早期发展主要包括感觉-动作、认知、社会-情感等相互依存领域的能力发展，而这些能力发展的最敏感期都在人类早期。因此儿童早期教育对实现发展权意义重大。近几年来，我国学前教育普及程度在逐步提高。2005~2010年期间，全国适龄幼儿（3~6岁）在园率从37%提高到52%，幼儿园总数增加了20%，入园人数和在园人数分别增加了25%和37%（见表2、表3）。但是，学前教育资源在城乡之间分布极不均衡。在农村贫困地区，有限的学前教育投入主要用于县城，乡镇以下则基本没有投入，村级以下仅在村小学设有一年制学前班，贫困地区3~5岁幼儿基本没有接受早期教育的机会。教育部2009年的统计数据显示，全国幼儿园教职工数143.42万，其中农村幼儿园教职工数31.54万，仅占22%。

表2 中国学前教育事业发展主要目标

指　　标	2009年	2015年	2020年
幼儿在园人数(万人)	2658	3400	4000
学前一年毛入园率(%)	74.0	85.0	95.0
学前两年毛入园率(%)	65.0	70.0	80.0
学前三年毛入园率(%)	50.0	60.0	70.0

资料来源：《国家中长期教育改革和发展规划纲要（2010~2020）》。

表3 中国城乡幼儿园及入园、在园幼儿人数分布

地　　区	2005年	2010年	地　　区	2005年	2010年
幼儿园(所)	124402	150420	县镇	343	559
城市	33299	35845	乡村	751	826
县镇	30882	42987	在园人数(万人)	2179	2977
乡村	60221	71588	城市	569	753
入园人数(万人)	1356	1700	县镇	593	1010
城市	262	315	乡村	1017	1214

资料来源：中华人民共和国教育部，2005年和2010年教育统计数据。

（二）儿童受教育机会有待更加公平

2012年，中国实现了财政性教育经费支出占国内生产总值的4%的目标，义务教育、高中教育、高等教育、学前教育等各层次教育都取得了超乎寻常的进步。但是不论教育的数量还是质量，城乡之间和地区之间都存在着明显的差距，农村教育落后于城市，中西部欠发达地区落后于东部发达地区；同样，处

于城市中的部分流动儿童因为就读打工子弟学校，受教育质量也明显落后于城市儿童。这种教育的差距影响儿童受教育机会的公平性。

根据中央教育科学研究所的义务教育监测报告，东部地区学生的学业成就水平明显高于中西部，两者间的差异非常显著（$f = 113.014$，$p = 0.000 < 0.05$），西部和中部地区学生间的差异则不明显（见图1）；从图2可以看出：城市学生的学业成就水平明显高于农村，两者间的差异非常显著（$z = -6.663$，$p = 0.00 < 0.01$）。①

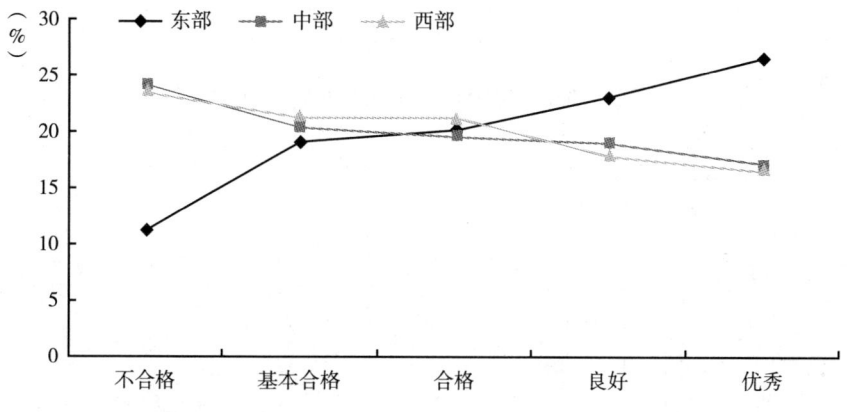

图1 东、中、西部学生学业成就水平的比较

从农村留守儿童和城市流动儿童与城市本地儿童的在校率来看（见图3），虽然就6～11岁和12～14岁接受义务教育阶段而言，三类儿童的在校率差距不大，但是进入高中教育阶段（15～17岁）后，城市流动儿童的在校率下降幅度远远高于城市本地儿童，大部分流动儿童丧失接受更高层次教育的机会。另外，根据调查，61.4%的流动儿童就读于打工子弟学校，30.8%就读于公立学校，6.5%就读于私立学校。② 大多数打工子弟学校的质量很差，形成流动儿童和城市儿童在教育获得方面的差距。

---

① 参见《中国教育报》2009年12月4日，第4版。
② Gao Wenshu（2010），Providing an Education for Left-behind and Migrant Children，in Cai Fang（ed.），*The China Population and Labor Yearbook No. 2*：*The Sustainability of Economic Growth from the Perspective of Human Resource*，Leiden·Boston：Brill，pp. 75 – 91.

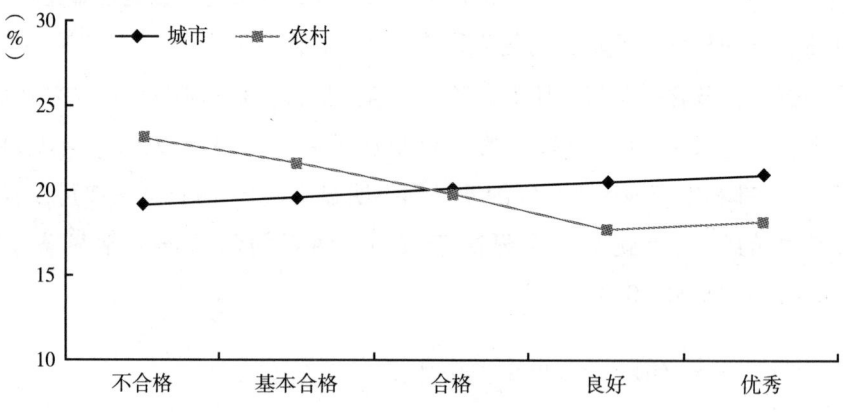

图 2　城市和农村学生学业成就水平的比较

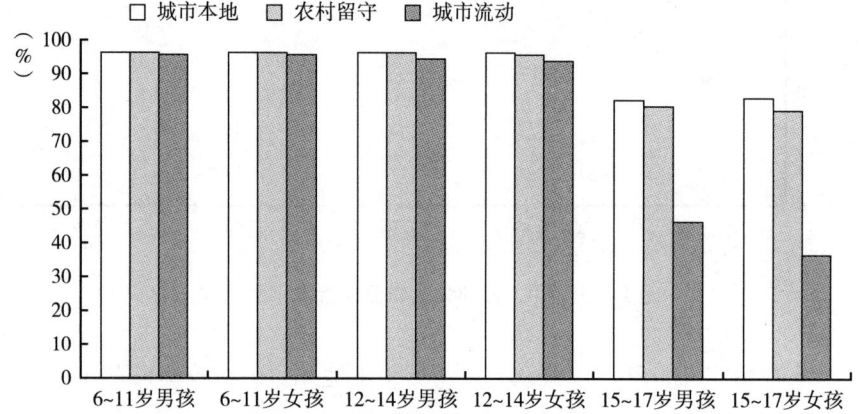

图 3　留守儿童、流动儿童和城市本地儿童在校率的比较

资料来源：Gao Wenshu（2010），Providing an Education for Left-behind and Migrant Children, in Cai Fang (ed.), *The China Population and Labor Yearbook No. 2: The Sustainability of Economic Growth from the Perspective of Human Resource*, Leiden·Boston: Brill, pp. 75 – 91；全国妇联，《全国农村留守儿童状况研究报告》，2008。

（三）留守儿童心理健康需要关注

对于孩子来说，有父母的地方才是家。农村留守幼儿由于长期与父母分离，在日常生活中无法感受到父母的关怀，遇到困难时无法寻求父母的帮助，情绪也无法得到宣泄，容易产生孤独感和被抛弃感，久而久之，容易出现焦虑自闭、缺乏自信、感情脆弱等心理障碍。全国妇联发布的《我国农村留守儿童、城乡流动儿童状况研究报告》显示，我国农村留守儿童数量达6102.55万，占农村儿童的37.7%（46.74%的农村留守儿童的父母都外出，其中，与祖父母一起居住的比例为32.67%，有10.7%与其他人一起居住）。① 2014年春节前10天，留守儿童因为父母不回家过年自缢身亡的案例不禁向全社会发问："留守儿童的爸妈去哪儿了？"

五　儿童权益保护的政策建议

儿童权益保护是一项系统工程，涉及法律、教育、医疗卫生等多个领域，若要使我国的儿童权益保护制度得到完善并有效地运转，确保我国儿童生存、保护和发展权利的实现，至少应在以下方面进行努力。

第一，提高全社会对儿童权益保护的意识。儿童是国家和民族的未来，也是未来劳动力市场的主力，他们是否健康成长，是否接受良好的教育，将关系社会能否可持续发展。提高对儿童的认识，既要把他们视为独立的具有基本权利的个体，更要把他们视为需要额外呵护的特殊群体。

第二，完善儿童保护法律。从现有法律上看，中国有《未成年人保护法》《妇女儿童权益保护法》《预防未成年人犯罪法》等。但是，所有涉及儿童的案件都没有特殊的办案程序，甚至有些发生在家庭内部的儿童被虐待案涉及复杂的家庭纠纷，法律无法干涉；遗弃儿童的父母也不会因为失责受到法律惩罚。因此，要不断完善相关法律，否则无法真正保护儿童不受伤害。

第三，整合成立专门负责儿童权益保护的机构。现行儿童保护的不同领域归不同部门管辖。比如儿童生存权大都由卫计委负责，发展权由教育部门负责，而保护权则一般由民政、公安等部门来保障。儿童侵权事件不一定都触犯法律，而学校、妇联、基层社区等无权对侵权事件进行处理，因此造成大量已发生事件无法立案、调查，而其他机构又无权处置的尴尬境地。

第四，完善监护制度，健全监护机构。我国立法比较强调亲属对未成年

---

① 参见全国妇联《我国农村留守儿童、城乡流动儿童状况研究报告》，2010。

人的监护，但对监护人监护能力的规定不甚明确，对公权力介入监护的举措规定得不具体，对有过错监护人的惩戒措施也缺乏可操作性。2014年初，民政部表示拟通过人民法院提起诉讼对拒不履行监护责任、严重伤害未成年人的监护人，剥夺监护权。剥夺家长监护权能够督促家长尽到监护责任，但是对失去监护人的儿童如何照顾，需要建立完善的监护制度和监护机构。

中国在线教育的发展及趋势[*]

缪静敏 尚俊杰[**]

摘　要：
开放课程资源运动与大规模网络开放课程运动在高等教育领域的兴起引发了国内在线教育的热潮。在线教育发展环境的改善与发展的广阔前景吸引了多方的参与。人们对在线教育形式寄予了厚望并开展了相关实践。本文简要梳理与探讨了中国在线教育在各教育阶段的发展现状与在线教育产业发展过程中呈现的特点，为了解中国在线教育的发展与趋势提供参考。

关键词：
在线教育　高等教育　中小学教育　教育产业　发展趋势

在线教育植根于远程教育。近年来，由于网络环境下教育形式的发展呈现出与以往不同的特征，为了与以往的远程教育进行区分，人们更多地使用在线教育一词。由于大规模网络开放课程（Massive Open Online Courses，MOOC）等新型在线学习形式的兴起，目前，无论是在学校教育领域还是社会教育领域都掀起了一股在线教育热潮。技术的日益成熟与在线教育形式被接受程度的提高为此次在线教育的发展浪潮提供了比以往更好的环境。在这样的背景下，在线教育发展的必然趋势与美好远景吸引了多方的参与。本文就在线教育在各教育阶段的发展现状与在线教育产业发展过程中呈现的特点进行梳理与探讨，作为了解国内在线教育发展形势的参考。

---

[*] 本文受教育部—中国移动科研基金项目"教育信息化理论研究"（项目编号 MCM20121011）的资助。

[**] 缪静敏，北京大学教育技术系硕士研究生；尚俊杰，北京大学教育学院副院长，副教授，教育技术系主任。

一 MOOC的兴起及其对国内高校的现实影响

2001年,在MIT公布开放课程计划,将课程资源发布到网上,供全世界免费下载后,世界各地的名高校先后参与到这场开放课程资源运动中来。作为应对措施,中国教育部在2003年启动了精品课程建设,并于2007年推动全国高校的优质资源共享化进程。此后,一些互联网平台也开始加入开放资源的建设。2010年,网易推出"全球名校视频公开课项目",首批1200集课程上线,其中有200多集配有中文字幕,涵盖课程类型多种多样,掀起中国观众观看公开课的热潮。与此同时,教育部将精品公开课程建设纳入"十二五"规划中。国内高校也相继做出反应,向公众推送了大量的视频公开课程。

随着开放课程资源运动持续发展,MOOC逐渐兴起,成为近年来在线教育最为火热的话题。MOOC的发展非常迅速,从2008年加拿大Manitoba大学Stephen Downes和George Siemens开设的CCK08课程为MOOC的最初实践,到2012年Udacity、Coursera、edX形成三足鼎立,进入井喷阶段,用了不到5年的时间,而且发展的主要阶段集中在2011年以后。

从形式上来看,MOOC目前可以分为cMOOC和xMOOC两种。前者基于建构主义与关联主义,以社会化学习网络形式组织,强调知识的构建与共享,教师更多地承担组织者与协调人的角色,具有自治、多样、开放、连通与交互的特征,① 如上文提到的CCK08课程;而后者更近似于对行为主义指导下的传统教学方式的一种优化,在包含授课、作业、测试等常规环节的基础上进行改进,如简短精致的课程视频、穿插于视频间的即时测试、定期的考评等。xMOOC缺乏cMOOC所具有的创造性的改变,但其优势在于模板化的特征使其可以大规模地推广,② 所以是目前较为普遍的一种形式。

---

① Mackness J., Mak S., Williams R., The Ideals and Reality of Participating in a MOOC. *Networked Learning Conference*, University of Lancaster, 2010: 266 - 275.
② 韩锡斌、翟文峰、程建钢:《cMOOC与xMOOC的辨证分析及高等教育生态链整合》,《现代远程教育研究》2013年第6期。

有人称MOOC为教育界的"海啸",目前,这场"海啸"也冲击到了中国。面对这场由国际顶尖大学引领的知识盛会,国内的高校也跃跃欲试,纷纷参与到MOOC的实践中来。在2013年,北京大学先后与edX、Coursera合作推出开放网络课程;清华大学则在加入edX的同时,开发了中文的MOOC平台"学堂在线",用以分享本土及国外的优质课程;同时,复旦大学和上海交通大学也加入了Coursera平台。对于高校而言,MOOC不仅能产生社会效益,让公众享受到高校的优质资源,而且在MOOC学分被承认的情况下还能整合教学资源、降低教学成本。从全球视角来看,MOOC让高校面向来自世界各地的学习者,参与国际化的竞争,是高校提高国际影响力的一个契机。类似MOOC这种全球参与的在线教育运动还有其更为深远的意义,因为课程在传播知识的同时,也传播着自身蕴含的文化与价值观念。所以对于中国高校而言,参与MOOC,也将推动各自背景文化与价值观念的交流、竞争与融合。

如此盛况之下,也存在着一些忧虑的声音。一方面,在对在线教育颠覆性预期多次落空的背景下,有人担心这又是一次言过其实的炒作,过分夸大MOOC的影响带来的盲目跟风在浪费时间精力的同时为高校的发展带来负面效应。另一方面,如果参与这场由国外名校主导的MOOC运动,国内高校该如何反客为主,探索出适合自身的MOOC发展模式?

实现MOOC的有效教学产出、保证MOOC的课程质量成为MOOC持续发展的关键。从理论上来说,MOOC促进教师教学方法的改进,而大数据的图景为识别MOOC课程中存在的问题提供了支持。但就实际操作层面而言,还存在着一些问题需要解决。首先,教师对于课程的推敲会消耗大量的时间和精力,如何激励教师参与MOOC课程的建设值得关注。其次,在缺乏有效处理方式的情况下,大数据只是一个美好的愿景,如何发挥大数据的优势以调整改进教学也衍生了对学习分析与教育数据挖掘的需求。[1] 同时,大规模的课程让教师能够教授更多学生的同时,也带来反馈与评价的问题。对来自学生的大量问题、作业与任务进行反馈与评价是一个让人头疼的问题。就评价方式而言,

---

[1] 张羽、李越:《基于MOOCs大数据的学习分析和教育测量介绍》,《清华大学教育研究》2013年第4期。

目前主要采取的形式为系统评价与同伴互评。但从学生发展的角度来说,来自教师的指导和评价还是十分有必要的,至少评价质量能够得到保证。除了教学方面,MOOC 在发展过程中还需要考虑其他的一些现实的需求,如 MOOC 学习者希望能够从完成的课程中有所收益,所以会有对课程学分和资格认证的需求。MOOC 的运作需要资本的支持,需要探索出不损害优质资源共享初衷的可持续的赢利方式等。

二 基础教育信息化的推进与中小学在线教育市场的不断升温

在线教育在中小学教育阶段的发展可以延伸出两条路径,一是国家层面的政策推动,二是市场层面的需求满足。从国家政策层面来看,与在线教育发展同步的是基础教育信息化的推进,包括从 2000 年为提高网络在中小学的普及率、实现教育资源共享和提升中小学教育教学质量的"校校通"工程的实施,到 2003 年为缩小信息化背景下的数字化鸿沟与促进教育公平,教育部、国家发改委、财政部共同组织实施农村中小学现代远程教育工程①,以及在教育部正式发布的《教育信息化十年发展规划(2011~2020 年)》② 中,"三通两平台"的重点工程建设。信息化的推进完善了相关的基础设施建设,促进了优质资源共建共享,为在线教育的发展提供了环境保障。同时,教师与学生的信息技术应用能力的提升,以及信息技术引入带来的教学方式与学习方式的变革,也可以在一定程度上看作在线教育的一种实现形式。

从中小学在线教育市场的发展情况来看,中小学在线教育由于其教育阶段的特殊性,在线教育市场发展受到国内教育环境与市场需求的影响。中小学在线教育早期以网校为主,主要模式为依托名校的教学资源,为学生提供教育辅导类服务,满足学生对优质教育的需求。"在家上重点"成为该阶段的标志性

---

① 苑永波、周雪菲:《农村中小学现代远程教育工程的可持续发展》,《中国远程教育》2011 年第 3 期。
② 教育部:《教育信息化十年发展规划(2011~2020 年)》,2012 年 5 月 6 日,http://www.edu.cn/zong_he_870/20120330/t20120330_760603_3.shtml。

口号,而名校办网校也逐渐形成一股潮流,具有代表性的网校有"101 网校""四中网校""黄冈网校"等。此后,随着市场的降温与激烈的竞争,一大批网校被淘汰出局。受开放课程资源运动和大规模网络开放课程运动所掀起的在线教育热潮影响,中小学在线教育市场又逐渐回暖,人们对于在线教育的热情被重新点燃。只是,在这次在线教育运动中,有了更多的参与者。除了活跃至今的一批网校以外,中小学在线教育潜藏的市场价值吸引了一些互联网公司的参与,为中小学在线教育的发展注入了新鲜血液。同时,传统的线下教育辅导机构出于行业竞争意识和对未来在线教育形势的预测,将业务扩展到在线教育领域,开始了新一轮的战略布局。

但从现有的教学形式上来讲,在线教育想要在中小学阶段教学得到进一步发展还面临着一些问题。如由于中小学生与成人相比缺乏一定的自主性,很多家长担心学生无法在网络环境下安心学习;又如市场中的中小学在线教育多为教辅性质,在线课程的设计围绕学校的教学而展开,所以学习内容、培养方式以及评价的标准都需要向现有的教学体系看齐,这就为在线教育的发展增加了一层限制。此外,地区性的差异如各地使用的教材版本不一,也为中小学在线教育产品的设计增添了难度和加大了工作量。

三 在线教育产业蓬勃发展

在线教育发展的必然趋势与美好远景吸引了多方的参与。在线教育市场的蓬勃发展正是这种参与的体现。在线教育市场的发展源于人们对教育的巨大需求。除了此前谈及的高等教育与中小学教育以外,英语培训与职业技能培训、各类考试培训等也成为在线教育重点发展的领域。

2013 年底,新浪联合尼尔森发布《中国在线教育调查报告》[①] 显示,在线教育中,职业技能培训(14.6%)的在线教育参与比例最高,其次为英语培训(8.7%)。现代社会的竞争压力催生了人们自我职业技能提升的需求,

---

① 《中国在线教育调查报告》,新浪教育,2013 年 11 月 28 日,http://edu.sina.com.cn/2013shengdian/。

在线教育为满足这类需求提供了便捷渠道。作为一直以来教育培训行业的热点，随着近些年的不断发展，英语培训已经细分为多个领域，其在线教育产品也遍布各个年龄段。职业技能类与英语学习类在线教育的迅速发展反映了当下人们对于职业技能培训与英语培训的巨大需求，也体现了在线教育实用性的特点。

除了一批在线教育创业公司活跃于在线教育市场外，互联网领军企业的加入是目前在线教育市场尤为引人注目的现象。继 2010 年推出"全球名校视频公开课项目"后，2011 年网易宣布正式加入国际开放课程资源联盟（OCWC），成为 OCWC 在中国唯一的企业联盟成员，随之推出了网易云课堂。将网易公开课与云课堂比较可以发现，公开课属公益性质，内容来源于合作高校，以观看课程视频为主；而云课堂的学习资源涉及的领域则偏重于实用性技能，同时也为学习者提供了更为个性化与系统性的学习支持，这种支持可以从学习计划、笔记、技能图谱等功能中体现。云课堂平台为学习者提供大量的学习资源，包括各类的题库。依托于庞大的资源库也是近年来在线教育平台发展的一个典型趋势。此外，2013 年底，阿里巴巴在线教育业务"淘宝同学"在经过大半年内测后正式上线。从运营模式上来看，"淘宝同学"沿用电商思路，本身不产生内容，而是专注于为线上授课形式提供互动平台。在运营的先期阶段已有多家培训与教育机构入驻。百度作为搜索业巨头，其在线教育业务的切入点仍是搜索，用户可以通过"百度教育"搜索到相关的课程资源，但随着"度学堂"的推出，"百度教育"也开始着手在线课堂的构建，实现形式为机构入驻，以实现资源的整合与呈现。从上述的运营模式中可以观察到的一个现象是，互联网公司在介入过程中并不在课程内容上做文章，而是选择与教育机构之间的联合。双方在发挥各自的技术与资源优势的基础上进行风险分担，同时还能起到宣传的效应，以积累用户群体。

对于教育机构来说，除了与互联网企业联合的选择外，还需要开展自身在线教育产品的建设。依赖于互联网企业提供的平台，也意味着受到平台技术等方面的限制。对于在线教育业务发展，教育机构也有自身的考量，需要考虑的问题是发展在线教育业务是否会对线下业务形成冲击。造成冲击的可能原因在于线上的教育模式与线下的教育模式过于相似。在线教育对于线下教育的照搬并不能起到丰富教育形式的作用，反而让人们习惯将各自的短处与长处相互比

中国在线教育的发展及趋势

较,在此基础上得出在线教育与线下教育谁更好的不一致结论。所以把握人们对于在线教育与线下教育的不同需求,发挥在线与线下教育的各自优势是解决彼此冲突的一种办法。未来的在线教育产品形式将告别单一类型,走向多样化。

目前的在线教育产品中,有的是线下教育机构为其线下教学提供的线上增值服务,或依托于自身线下资源将线下产品线上化,有的是专注于为师生提供互动交流的授课平台,有的则是进入在线教育更为细分的领域。这些产品形式多为平台类,典型的如新东方在线与学而思网校等。同时,由于移动终端的普及,教育类应用也层出不穷,从侧面反映了移动学习开始成为一种趋势。但教育是需要长期投入的,短期内难以看到成效。就目前来看,在线教育市场还处于"只在开花、尚未结果"的阶段。所以,对于在线教育参与者来说,承担风险的同时也要量力而行。

四 结语

即便在线教育目前还存在不少问题,其发展的前景还是相当可观的。与以往相比,此次在线教育的发展环境更为成熟。一方面,网络与计算机等软硬件技术的提升为在线教育的实施提供了极大的支持;另一方面,人们开始接受在线学习的方式,互联网逐渐成为人们获取知识的重要途径。在网易教育《2013~2014中国在线教育趋势报告》中,调查结果显示互联网(86.1%)首次超过书籍(82.9%)成为获取知识的重要方式。与此同时,报告指出,"移动端学习方式被人们逐渐接受,无论是学生还是在职人群,手机端学习的使用率都超过80%"。移动端以其自身的便捷性扩大了在线教育的灵活性优势,助力了在线教育的发展。

对于在线教育的用户而言,在线教育的内容质量是他们最关心的问题。在线教育能否为用户带来更好的学习体验是在线教育能否发展的重要因素。从已有的情况来看,在线教育的实践有意识地做出了一些内容质量的改进,如:在线教育课程视频的质量较以往有了很大的提升,视频被制作得更加简短与精致,内容的讲授也更加生动和精彩,视频播放过程中有时也会穿插一些测试

题,用于集中学习者的注意力与提高学习者的认知投入;为了克服在线学习环境下社会情境的缺乏,一些在线学习平台建立了社区与论坛,或是增加平台社交性的功能,为用户提供人际交互的渠道;为学习者提供阶段性的能力水平测试,用于及时调整教学与学习;等等。但从现实情况来看,仍然不是特别理想,突出表现在互动交流不够、学习者支持以及反馈的及时与有效性不足等方面。如何充分发挥在线教育的优势和挖掘在线教育的潜力,还需要不断地探索与实践。

B.12 2008年以来大陆民间阅读公益组织发展报告[*]

徐冬梅[**]

摘　要：

2008年以后，民间阅读公益组织发展迅速，儿童阅读也逐渐成为近四五年来民间公益阅读的主题。同时，乡村阅读以其独有的姿态和价值参与到对教育的切实改变和乡村以及社区的建设中去。阅读公益事业要更好发展，需要不断完善公益阅读生态，需要加强分工和协作，不断提高自身的专业化程度；需要准确定位，坚持个性；需要健全公益机构管理机制，吸收优秀公益运营人才，不断提高公益管理团队的策划、运营和管理水平。

关键词：

儿童阅读　公益组织　展望

民间组织参与乡村图书馆建设始于20世纪80年代末。一些海外华人筹建的民间组织和国内的民间公益机构在针对中国贫困地区教育援助的过程中，很快注意到乡村学校图书匮乏的问题，于是开始把捐赠图书、捐建图书室作为项目纳入整个公益活动中，例如美国科技教育协会、青树基金会、陈一心家族基金会、梦想行动国际、海外中国教育基金会、天下溪、海启明书社、微笑图书室、多背一公斤等。但总的来说，2008年以前，民间公益组织对中国教育的

---

[*] 本报告中涉及的数据主要来自各公益机构官网公布的数据和年报，还有一些引自第三届乡村图书馆建设论坛资料，在此说明和致谢。

[**] 徐冬梅，亲近母语研究院院长。

参与，更多还是在希望小学捐建、贫困学生助学、残障儿童救助等领域，对阅读的关注不够，早期的一些图书捐建和图书馆建设，数量不多，规模不大，效果也不是非常理想。2008年以后，因为公益意识和环境的改善，儿童阅读氛围的形成，民间阅读公益组织发展迅速。本文试图对四五年来民间阅读公益机构的发展做一个扫描，并努力对现状和发展趋势作一些描述和分析。

一 总体描述

1. 民间公益阅读机构数量迅速增加，各种类型和服务个性的民间阅读组织纷纷涌现

有人将2008年称为中国的慈善元年。"5·12"汶川大地震全面激发了国民的公益意识，同时企业社会责任意识、企业公益意识的全面觉醒，为民间公益的发展提供了必要的前提。最近三四年以来比较活跃的一些民间公益阅读组织大多诞生在此之后，或者从那时之后逐渐将主要方向定位在阅读。心平公益基金会2008年9月获民政部批准设立。2007年，真爱梦想首先在香港注册，但比较有规模的运营还是在2008年8月14日，经上海市民政局批准，上海真爱梦想公益基金会正式成立之后。

2008年以来，民间公益阅读组织发展迅速。据致力于成为民间阅读公益事业平台的心平公益基金会秘书长伍松粗略估计，这四五年来，重点从事儿童阅读推广的公益机构，并且一直在坚持做的，大约有200家。其中比较活跃的有60~80家。主要针对学校推广的机构有：真爱梦想基金会、天下溪公益图书平台、立人乡村图书馆、担当者行动、新教育基金会、中国滋根乡村教育与发展促进会、海外中国教育基金会、微笑图书室、六和公益、爱心点灯、蒲公英乡村图书馆、心教育社区青少年发展中心、益博公益、亲近母语研究院、西部阳光农村发展基金会、萤火公益事业发展中心、益微青年公益发展中心、满天星青少年公益发展中心、美丽中国（Teach for China）、圆梦的手教育助学促进会、山城志愿者服务总队、梦想行动国际、纯山教育基金会、明德书馆、灯塔计划、为中国而教（Teach Future China）、陈一心家族基金会、天图教育基金会、青树教育基金会、新公民计划、授渔公益、川越公益、鹿溪青少年公益发展中心、创启公益、多背一公斤等。主要致力于社区推广的有：希望社工服务中心、同心源社会工作服务中心等，在亲子阅读公益领域，公益小书房、深圳三叶草等是其中比较突出的组织。主要借助网络平台实现的公益机构有：一公斤捐书网、扬帆计划、彩蝶计划等。

这些机构从其性质而言，大致可以分为三种类型：一是以资助为主的公益组织，主要致力于推动其他公益机构开展阅读项目，例如心平公益基金会、陈一心家族基金会、西部阳光基金会等，虽然它们有时也直接运营项目，如陈一心家族基金会策划运作的"石头汤"项目就很有成效和影响力。但这些机构的核心还是以资助资金，寻找合适的公益运营团队开展项目为主。二是既有筹款功能，又直接开展阅读项目的运作性公益机构，例如真爱梦想、担当者行动、海外中国教育基金等。三是以策划和执行阅读项目为主的公益机构，例如天下溪、六和公益、爱心点灯、蒲公英乡村图书馆等。第一种类型的机构更类似于一个公益平台，是推动阅读公益发展的"供血站"。第二类机构一般也具有比较强的筹款能力，同时直接策划和运作公益阅读项目。真爱梦想的梦想中心、梦想教室、梦想课程，担当者行动的"班班有个图书角"，立人乡村图书馆等都是公益阅读项目中的典型。第三类机构更注重技术性和执行性，其关键在于具有阅读项目的策划能力和高度的执行力。

这些民间公益的项目点分布广泛，几乎覆盖全国版图。但更多集中在西部贫困地区，主要分布在乡村和城市中的打工子弟学校中，尤其集中在四川、云南、贵州、广西、甘肃、宁夏等地区。

由于创始人、理事背景、定位、宗旨和各方面的原因，各民间公益组织呈现完全不同的服务个性。

2. 推进儿童阅读成为近四五年民间公益阅读的主要阵地

阅读本来是一个可以服务于各种人群的公益领域。按照年龄，我们可以比较细致地将人生阶段分为：0~3岁的婴幼儿，3~6岁的幼儿，6~12岁的小学生，12~15岁的初中生，15~18岁的高中生，18~22岁的大学生，22~30岁的初就业和刚刚组建家庭的人群，30~40岁的面临工作和家庭双重压力的人群，40~60岁的壮年，60岁以上的老年。可以说，各个不同的人生阶段都需要阅读的伴随。公益组织可以根据自身的优势选择为不同的人群服务。

但2008年以来，民间公益组织不约而同选择儿童阅读（主要在3～12岁阶段，有些覆盖到初高中阶段）作为资助和策划项目的重点。这不是一个偶然现象，而是21世纪以来儿童阅读推广事业发展的自然结果，是公益发展和儿童阅读的自然融合。从21世纪初开始的儿童阅读推广理念的普及、不断丰富的童书、各种的阅读书目、丰富的阅读推广实践的积累和儿童阅读专业机构和团队的形成，为民间公益介入儿童阅读准备好了充分的条件。

对2008年前儿童阅读推广的过程做一个简单梳理，更容易让我们看到民间公益组织在2008年以后，深度参与儿童阅读推广的背景和功绩。

20世纪末的语文教学大讨论后，21世纪初国家启动第八次基础教育课程改革，2001年新中国成立后第一个语文课程标准颁布，第一次明确规定义务制教育阶段，学生的阅读量必须达到400万字。但如何才能确保儿童阅读的量和质？对语文教育的反思，对中小学语文教材的批判，对国际儿童阅读的吸收和借鉴，使得大陆的儿童阅读逐渐兴起。各种身份的儿童阅读推广人纷纷涌现。

以梅子涵、曹文轩、朱自强、方卫平老师为代表的儿童文学研究者和创作者，一直在大学开设儿童文学课，努力推动儿童文学创作和儿童文学研究，他们都以巨大的热情投入儿童阅读推广中。

2002年4月红泥巴读书俱乐部创办，创办者阿甲和萝卜探长兄弟，是中国儿童阅读推广的草创者之一。红泥巴的诞生意味着中国有了真正意义上的儿童阅读推广机构，他们用高度的热情、专业的精神，主要凭借网络平台，在亲子共读和儿童阅读专业咨询与推广领域作出了巨大贡献。在红泥巴之后，全国出现了众多以亲子阅读为业务核心的公益机构，公益小书房、快乐小陶子、深圳三叶草是其中杰出的代表。

在学校推广领域，新教育实验和亲近母语实验是儿童阅读的重要推动力量。2003年两会期间，朱永新首次提出了"书香校园"的概念。在朱永新老师的倡导下，新教育实验迅猛发展，其中建设书香校园是核心项目。2006年8月，新教育实验"毛虫和蝴蝶"儿童阶梯阅读项目创立。他们注重田野研究，希望为每一个儿童寻找到他此时此刻最适宜的童书。新教育基金会、以书目研发为核心业务的新阅读研究所、以亲子阅读为核心的萤火虫亲子会都是在新教育实验基础上发展而来。

2000年亲近母语课题组成立，亲近母语从对小学语文教学的反思出发，积极将儿童文学资源引入小学语文教育，致力于儿童阅读推广和儿童母语教育课程改革。2004年9月由亲近母语策划并主办的第一届中国儿童阅读论坛在扬州成功举办。论坛发表了《中国儿童阅读宣言和行动纲领》。迄今这个论坛已成功举办九届。亲近母语以其十多年来在儿童阅读方面的深耕，而成为民间公益机构在儿童阅读课程建设和阅读师资培训方面的重要合作伙伴。

少儿图书出版机构也是重要的儿童阅读推广者。2003年以后，尤其是以21世纪出版社、接力出版社、信谊基金会等为代表的少儿出版机构，以当当网、江浙新华书店为代表的图书发行机构，各自以自己的力量参与和介入儿童阅读推广。经过最初的阅读推广，童书出版获得了前所未有的发展机遇，2006年以后，图画书、文字的儿童文学、儿童科学读物、儿童人文等各种童书出版量大增，这为民间公益组织采购更有质量的童书提供了物质基础。同时，基于研究和实践的各种儿童阅读推荐书目的出现，也为公益阅读机构选择优质图书提供了良好的基础条件。大陆与台湾、香港地区、马来西亚等华语地区及其他国家之间的儿童阅读交流也日益频繁。

随着儿童阅读推广的不断深入，大陆越来越多的小学语文教师、幼儿园老师、家长被图画书、童书中所蕴含的真实的人性和纯真的童心所打动，越来越成为儿童阅读推广的主力军。2007年以后，各地以儿童阅读推广为主题的论坛和聚会达到了前所未有的密集度。民间公益组织的一些核心人物出现在各种儿童阅读推广的聚会中，陈一心家族基金会在设立了丰子恺儿童图画书奖后，将资助项目更多地投向了儿童阅读领域；心平公益基金会更是直接将核心项目定位在图书阅读项目，为更多从事儿童阅读推广的公益机构提供资金支持。担当者行动也将"班班有个图书角"作为核心项目来运营。

近三四年来比较活跃的从事阅读推广的机构，几乎都是将3～12岁——尤其是6～12岁儿童，也就是小学阶段的阅读作为项目策划和开展的重点，因为公益机构的朋友们越来越认识到儿童阶段是培养阅读兴趣和阅读习惯的关键时期，同时幼儿园、小学生的升学压力要远远小于初高中生，阅读推广因而具有较大的发展空间。

3. 从捐赠图书到促进阅读、教育革新和社会重建

彩蝶计划的执行人曾经将儿童公益的链条概括为：让孩子们"吃上饭—穿上衣—有人爱—远疾患—去上学—有书读—上好学—读好书"。

2008年以前的民间公益组织，大多在关注"吃上饭—穿上衣—有人爱—远疾患—去上学"这些基础性的环节，也有不少机构关注于让孩子们"有书读"，并将机构重点放在捐赠图书、帮助学校建设图书馆等方面，例如海外中国教育基金会、天下溪、滋根基金会、心教育社区智慧之舟项目等。但总的来说，在2008年以前的阅读项目没有规模，捐赠的童书缺乏质量，也缺乏相应的阅读支持。

2008年以后，更多的公益机构纷纷将目光凝聚在儿童阅读上，并把项目重点放在大量捐建图书馆、图书室、图书角上。其中比较突出的有真爱梦想、滋根基金会、担当者行动、海外中国教育基金会、微笑图书室、一公斤捐书网等。但它们已和以往一般意义上的捐书有着很大的不同。首先是这些民间公益机构在发展过程中、在和儿童阅读机构交流的过程中，逐渐确立了儿童阅读的理念；其次是由于有了相对比较成熟的阅读书目，捐赠的图书相比以前有了较大的改善，2010年1月，"公益图书采购中盘"项目由心平公益基金会和北京天下溪教育咨询中心共同发起，并指定北京书乡墨林出版顾问有限责任公司为项目运营单位。

随着儿童阅读公益项目的深入，如何更好地帮助各图书阅读项目点运营、更大地发挥图书的作用，如何培养更专业的志愿者和阅读种子教师的问题显得越来越迫切。白岩松将2011年称为公益制度元年，对于民间公益阅读机构而言，怎样在图书馆、图书室等硬件建设的基础上，建立更完善的图书使用和阅读机制成了越来越重要的问题。绝大多数公益机构不约而同地选择了在捐赠图书的同时，建设阅读支持系统来更好地发挥图书的作用，包括让儿童参与图书日常管理、开展丰富多彩的阅读活动、阅读志愿者和教师的培训等等。

中国滋根乡村教育与发展促进会成立之初，资助方向比较多元，而且重点支持的内容是满足基础教育、成人教育、医疗卫生、环境保护等方面的基础需求，尤其注重妇女和女童平等受教育。2007年前，滋根也捐了不少图书。但从2007年开始，滋根基金会从台湾引进了"爱的书库"阅读推广项目。这一

项目是由教师引导的班级集体阅读，全班同学一起阅读同一本书，在共读的基础上融入绘画、表演、讨论等活动，让阅读变得更有趣。滋根还鼓励和支持教师参与亲近母语研究院以及心平公益基金会举办的各种专业的阅读培训以提高指导阅读的能力。滋根的班级图书角的项目鼓励二年级以上的孩子参与班级图书角的日常管理工作，以培养孩子的责任心和管理能力。以班级图书角为载体，该项目亦鼓励和支持学校开展多样的阅读活动，例如故事比赛、书本剧表演等，营造"书香校园"的氛围。

海外中国教育基金会（OCEF）于1992年在美国注册，其图书项目始于2003年，算是民间公益组织中启动阅读项目较早的机构。截至2010年底，OCEF图书项目组共建立图书室368个，募集新旧书338705本。从2010年开始，OCEF图书阅读项目开始不仅捐助图书，同时致力于推进阅读，建立阅读支持系统。他们与上海微笑图书室合作，开始"样板图书室"项目——以阅读推广为主线，配合教师培训、专家讲座、志愿者下乡、阅读夏令营等多种形式，帮助学校打造阅读环境，让老师和学生们爱上阅读。2011年下半年，样板图书室的项目主要集中在宁夏海原的7个学校。这7个学校同时也是北京师范大学跨越式教育的研究示范点。2011年以后，他们在心平公益基金会的资助下，更多地组织教师参加亲近母语、新教育基金会的儿童阅读种子教师培训，并邀请薛瑞萍等阅读专家进行专门的阅读培训。

绝大多数民间公益阅读机构走过了同样的历程，阅读活动的开展、乡村教师的被唤醒极大地提高了捐助图书的使用效率，焕发了儿童阅读项目的活力，使得民间公益阅读机构呈现越来越大的影响力。

民间公益阅读推广找到了一个良好的促进乡村教育的途径，儿童阅读以其简单便于操作、教师和儿童参与性高、受益面广泛成为乡村教育改革的一个良好起点。乡村儿童阅读以其独有的姿态和价值参与到对教育的切实改变和乡村以及社区的建设中去。

二 民间公益阅读组织推进阅读的未来展望

从21世纪初开始的儿童阅读推广，是在国际儿童阅读推广的背景下展开的，是对当代中国应试教育的一种拨正，是儿童文学创作和研究、童书出版和发行、幼儿园、语文教育界、家长等各种力量努力、综合推动的结果。它是一个草根运动，其主阵地在城市，受益的主要是城市中经济条件较好、教育理念比较先进的学校和家庭的孩子。

（一）乡村儿童阅读的意义

儿童阅读公益组织的主要服务对象为乡村儿童和城市中的打工子弟。在目前的国家教育体制下，乡村学校的图书馆建设和阅读师资存在很大的问题。因此儿童阅读公益组织这些年来在乡村儿童阅读领域的推进有着很大的社会意义。

一是对乡村儿童和老师、家长进行文学启蒙，改变乡村老师和孩子阅读资源极其匮乏的现状，好书以及童年的阅读，是孩子们最初的文学启蒙，必将成为他们在乡村生活中的美好记忆。二是乡村教育的自救运动，让孩子们和好书为伴，让老师们拥有丰富优质的课程资源，给他们必要的阅读培训，让乡村教师和孩子们一起阅读，共同成长，让他们参与到阅读中来，实现真正的教育上的自救，是最经济、最富有成效的工作。三是公民的自我启蒙和行动，民间公益组织从阅读角度对乡村教育的介入，给捐资者、公益组织的工作人员、志愿者、乡村教师以及受益儿童和家长提供了一次良好的公民教育的启蒙。

（二）展望、存在问题和建议

2008年以来民间公益阅读组织在推进乡村阅读、改善乡村教育环境、重建乡村社会等方面作出了重要贡献。公益阅读是让教育回归民间，以及开放教育、重建教育的一种努力。但乡村的儿童阅读、全社会的阅读公益工作还有很长的道路要走。

1. 阅读公益生态圈需要不断完善和形成良好的循环

有效地促进阅读，必须建立比较良好的阅读生态圈。阅读生态圈是一个较大的循环系统，包括国家阅读公共政策、全民阅读理念、阅读理论建设、阅读课程和书目研发、学校和社区图书馆以及家庭藏书、阅读公益资金筹集、专业的阅读教师和志愿者、懂得阅读而且有一定协助能力的家长等。通过各种研究、呼吁和实践探索，不断优化阅读生态圈，才能保证公益阅读的长远发展。

2. 加强分工和协作，不断提高公益阅读组织的专业化程度

民间公益阅读机构需要不断提供立体化、专业化、引领型的系统阅读教育支持和服务，不断提高专业化服务程度的关键在于加强民间公益机构的分工和协作。资助型基金需要建立更科学、有效、快速的项目测评机制，运作性基金应不断提高对公益阅读产品的策划和执行能力。公益机构应不断整合资源，优化流程，找到最专业的合作伙伴，提高运营效率。

3. 准确定位，坚持个性，不断提高公益项目和产品的策划与执行能力

公益阅读机构应致力于促进阅读教育革新和公共生活重建，尤其是乡村社会的文化社区建设。这就需要公益组织都要具有非凡的创造力。从自身拥有的资源和能力出发，从自身特点出发，认准自己服务对象的需求，坚持每个机构的个性，设计具有独特内涵的公益项目和产品，走自己独特的发展道路，是非常重要的。

4. 健全公益机构管理机制，吸收优秀公益运营人才，不断提高公益管理团队素质和运营水平

公益阅读组织要吸引优秀的运营人才，就必须不断健全公益机构管理机制。例如勾画明确和有召唤力的愿景，建立强有力的理事会和运营团队，给公益从业者提供比较合理的薪酬和培训、发展平台，建立公开透明的财务制度、畅通无阻的信息渠道、项目评审和评估制度，等等。

阅读推广，尤其是儿童阅读推广仍将是教育公益组织的热点领域，是教育创新的良好途径，也是乡村重建、公民社会建设的一种思路。民间公益阅读领域大有可为，同时未来的路途遥远，需要更多的朋友们一起努力。

教育调查与评价

Investigations and Comments

B.13
我国高等职业教育发展中的招生和就业问题分析

方建锋[*]

摘　要： 本文从近年来高考适龄人口下降和高校招生数平稳增长的基本情况着手，分析了在高等教育中存在的高职招生规模逐年下降现象。从数据整理的角度，全国一半以上的省市高职招生出现了下滑趋势，而民办高职的下滑速度高于公办。同时，在高职领域中还存在财经类、电子信息类、文化教育类等专业重置率较高的现象，其中管理学、艺术学、文学就业较为困难。建议调整高职院校培养目标定位和学科专业结构、鼓励市场需求与就业相结合、有序推行"注册入学"制度，应对高职发展面临的生源问题。

关键词： 高等职业教育　招生　就业

---

[*] 方建锋，上海市教育科学研究院副研究员。

2012年，我国高等教育在校生总规模达3325.2万人，比2011年增加158.2万人，增长5.0%。高等教育毛入学率达30.0%，比2011年提高了3.1个百分点。但是，高等教育在校生规模扩大和普及水平提高面临着生源下降的严峻挑战。数据分析表明，受学龄人口下降的影响，近年来全国小学、初中规模明显缩小，未来10年内，高等教育总入学人口不断减少势不可免，这对高等教育尤其是高职教育的冲击尤为明显。本文简要分析之。

一 适龄总人口呈现下降趋势，但高校招生数仍然稳中有升，高等教育毛入学率持续增长

根据全国第六次人口普查的数据简单推断可以得出，在未来10年的时间内，我国高考适龄人口都是呈下降态势的。18周岁适龄人口从2009年的2154.35万人下降到2017年的1393.57万人，下降760.78万人。从2013年起未来5年内（2017年），高考适龄人口将继续下降近408.88万人。其中，2014～2015年减少的大幅度最为惊人，当年减少279.95万人。从这些年我国高等学校招生实际报名人数来看，也与这一趋势相吻合：2008年达到历史最高峰1050万人，之后几年高考报名人数急剧下降，2012年全国高考报名人数为915万人，下降了135万人。

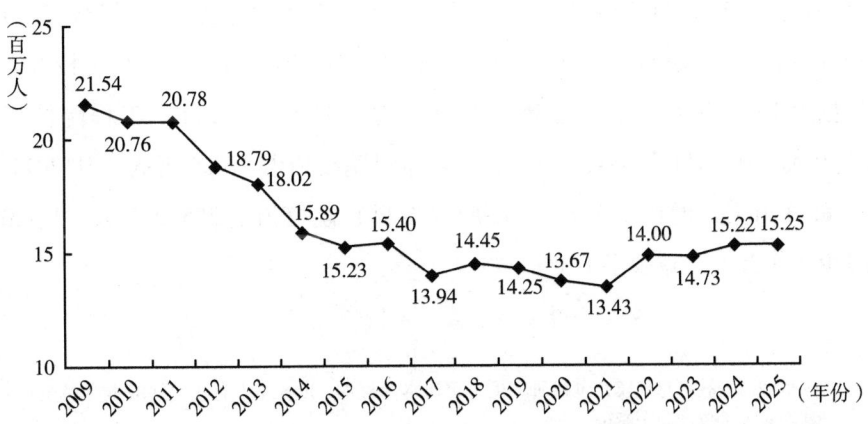

图1　2009～2025年高考适龄人口数变化情况＊

＊ 根据2010年第六次全国人口普查数据、历年《中国统计年鉴》《中国教育事业发展统计公报》《全国教育事业发展简明统计分析》等整理得出。

在这种情况下，高等学校的招生数并未有明显的下降，而是仍然保持平稳增长。2012年全国高考计划招生685万人，较人口高峰期的2008年仍然增加了86万人。由此推动我国高等教育总规模在总适龄人口下降的趋势下仍然持续增长，① 从2005年的2300万人增长到2012年的3325万人，增长了44.57%。高等教育毛入学率也从2005年的21.0%增长到2012年的30.0%，增长了9个百分点。2012年，每十万人口中高等教育在校生人数为2335人，比2005年增加723人。

二 普通本科招生人数持续上升，专科招生规模逐年下降

2012年，全国普通本专科招生数达到688.8万人，比2011年增加7.3万人，增长1.1%；其中，本科招生374.1万人，比2011年增加17.4万人，增长4.9%；专科招生314.8万人，比2011年减少10.1万人，减少3.1%。专科招生由2011年的上升转为下降趋势，本科与专科招生之比由2011年的52∶48调整为54∶46。

需要指出的是，普通本专科招生增量主要由一般本科院校承担，"985"工程院校招生与2011年基本持平，"211"工程院校招生比2011年略有增长，高职（专科）院校招生较2011年略有减少。2012年，"985"工程院校普通本专科招生19.6万人，招生数量与2011年基本持平；"211"工程院校招生56.1万人，比2011年增长1.3%；一般本科院校招生370.5万人，比2011年增加11.3万人，增长了3.1%；高职（专科）院校招生255.0万人，比2011年减少2.9万人，减少了1.1%。②

---

① 这里的高等教育总规模，包括研究生、普通本专科生、成人本专科生、网络本专科生，不包括在职人员攻读硕士学位。
② 文中"985"工程院校指38所"985"工程院校的统计数据，不含国防科技大学；"211"工程院校指109所"211"院校的统计数据，不含国防科技大学、第二军医大学和第四军医大学；"一般本科院校"指除去"211"工程院校后的普通本科院校的统计数据，共计1036所。

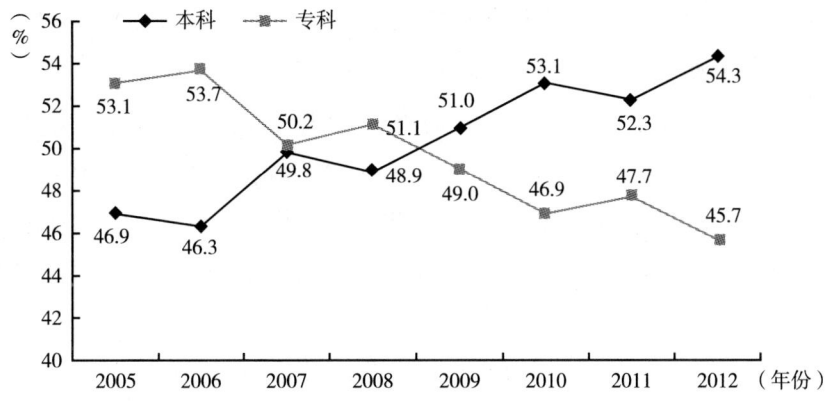

图2 2005～2012年全国普通本专科招生所占比例情况

表1 2011年、2012年不同类别院校普通本专科招生增长情况

院校类别	2012年(万人)	2011年(万人)	比上年增减(万人)	比上年增长(%)
"985"院校	19.6	19.5	0.1	0.2
"211"院校	56.1	55.3	0.8	1.3
一般本科院校	370.5	359.2	11.3	3.1
高职(专科)院校	255.0	257.9	-2.9	-1.1
合　计	688.8	681.5	7.3	1.1

说明："985"院校与"211"院校数据有重复统计。

三 公民办高职招生数全部开始下滑，民办的下滑速度高于公办

2009～2011年[①]，全国高职在校生数减少了59558人（-0.62%）。其中，公办高职在校生数下降了53440人（-0.68%），民办高职在校生数下降了6118人（-0.33%），公办高职在校生的下降幅度是民办高职在校生的2倍。

在此期间，全国高职招生数下降了22273人（-0.71%），其中，公办高

---

① 受数据限制，本文主要分析了2009～2011年三年时间内变化情况。

职增加了12847人（0.51%），民办高职减少了35120人（-5.51%）。19大类专业中，有14类开始下降。其中电子信息类（-73619人）、文化教育类（-33541人）、制造类（-14237人）下降的绝对数都超过1万人；只有土建类（85371人）、医药卫生类（51312人）和交通运输类（18800人）增长超过1万人。由于公办高职的招生数（2509299人）占到2011年全部高职招生数（3111578人）的80.64%，公办高职招生上的变化趋势与全部高职的变化趋势高度一致。

从学科专业的角度来看，在公办与民办的招生专业比较上，出现了一些值得注意的倾向。公办高职院校在财经类和医药卫生类专业上竞争力强，民办高职在水利类、材料与能源类、资源开发与测绘类、土建类等专业方面，增长幅度远高于公办高职。

首先，财经类和医药卫生类专业，民办高职分别下降了15070人（-7.55%）和1166人（-2.80%），而公办高职与之相反，分别增长了6884人（1.46%）和52478人（25.88%）。公办高职在这两大类专业中的竞争优势日益明显。

其次，民办高职在水利类、材料与能源类、资源开发与测绘类、土建类四类专业方面，增长幅度远高于公办高职，高出幅度均在20%以上。其中，材料和能源类专业，公办高职招生下降了3843人（-9.18%），而民办高职增加了1364人（45.82%），远远高于公办。这说明民办高职在材料和能源专业方面，有较强的竞争力。

最后，民办高职在剩余的15大类专业中，下降幅度均高于公办高职。其中，环保类、医药卫生类、文化教育类、生化与药品类、法律类、旅游类专业的下降幅度高于公办高职10个百分点以上。

与招生专业变化情况相适应，公民办高职在文化教育类、电子信息类、制造类、公安类、法律类、轻纺食品类等专业方面在校生下降明显，分别达到了197010人（-15.68%）、169798人（-14.44%）、50674人（-3.81%）、22991人（-38.63%）、14076人（-9.99%）和7966人（-4.28%）。其中文化教育类、电子信息类、制造类、公安类、法律类在校生数缩减的数量为440473人，占全部在校生数的4.59%，数量不可谓不惊人（详见附表1）。

四 有15个省市高职招生数保持了增长，其他16个省市全部出现了下降

2009～2011年，全国有15个省市高职招生数保持了增长，另外16个省市全部出现了下降的情况。在15个保持高职招生数增长的省市中，有6个省市的增长幅度超过10%，分别是宁夏1558人（17.10%）、重庆9833人（15.33%）、四川19360人（14.57%）、安徽16188人（11.26%）、青海533人（10.09%）、辽宁8634人（10.00%）。

在16个出现高职招生人数下降的省市中，有9个省市下降幅度在6%以内，分别是福建（-0.61%）、云南（-0.65%）、山西（-1.71%）、吉林（-2.46%）、陕西（-2.84%）、江苏（-3.75%）、甘肃（-5.51%）、山东（-5.62%）、江西（-5.80%）；有7个省市接近或超过10%，分别是河南（-8.41%）、上海（-9.18%）、湖南（-11.05%）、海南（-11.33%）、北京（-13.98%）、贵州（-14.50%）、黑龙江（-20.42%）。

公办高职的招生情况与整体高职的增减情况保持高度一致。在15个保持招生数增长的省市中，公办高职也保持了几乎相同比例的增长；在高职招生下降的16个省市中，公办高职招生整体上与之保持一致的下降态势，有12个省市呈现同样一致的下降幅度。但山西、陕西、北京3省市公办高职招生数不降反升，分别增加了257人（0.33%）、7684人（9.49%）和27人（0.10%）。也就是说，共有19个省市公办高职招生数出现了增长，有12个省市公办高职招生数出现了下降。

相比之下，民办高职的招生情况更为严峻。在29个省市中（西藏、青海没有民办高职院校），有19个省市出现了招生下降的情况，占到2/3。

有10个省市民办高职的招生数出现了一定的增长，分别是四川14812人（54.79%）、宁夏577人（40.43%）、重庆5175人（30.74%）、湖南4176人（22.35%）、吉林662人（21.91%）、安徽3900人（15.69%）、新疆238人（11.88%）、河北2926人（11.48%）、辽宁126人（1.06%）、广西79人（0.46%）。这些省市原来招生的基数都比较少，即便保持了相应的增长，但是绝对增加数10个省市也只有32671人，占全部602279人的5.42%。

有19个省市民办高职招生数出现了下降，其中下降幅度在10%以内的有7个，分别是云南181人（-1.06%）、海南162人（-1.87%）、福建1503人（-5.44%）、江西1915人（-6.19%）、湖北3854人（-6.64%）、广东5714人（-8.18%）、山东6192人（-8.62%）；下降幅度在10%～20%的有4个省市，分别是浙江3101人（-12.35%）、贵州205人（-12.77%）、上海2962人（-14.51%）、甘肃602人（-18.17%）；下降幅度在20%～30%的有5个省市，分别是山西1759人（-20.12%）、江苏7179人（-20.57%）、陕西11206人（-25.93%）、内蒙古1033人（-26.66%）、河南10405人（-26.94%）；下降幅度超过30%的有3个省市，分别是黑龙江3654人（-35.66%）、北京5800人（-39.76%）、天津364人（-63.86%）。

简单的数据分析可以发现，在高职招生数增长比较快的地区，民办高职的增长幅度远远高于公办高职，比如：四川公办增幅4.30%，民办增幅为54.79%，高出50.49个百分点；宁夏公办增幅12.76%，民办增幅为40.43%，高出27.67个百分点。重庆、河北、安徽、新疆分别高出20.90、5.94、5.36、4.89个百分点。说明在这些地区，民办高职的发展势头是比较好的。

还有少数地区，出现了公办高职招生数下降、民办高职招生数上升的现象。比如，吉林公办高职减少1886人（-4.04%），而民办高职则增加了662人（21.91%）；湖南也是这样，湖南公办高职减少了22885人（-15.19%），而民办高职则增加了4176人（22.35%）。在海南和贵州，民办高职招生人数的下降幅度也低于公办高职：海南公办高职减少了2685人（-16.29%），而民办高职减少了162人（-1.87%）；贵州公办高职减少了6475人（-14.56%），而民办高职减少了205人（-12.77%）（详见附表2）。

五 高职专业重置率较高，财经类、电子信息类、文化教育类等重置率在60%～80%

2011年，全国高职院校中开设专业重合最多的分别是财经类、电子信息类、文化教育类和制造类，分别达1623所（78.90%）、1601所（77.83%）、1399所（68.01%）和1239所（60.23%）；开设专业最少重合的分别是公安类、水利类、环保类，分别是47所（2.28%）、74所（3.60%）和269所（13.08%）。

近年来，学校新设专业最多的主要集中在交通运输类、土建类、旅游类和艺术设计传媒类，分别达85所、70所、55所和51所。开设法律类、文化教育类、电子信息类和公共事业类专业的学校不断减少，分别减少了89所、49所、37所和16所。

2011年，公办高职中开设电子信息类、财经类、文化教育类专业的学校占比最多，分别占到了76.08%、76.08%和65.45%；开设公安类、水利类、法律类和环保类专业的学校占比最少，分别为2.87%、4.31%、15.62%和15.62%。

2009~2011年，公办高职院校中，新设交通运输类、资源开发与测绘类、材料与能源类、轻纺食品类专业的学校增长最快，分别为46所、38所、31所和22所；开设法律类、电子信息类、文化教育类、财经类专业的学校不断减少，分别减少了81所、55所、50所和21所。

相比之下，同期民办高职中开设财经类、电子信息类、文化教育类和艺术设计类专业的学校分别占到了88.82%、83.99%、76.97%和71.93%；开设公安类、水利类和环保类专业的学校最少，分别为0.22%、1.10%和4.17%。新设土建类、交通运输类、制造类、旅游类以及艺术设计类专业的学校增长最多，分别为50所、39所、39所、34所和34所；法律类、公安类、环保类分别下降了8所、1所和1所。

表2 2009~2011年全国高职院校专业重置情况

学校数	2009年 2045(所)	2010年 2050(所)	2011年 2057(所)	2009年占校比例(%)	2011年占校比例(%)	比例变化（个百分点）
财经类	1613	1616	1623	78.88	78.90	0.03
电子信息类	1638	1624	1601	80.10	77.83	-2.27
文化教育类	1448	1428	1399	70.81	68.01	-2.80
制造类	1192	1200	1239	58.29	60.23	1.94
艺术设计传媒类	1137	1159	1188	55.60	57.75	2.15
旅游类	1078	1096	1133	52.71	55.08	2.37
土建类	1050	1086	1120	51.34	54.45	3.10
生化与药品类	558	580	582	27.29	28.29	1.01
交通运输类	491	535	576	24.01	28.00	3.99
轻纺食品类	503	515	539	24.60	26.20	1.61
公共事业类	532	519	516	26.01	25.09	-0.93

续表

学校数	2009年 2045(所)	2010年 2050(所)	2011年 2057(所)	2009年占校比例(%)	2011年占校比例(%)	比例变化(个百分点)
材料与能源类	339	363	379	16.58	18.42	1.85
医药卫生类	345	350	377	16.87	18.33	1.46
农林牧渔类	348	346	357	17.02	17.36	0.34
法律类	402	345	313	19.66	15.22	-4.44
资源开发与测绘类	259	279	306	12.67	14.88	2.21
环保、气象与安全类	284	278	269	13.89	13.08	-0.81
水利类	71	73	74	3.47	3.60	0.13
公安类	62	54	47	3.03	2.28	-0.75

表3 2009~2011年全国高职院校专业增减情况

学校数	2009年 2045(所)	2010年 2050(所)	2011年 2057(所)	绝对增长数(所)
交通运输类	491	535	576	85
土建类	1050	1086	1120	70
旅游类	1078	1096	1133	55
艺术设计传媒类	1137	1159	1188	51
资源开发与测绘类	259	279	306	47
制造类	1192	1200	1239	47
材料与能源类	339	363	379	40
轻纺食品类	503	515	539	36
医药卫生类	345	350	377	32
生化与药品类	558	580	582	24
财经类	1613	1616	1623	10
农林牧渔类	348	346	357	9
水利类	71	73	74	3
环保、气象与安全类	284	278	269	-15
公安类	62	54	47	-15
公共事业类	532	519	516	-16
电子信息类	1638	1624	1601	-37
文化教育类	1448	1428	1399	-49
法律类	402	345	313	-89

六 从就业的角度讲，经济学、工学就业较好，管理学、艺术学、文学就业较为困难

过去十年间（2001~2010年），我国第三产业从业人员数增加了7208万

人，其中吸纳经济学专业毕业生的行业批发和零售业、金融业从业人员数增加了3321万人（占第三产业人员增加数的46%）。可以说，批发和零售业、金融业均是吸纳第一产业转移人员及新增就业空间的最大行业之一。由此促进了经济学、理学、工学的就业。如：2013年，厦门市总需求3.8万高校毕业生，其中工科类专业毕业生的需求量占比高达50.76%，远远高于排在后面的财经、管理等学科（大多占比未超过15%）。①麦可思研究院所发布的《中国大学生就业报告（2013年）》中的10个本科绿牌专业与5个专科绿牌专业，除本科中的审计学，其余均为工科类专业。②

就业困难的学科，如管理学。2010年，工商管理专业在专科层次招生为62387人、本科层次为89584人、研究生层次为46201人（2000年该数据为13051人）。各层次招生数偏大，造成毕业生就业问题突出。2012年麦可思研究院将本科里面的工商管理专业列入八大黄牌专业，将专科工商管理专业列入九大红牌专业。为此，建议减少各层次的招生，特别是专科、本科层次。麦可思研究院针对2012届毕业生的调查中，专科里面的工商管理、电子商务被纳入九大红牌专业之列，专科里面的物流管理、会计电算化被纳入五大黄牌专业之列。③

再如，艺术学。在本专科中的招生数由1998年的4.1万人，增长为2010年的46.3万人，增长了10倍，是所有学科大类里面增速最快的学科。而同期，与艺术学科对口的岗位补充人数不足100万人（其中文学艺术工作人员补充近80万人），也即年均补充人数不足10万人。艺术类专业招生供过于求，造成毕业生就业问题严峻。而从各中类、小类专业来看，以音乐与舞蹈学类、戏剧与影视学类为例，两类专业普通本专科的招生数在过去十二年间的增幅分别为6.3倍与45.2倍，且2010年合计招生数高达17万人。而与这两类专业对口较高的岗位——演员，在过去十年间，在岗人数仅增长了2万人左右，年均需求数不足5000人。即使部分相关专业的毕业生进入教师等其他职业岗位，但仍可见该两类专业招生有供过于求的趋势。

---

① 《厦门今年需要3.8万毕业生工科人才"最吃香"》，中国新闻网，2013年2月18日。
② 麦可思研究院编著《中国大学生就业报告（2013年）》，社会科学文献出版社，2013，第129~130页。
③ 麦可思研究院编著《中国大学生就业报告（2012年）》，社会科学文献出版社，2012，第126页。

还有，教育学。教学人员是教育学专业毕业生的主要流向岗位。在2001~2010年间，教学人员本科及以上文化程度所占比例提升了25个百分点，而大专文化程度所占比例仅提升了5个百分点。可见，该岗位在过去十年间对本科及以上文化程度人员的吸纳度远高于大专文化程度人员。而教育学本专科招生数之比在1998年与2010年均为0.9∶1，这与人才市场对本、专科学历层次文化人才的需求比形成很大的错位。此外，中文、英语等相关学科和专业，也均成为就业困难的领域。

七 调整高职院校培养目标定位和学科专业结构，应对高职发展面临的生源问题

（一）应对高等教育适龄人口下降的大趋势、高职院校功能和培养目标的重新定位，高职学校的培养目标应定位为培养初级专门人才和高技能劳动者

面对高等教育适龄人口下降的劳动力就业市场新形势，高等本科学校、高职（专）校必须重新分工定位。高等学校应由原来的"培养高级专门人才为主"转变为培养高、中、初各级人才和部分高技能劳动者并重，其中高职（专）学校的培养目标应定位为培养初级专门人才和高技能劳动者。各级学校明确定位，有利于错位分工、各安其位，防止大批专业重复设置和不同类型学校间的盲目竞争，防止社会人力资源供求的结构性失调。

（二）高职院校的学科专业结构应及时进行调整，鼓励与行业学科相结合，补充相应的实践性能力辅修课程

在高职院校的这些学科专业的课程设置中，不能只有补充性的专业知识，还应该与行业学科相结合，补充相应的实践性能力辅修课程，培养兼备知识技能的复合型人才，增强将来就业的针对性。比如，财务会计专业可以适当增加工业、建筑、教育、卫生等行业的相关知识，为将来在这些行业中的就业打下基础。对明显供过于求的专业，比如艺术类的专业学生，可以适应目前学前教育师资紧缺的状况，在中期进行培养目标的调整，加强学前教育内容的辅修，为从事幼儿教育打下一定的基础。再如，由于经济学更多的是偏重应用，注重实践，对我国经济学的发

展而言,更多的应是培养模式的改变。未来应注重学生实践能力的培养,提高学生实习时间的比例,着重复合型人才的培养,否则将会面临毕业生就业困境。

(三)与市场需求和就业相结合,及时对高职院校的学科专业设置进行相应的调整

如,对财经类、电子信息类、文化教育类和制造类专业,要进行相应的警示提醒。及时压缩工商管理、电子商务、物流管理、会计电算化等表面热门实际上就业困难的学科。

对艺术学专业的发展还存在部分专业专科层次应退出招生的问题,如美术学类专业毕业生更多的是面向教师岗位,其主要吸收的是本科及以上文化层次的人员;编导专业面临的岗位多半要求是本科,甚至很大比例要求是研究生文化层次,但这些专业在专科层次依旧还有招生。这些专业本、专科招生重合很多,毕业生的就业较困难。

(四)规范有序推行"注册入学"制度,突破原有招生体制、机制的局限,开拓全新的入学途径

在生源快速下降的情况下,很多现有高职院校的录取分数线已经形同虚设。2011年福建省高职高专的最低录取控制分数线文科为325分、理科为220分,实际录取时民办高校降到文科275分、理科170分;这种录取分数显然已经失去选拔性的意义,在满分为750分的试卷中,仅客观题(即选择题和判断题)在固定选择模式(即统一选择某一项)时,它的得分概率也就差不多了。问题在于即使如此低的录取分数,很多高职高专都还完不成招生计划。据招生结束时的统计,全省高职高专仍有招生计划1万人未用完。

"注册入学"是指考生根据院校提出的报考条件和录取要求,结合自身条件,向1~2所试点院校提交注册申请;院校根据考生高考成绩、学业水平测试等级、综合素质评价结果(职业中学学生为对口单招成绩、专业技能水平等),以及中等教育阶段的学习成绩等方面的情况,在一定计划范围内,根据院校招生章程,择优确定拟录考生;考生在拟录院校中,根据实际,最终选择确定1所就读学校的录取模式。目前,江苏、福建等地已经开始推进"注册入学",建议及时总结经验,在全国范围内进行推广。

附表1 2009~2011年全国高职招生数变化情况

	全部高职				公办高职				民办高职				民办公办增幅比较(%)
	2009年	2010年	2011年	增长数(人)	增长率(%)	2009年	2010年	2011年	增长数(人)	增长率(%)	2009年	2010年	2011年	增长数(人)	增长率(%)	
土建类	263492	307412	348863	85371	32.40	200063	230089	253135	53072	26.53	63429	77323	95728	32299	50.92	24.39
医药卫生类	244324	266455	295636	51312	21.00	202741	228014	255219	52478	25.88	41583	38441	40417	-1166	-2.80	-28.69
水利类	11703	12488	13700	1997	17.06	11599	11849	12906	1307	11.27	104	639	794	690	663.46	652.19
交通运输类	119561	129119	138361	18800	15.72	101089	110064	117428	16339	16.16	18472	19055	20933	2461	13.32	-2.84
资源开发与测绘类	41689	46564	46313	4624	11.09	39085	43024	42487	3402	8.70	2604	3540	3826	1222	46.93	38.22
财经类	672328	663185	664142	-8186	-1.22	472781	475063	479665	6884	1.46	199547	188122	184477	-15070	-7.55	-9.01
环保、气象与安全类	15125	15731	14785	-340	-2.25	14471	15181	14403	-68	-0.47	654	550	382	-272	-41.59	-41.12
制造类	420350	415504	406113	-14237	-3.39	347601	346067	340573	-7028	-2.02	72749	69437	65540	-7209	-9.91	-7.89
艺术设计传媒类	155123	158681	149425	-5698	-3.67	111949	115779	108955	-2994	-2.67	43174	42902	40470	-2704	-6.26	-3.59
材料与能源类	44818	45902	42339	-2479	-5.53	41841	42604	37998	-3843	-9.18	2977	3298	4341	1364	45.82	55.00
公共事业类	33521	34257	31403	-2118	-6.32	27678	28384	26096	-1582	-5.72	5843	5873	5307	-536	-9.17	-3.46
旅游类	112620	109162	104743	-7877	-6.99	89423	88433	85332	-4091	-4.57	23197	20729	19411	-3786	-16.32	-11.75
文化教育类	359549	319570	326008	-33541	-9.33	301424	273816	284365	-17059	-5.66	58125	45754	41643	-16482	-28.36	-22.70
生化与药品类	80392	77073	72534	-7858	-9.77	74399	71882	68360	-6039	-8.12	5993	5191	4174	-1819	-30.35	-22.24
农林牧渔类	61297	57862	54259	-7038	-11.48	59317	56170	52647	-6670	-11.24	1980	1692	1612	-368	-18.59	-7.34
轻纺食品类	64010	59039	54881	-9129	-14.26	53645	49291	46850	-6795	-12.67	10365	9748	8031	-2334	-22.52	-9.85
法律类	44690	40064	37434	-7256	-16.24	40753	36865	34673	-6080	-14.92	3937	3199	2761	-1176	-29.87	-14.95
电子信息类	374229	336845	300610	-73619	-19.67	291563	267576	238178	-53385	-18.31	82666	69269	62432	-20234	-24.48	-6.17
公安类	15030	10075	10029	-5001	-33.27	15030	10075	10029	-5001	-33.27	0	0	0	0	#DIV/0!	#DIV/0!
合计	3133851	3104988	3111578	-22273	-0.71	2496452	2500226	2509299	12847	0.51	637399	604762	602279	-35120	-5.51	-6.02

我国高等职业教育发展中的招生和就业问题分析

附表2 2009～2011年全国分地区高职招生数变化情况

序号	省份	全部高职招生数			增长数量（人）	增长幅度（%）	省份	公办高职招生数			增长数量（人）	增长幅度（%）	省份	民办高职招生数			增长数量（人）	增长幅度（%）
		2009年	2010年	2011年				2009年	2010年	2011年				2009年	2010年	2011年		
01	宁夏	9113	10193	10671	1558	17.10	宁夏	7686	8009	8667	981	12.76	青海	0	0	0	0	#DIV/0!
02	重庆	64156	67703	73989	9833	15.33	辽宁	74471	80789	82979	8508	11.42	西藏	0	0	0	0	#DIV/0!
03	四川	132852	151764	152212	19360	14.57	安徽	118928	125227	131216	12288	10.33	四川	27035	33617	41847	14812	54.79
04	安徽	143783	152124	159971	16188	11.26	青海	5285	5360	5818	533	10.09	宁夏	1427	2184	2004	577	40.43
05	青海	5285	5360	5818	533	10.09	重庆	47321	51374	51979	4658	9.84	重庆	16835	16329	22010	5175	30.74
06	辽宁	86302	92236	94936	8634	10.00	陕西	81008	73784	88692	7684	9.49	湖南	18684	21601	22860	4176	22.35
07	天津	47942	52229	51484	3542	7.39	广东	157737	152134	171827	14090	8.93	吉林	3022	2420	3684	662	21.91
08	新疆	34447	39282	36952	2505	7.27	天津	47372	51850	51278	3906	8.25	安徽	24855	26897	28755	3900	15.69
09	河北	180050	182761	191540	11490	6.38	湖北	132729	131662	143588	10859	8.18	新疆	2003	1990	2241	238	11.88
10	西藏	4010	4190	4188	178	4.44	新疆	32444	37292	34711	2267	6.99	河北	25492	26134	28418	2926	11.48
11	广东	227594	220226	235970	8376	3.68	浙江	94643	92654	101132	6489	6.86	辽宁	11831	11447	11957	126	1.06
12	湖北	190739	185114	197744	7005	3.67	河北	154558	156627	163122	8564	5.54	广西	17030	17038	17109	79	0.46
13	浙江	119745	114676	123133	3388	2.83	西藏	4010	4190	4188	178	4.44	云南	16997	16326	16816	-181	-1.06
14	广西	102150	108782	103551	1401	1.37	四川	105817	118147	110365	4548	4.30	海南	8654	8052	8492	-162	-1.87
15	内蒙古	57464	56883	57935	471	0.82	内蒙古	53590	53238	55094	1504	2.81	福建	27648	27238	26145	-1503	-5.44
16	福建	91358	94881	90799	-559	-0.61	广西	85120	91744	86442	1322	1.55	江西	30933	29235	29018	-1915	-6.19

续表

序号	省份	全部高职招生数				省份	公办高职招生数				省份	民办高职招生数			
		2009年	2010年	2011年	增长数量(人)	增长幅度(%)		2009年	2010年	2011年	增长数量(人)	增长幅度(%)		2009年	2010年	2011年	增长数量(人)	增长幅度(%)
17	云南	59919	63211	59531	-388	-0.65	福建	63710	67643	64654	944	1.48	湖北	58010	53452	54156	-3854	-6.64
18	山西	87673	95587	86171	-1502	-1.71	山西	78929	87262	79186	257	0.33	广东	69857	68092	64143	-5714	-8.18
19	吉林	49674	43634	48450	-1224	-2.46	北京	26712	25179	26739	27	0.10	山东	71872	65267	65680	-6192	-8.62
20	陕西	124229	112204	120707	-3522	-2.84	江苏	166125	166745	165772	-353	-0.21	浙江	25102	22022	22001	-3101	-12.35
21	江苏	201028	195505	193496	-7532	-3.75	云南	42922	46885	42715	-207	-0.48	贵州	1605	1317	1400	-205	-12.77
22	甘肃	46959	48070	44370	-2589	-5.51	吉林	46652	41214	44766	-1886	-4.04	上海	20418	19243	17456	-2962	-14.51
23	山东	268307	254590	253236	-15071	-5.62	山东	196435	189323	187556	-8879	-4.52	甘肃	3314	2300	2712	-602	-18.17
24	江西	135024	132859	127193	-7831	-5.80	甘肃	43645	45770	41658	-1987	-4.55	山西	8744	8325	6985	-1759	-20.12
25	河南	246100	245785	225415	-20685	-8.41	河南	207473	210938	197193	-10280	-4.95	江苏	34903	28760	27724	-7179	-20.57
26	上海	53153	53495	48272	-4881	-9.18	江西	104091	103624	98175	-5916	-5.68	陕西	43221	38420	32015	-11206	-25.93
27	湖南	169306	149542	150597	-18709	-11.05	上海	32735	34252	30816	-1919	-5.86	内蒙古	3874	3645	2841	-1033	-26.66
28	海南	25139	22553	22292	-2847	-11.33	贵州	44472	44367	37997	-6475	-14.56	河南	38627	34847	28222	-10405	-26.94
29	北京	41301	35316	35528	-5773	-13.98	湖南	150622	127941	127737	-22885	-15.19	黑龙江	10247	8048	6593	-3654	-35.66
30	贵州	46077	45684	39397	-6680	-14.50	海南	16485	14501	13800	-2685	-16.29	河北	14589	10137	8789	-5800	-39.76
31	黑龙江	82972	68549	66030	-16942	-20.42	黑龙江	72725	60501	59437	-13288	-18.27	天津	570	379	206	-364	-63.86
	合计	3133851	3104988	3111578	-22273	-0.71	合计	2496452	2500226	2509299	12847	0.51	合计	637399	604762	602279	-35120	-5.51

B.14
2013年全国中小学生自杀问题调查

程平源*

摘　要： 目前，中小学生自杀已经成为一个越来越严重的社会现象。本文在对2013年有关中小学生自杀案例的媒体报道进行收集和整理的基础上，简要归纳了中小学生自杀的基本特征，并从师生冲突、家庭冲突、学业压力、相约自杀四个方面对自杀原因进行归类。然而，更深入的分析表明，中小学生的自杀并不是个体单纯的心理脆弱，而是高度的学习压力导致的普遍心理崩溃，根本原因在于高度应试的教育制度。从根本上减少和杜绝这种因学业压力而导致的越来越严重的中小学生自杀问题，还需从中国教育体制上做一些改变。

关键词： 中小学生　自杀问题　成因分析

一　中小学生自杀现象日益严重

目前，中小学生自杀已经成为一个越来越严重的社会现象。2010年11月28日，教育部基础教育一司副司长王定华在全国中小学心理健康教育工作经验交流会上表示："从1月1日到11月27日止，全国中小学生自杀数让我感到非常痛心。这个数字是73起，其中福建人数最多，有19起；四川居第二，有9起；安徽、上海、广西、陕西等地也发生了多起。"2012年春季开学在

---

* 程平源，社会学博士，南京师范大学社会发展学院副教授。

即，上海市发布了"2011年上海中小学生安全情况专报"：2011年上海市中小学生中全年自杀死亡学生13人，比2010年增加5人。

《中国教育报》2013年7月9日报道：2013年上半年，上海有31名学生非正常死亡，其中有6人自杀。

各地教育行政部门对中小学生自杀问题讳莫如深，中小学生自杀问题有如巨大的冰山，谁也不知道已浮现的冰山一角会是整个冰山的几分之几，我们无法获得一个城市乃至全国中小学生自杀的准确数据，只能艰难地从各种途径收集中小学生自杀案例，试图理解一个个鲜活而幼嫩的生命何以采用自杀的方式来诀别他们还没有来得及领略的美丽世界以及他们还没有来得及爱的人们？

中小学生如花岁月，却如烟而逝，且是自杀而死，这之前之后有着怎样不能承受之重？我们无法亲自去追问那已在黑暗之门内的孩子们，也不敢触碰家长们心中永远的痛，只能从我们之前调查和访谈的有限个案以及报刊网络报道关于中小学生的自杀案例中，来探寻中国教育体制与日益增加的中小学生自杀之间的关系，更期望能减少住悲剧的发生。作为2013年全国中小学生自杀问题调查报告，本文的统计数据和案例资料全部来自媒体报道。

二 2013年中小学生自杀案例分析

（一）样本总体情况

本文搜集到2013年全年中小学生自杀案例共计79例。其中报道了自杀原因的有57例，报道了疑似原因的有8例，没有报道自杀原因的有14例。没有遗书的52例，留有遗书的27例。留有遗书的27例之中，4例遗书未公布，14例部分公布，9例完全公布（见图1）。

1. 男女生比例

从搜集到的2013年案例来看，男生自杀的比例大于女生。即使未报道性别的9个案例的自杀者都被当做是女生，男生的自杀人数仍高于女生（见图2）。

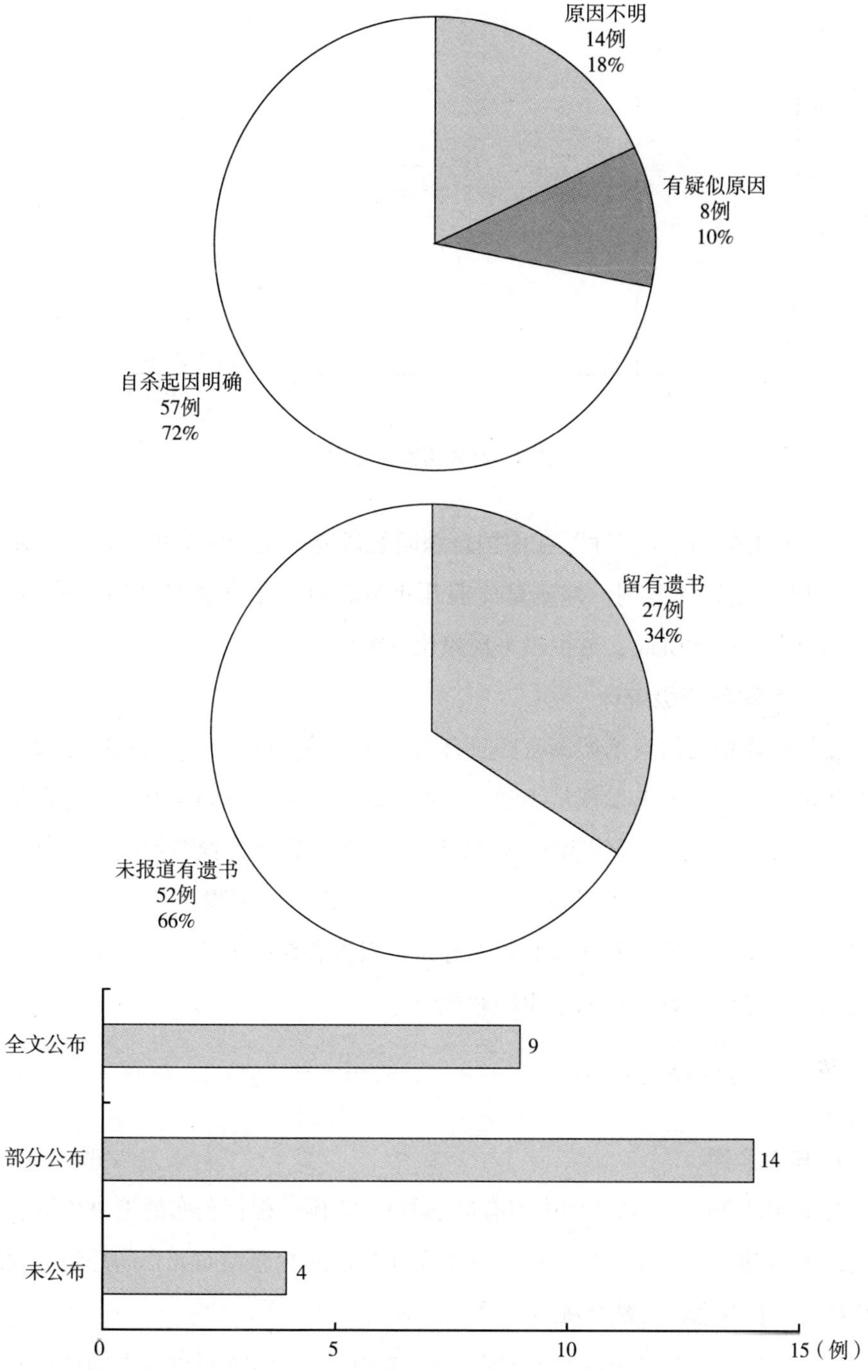
原因不明
14例
18%
有疑似原因
8例
10%
自杀起因明确
57例
72%
留有遗书
27例
34%
未报道有遗书
52例
66%
全文公布
9
部分公布
14
未公布
4
0
5
10
15（例）

图 1　样本总体情况

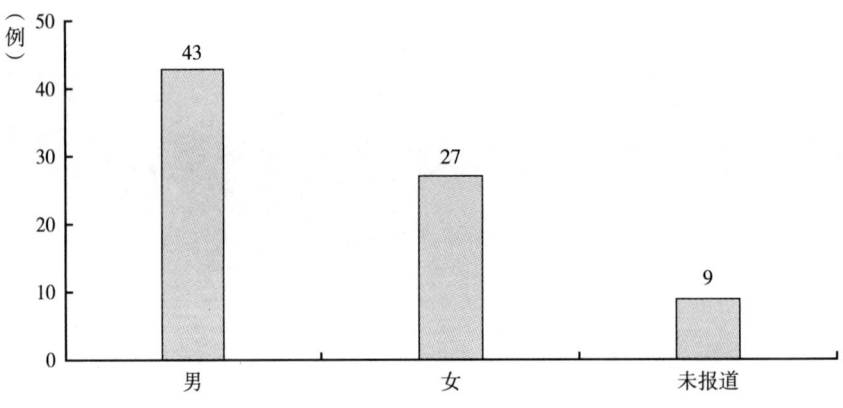

图 2　样本男女生比例

"女性自杀率高于男性"在中国自杀问题研究中是个常见的命题。然而无论是 2013 年收集的案例，抑或是此前几年笔者对中小学生自杀问题的调研，都显示出在中小学阶段，男生自杀现象比较突出。

2. 年龄段和年级统计

尽管媒体报道的自杀案例有些只有大约的年龄，或者只有大约的年级，但比照年龄和年级，能够发现从小学六年级开始，自杀率开始攀升。青春期是中小学生心理发展的重大转折期，如果将 10~12 岁界定为青春期前期，13~16 岁为青春期中期，17~20 岁为青春期晚期，那么自杀多发于青春期中期，大致对应初中阶段。家长和教师必须充分认识因青春期的敏感、脆弱和自尊引起的冲动，引导处于青春期的学生顺利成长。

（二）统计数据发现

1. 自杀意愿

搜集到的 79 个自杀案例中留有遗书的有 27 例，根据公布的遗书内容，我们发现留有遗书的中小学生表达了对生命和亲情的眷恋和对死亡的恐惧。仅有 1 例对生没有眷恋，决然要死（见图 3、图 4）。

大多数中小学生自杀具有突发性，是当时压力下的瞬间意志力崩溃或一时冲动——"我死给你看"，有的自杀源于长期的压力——"之前我一度达到崩溃

2013年全国中小学生自杀问题调查

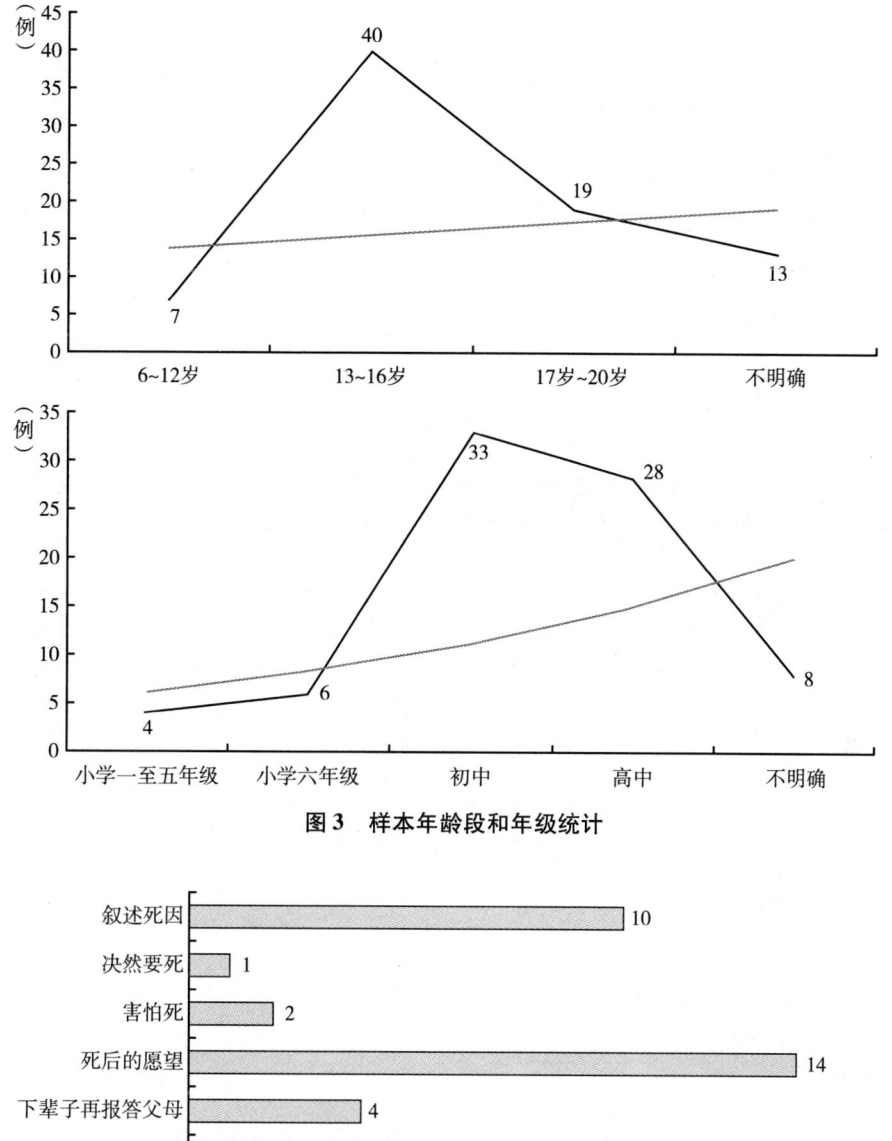

图3 样本年龄段和年级统计

图4 自杀意愿统计

边缘,这次我再也忍不下去了""太累了""很累了"。在长期的压力下,死亡成了一个解决方案,自己可以去"一个没有疼痛的世界",父母"才能轻松些"。

2. 自杀起因

统计结果表明学习压力是中小学生自杀的首要因素，在 8 例报道了疑似自杀原因的案例中，其中 3 例因家庭矛盾、1 例因学习而引发，故此 8 个案例中有 6 例都与学习压力相关（见图 5）。在有明确自杀起因的 57 例中，只有 14 例与学习压力无关（见图 6）。即无论明确原因或疑似原因都有 75% 的案例与学习压力相关。可见，学习压力是中小学生自杀最重要的起因。

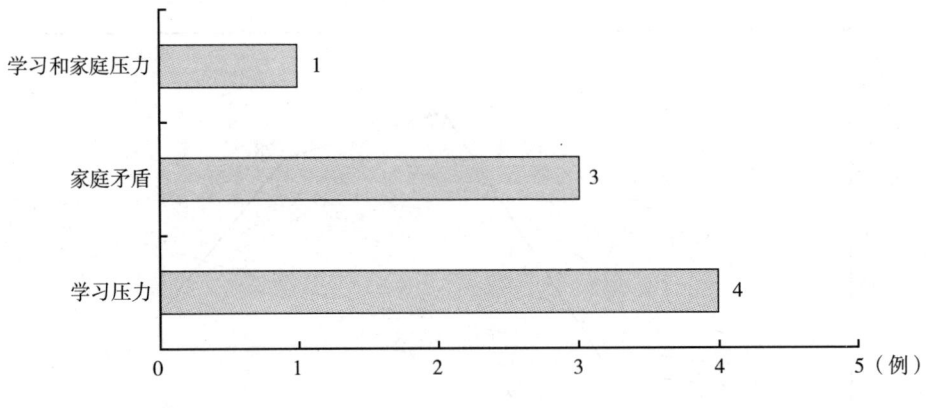

图 5　疑似原因

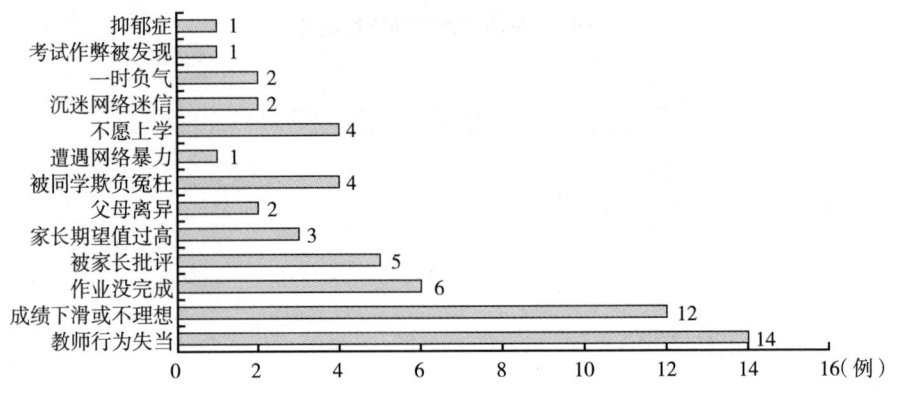

图 6　自杀起因

3. 自杀的时间段

不同月份自杀案例数的曲线图显示中小学生上半年的自杀率高于下半年，其中 4~6 月是中小学生自杀的高峰期（见图 7）。

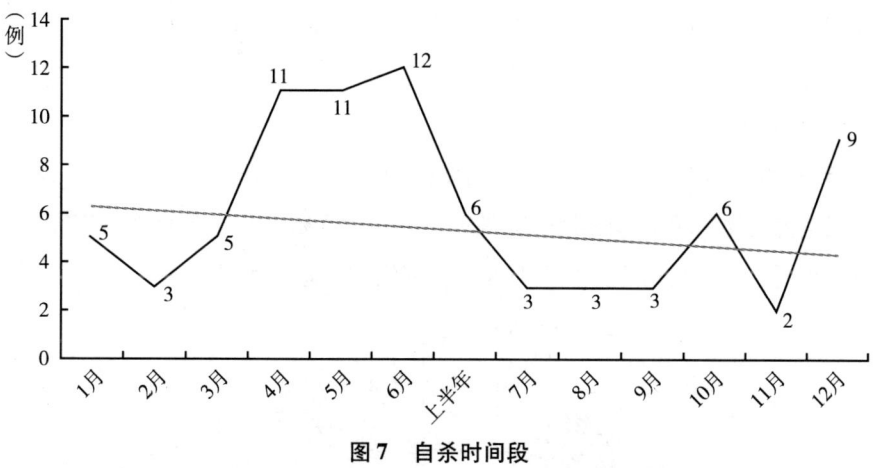

图7 自杀时间段

涂尔干曾经研究发现夏季是自杀高峰期，1～6月自杀率逐渐提高。[①] 对于中小学生而言，季节固然是一个影响因素，但学期学业的影响更为关键。统计表明，暑假有2例自杀，与暑假补课有关。63%的自杀案例发生在下半学期，也即2月中旬到7月初的阶段（见图8）。下半学期学业压力和升学压力都比上半学期大，上半学期发生8起毕业生（六年级、初三、高三）自杀案例，

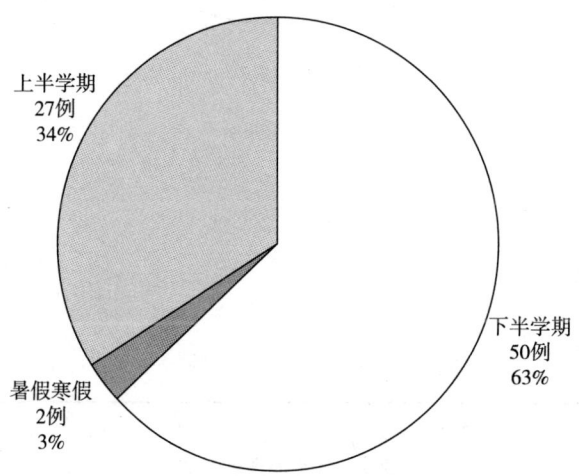

图8 自杀学期统计

① 涂尔干：《自杀论》，商务印书馆，1996。

下半学期发生21起毕业生自杀案例。另外,"开学日自杀"有3例,2例发生在下半学期,1例发生在上半学期。

4. 自杀地点和方式

45.6%的自杀案例发生在学生家中或所在的小区,30%发生在学校。58%的自杀案例为跳楼,20%为服毒(见图9)。可见大多数中小学生自杀具有突发性,且过程短暂,常常是由于在某个时间点上突然的意志力崩溃或一时冲动。

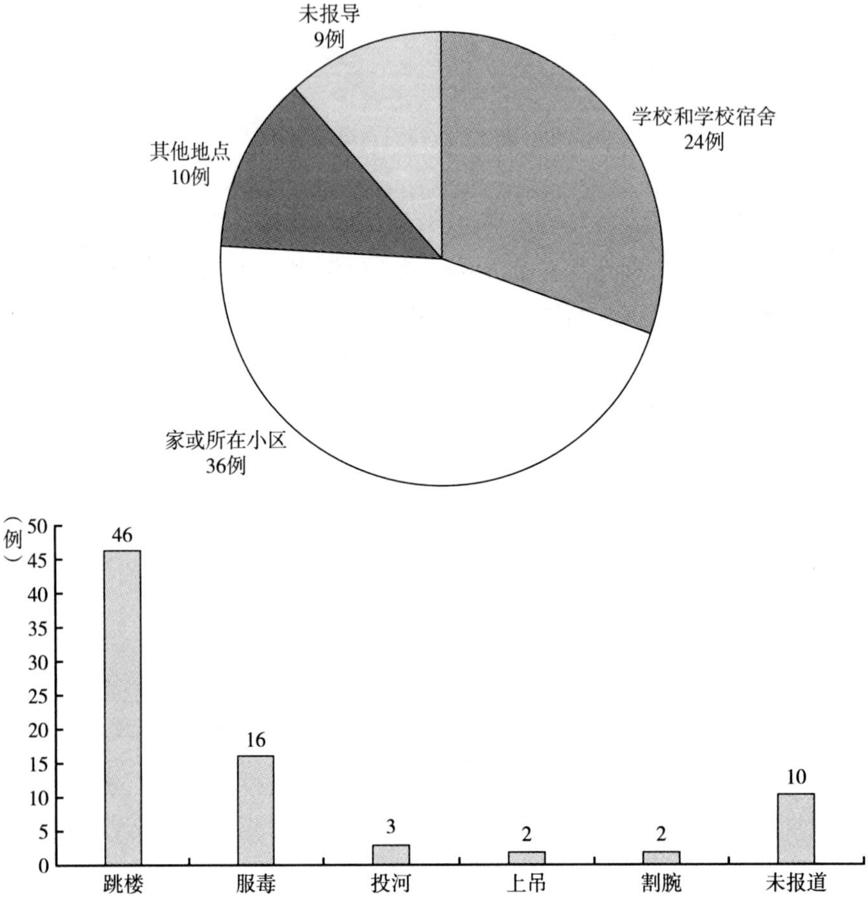

图9 自杀地点和方式

(三)自杀成因分析

根据之前的中小学生自杀类型学研究,中小学生自杀一般分为"文化主导型自杀""意义主导型自杀"和"压力主导型自杀"三大类。"压力主导型自杀"在中国中小学生的自杀中占绝大多数,"意义主导型自杀"比较少见,2013年的中小学生自杀数据统计依然符合这个规律。我们将"压力主导型自杀"细化以后,根据2013年统计的实际情况,将中小学生的自杀成因分为师生冲突、家庭冲突、学业压力、相约自杀四个主要类别加以分析。①

第一类:师生冲突

在中小学生自杀案例中,因老师行为失当引发的自杀有14例。这一类型的自杀纷争最多,也最受人诟病。这类自杀基本是突发行为,"做自己清醒时不愿做的事情"。

3月21日金华艾青中学高二学生小朱因早读课时读其他课本被老师批评,受到老师辱骂,班主任通知其母亲到校协商解决此事,在等候其母亲到校的过程中,小朱在教学楼跳楼自杀。

9月21日内乡县赤眉镇第一初中初二女生刘燕(化名)没有到校上课,第二天刘燕的父亲陪她一起去见班主任刘老师,想入班上课,但未能如愿,被父亲领回家。刘燕回家后,感觉"丢脸丢死了",当晚7时许喝下剧毒农药"百草枯"。刘燕说,因为有一次没有完成刘老师布置的物理作业,本学期物理课她都是"蹲在地上"听。

在分数指挥棒下,教师被"成绩指标"压迫,导致了教师的压力焦虑症,这种压力最终传至学生,使他们成为最终的受害者。师生关系由此被扭曲,不再是教育与被教育、呵护与敬重的关系。师生冲突暴露了中国应试教育中教师爱的严重缺乏,学生成为被辱骂或羞辱的对象。

第二类:家庭冲突

在家庭冲突导致的中小学生自杀案例中,首要因素还是因为家长对孩子学习成绩的过度关注。在分数指挥棒下,家长同样作为压迫者在压迫着孩子,在

---

① 程平源:《中国教育问题调查》,清华大学出版社,2013。以下所有案例均通过网络搜索取自2013年的媒体报道,并对人名做技术处理。

高度压力的应试教育之下,学生在激烈的竞争中已经倍感压力,在这之上来自家庭的施压稍有不慎就会压垮他们。这种脆弱不是他们先天具有的,而是意志力被外在压力不断削弱而导致的。

4月9日大河网报道:在郑州一重点高中上学的张瑞倍感压抑。妈妈虽然总告诉他"考多考少一样",却绞尽脑汁打听他的学习和排名。作为"回报",他选择了割腕自杀。

6月12日常德桃源县一中高一女生小郭返校后,从宿舍六楼跳下自杀。原因是小郭进入高中后,成绩不再名列前茅,心理压力很大。小郭的老师反映,其父母经常打电话给老师询问小郭的学习情况,对她的期望非常大。"她的父母觉得她现在不够努力,对她的学习成绩不满意,经常说教她。"

家长对孩子成绩的刻意关注会引爆孩子内心的压力。但家庭冲突的面很广,有些时候,家长对孩子的批评触犯到的可能是孩子的自尊,这时孩子的心理有可能处于逆反或厌学状态,为了反抗家长的批评指责,孩子选择自杀,更多的是负气而死。

5月7日早上,一个六年级小学生,因为学习上的问题,被家长批评了两句后,竟然拿起农药瓶,喝农药自杀。在儿童医院,记者见到了喝农药的小雨。他正一边玩着手机,一边挂盐水。

9月1日前一天,因为要开学了,妈妈收走了苗苗的手机,还说了一堆"要收心"之类的话。苗苗本来就不想去上学,一听这话,更火了。跟妈妈吵了几句,连夜跑到了外婆家。凌晨1点多,15岁的苗苗一连吞下了20片抗高血压的药——厄贝沙坦片,经过抢救,脱离了生命危险。

10月9日,李丽发现陈宇偷了家里1700元,于是用篾条抽打了陈宇几下。13日,当李丽再次教育完陈宇后,陈宇喝下了农药"特快杀"。

负气之死的逻辑在于："你不理解我，我很伤心，我现在就死给你看，让你后悔。"负气之死打破了爱的平衡，爱是在冲突和矛盾中成长和维持的，爱的平衡一旦在亲子之间被打破，就会走向反面。负气超过了一定的限度，就可能什么都不顾了。学生负气之死往往是因为在家庭中家长表达爱的某个环节没有把握好，孩子感到"委屈"或"冤枉"而自杀。

第三类：学业压力

从对中国中小学生自杀案例的分析来看，最典型的自杀是长期学习压力导致的瞬间崩溃，自杀的诱因不过是压死人的最后一根稻草。很多时候，一个孩子突然去了，没有人能猜透为什么，没有前兆，没有导火线，突然之间，孩子选择了离开。

2013年五一长假之后南京市同一天连续发生两起中小学生自杀事件。

5月2日，南京溧水一名13岁男孩疑因作业未完成，上吊自杀。这名男孩就读六年级，五一放假作业没完成，早上4点起来写作业，后对父母说做不好想睡觉，不料随即在楼梯口自缢身亡。

5月2日中午11点多，南京燕子矶南江中学一名初三学生跳楼自杀，原因也是作业没完成，该校学生五一小长假作业特别多，毕业班学生称根本没时间休息。跳楼的男生成绩还不错，但也因作业压力大走向了不归路。

五一放假，本应该使学生得到放松和休息，但在应试教育下老师会利用这时间布置更多的作业，使学生"压力山大"，喘不过气来。

繁重的作业要求中小学生集中能量，既要速度又要准确，还不能想放弃就放弃。这是消耗意志力的工作。当中小学生将意志力耗尽在"控制表现、绩效、成绩"时，就难以控制情绪和冲动，因为意志力是有限的。中国孩子的学习任务是超负荷的，这必然引发思维短路、冲动、脆弱。这三者是"自杀"的"向导"，将中小学生带入死亡。

大多数的中小学生自杀类型都指向教育制度的缺陷，自杀人数最多的"压力主导型自杀"揭示的真相是：不是学生因脆弱自杀，而是高度的应试教

育催生了学生的脆弱。

当我们查看中小学生自杀案例的时候，我们发现因为"成绩不好""成绩下滑"导致的自杀不在少数。

2013年1月11日，呼和浩特市实验中学初一某"火箭班"强强返校领成绩单后，因期末考试排名落后了数百名，回家后直奔11楼楼顶蹬一条木凳一跃而下。强强说："入'火箭班'后神经就一直紧绷着，稍不留神就会被淘汰。沉重的学习压力就像索命鬼一样，时时刻刻在追逐着我们，我们都变成了机器人。快乐变得那么陌生。"

7月5日上午11时左右，山东德州一名13岁女中学生在同学口中得知自己的期末考试分数，趁家长出门后吞食大量药片自杀。在几张纸上歪歪扭扭地写着，"你们不要管我了，我从同学那里知道我考了多少分，这样下去，连实验中学也考不上。其实，之前我一度达到崩溃边缘，这次我再也忍不下去了""不要悲伤，我活了13年已经足够""考试不顺，自觉无脸活下去"等遗言。

在应试教育下只有好的分数才被接纳，分数带来的紧张情绪弥漫在中小学生里。分数，只有它才掌握着评判的尺度。在这唯一标尺的压迫下，很多成绩下降的孩子会产生无意义感，以致丧失生存意志。

这种教育不看努力的"过程"，只看最后的"结果"。虽然考试并不意味着只要努力就一定取得成绩，然而父母和老师的逻辑是斩钉截铁的：成绩不好就是没有努力……这对许多中小学生来说是一种压力，一种绝望。而更绝望的是父母和老师通常的逻辑：成绩不好就考不上好大学，考不上好大学就没有好前途，考不上大学就没有未来。

6月14日，高考标准答案揭晓的当晚，营口市大石桥复读考生李新在鞍山郊区投河自杀。悲痛欲绝的李新父母说，儿子去年447分已经够二本分数线，但是，他最大的理想是考上一本重点大学。

6月22日晚上10点,杨媛,这个家在四川崇州一个小村庄的复读生,在得知自己的高考成绩离理科三本线仍有6分的差距后,选择了割腕、喝农药来结束自己的生命。

6月23日上午9点21分,得知自己高考成绩20分钟后,就读于内江市第三中学的强强背着书包抱着一箱纸鹤,从该校一栋教学楼的4楼跳下,抢救无效死亡。

高考作为中国青年前途的分水岭,正在葬送很多人的未来,乃至生命。以高考为唯一和最高学习目标的应试教育到了革新自身的时候了。

第四类:相约自杀

对死亡的无知、生死界限的模糊是中国中小学生自杀的另一种类型。有些孩子的相约自杀不能不引起重视。

死亡对于他们而言,是去到另外一个世界。

5月9日,应城市两名在校女中学生刘英和李萍相约跳楼,一人当场死亡。自杀原因系玩笔仙游戏所致,两人沉迷于"笔仙"游戏,面对即将来临的高考,刘英倍感压力,在求救于"笔仙"时,"笔仙"劝导跳楼死亡可到极乐世界解脱。

8月31日,家住佛山顺德均安的一花季少女小红,因为父母离异,她开始厌恶现实生活,慢慢迷上了网络虚拟世界,接触到一款名叫"死亡游戏"的网络游戏并认识了一些"朋友",在留下一封近5000字的遗书后便与网友相约赴珠海集体自杀。

虚拟的网络世界营造了一个生死可以轮回转换、人死后可以实现时间穿越的神话,仿佛死亡是一个通道,通向一个没有烦恼的世界,只有在那个世界里才能实现自己的心愿。既然生死是相通的,于是对一些中小学生而言,死也就并不可怕,甚至是逃避困难和压力的最好去处。

三 讨论与建议

（一）讨论

中小学生自杀事件常常被专家学者、媒体舆论归结于"中小学生心理脆弱，需要生命教育课程，教师、家长要注意教育的方式方法"。实际上，"脆弱论"忽略了中小学生自杀的制度性原因，将其归咎于个体本身。"课程论"以为阻止自杀可以靠课堂上的文本说教来完成。现在城市中小学普遍加强了生命教育、心理健康教育，但中小学生的自杀事件并没有减少，那么问题到底在哪里？

在研究中小学生自杀案例时，笔者发现大部分的学生自杀并不是轻率之死，负气之死与相约自杀在中小学生自杀案例中并不是多数，最多的自杀是"压力主导型自杀"，这类自杀的主要原因是意志力被耗尽而失控。

鲍迈斯特在长期的研究中发现了意志力。他发现意志力像肌肉一样，过度使用就会疲劳，长期锻炼就会增强。当意志力都耗费在了办公室，家庭就会遭殃。当人们在工作上用完了所有的意志力，其他方面就会很脆弱。心理学家的实验表明："考试季节，学生的意志力消耗过大，各种好习惯都被抛弃了……在考试季节，他们的脾气也变坏了，更容易动怒或沮丧。他们也许说，那段时间之所以脾气大是因为考试压力大，大家普遍以为那些情绪是压力引起的。然而，压力真正做的是损耗意志力，而这会减弱情绪控制能力。"[1]

意志损耗理论为我们解释中小学生自杀提供了一个路径。根据意志力损耗的原因，我们把中小学生"压力主导型自杀"分为两类。一类是崩溃之死。学习压力产生自我耗损，导致突发自杀或者蓄谋自杀。另一类是羞辱之死。在他人的言语暴力和身体暴力下自我耗损到了一个极致，以致自杀。学业压力导致的自杀基本上属于崩溃之死，很多师生冲突导致的自杀基本上属于羞辱之死。这两类自杀案例占搜集到的2013年所有中小学生自杀案例的92.7%。

谁能责备那些在高度压力下失控的孩子脆弱呢？或者指责他们没有责任

---

[1] 〔美〕罗伊·鲍迈斯特：《意志力——关于专注、自控与效率的心理学》，中信出版社，2012。

感？当意志力在压力下损耗殆尽，谁能夸口自己的控制力强？研究表明，人的心理依存于人的身体。鲍迈斯特以妇女在每月特殊时期的情绪波动、糖尿病人失控为例，得出结论：保持情绪稳定要多摄入葡萄糖，吃健康食品，并且要多休息。剥夺睡眠会损害葡萄糖的加工，这会立即导致自控力下降。睡眠不足对身体和心理会产生多种多样的不良后果，这些不良后果背后隐藏的是自制力及其相关活动能力（比如决策）的减弱。中国目前的应试教育严重剥夺了孩子的睡眠时间，很多中学生的平均睡眠时间不足六个小时，导致各项身体素质弱化，引发心理脆弱，失控频繁。名目繁多的考试，意味着意志力要花费在成绩和效能上，学生按成绩被分为三六九等，这意味着一种升学的压力。当所有的意志都消耗在生产分数的重复学习上，很多人丧失了生存下去的意志。疲累的身体要想支撑住一个良好的心理状态是不可能的，中小学生承受的超负荷作业量和严重的睡眠不足，将会引发某种程度的心理崩溃。

学生自身来自学业的压力，老师作为评价者和监督者给学生的压力，父母对孩子的期望值给孩子的压力，这三重压力都在削弱着中小学生的意志力，而这一切已经在引发越来越多失控的危机。

（二）建议

既然中小学生的自杀并不是个体单纯的心理脆弱，而是高度的学习压力导致的普遍心理崩溃，其根本原因在于高度应试的教育制度，那么从根本上减少和杜绝这种因为学业压力而导致的中小学生越来越严重的自杀问题，就需要从制度上做一些根本改变。

首先，将高度单一的唯分数至上的评价体系改革为以个体能力为核心的个性化和多样性的评价。单一的分数评价只能导致教学注重题海战术、重复训练，不仅普遍扼杀了学生的创造力，同时带来的恶劣后果就是高度的学习压力以及这种压力导致的学生崩溃性自杀。西方教育制度和教学体系普遍重视对学生个性化和多样性能力的测试，不仅促进了个体的创造力，也带来了普遍的社会和谐，尊重和发展每个个体的个性和多样性提高了社会整体的知识水平。

其次，回归教育的本质目标。近30年来随着中国教育的市场化改革，全社会的教育目标已经异化，成为一个学生谋生或找到好工作的工具。在这种异

化的教育目标下重复训练带来的繁重学习任务已经在伤害中小学生的生命。实际上，无论中西教育自古以来首先是对崇高人性、完满幸福生活的追求，各门学科也是因此而设立。只是为职业作准备而失去了科学精神的知识积累，无助于未来的创造性生活。如果在中小学阶段不能在知识的学习中教会一个人追求广阔的精神生活和终极价值，成为一个有理想的人，那我们的教育只能使学生成为现代工业的劳动力。

最后，营造爱的教育，在师生关系中杜绝一切语言、身体和精神暴力的发生。应试教育的分数评价体系，导致了以升学率为主的教师考核指标，而反过来教师又成为对学生考核和评价的实施者，压力最终转向学生，这既扭曲了师生关系，又会产生难以预料的后果。这样一来，教师教书育人的教育功能就蜕化为单一的训练学生提高分数，从而失去了崇高的教育使命。恢复师生之间爱的关系，就是恢复教育的本质目标，即培养一个身、心、灵全面发展的个人。

B.15 地级教育行政网站信息公开的现状及发展进路[*]

张天雪 高莎[**]

摘　要： 本文以我国286个地级市教育行政网站的教育信息公开状况为研究对象，以《政府信息公开条例》为范本，并从教育信息的内容、形式和便捷性等三级指标入手，调查分析了我国各地级市教育行政网站进行教育信息公开的现状。据此提出了从教育信息公开是什么、为什么公开、对谁公开、如何公开和公开绩效五个方面进行完善的发展进路。

关键词： 地级市　教育信息公开　信息公开指标类目　发展进路

《国家中长期教育改革和发展规划纲要（2010～2020）》明确指出"要加强信息公开和社会监督"。信息公开是一种向上的力量，加强政府信息公开就是在释放正能量，是增强政府公信力的最有力途径。教育部部长袁贵仁在信息公开工作年度报告中多次指出，教育行政信息公开要依法坚持"以公开为原则，不公开为例外"的理念，确保教育系统信息公开工作走在前列。2012年，教育部率先强化门户网站建设，调整优化网页栏目，充分发挥门户网站作为教育信息公开第一平台作用。地级教育行政部门在我国教育管理体制中

---

[*] 本文系教育部人文社科2011年度课题《公民社会建设进程中民众参与教育改革的机制研究》（项目编号11YJA880156）成果之一。

[**] 张天雪，博士，浙江师范大学教师教育学院教授；高莎，浙江师范大学教师教育学院研究生。

处于承上启下的位置,是强化省统筹、落实以县为主的枢纽。因此,地级教育信息公开的成效将影响着教育政策的走向、绩效和民众对教育的基本认知。基于这种判断,我们以除京、沪、津、渝4个直辖市以外的286个地级市为样本,对其教育行政网站的信息公开现状进行普查,目的在于了解教育网站信息公开的现状,并给出相应的学理进路,为促进我国教育信息公开进程提供决策参考。

一 分析过程

(一)样本选取与类目划分

我们选取了除4个直辖市以外我国现有的286个地级市教育行政网站作为分析样本,以其官网公开的信息为调查内容,依据这些内容的共性与差异性进行类目划分。经反复校对和核查,截至2013年4月1日,286个地级市教育行政网站中,共有16个存在各种各样的问题,如有的网站无响应、维护中,或链接错误,或根本打不开。为保证研究数据的准确,本研究暂将这16个网站排除在外,最后的研究数据均来自剩余的270个地级市的教育行政门户网站。

在确定研究样本后,经过项目小组的反复讨论,根据《政府信息公开条例》第九、第十条等的相关规定,并结合各网站的内容设置,最终确定了分析的类目,主要包括教育信息公开内容、形式和公众获取教育信息的便捷性3个零级指标,16个一级指标,22个二级指标,力求抽丝剥茧般详细考察并准确呈现每个地级教育行政网站信息公开的详况。

表1 本研究评判的类目及考察点

零级指标	一级指标	二级指标	考察点
信息公开内容	教育政策和法规	国家教育政策和法规	完整性、典型性、更新度
		地方教育政策和法规	
	机构设置	部门人员情况及职能介绍	层次性、全面性、合理性、准确性
		部门联系方式或主要领导联系方式	

续表

零级指标	一级指标	二级指标	考察点
信息公开内容	教育财物信息	教育经费筹措及使用情况	更新度、准确性、可靠性
		公开行政性事业收费（项目及标准等）	
		项目建设	
		招投标采购	
	教育规划	本阶段的规划（包括长、中、短期）	时效性、可靠性
		上一阶段规划的实现程度审核公示	
	教育统计资料	分年分类的统计数据	全面性、及时性、准确性
	时事新闻	国家及各地主要教育时事	更新度、及时性、规范性
		本地教育新闻	
	工作动态（文件通知等）		
	人事信息	人事任免	可靠性、信息公开度
		就业招聘	可靠性、全面性、时效性
	考试招生		
信息公开形式	办事指南		便捷性、清晰度、准确性
	互动交流	局长信箱	包括留言信箱、论坛等留言回复的及时性、有效性及公众参与量
		监督投诉	
		建言献策和咨询留言	
		教育、博客、微博论坛等新媒体	—
	在线办公	行政执法	便捷性、时效性
		资源下载	畅通性、便捷性
信息便捷性	搜索引擎		畅通性、便捷性
	相关网站链接	上级、平级和所辖部门网站	链接量及响应度
	绿色通道		能否为少数群体服务
	版本多样性		英文等其他版本

（二）数据采集与信度

本研究从 2013 年 2 月 25 日开始至 3 月 25 日止，其间分别对 286 个地级市教育行政网站逐一点击，有的数次反复点击，并根据指标体系进行核查，对符合指标要求的网站作"√"标示，不符合指标要求的作"×"标示，并对其存在的问题或特色优势进行备注。在核查过程中，评判信度为 89.3%，对于不同的判断，课题组进行讨论，并将其列入某一指标体系，形成评判共识。

二 研究结论

教育信息公开评测所衡量的主要是教育信息公开的效果，重点强调政府网站公开信息的时效性和全面性，以方便访问者快速、准确地获得想要的信息。通过测评，结论如下。

1. 教育行政网站集成度较高，独立性较强，少数信息分布不经济

在这270个地级市教育行政网站中，可在同一网站内获得全部教育信息的网站有259个，占95.93%，包括当市的教育局（城域）网（59个）、教育（信息）网（196个）、教育政务（行政）网（2个），部分地级市是教育局与体育局合并为同一个教育行政网站（2个）。其中温州市教育局尽管是政府网站的一个后缀，但因信息相对较全，故本研究亦将其列入调查样本中。剩余4.07%的网站需在两个或两个以上网站内获得指标信息，这给公众获取信息带来相对不便，也会造成信息的重复发布或者信息发布的缺失。

2. 设有教育政务公开指标的网站约达85%，但公开效果不一

在有效样本中，有229个（84.81%）网站设有"信息公开"或"政务公开"专栏，部分网站的信息公开专栏包括政府信息公开目录、指南、年度报告、依公众申请公开及相关法规制度等。其中，后三项为各网站的政务公开栏的主体构成。政府信息公开目录及指南是对政府信息公开的相关情况做出的概括性和指引性的介绍，由于教育信息公开具有量大、面广、受众需求复杂等特点，良好的目录和指南可以提高教育信息公开的逻辑性和效率效果。在270个地级市的教育行政网站中，设立目录及指南这两个指标的有109个（40.37%），其中63个（57.80%）网站的指标很全面，对教育财物公开、教育规划、重大项目建设等"敏感"信息都单独设立并进行目录指引。教育行政网站自行公布"教育信息公开年度报告"，将有利于公众了解政府信息公开工作的内容，也有利于发挥社会舆论的力量，监督教育行政部门信息工作的开展，更有利于各地级市教育行政机关部门的自我约束和规范。在270个样本中，绝大多数自检报告呈现的是其所在地市政府的总报告，仅有35个

(12.96%)网站公布了独立的"教育信息公开年度报告",其中6个网站的年度报告不完整,3个网站呈现的是2011年及之前的年度报告,信息更新度低,1个网站不仅更新度低,且年度报告有断层,还有2个网站仅有2012年的教育信息公开年度报告。从连续性和完整度标准上衡量,仅有8.55%的部门网站达标。"依申请公开"是指公众申请公开教育行政部门网站内未公开而公众希望知晓的教育信息,在本次检索中,设立"依申请公开"的网站,仅提供留言服务,未对公众的申请信息或处理结果进行公示。

3. 教育信息公开各指标参差不齐

(1)一级指标"教育政策与法规"下,270个样本中,对国家、地方的教育政策与法规做得较好的网站数量分别为220个(81.48%)、205个(75.93%),具体而言,在地方教育政策与法规中,对本省和本地级市教育政策和法规公示的网站数量分别为196个(72.59%)、180个(66.67%),皆呈依次递减态势。其中有21个(7.78%)网站公开的地级市政策法规很少,仅有国家或本地区的,或者每类仅罗列几部政策法规,还有8个(2.96%)网站没有公开任何教育政策法规,这显然不利于教育政策与法规的宣传及执行。

(2)机构设置指标中,设置部门职能介绍的网站有230个(85.19%),部门人员情况介绍的有16个(5.93%),还有142个(52.59%)网站公示了部门联系方式或主要领导联系方式,对设置该级指标的这些网站一一进行点击后,发现有16.54%的网站显示的信息是空白的。

(3)教育财物信息指标中的各二级指标的情况分别为:公开教育经费筹措及使用信息的网站有38个(14.07%),公开行政性事业收费的有41个(15.19%),对项目建设公示的有14个(5.19%)、公示招投标采购的有21个(7.78%)①,前两项二级指标中共有22个网站的信息量很少,或者是只有零零星星的财政统计数据,或者只是一个汇总数据,无明细或点开显示无信息,使公众既无法获取所需信息,也无法对教育财物的使用进行监督。

(4)教育规划让公众知道政府在教育领域将要做什么。在270个网站中,有96个(35.56%)制定当地的长期、中期、短期的教育规划,但其中17个

---

① 没有排除这段时间内没有进行项目建设和招投标事项,故结论是相对的。

（17.71%）网站的二级菜单点开是空白信息，而且仅有5个（5.21%）网站对以往的教育规划实现度单独进行了公示，有29个（30.21%）网站以年度总结的形式对规划实现基本情况进行公开。

（5）教育统计资料或教育年鉴是了解该地区教育事业发展必备的工具性资料，2008~2012年五年间教育统计资料较全的有14个（5.19%）网站，仅有2008~2010年度统计资料的有18个（6.67%），在24个有2010~2012年度的教育统计信息的地级市中，有16个网站的项目点开显示的是空白信息，因此仅有8个网站的公示信息是完整的。

（6）人事信息指标中，公示人事任免信息的有68个（25.19%），其中有6个（8.82%）网站点开该项目，内容是空白的，无任何历史记录①。在设立就业招聘指标的135个（50%）网站中，有51个（37.78%）网站仅公示教师招聘信息，对公务员、事业单位等招聘信息都没有涉及；有245个（90.74%）网站对考试招生信息进行了公开，其中仅有3个（1.22%）网站的信息点击显示为空白，这项指标表现最好。

（7）教育行政执法（行政许可、惩罚、征收、强制等）事项是信息公开的必选项，有117个（43.33%）网站设置了该指标，但其中有11个（9.40%）网站的信息是空白的，无任何历史记录②。

（8）在互动交流指标中，局长信箱、监督投诉、建言献策和咨询留言信息量较全的网站数量分别为41个（15.19%）、37个（13.70%）、66个（24.44%），这些门户网站不仅对留言进行了公示，还进行了及时回复以及回复信息的公开。尤其在长效机制上，有76个（28.15%）网站还采用微博、博客、教育论坛等途径，丰富了教育信息公开的形式，但其中有5个（6.58%）网站相关栏目信息寥寥，博客或论坛里的会员少至个位数。

（9）相关网站的链接为公众检索其他教育网站的信息、进行不同地级市教育网站公开信息的类比提供了便捷。在相关网站链接指标中，设置上级、平级和所辖部门网站链接的网站数量分别为245个（90.74%）、209个

---

① 没有排除这段时间没有人事任免公示事项，故结论是相对的。
② 没有排除这段时间没有任何行政执法信息出现，故结论是相对的。

(77.41%)、248个（91.85%），所占比重皆相对较高，但比较起来，与平级网站进行有效链接的数量稍逊。

（10）270个地级市教育行政网站都设有工作动态（文件通知等）、办事指南以及资源下载等指标，办事指南或是对各市教育网站的内容导航，或是对某一项目，如行政办事的流程、手续等的说明，资源下载包括视频、表格、通知、课件等，这项指标建设最为完善。

4. 信息公开中技术性问题较多

上述二级指标主要反映了满足公众需求和希望公众监督两个价值指向。针对这些指标及其他宣传性、便捷性和时效性，当下的教育行政网站信息公开技术的弱点体现在以下七点。

（1）链接问题。包括链接无响应、打不开或链接错误，如教育统计信息，常出现的是教育年鉴或教育年度统计数据有题目而无内容的状况。对于设有这些指标却无链接响应的项目排序依次为：局长信箱（32%）、教育统计（21.42%）、新媒体（15.79%）、监督投诉（15.21%）、建言献策和咨询留言（15.15%）、教育财政信息（14%）、相关网站链接（9.40%）、机构设置（4.81%）和教育规划（3.20%）。可见，目前的教育信息公开都是单向度的，缺少互动。

（2）文不对题或滥竽充数。如教育财物信息公开的对象应该是教育经费等的筹措、使用的明细表目，但7%的网站有滥竽充数之嫌，该栏目的项目多是通知、文件等的堆叠，出现同样情况的还有行政执法指标，其比例达到了11.9%。再如，有些网站的教育统计信息栏目零散且杂乱，如"我市有19115名中职贫困学生将得到资助"等，统计的信息不集中；部分内容置于"教育统计"栏目里非常勉强，如"全市义务教育阶段学校办学条件进一步提高"等，有些文不对题，给人的感觉是为了统计而"凑数"。

（3）信息散乱、重复或不连续。这一点在教育统计指标中最为明显，有时在教育统计中的信息与其他栏目中的数据不一致，有时教育统计信息在年度上不连贯，或者统计口径不统一等。

（4）更新慢、时效性低、回复不及时。比较典型的是教育时事新闻和工作动态，有263个（97.41%）网站聚焦于本市工作动态，其中32个

(12.17%)网站的更新时间在5天以上,甚至有些指标长期闲置,如在互动交流指标中,局长信箱的留言及回复信息为一年前的占17%,监督投诉占19%,建言献策占17%。

(5)过度收集留言公众的信息。有的网站不是从办事者角度来降低行政门槛,而是为了防止公众恶意投诉而提高申请或申诉条件。公众不仅需要提供身份证号码、邮箱地址等,还需提供电话号码、证明文件、申请信息的文号或密码。该做法增加了公众的申请成本,造成了信息公开的行政阻滞。

(6)国际化低。在270个地级市教育行政网站中只有2.59%的网站有除中文版本之外的语言版本,其中大连市的"大连教育"有包括英语、日语、法语等6国语言在内的版本网页,国际化程度较高,黄山市有英、日、韩三国语言的版本,还有5个网站有英语版本。

(7)站内搜索功能不强。调查显示,有34.94%的网站在其首页未找到搜索引擎。在设置搜索引擎的网站中,搜索功能不灵敏的占37.71%,信息不对称或无法显示的占21.14%,站内搜索引擎链接至百度、Google等的为2.29%,仅有38.86%的网站完全支持标题检索、全文检索、模糊搜索和关键词搜索。这些问题的存在加大了公众检索信息的困难,也使得主动公开的信息无法有效地传播到公众之中。总体而言,每项指标都有两类以上的问题存在。

三 发展进路

本次调研的286个网站中,排除误差后,我国地级市教育行政部门已经有了271个[①]可查询教育信息的门户网站,其比例为95%,这在《政府信息公开条例》公布6年后的今天,不能说是个很好的数字,而且本次核查的270个样本中,各个指标也存在着诸多问题。笔者认为,教育行政部门应从教育信息是什么、为什么公开、向谁公开、如何公开、公开绩效如何五个方面进行自我诘问和行政作为。

---

① 多出的一个为济南市,前期数次点击都无法打开,截至研究后期,不但可以打开,而且项目相对较全面。

第一，各级教育行政部门应理解教育信息是什么，公众都需要哪些信息。《国家中长期教育改革和发展规划纲要（2010～2020）》指出要"全面推进依法行政……完善教育信息公开制度，保障公众对教育的知情权、参与权和监督权"，那么哪些是可以服务公众的信息，哪些是公众需求的信息，而不是政府展示的信息，这是做好教育信息公开的第一前提。如果信息都是为自我宣传、政绩彰显或者迫于法规要求而形式化公开的话，那么这样的信息不公开也罢！一般而言，公众需求的信息主要包括自身需求、公平监管和参政议政三个目的。从自身需求的角度看，包括教育行政审批、常规申请、兴趣爱好、获取资讯、教育科研等；从公平监管的角度看，主要包括对政府的主动监督和对利益相关人与事的阳光化处理，以维护社会公正和自身利益；从参政议政的角度看，这是公众获取教育信息的最高要求，也是教育民主化和善治的综合体现。所以各级教育行政部门要从上述三个目的出发公开征集公众的需求，按需设置公开项目和公开内容。

第二，我们来看为什么要公开。这个在本文的研究目的中已有述及。我国教育进程经过了泛政治化的集权过程、泛经济化的产业倾向与追逐效率过程、公平取向的均衡过程，目前正向第四个阶段迈进，就是教育民主化的进程，这个进程的基本实现才能称为教育现代化。民主的教育是阳光的教育，是让教育腐败遁形的教育，是公众积极参与的公共治理的教育，是公平和效率都得到充分实现的教育，这样的教育才是人民满意的教育，才是教育宗旨所要求的教育。

第三，来看向谁公开。教育行政网站公开的目的有3个：一是应对上级检查，二是利于平行部门之间的信息交流，三是方便公众获取资讯和监管政府作为。从其本质上看，公众应是教育信息公开受众的主体。目前公众浏览各级教育行政部门网站的主要目的是了解相关招生考试信息和与自己利益高度相关的私己性信息，而对教育政策宣传、教育财物监管、教育人事变动等信息关注度并不高，这既体现出已公开的教育信息缺乏吸引力，也凸显信息公开不便捷、过于专业等问题，这在很多情况下造成了"信息冗余"。单就网站而言，要完善普通公众查阅各类信息，特别是常用信息的便捷度，要保护残障人士、少数民族和外籍人士的信息知情权和查阅便捷权，设置好网站的绿色通道。同时，对专业公众要主动加强与其信息沟通的力度，这些公众一般包括各级行政官员

和学校校长、大学教育研究人员、独立研究机构的智囊人员、情报分析与收集人员、第三部门的人员、政府督导与监管人员、公共事务的志愿人员和专业媒体的从业人员等。

第四，就是如何公开。教育信息公开要提供包括网站在内的诸多实体与虚拟平台，比如信息发布会、公众恳谈会、行政听证会、媒体通气会和网站、短信平台、微博、政务QQ群等。首先要树立起公众的知情意识，然后培养公众的知情能力，最后引导公众自觉参政、议政、督政。单就网站而言，一是要整合教育行政网站的信息资源，加强教育行政网站的集成性，改善信息公开目录的编排，为公众提供一站式教育信息公开服务；二是要制定统一与个性并举的网站信息公开标准，进一步细化教育信息公开的内容；三是要强化门户网站的技术含量，要有专兼职人员协同的信息管理系统，解决诸如链接、文不对题、信息重叠冗余、更新慢、回复不及时、站内搜索功能弱等技术性问题。同时各大教育行政网站和学校网站之间要彼此链接，形成信息公开的网络系统。

第五，就是公开效果保障问题。教育信息公开效果要靠制度制约，除了《政府信息公开条例》以外，还要出台教育信息公开相关指南、办法、细则，健全问责体系，实行教育信息盲区一票否决制，同时由第三方来对各级政府的教育信息进行年度调研，进行教育信息公开绩效考核。同时要依法建立教育信息补偿与救济机制，对因教育信息未公开或者公开不便而造成的错误要进行问责，对信息受众要进行补偿，特别是那些公众提请的行政复议、仲裁和申请等，如果因教育信息公开问题而被延迟，要依现有的法律法规进行处理。

随着我国教育公共治理局面的形成、公众维权意识的强化、教育反腐力度的加大和教育信息化水平的提升，包括门户网站在内的教育信息公开其发展进路在于公众参与到教育信息公开的过程中来，公众满意是教育信息公开的归宿。

B.16 从"在家上学"到非学校型态实验教育

袁芳艳 刘胡权*

摘 要：
"在家上学"作为一种教育自由选择运动和教育多元化的发展，在世界各国都得到推进。目前在美国已经充分合法化，并有完备的支持系统。在台湾，已经立法将在家上学及各种自组织教育方式纳入教育部非学校型态实验教育，并补助自学高中生，使其享有大学入学资格。在家上学的意义不仅在于重拾家庭教育的功能、推行个性化教育，也对公立学校的各种改革产生了积极的影响。

关键词：
"在家上学" 发展现状 合法化

"在家上学"（Homeschooling，Home Education）是指在正规的学校教育之外，儿童在家自学、家长自行教授或延师施教、家长组织微型学校、私塾等施行教育的形式，是一种家长自助的、非学校化的教育类型。

2013年8月24～25日，21世纪教育研究院主办的"学在民间：在家上学&多元教育国际研讨会"在京举行。来自全国各地和美国、中国台湾等地的参与者、研究者约170人到会，交流、分享各地的发展历程与经验，并就在家上学与多元教育展开了深入研讨。会议形成和发布了《中国在家上学北京共识》。

---

* 袁芳艳，21世纪教育研究院项目官；刘胡权，北京师范大学教育学部博士研究生。

一 中国大陆"在家上学"现状

在家上学的实践在我国才刚刚兴起。与国外的情况有所不同,中国内地的"在家上学"大致分为两种类型:一类是狭义的"在家上学",即由父母自己或聘请家庭教师协助教学,家庭之间也有互助。另外一类是在家长协作的基础上形成的家庭学校、微型学校,包括传习中国传统文化的私塾、书院,以及华德福学校、教会学校等具有不同文化理念和信仰归属的学校。这些不同于传统学校的教育形式,在国际上被通称为"非学校化教育"。

据调查,当前以"在家上学"名义聚集和活跃于中国大陆的家长群体约1.8万人。正在实践在家上学者约2000人。实践者比重全国排名最靠前的是广东省,其次是浙江和北京。① 截至2012年底,大陆共有实体书院590家,网络虚拟书院100多所。② 华德福学校有119家③,教会学校近200所④。中国大陆非学校化教育(含幼儿教育)的总人数在10万人以内。

相对于分布各地的微型学校而言,在家上学的实践群体有较为集中的网络交流方式(在家上学联盟网⑤和QQ群)。21世纪教育研究院通过网络,对实践在家上学的家庭进行调查,形成《中国在家上学研究报告(2013)》。⑥ 部分结果如下。

(一)家庭特征

实践在家上学家庭的月收入主要集中在2万元以下和5万元以上两个范

---

① 本研究主要采取网络调查问卷、QQ群统计和"在家上学联盟网"统计三种数据收集的方法。
② 根据2011年的《国学教育调查报告》,国内国学学校至少有1872家,其中少儿国学培训机构590家,成人国学培训机构50家,台湾读经班1232家。
③ 根据2013年8月1日24:00华德福教育实践豆瓣小组的数据。
④ 采访知情人得知数据,全国基督教学校大约200所,按平均60人保守估算,共有12000人。
⑤ 在家上学联盟网(http://www.chinahomeschooling.com)是一个在家上学互助交流的网络平台,旨在传播在家上学理念,帮助更多的家庭真正地理解在家上学的理念,并更好地理解教育,支撑他们实践在家上学,或者更健康地担负儿女教育责任。
⑥ 21世纪教育研究院:《中国在家上学研究报告(2013)》,2013年8月。

围。其中月收入0.5万~1万元的家庭最多,占30.73%,0.5万元以下的家庭紧随其后(见图1)。

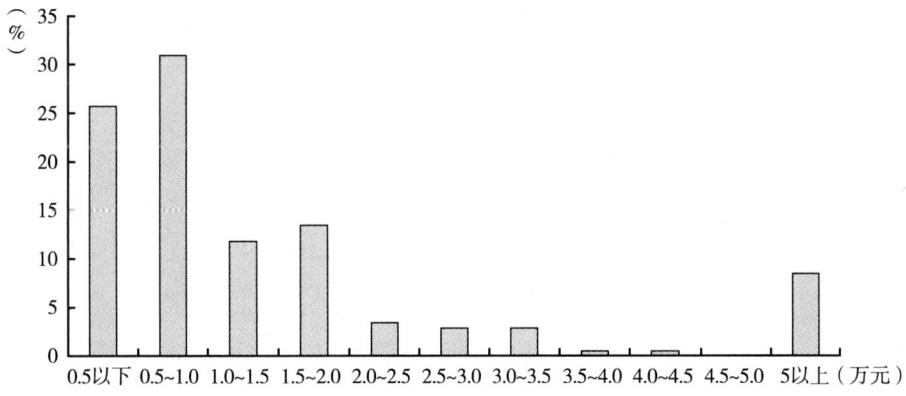

图1 在家上学家庭的月收入占比

选择在家上学的家长中,75.42%的家长有着大专及以上学历。拥有本科学历的家长占37.99%。63.13%的家长是企业职工、教师等专业人员或自由职业者。其中专业人员位居第一,占32.40%,自由职业其次,企业职员随后。

没有宗教信仰的家长居多,占60.89%。这与美国的在家上学情况有所不同,《美国在家上学:2003年统计分析报告》表明,72%的家长出于宗教原因选择在家上学,而我国在家上学的原因较为复杂,主要是对公立学校教育的不满而选择逃离。

(二)孩子受教育情况

在家上学孩子的年龄主要处于小学阶段,较少处于初高中阶段(见图2)。4~10岁的占60.42%。其中6岁的孩子最多,占12.18%;17岁的孩子最少,占0.51%。其中男孩占62.30%,多于女孩。

母亲在教育子女方面担任更为重要的角色。45.81%的家庭主要由母亲负责孩子在家的学习,24.58%的家庭主要由父亲负责,24.02%的家庭由父母一起负责,还有1.68%的家庭由家庭教师负责。

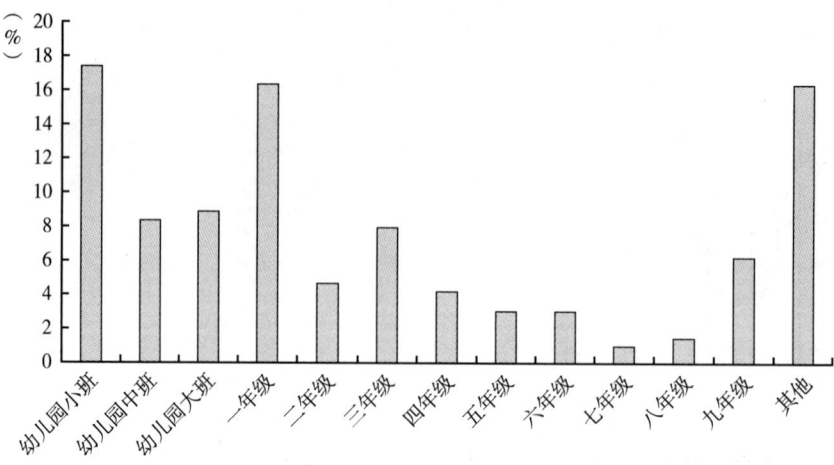

图 2 在家上学孩子离开传统学校的时间占比

表 1 孩子的学习方式

学习方式	人次	百分比（%）	学习方式	人次	百分比（%）
父母教孩子	117	54.19	聘请家庭教师和父母一起教学	24	11.17
几家父母互助教学	29	13.41	孩子自学	89	41.34
聘请家庭教师教学	14	6.70	参加社会培训机构的课程	39	17.88

（三）选择原因及最大阻力

表 2 选择的原因

原因	人数	百分比（%）	原因	人数	百分比（%）
不认同学校的教育理念	117	54.19	孩子厌倦学校生活	14	6.70
孩子跟不上学校教育的节奏	10	4.47	孩子有身体的障碍	2	1.12
学校教学进度过慢	21	9.50	孩子有精神的障碍	2	1.12
孩子有一定特长	6	2.79	宗教信仰的原因	12	5.59
孩子在学校没有得到充分尊重	16	7.26	其他	13	6.15
同学难以相处	2	1.12	总　计	216	100.0

表3 最大的阻力

阻 力	人数	百分比（%）	阻 力	人数	百分比（%）
家长不同意	52	24.02	社会舆论	54	25.14
孩子不同意	2	1.12	其他	46	21.23
学校不允许	19	8.94	总　　计	216	100.0
教育行政部门干预	42	19.55			

（四）关于学习成效

本研究主要从孩子的数学和计算能力、文字和写作能力、口头表达能力、与人交往能力、视野和知识面以及生活自理能力共六个方面考察在家上学的成效。结果显示，家长认为在家上学孩子的各方面能力都处于中上等水平（均值＝4.10），高于中间值3。按照各能力的平均分由高到低依次排序，视野和知识面（均值＝4.30）＞口头表达能力（均值＝4.18）＞文字和写作能力（均值＝4.05）＞数学和计算能力（均值＝3.98）＞与人交往能力（均值＝3.96）。

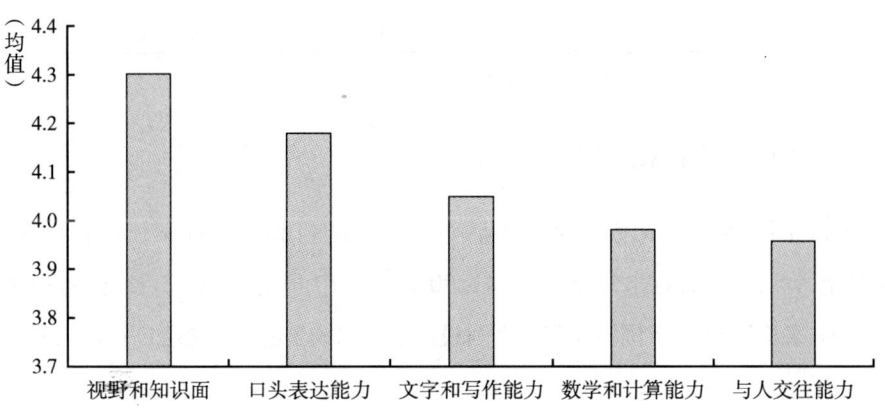

图3　在家上学孩子的学习成效

（五）关于课外活动

表 4　课外活动的内容

单位：%

次序	活动内容	百分比	次序	活动内容	百分比
1	阅读课外书	79.33	8	游学	29.05
2	做家务	69.83	9	公益机构或社区服务	22.35
3	朋友聚会	44.13	10	上补习班、特长班	18.44
4	踢球等体育活动	43.01	11	冬夏令营	16.20
5	社会文化活动	40.78	12	睡懒觉	15.08
6	上网	36.31	13	其他	6.70
7	看电视	34.64			

表 5　孩子的特长

单位：%

次序	特　长	百分比	次序	特　长	百分比
1	阅读	54.19	5	体育	26.26
2	艺术	45.81	6	写作	20.11
3	表达	31.84	7	组织与领导	18.99
4	科学	31.28	8	其他	7.82

（六）关于未来规划

幼儿园毕业后和义务教育阶段后对于孩子的打算，多数家长选择"继续在家上学"，分别占 45.25% 和 41.90%。高中毕业后对于孩子的打算，35.75%家长选择"出国留学"，比例最高，34.08%选择"参加高考，进入大学学习"。

多数家长清楚孩子以后的规划，占 57.54%；32.40% 的家长对孩子的前途持观望态度；少数家长表示担忧，不知道未来的方向，占 10.06%。48.60%的家长对孩子在家上学的未来走向非常乐观。

（七）关于自组织方式

在家上学的信息共享渠道主要分为三种，分别是全国互助交流会（如21世纪教育研究院主办的全国在家上学研讨会等）、网络（如QQ群、在家上学联盟网等）和本地团体活动。

依据常用程度和有效程度分别由高到低排序：网络＞本地团体活动＞全国互助交流会。可见，在线上交流活动较为丰富的基础上，应加强线下交流活动的组织与开展，特别是多个自组织方式间的交流沟通。

（八）关于群体需求

表6　家长的困惑与问题

单位：%

次序	困惑与问题	百分比	次序	困惑与问题	百分比
1	互助团体活动不足	47.49	9	担忧升学衔接	24.58
2	政策法规不明确	45.25	10	担忧孩子的社交	24.02
3	学习资源有限	34.64	11	家人不支持	18.99
4	缺乏专业指导，难以实施	31.84	12	自己的教育理念不明确	17.88
5	教材难以选择	29.05	13	没有困惑与问题	9.50
6	经济实力不足	29.05	14	其他	5.03
7	学校和政府干预	29.05	15	孩子不配合	3.91
8	公众不理解	25.70			

表7　家长所需的帮助

单位：%

次序	所需帮助	百分比	次序	所需帮助	百分比
1	定期的互助团体活动	60.89	5	政策法规支持	50.84
2	国内、国外相关信息分享	55.87	6	经济支持	33.52
3	教学方法、教材选择等方面的专业指导	54.19	7	公众的理解	24.58
			8	不需要	4.47
4	教育资源的拓展	51.96	9	其他	1.12

二 台湾地区的非学校型态实验教育[①]

目前台湾地区基础教育阶段在家上学的人数为800多人[②],这些家庭互助形成"保障教育选择权联盟""自主学习促进会"等公益团体,以定期聚会交流、工作坊、会议和网络的方式,进行教育本质的探索与实践,分享学习方法和资源,促进成员的联络合作,开拓促成了台湾自学的修法、咨询,扩充了自学网络资源。

（一）明定法源

1996年,四位家长向当时的台北市市长陈水扁陈情,希望能够比照先进国家,让家长在家自行教育其子女。当时的台北市政府顺应民意,在1997年根据地方自治职权制定了"台北市国民小学学童申请在家自行教育试办要点",小学一年级到五年级的家长可以向市政府提出申请,开了在家上学的先河。

1999年,立法院修正"国民教育法"第4条第4项："为保障学生学习权,国民教育阶段得办理非学校型态之实验教育,其办法,由直辖市或县（市）政府定之。"将在家上学确定为"非学校型态之实验教育",明定了统一的在家上学的法源。然而,地方政府在落实该法律时非常没有效率,例如嘉义市和连江县在修法过了十多年后,还没制定出相关办法,让想自学的家长和孩子们申请无门。

为此,国民党和民进党40多位"立法院"委员连署提案,修正"国民教育法"第4条第4项为"为保障学生学习权和家长教育选择权,国民教育阶段得办理非学校型态实验教育,其实验内容、期程、范围、申请条件与程序及其他相关事项之准则,由教育部会商直辖市、县（市）政府后定之"。经立法院三读通过,由"总统"在2010年1月27日发布。

[①] 此部分内容依据台湾陈怡光先生（"保障教育选择权联盟"总召集人）提供的内容编辑整理。
[②] 800多人仅为完全实践在家上学的人数,不是非学校型态教育整体人数。

（二）多方咨询，修正草案，放宽人数与教育场地限制

在颁布修正后的"国民教育法"后，教育部委托台北教育大学文教法律研究所的周志宏所长主持"国民教育法第4条第4项授权订定之法规命令研拟"计划案。在计划期间除了办理北、中、南三区专家咨询会议外，教育部内部还举行过十多场咨询会议，邀请县市代表、保障教育选择权联盟等相关自学团体、专家学者表达意见。最后在汇整各方意见后提出《国民教育阶段办理非学校型态实验教育准则》草案，经教育部部务会通过后，于2011年6月27日发布实施，并在两年后的2013年5月31日进行修正，放宽了机构实验教育人数及团体实验教育场地限制等部分条文。

（三）高中自学纳入非学校型态实验教育

虽然教育部在2000年7月发布《实验高级中学申请设立办法》时，规定第12条"为保障学生学习权，高级中学教育阶段得办理非学校型态之实验教育；其申请设立，准用本办法之规定。前项实验教育总招生名额以一百名为限，生师比不得高于十比一"。但是自从该法发布以来，除了苗栗卓兰的全人中学申请通过以外，其他在高中阶段在家自学的申请统统被地方政府退回。

没有学历的高中自学生，必须等年满20岁通过高中毕业程度学力考试后才能报考大学。为此，2007年11月，18个人民团体向教育部请愿，要求取消同等学力鉴定考试的年龄限制。教育部也在2008年的"自学进修学力鉴定考试办法"修法咨询会议上做出要在"高级中等教育法"草案中加入非学校型态实验教育的法源依据决议。

"国民教育法"第4条第4项修正案在2010年1月发布实施后，经多次咨询会议，教育部在2010年8月决定将高中阶段的实验教育依"教育基本法"第13条"政府及民间得视需要进行教育实验，并应加强教育研究及评鉴工作，以提升教育品质，促进教育发展"，另外订定"高级中等教育阶段办理非学校型态实验教育办法"。

（四）自学高中生享受政府补助，享有大学入学资格

为了让从国小到高中的12年实验教育有一贯性，"教育部"开了十多次

内部协调会议,最后在2011年7月13日公布实施,2012年10月增订第23条,以保障完成实验教育的高中学生有入学大学的资格。2013年6月再次修正,除了放宽机构实验教育人数及团体实验教育场地限制之外,也明文规定审议会必须有曾经办理过实验教育的本人或家长担任委员。

为了推动12年国教,"立法院"在2013年6月27日通过《高级中等教育法》,并于2013年7月10日生效。其中第13条明确规定,"为保障学生学习权及家长教育选择权,高级中等教育阶段得以个人、团体及机构方式办理非学校型态之实验教育;其申请条件、程序、学生受教资格、课程、学籍管理、学习评量、毕业条件、访视辅导、收费、政府补助及其他相关事项之办法,由中央主管机关定之"。除了赋予高中自学学生法源外,还要求政府补助高中在家自学学生。

三 对中国大陆"在家上学"的倡导与建议

2012年11月3日,在德国柏林举行的第一届《全球在家教育会议》上,24个国家的在家上学者共同签署了《柏林宣言》。《柏林宣言》指出,"父母和家庭在教育及养育儿童上有必要且不可替代的基本角色,此角色应为各国政府尊重和保护的自然权利"。同时,"在家教育是有效教育儿童成为有文化且有生产力之公民及成为公民社会成员的方式,且并没有任何证据显示在家教育会对儿童造成伤害或增加伤害的风险"。基于此,会议通过了6条宣言,提出"承诺支持自由、多样性和多元化的教育,透过正式及非正式的协调,让在家教育成为每个国家的合法教育选择,并成为每个家庭和孩子的权利"。

由于我国在家上学的实践尚未充分发育,公众对这一领域不够了解。对其的担忧主要集中在合法化,还有孩子的社会化、合作性的培养上。发达国家的经验已经证明,这些问题都是有办法得到解决的。允许探索、允许改革,则是解决所有疑虑和悬而未决问题的前提。为此,本研究特提出以下倡导与建议。

(一)借鉴台湾"非学校型态之实验教育"概念,使在家上学合法化

在家上学引发了争议,主要是认为它有违法之虞。目前我国法律对于

"在家上学"没有直接规定，但参考《教育法》《义务教育法》《未成年人保护法》等，"在家上学"从法律精神上说是合乎法理的。《义务教育法》第14条规定："自行实施义务教育的，应当经县级人民政府教育行政部门批准。"它提示了通过地方教育制度创新，在家上学已经合法化的路径。

建议借鉴台湾经验，将在家上学确定为"非学校型态之实验教育"，明定统一在家上学的法源，为多元化教育探索正名。开放以个人、团体及机构方式办理非学校型态实验教育之申请。并将在家上学学生群体纳入全国中小学信息管理系统，给予其电子学籍。

2003年9月1日起施行的《民办教育促进法》，在办学规模、层次、形式等方面的要求，并未对非学校型态实验教育中在家上学和微型学校的状况做考虑。为了鼓励民间自主探索办学，建议放宽机构实验教育人数及团体实验教育场地限制。

中国大陆在家上学团体内部交流和协作方式已经成形，并日趋完善，他们对如何自我管理也有较适宜的意见。建议召开系列咨询会议，邀请在家上学联盟等相关团体、家庭、专家学者表达意见，共同制订与完善方案。并建议审议会中有曾经办理过实验教育的本人或家长担任委员。

（二）持续关注和深入研究

我们对当下中国大陆非学校型态实验教育群体的整体状况已经有了初步估算，需要对此群体持续关注和深入研究。尤其是对案例的教育内涵、方式和成效等方面，要进行翔实深刻的理解和研究。

建议结合中国大陆现状，借鉴美国、中国台湾的成熟经验，对个人、团体及机构方式办理非学校型态之实验教育的申请条件、程序、学生受教资格、课程、学籍管理、学习评量、毕业条件、访视辅导、收费、政府补助及其他相关事项之办法进行深入研究。

（三）完善支持系统

2014年1月在家上学群体在厦门举办了第五届交流会议。迄今为止，中国大陆在家上学群体内部已经逐步形成了定期交流制度，历届会议参与人群越

发多元，规模也呈快速增长趋势。各地逐步形成了互助小组，如北京在家上学群体的家庭形成了共学制度，分享学习资源，组织开学和毕业典礼。

相信随着时间的推移和需求的递进变化，在家上学群体内部会形成更完善的支持方式。诸如美国的地方支持小组负责组织家庭之间会面，组建谈话、讨论小组，邀请嘉宾发言，组织孩子们一起玩耍或一起上课，编撰时事通讯、与社会媒体沟通，也有特殊的社交小组，如组织科学展览、校外参观学习。这些组织有自己的杂志、电子简报、交流网站，每年举办年会，有近万人参加。[1]

在美国，国家级的家庭学校组织对其他州的组织及草根组织没有任何权威，彼此的工作在很多方面是平行的。如著名的家庭学校法律保护援助、全国的联盟组织、黑人家庭学校组织等。杂志和报纸、课程提供商、网站提供各类信息和课程。私立学校和公立学校、图书馆、博物馆和动物园也专门向家庭学校提供课程和活动。[2] 这意味着，除了在家上学内部形成的各种组织外，学校、社区、政府和社会组织均可以为在家上学群体提供各类支持。

---

[1] 此部分内容摘自 Brian D. Ray 博士（美国在家教育研究所创办者）在"学在民间：在家上学＆多元教育国际研讨会"上的演讲内容。
[2] 此部分内容摘自 Brian D. Ray 博士（美国在家教育研究所创办者）在"学在民间：在家上学＆多元教育国际研讨会"上的演讲内容。

B.17 教育培训机构的现状及趋势研究

周翠萍*

摘　要：

教育培训机构正在成为满足社会公众选择性教育需求的重要力量，已初步形成机构类型多元、培训内容丰富、培训方式多样的教育培训市场。但目前教育培训机构的服务质量有待提高，教育培训市场的格局还没有完全理顺，对教育培训行业的认识与定位还不清晰等，成为制约教育培训行业健康可持续发展的重要问题。在未来，应在规范并扶持的政策目标下促进教育培训行业的发展，通过多种政策措施扶持教育培训机构的发展，充分发挥教育培训行业组织的管理与服务功能。

关键词：

教育培训机构　创新　规范　扶持

终身教育思想的深入人心和社会发展的日新月异，使从一而终的教育与学习、终身受用的知识与能力一去不复返，人们越来越重视终身学习。蓬勃发展的教育培训行业正在成为满足社会公众不同发展阶段的多元化、个性化教育需求的一支生力军，成为我国终身教育体系的重要组成部分。在新形势下，教育培训机构的发展既面临机遇，也需面对发展过程中出现的瓶颈问题。提高质量与不断创新是教育培训机构持续健康发展的内动力。

---

* 周翠萍，教育学博士，上海市教育科学研究院助理研究员，主要研究方向为民办教育政策研究。

一 教育培训机构发展的现状与特点

我国教育培训行业的发展大致经历了初创阶段、发展阶段和繁荣发展阶段。① 教育培训行业初创于20世纪80年代末90年代初,改革开放以来的出国热、高复班、中小学课外辅导等旺盛的市场需求,使教育培训行业如雨后春笋般迅速发展起来。近几年来教育培训机构的发展呈现出以下一些特点。

(一)教育培训机构的数量有所下降

《全国教育事业发展统计公报》数据显示,2008~2012年我国教育培训机构的数量从18.16万家减少到14.40万家。从图1可以看出,这五年中教育培训机构的数量有增有减,总体而言,教育培训机构正在平稳发展。机构数量有所下降的原因可能有以下几个方面。第一,教育培训行业经过20世纪90年代的快速发展之后,随着当前校舍房租、人力成本等办学成本的逐渐上升、家长对教育培训机构服务品质的要求越来越高以及教育培训行业内部的竞争,一些培训机构树立了品牌,赢得了市场和消费者的认可,而另一些教育培训机构则逐渐在竞争中退出了市场。第二,一些教育培训机构,如新东方、学而思等正在成为全国知名的教育培训机构,各地也出现了一些具有一定地方影响力的培训机构。这些机构采取连锁经营的模式,在全国各地开设数十家甚至数百家教学点。因此对于一些已经形成一定品牌影响力的培训机构而言,机构的数量并未增加,机构下设的教学点却在近几年来始终保持增加的态势。

(二)从事教育培训行业的专兼职人员略有增多

近五年来,伴随着教育培训行业的平稳发展,从业人员的数量总体呈现上升的态势。以职业技术培训机构的教职工人数来看,2008年职业技术培训机构教职工的总人数为49.58万人,2011年增至52.18万人,2012年教职工的

---

① 陶西平:《主动创造未来——谈中国民办培训教育》,中国民办教育协会培训教育专业委员会,《环球天下教育集团培训教育机构的定位与特色——首届全国培训教育行业校长高峰论坛实录》,第15页。

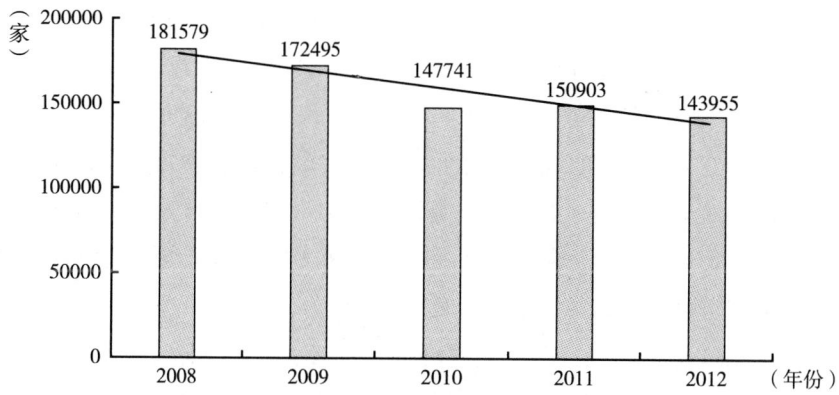

图 1　2008～2012 年教育培训机构的数量变化

数据来源：2008～2012 年《全国教育事业发展统计公报》。

总人数减至 50.66 万人。2008 年在职业技术培训机构中，专任教师占教职工总人数的比重为 51%，2010 年增长至 51.2%，2011 年增长到 57.2%，2012 年专任教师占教职工总人数的比重为 55.7%，总体呈上升态势（见图 2）。

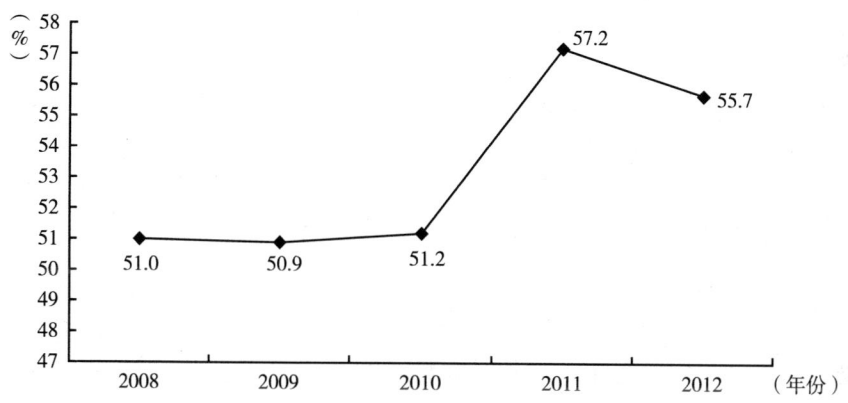

图 2　2008～2012 年职业技术培训机构专任教师占教职工人数的比例

数据来源：2008～2012 年《全国教育事业发展统计公报》。

（三）培训机构的类型多元、内容多样，满足了民众的选择性教育需求

目前市场上的教育培训机构从举办性质上说，有两类：一类为公办性质

的，一类为民办性质的。公办性质的教育培训机构主要包括全日制学校、社区学校、培训中心和国有企业下设的培训机构等。民办性质的教育培训机构主要指由社会力量举办的各类培训机构，又可分为文化教育类培训机构、职业技能类培训机构、公司类培训机构等。文化教育类培训机构主要是指经教育行政部门审批和管理的培训机构，职业技能类培训机构主要是指由人力资源和社会保障行政部门审批许可和管理的"民办职业培训机构"，公司类培训机构是指经工商行政部门审批和管理的，法人性质为企业法人的培训机构。

从培训内容上来划分，既有以提升人们职业能力、职业技能为目的的职业技能类培训，也有满足中小学生额外教育需求和差异教育需求的课外辅导、艺术类培训，还有为提升成年人的生活品质，发展兴趣爱好的国学、传统文化等培训。丰富多样的培训内容使民众可以根据自己的需要和喜好，进行菜单式的选择。北京民教信息科学研究院截至2013年5月的统计数据显示，目前国内的教育培训机构中语言类培训课程最多，近60000门；其次为IT类培训，近40000门；管理类培训近30000门；中小学课外辅导和会计类培训课程近20000门；课程小于10000门的分别为艺术类、建筑类和公务员考试辅导类。

（四）培训方式的多样化

为了满足不同层次消费者的教育需求，教育培训机构的培训方式灵活多样，发展更新速度快。20世纪90年代新东方的大班化教学独占鳌头，随后学而思的"小班式"教学和学大的"一对一"课外辅导后来者居上。近几年，VIP培训、托管班、线上网络培训等新兴的培训方式层出不穷，各显神通。在发展过程中，有的培训机构多种培训方式兼而有之，有的培训机构术业有专攻，某类培训方式独到而精致。据北京民教信息科学研究院的统计数据显示，目前面授仍是教育培训市场中主要的培训方式，占市场份额的77.57%，通过网络向消费者提供培训服务正在迅速发展，已占到市场份额的17.12%，而函授的市场份额已降为5.31%（见图3）。

（五）政策环境日趋完善

从培训机构发展的宏观环境来看，教育培训机构发展的政策环境正在逐步

教育培训机构的现状及趋势研究

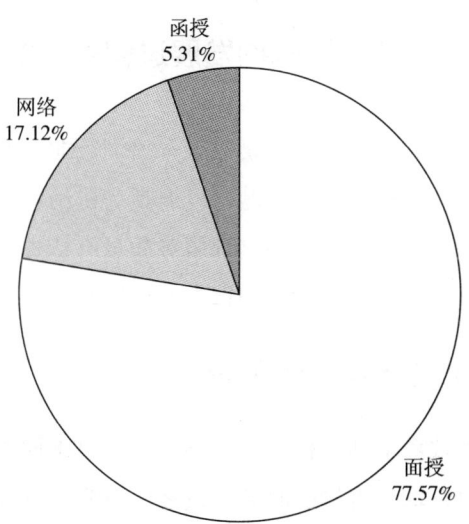

图3　三类培训形式所占的比例

规范和完善。1997年国务院颁布的《社会力量办学条例》明确规定"国家对社会力量办学实行积极鼓励、大力支持、正确引导、加强管理的方针",标志着我国社会力量举办的非学历教育进入了依法管理、依法办学的新阶段。2002年出台的《民办教育促进法》,确立了民办教育在社会主义教育事业中的地位和作用,促进了民办教育的规范健康有序发展。在《民办教育促进法》的规范与指导下,各地方政府为了促进教育培训行业的快速发展,纷纷出台地方性政策法规规范和促进民办教育培训机构的发展。例如,上海市为了更好地促进民办非学历教育的发展,于2009年出台了《上海市民办非学历教育院校(机构)审批和管理办法(试行)》和《上海市民办非学历教育院校(机构)设置标准(试行)》,2011年颁布了《上海市终身教育条例》,2012年出台了《上海市教育培训机构学杂费专用存款账户管理暂行规定》,2013年7月上海市教委、市人力资源和社会保障局、市工商局联合发布了《上海市经营性民办培训机构管理暂行办法》,通过这一系列的政策法规,规范了民办非学历教育院校的审批与设置标准,确立了培训机构的学杂费专用存款账户,并明确将培训机构划分为经营性民办培训机构和非经营性民办培训机构,使民办教育培训行业在政策法规的规范下有序健康地向前发展。

二 目前教育培训机构发展过程中存在的问题

如果说需求旺、发展快、前景好是对教育培训行业发展的总体概括，那么民办教育培训行业目前存在的一些问题可以概括为供给弱、格局乱、定位不清晰。具体而言，就是教育培训机构的培训服务质量有待提高、民办教育培训市场的格局还没有完全理顺、对教育培训行业的认识和定位还不清晰。

（一）教育培训服务质量有待提高

培训服务质量是教育培训机构立足市场、在竞争中取胜的根本所在。目前培训市场中的各类教育培训机构的服务质量参差不齐，整体培训行业的服务质量有待提高，主要表现在以下三个方面。

第一，教育培训机构在培训市场中所树立的诚信度不高，影响了行业的整体形象。消费者对教育培训服务的投诉有增无减。2011年上半年中国消费者协会共收到1598起教育培训服务投诉，占投诉总量的0.5%；2012年上半年中国消费者协会共接到1644起教育培训服务投诉，占投诉总量的0.6%；2013年上半年教育培训服务的投诉量为2554起，占投诉总量的1%（见图4）。消费者投诉的焦点集中于教育培训机构夸大虚假宣传、乱收费、办班质量差等方面。

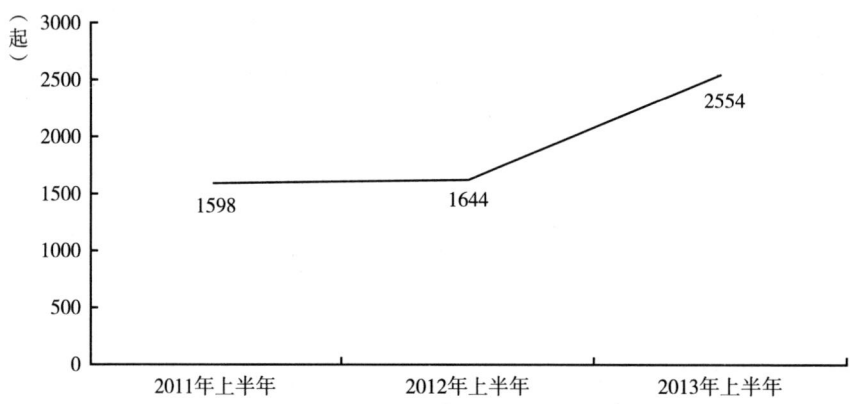

图4 2011年至2013年上半年中国消费者协会受理的教育培训服务投诉事件的变化情况

资料来源：《2011年上半年～2013年上半年全国消协组织受理投诉情况分析》，http://www.cca.org.cn/web/xfts/newsList2.jsp?id=304。

第二，一些教育培训机构，尤其是中小学课外辅导培训机构主要致力于提高学生的考试成绩，被一些社会新闻媒体视为应试教育的"催化剂"。2012年10月《中国教育报》连续刊发十余篇关于校外培训机构的报道，批评大于表扬，反思多于肯定。从专栏1中数篇报道的标题可以看出社会舆论对于校外培训机构培训服务质量的质疑与责问，也充分说明了目前教育培训机构的培训质量还远不能满足民众对于高质量的教育培训服务的需求。

对校外培训机构的质疑与责问，既有社会媒体对教育培训存在认识误区的原因，也与目前从事中小学课外辅导的教育培训机构提供的培训服务主要以提高学生的应试成绩密不可分。中小学生在教育培训机构接受课外辅导，理所应当考试成绩得到明显的提高，但更为重要的是，中小学课外辅导培训机构在本质上是一个教育机构，承担着育人的重任，不仅要提高学生的考试成绩，更要教给学生学习的方法，培养学生的学习兴趣，激发学生的学习内动力。正如台湾补习教育机构所做的那样，为学生提供比学校更为细致、周到的教育服务，致力于学生的终身发展。

专栏1　《中国教育报》2012年10月对于校外培训机构的相关报道标题

不容培训机构干扰学校教学秩序

对不法培训机构须重拳整治

警惕培训机构助长应试之风

关注校外培训系列报道·调查篇①："谁在为应试教育推波助澜"

关注校外培训系列报道·调查篇②："各类阶梯式培训班请君入瓮，各种夸大宣传让人眼花缭乱——培训机构用什么'绑架'家长"

关注校外培训系列报道·调查篇③："花钱'买'生源，找专家学者撑门面，工作人员频打电话推销——培训机构靠什么吸引庞大生源"

关注校外培训系列报道·调查篇④："校外培训讲难题、进度快，囫囵吞枣难消化——超前教育急功近利害处多"

关注校外培训系列报道·调查篇⑤：少量退休教师撑门面，讲台上多是在

校大学生——随意包装"名师"只为骗生源

关注校外培训系列报道·调查篇⑥：注册教育咨询公司，无办学资质却大办课程辅导班——谁来监管校外培训机构

第三，培训机构多致力于规模扩张，对于提升培训质量关注不够。许多教育培训机构在发展过程中走入一个"怪圈"：为了预收更多的学费而大量扩张教学点；规模越大，学生的学费就越多，就可以扩张更多的教学点。从教育培训机构的长远发展来看，为民众提供符合教育基本规律的、优质的培训服务才是教育培训机构持续、健康发展的基础所在。

（二）教育培训市场的格局还没有完全理顺

我国目前的教育培训市场可用"马赛克"来形容，由不同行政部门管理的不同类型的培训机构，其准入门槛、管理规则等各不相同，但这些不同类型的教育培训机构却共生共存于一个教育培训市场中。全日制学校、社区学校、企业下设的培训中心等公办性质的培训机构有相对固定的服务群体和相对稳定的运行管理机制。公办性质的培训机构决定了培训机构的公益性特征显著，虽然也参与教育培训市场的竞争，但相对民办教育培训机构而言，生存与发展的空间较稳定。目前民办教育培训市场中的"马赛克"现象更为突出，表现在民办教育培训市场中既有民办非企业法人性质的非营利性培训机构，也有企业法人性质的营利性培训机构。这两类民办教育培训机构在教育培训市场中共同参与市场竞争，但两者的主管部门、准入门槛、规约政策等是不同的，客观上造成了不公平竞争的格局。

举例来说，在教育行政部门登记注册的文化教育类培训机构，按照《上海市民办非学历教育院校（机构）设置标准（试行）》规定，举办学校的开办资金最低不少于50万元，必须有实际使用面积不少于500平方米的办学场所（校舍可租借或自有，但校舍租借合同不少于三年），专职教师的数量一般不少于教师总数的1/4。而由工商行政部门审批和管理的经营性民办培训机构，在法人性质上属于企业法人，但目前颁布的《上海市经营性民办培训机构管理暂行办法》仅规定"经营性民办培训机构的住所应与其培训规模和项目要求相一致,并符合教学场所安全和消防安全的相关规定",并没有对经营性民办培训机构的最低开办资金、办学场所的最小使用面积等做出明确规定。如果按照内资公司制企业来注册的话,最低注册资金仅需3万元。近年来中小学课外辅导类培训机构迅速发展,既有在教育行政部门注册的,也有在工商行政部门注册的,甚至还有一类无证家教班游离于政府的监管之外,形成民办教育培训市场中的不同"马赛克"共存、不同管理标准并存的现象。如何形成一个规则公平、制度完善的教育培训市场,促进不同类型教育培训机构的共同发展,使之更好地满足民众多元的、可选择的教育需求成为亟待解决的问题之一。

(三)对教育培训行业的认识与定位还不清晰

教育培训行业在我国终身教育体系中的地位与角色是怎样的,如何正确认识教育培训机构的市场属性和教育属性,目前政府、社会以及教育培训机构自身对这些问题还没有清晰的认识与定位,因此导致教育培训行业在发展过程中出现了一些问题。20 世纪 90 年代教育培训机构的迅速发展遭遇教育培训相关政策的相对缺失,为了解决教育培训机构乱收费、违规办学等乱象,政府出台的相关政策体现出明确的"规范"导向,而不是"扶持"教育培训行业的发展。台湾的课外补习教育机构办学的最低标准为教学使用面积不少于 70 平方米,教室总面积不少于 30 平方米,每一学生平均使用教室面积不得少于 1.2 平方米。① 而国内各地申请教学点的最少实际使用面积就要达到 300~500 平方米。教育培训行业较高的准入门槛在降低培训机构办学风险的同时,某种程度上也限制了一些"小微"教育培训机构进入市场。对于教育培训机构而言,由于对机构本身缺乏正确的认识与定位,不能正确认识培训机构的市场属性和教育属性之间的相互关系,许多机构在办学过程中背离了教育培训的基本规律,将培训机构完全作为"产业"和"企业"来经营,一味追求规模扩张,盲目引入私募资金或风险投资,直接影响了培训机构的长远和健康发展。

---

① 引自《台北市短期补习班管理规则》。

三 规范与扶持：促进教育培训行业的发展

教育培训机构经过30余年的发展，正在从规模、数量发展逐步走向内涵发展阶段。20世纪90年代末教育培训机构发展的市场大环境与今天的市场环境已大不相同。就宏观环境而言，教育培训行业发展的政策法规日益完善，民众个性化、多元化的终身教育需求日益高涨，同时民众选择教育培训服务更加理性，对教育培训服务质量更加高要求、精选择。对于教育培训机构而言，既充满发展的机遇，也面临创新与转型的挑战。就微观环境而言，各教育培训机构之间的同质竞争、无序竞争还没有完全消解。信息技术的日新月异正在颠覆传统的培训方式，任何一个培训机构如果不能敏锐地把握市场的变化与需求，将很快淹没于市场洪流之中。在激烈的市场竞争中，一些经历了市场检验，品牌得到民众认可的培训机构正在发展壮大，成为行业发展的"领头羊"。然而，一些培训机构由于经营不善、培训质量不高等原因正濒临破产与倒闭，教育培训行业的分化与重组正在进行。

（一）政策目标：在规范中扶持教育培训行业的发展

政府对于教育培训机构的发展而言，制定政策规范是前提，但扶持应成为未来政策制定的目标。政策规范的目的是为了使教育培训机构有序、健康地发展。但政策的"规范"应根据培训机构自身的特点、规律进行规范和管理，而不是简单套用或照搬公办学校的管理机制。在教育培训市场中，政府应该思考的问题是：政府应该管什么，应该怎么管？是管理学校还是管理市场，是管办学主体还是管办学行为，是各审批管理部门各自管理下属培训机构，还是遵循教育培训市场的规律，采用统一的市场管理原则和市场管理机制进行分工合作管理？① 公办性质的教育培训机构与民办教育培训机构的运行机制不同，民办教育培训机构中职业技能类培训机构与文化教育类培训机构培训服务的群

---

① 程倍元、项秉健：《上海非学历教育培训市场发展与思考》，《教育发展研究》2007年第11期。

体、培训的内容也不相同。因此，如何促进我国教育培训市场中各类培训机构的有序、健康发展，形成公平、有序的教育培训市场规则还需要进一步在理论上加以研究，在实践中进行探索。

在教育培训机构规范有序发展的基础上，如何促进和扶持各类教育培训机构发展也是需要进一步研究与探索的问题。全日制学校、社区学校等公办教育培训机构在教育培训市场中应体现政府办学的非营利性，优先向社会公众提供基本的教育培训服务。对于这些公办教育培训机构政府应给予常规的、长效性质的公共财政补贴；对于在教育培训市场中满足公众个性化的、可选择性教育需求的民办教育培训机构则应视其提供的教育培训服务的正外部性、重要性等因素，通过多种方式扶持民办教育培训机构的发展。

上海市教育科学院民办所的调研显示，对于民办教育培训机构的举办者而言，更加关注教育培训市场政策的完善和公平、有序的市场环境，而不是政府给予多少资助。政府在民办教育培训机构办学中应承担的职能是，通过制定和完善政策来建立统一、公正的培训市场，通过统筹规划、协调管理来对民办教育培训机构进行宏观管理，放手让培训机构在市场中成为独立的服务主体，利用市场机制、市场规律来调控教育培训机构的整体发展。

（二）通过多种政策措施规范与扶持教育培训机构的发展

第一，建立地方性教育培训网上平台，向广大市民公开各种类型教育培训机构的办学资质、办学历程、办学成绩等，使广大市民通过网上平台及时了解各培训机构的基本情况。及时更新教育培训网上平台的信息，确保信息的有效性。市级政府及各区县政府每年对培训机构的年检结果、奖惩结果等公布于网上平台。在平台上设立对教育培训机构的讨论专区，包括政府与培训机构的管理资讯平台、培训机构之间的交流平台以及消费者（学生）对培训机构的讨论平台，做到政府、培训机构、社会、消费者之间的信息公开，以现代化信息技术手段督促教育培训机构的依法办学、健康发展。

第二，以培训券的方式，扶持一批品牌培训机构的发展。对于一些社会办学信誉好、办学质量高的教育培训机构，同时这些培训机构所提供的培训

服务是政府急需的、对于社会公众而言具有重要意义的，政府可以通过向参与培训的消费者发放培训券的方式，扶持该教育培训机构的发展。将培训券发放到消费者（学生）手中，消费者拿券自主选择培训机构，而培训机构凭券可以享受到政府相应的补贴。此举可以更好地激励培训机构更加注重教育培训质量，尊重教育教学的基本规律。同时也可以鼓励和引导消费者参与某些方面的培训。

（三）充分发挥教育培训行业组织的管理和服务功能

目前中国民办教育协会下设的培训教育专业委员会已经成为民办教育培训机构的行业组织。各地方工商联民办教育协会也下设培训专业委员会，成为工商类民办教育培训机构的行业主管机构。行业组织在性质上是民间组织，是某一行业自我服务、反映诉求、行业自律和依法维权的重要载体。应充分发挥教育培训行业组织在政策解读与推广、利益诉求的集中表达、开办针对教育培训机构所需的各类培训班、行业优秀教师的评选等多方面的服务与管理功能，加强教育培训行业的自律管理和自我约束，进一步规范民办教育培训市场的市场秩序和办学行为。2013年2月28日在中国民办教育协会培训教育专业委员会的倡议下，学大教育集团、新东方教育科技集团、卓越教育集团、巨人学校、学而思教育等17家培训机构进行了《中小学生校外培训机构自律公约》的签约仪式。公约倡导校外培训机构尊重教育规律和人的发展规律，以育人为本，立德树人，诚信招生，努力提供优质教育培训。教育培训行业组织承担起教育培训机构的常规管理工作，为培训机构搭建交流与分享的平台，更好地促进教育培训机构的健康有序发展。

（四）提高质量与不断创新是教育培训机构持续发展的内动力

教育培训行业面对巨大的市场需求，面对市场环境的日新月异，面对消费者对培训服务质量的高要求、精选择，民办教育培训行业必须做精、做强，创新培训的内容、方式、管理模式等，推动教育培训行业的转型发展。

教育培训机构的上市或风险投资的注入，为培训机构带来了发展的资金支持与品牌效应，但本质上来说无论是上市还是风险投资都是一种工具性的支持，最终目的是促进教育培训机构的持续发展。对于教育培训机构而言，核心竞争力在于不断创新发展，向社会公众提供优质的教育培训服务。因此，教育培训机构发展的重心应逐渐从规模的扩张转向提供优质教育培训服务的内涵发展轨道上来。只有符合教育培训基本规律的灵活的、多元化的培训方式，满足不同公众个性化教育需求的丰富多彩的培训内容，在培训过程中使学生乐学、爱学，肩负起育人为本的使命和责任，才能树立起教育培训机构的良好信誉与形象，促进教育培训机构的健康、可持续发展。30余年教育培训行业发展的实践证明，在终身教育理念下，教育培训行业将成为满足社会公众选择性教育需求的重要力量。

B.18 高等教育普及化对教育公平影响分析*

施永孝 吴杨**

摘 要： 通过高校扩招促进高等教育普及化是我国当前以及未来若干年坚持贯彻的教育政策，高等教育普及化提供更多的高等教育机会，促使更多人接受高等教育。但是高等教育普及化也会带来个人个体教育收益率的下降，教育市场存在的格雷欣法则对高等教育普及化下学生群体结构产生影响，而学生群体结构是考量教育公平的重要标准。本文针对"格雷欣法则"以及高等教育普及化对教育公平的影响进行了分析。

关键词： 格雷欣法则 高等教育普及化 教育公平 个体教育收益率

一 引言

2013年我国大学毕业生数量达到699万人，2014年毕业生的数量将达到727万人，2012年我国高校在校生数为2536.5万人。另据中央电视台报道：根据最新统计，2003年上海、北京两地的高等教育毛入学率都超过了50%，在全国率先进入高等教育普及化阶段，通过大学扩招提高高等教育普及率已见成效。但是，高等教育普及化也带来一系列负面问题，比如就业难、教育质量

---

* 基金项目：国家自然科学基金青年项目"科研团队知识创新过程的演化与机理研究：基于复杂网络传播机制的视角"（项目编号71103107）；北京市哲学社会科学规划项目"北京科技创新平台运行机制研究"（项目编号13JGC083）。

** 施永孝，北京理工大学教育研究院硕士研究生；吴杨，北京理工大学教育研究院副教授。

降低、个体教育收益率下降以及教育公平等问题。因此，分析高等教育普及化导致的负面影响，进而找到导致负面影响的根源并提供可供参考的解决方案，对于促进高等教育普及化下的教育公平具有重要意义。

梳理国内文献可知，国内学界关于教育普及化与教育公平的研究较为局限。部分研究偏重于高等教育普及化，另一部分研究偏重于教育公平，关于高等教育普及化下的教育公平的综合分析较少。彭拥军针对高等教育信号标志变迁进行研究，指出高等教育发展过程是逐步脱离精英化教育的过程，高等教育普及化利弊共存。① 李瑞阳等剖析了高等教育普及化背景下的高校招生考试制度改革。② 许艳分析了在高等教育普及化背景下影响高等教育质量的相关因素。③ 关于教育公平的研究，国内学者以杨东平教授为代表，主要针对我国教育公平的地域差异、城乡差异以及阶级差异进行分析，并对导致教育不公平的原因进行探讨。④ 吴立保从制度设计的视角分析了高等教育公平存在的问题并提出相应解决对策。⑤ 徐国兴则从现实问题出发分析高等教育公平。⑥ 高等教育的普及程度是影响高等教育公平的重要因素，因此教育公平的研究需要分析教育的大环境。本文将从高等教育普及化大环境出发，基于个体高等教育收益率的分析探讨高等教育普及化对教育公平的影响。本文研究的教育公平标准是水平公平，即相同能力者获得相同的教育机会。

本文将接受高等教育的学生群体划分为四个类型，具体如表1所示。划分的主要依据是经济水平和自身能力，经济水平和自身能力是影响学生是否接受高等教育的重要因素。经济水平和自身能力是相对的，经济水平影响学生对教育成本的承受能力；自身能力是中国高考制度下决定学生群体是否能够接受高等教育的关键因素，同时也会影响学生对教育收益的期望。

---

① 彭拥军：《高等教育：精英符号的生产者》，《江苏高教》2013年第5期。
② 李瑞阳、李立峰：《高等教育普及化背景下的高校招生考试制度改革》，《教育与考试》2011年第1期。
③ 许艳：《高等教育普及化背景下教育质量影响因素相关性分析》，《现代教育管理》2013年第6期。
④ 杨东平：《我国教育公平问题的认识和思考》，《教育发展研究》2000年第8期。
⑤ 吴立保：《高等教育公平：制度设计的视角》，《高教探索》2011年第2期。
⑥ 徐国兴：《从现实出发论高等教育公平》，《复旦教育论坛》2013年第11期。

表1 接受高等教育学生群类型

自身能力	经济水平	
	经济水平高	经济水平低
高能力	高能力—高经济水平	高能力—低经济水平
低能力	低能力—高经济水平	低能力—低经济水平

二 高等教育普及化对高等个体教育收益率的影响

本文探讨的重点是高等教育普及化对个体教育收益率的直接影响以及其进一步对教育公平的影响。本文的研究探讨基于理性人、有效市场、自由市场三大假设，即指作为经济决策的主体行为是理性的，投资者可以获得充分的信息，市场不存在壁垒，唯一调节流动的因素是回报率。理性人假设是学生做出是否接受高等教育决定的根本所在；有效市场假设是测量高等个体教育收益率的理论支撑；自由市场假设保证了学生在放弃高等教育投资时能够投资其他领域并获得相应的收益。

教育的投资需要一定成本，同时对于未来也有一定的期望收益。高等教育普及化的直接结果是接受高等教育的人群增加，接受高等教育人群供给增加，必然会影响个体的高等教育收益率。在一定的市场环境下，高等教育供给增加将导致高等教育的个人收益率下降。根据希腊经济学家萨卡洛普洛斯统计的数据显示，在教育普及化提高的这几年，高等教育的收益率在逐年下降。横向比较而言，经济较发达的国家，也即是教育普及化程度较高的国家，其高等教育回报率较发展中国家低。奥马尔针对美国的高等教育收益率研究同样获得这一结论，即美国的高等教育个体收益率在下降。但是考虑美国人口出生率一直在降低而高等教育毛入学率保持不变，美国高等教育收益率下降并不明显。[1] 纵向比较而言，根据何亦名调查数据显示，我国高等教育收益率在2004年至今呈现下降趋势。我国高等教育大规模扩招从1999年开始，2004年正是高等教

---

[1] Omar Ariasa, Walter W. McMahon: Dynamic rates of return to education in the U.S., *Economics of Education Review*, 2001 (20): 121-13.

育扩招后大学生毕业第一年,这一结果佐证了高等教育个体收益率随着高等教育普及化而下降。①

高等教育普及化的过程也是个体教育收益率变化的过程。不同的经济发展阶段对于接受高等教育的人才的需求不同,相应的需求将直接影响高等教育的收益率。高等教育普及伴随着经济的发展,经济发展在一定范围内促进了产业升级、人才流动,从而加大对高等教育人才的需求,进而促进教育回报率上升。经济发展对高等教育个体收益率的促进是有一定极限的,必然存在某一个特殊的高等教育普及程度的点,当高等教育毛入学率处于该点时高等教育的收益率最高。在这一点上,高等教育毛入学率的增加对高等个体教育收益率的反向作用与高等教育普及对个体教育收益率正向作用相抵消。经济水平的进一步提高,高等教育毛入学率的提升,接受高等教育人群的增加,在市场有效原则下,接受高等教育群体的供给增加将降低高等个体教育收益率。个体教育收益率的变化会引导市场做出变化,不同群体对收益率的风险承受能力不同,因此会使不同群体做出不同的反应,进而影响学生群体构成。

三 高等个体教育收益率对学生决策的影响

高等个体教育收益率变化必然导致高等教育普及化过程中存在"格雷欣法则",进而产生以下结果:部分能力较高的学生将会放弃接受高等教育,因为能力较强的学生可以通过投资其他项目获得更高的收益率。能力较低的学生群体将获得高等教育普及化带来的教育机会,当然由于经济水平的不同,能力较低的学生群体中获得教育机会的能力也不相同。经济水平较高的群体风险承受能力较大,将接受更多的教育。

不同群体教育成本不同,对于未来的收益期望也不相同,不同群体的学生对高等教育普及化带来的个体教育收益率下降做出不同决策。根据本文对接受高等教育的学生群体进行划分,结合"理性人"假设,不同学生群体做出的决策如表2所示。

---

① 何亦名:《中国高等教育扩张的就业与工资效应研究》,暨南大学博士学位论文,2007。

表2 不同学生群体做出的决策

学生类别	产生影响	做出决策
高能力—高经济水平	较大	不确定
高能力—低经济水平	大	放弃高等教育
低能力—高经济水平	较小	接受更多的高等教育
低能力—低经济水平	小	影响较小

由表2可知,"格雷欣法则"对高能力学生群体影响较大。其中原因有两点。一是高能力学生能够拥有更多的选择,通过其他途径获得收益,或者说机会成本更高;二是高能力学生群体对于收益率期望较高。教育扩招导致的个体教育收益率下降,会分流高能力学生群体。"格雷欣法则"对于高能力—低经济水平学生群体影响最大。

低能力—高经济水平群体的高等教育弹性较小,并且是高等教育普及最大的收益群体。低能力群体对收益率预期较低,高等教育普及化提供更多的教育机会,使更多低能力—高经济水平群体进入大学接受高等教育。低能力群体里的低经济水平群体弹性最小,低能力—低经济水平群体接受高等教育机会较低,属于弹性最小群体。

四 高等教育普及化对教育公平的影响

社会的发展存在地域、人群素质以及城乡等的差异,高等教育的发展受社会发展的影响。社会发展的差异影响社会资源的分配。资源分配是影响公平的重要因素,而有关教育资源的分配则是影响教育公平的主要因素。教育收益率反映了教育给社会和个人带来的收益,教育公平和高等教育普及化密切相关。

高等教育普及化对个体教育收益率产生直接的影响,个体教育收益率的变化影响学生群体结构的变化,进而对教育公平产生重要影响。本文教育公平参考标准是横向公平,即相同能力者受到相同对待。因此,本文的教育公平定义为,相同能力的学生应有同等机会和条件接受相同的高等教育。不同群体对个体教育收益率的弹性不同,从而做出不同决策,退出高等教育市场的机率也不相同。

高等教育普及化导致个体教育收益率下降,结合"格雷欣法则"作用会使高能力—低经济水平的学生群体退出高等教育市场;同时高等教育普及化也加大了低能力—高经济水平的学生群体进入高等教育市场的机率;对于高能力—高经济水平群体的作用不确定;对低能力—低经济水平群体的影响较小。

高等教育普及化会加大对高能力—低经济水平学生群体的不公平。高能力—低经济水平的学生群体无疑是高等教育普及化的受害者,或者说是非受益者。因此,结合本文对于公平的定义,高等教育普及化过程中会加大一部分群体的收益,从而损害另一部分人的利益。根据"信号标识"理论,高等教育能够帮助社会和企业对求职者进行筛选,这在一定程度上加大了高等教育普及化的不公平。针对这一结果,政府应该发挥其调控的作用,加大对困难家庭学生经济补助,以提高其个体教育收益率,促进教育公平;低能力—高经济水平群体从高等教育普及化中获益最多。政府可以发挥其财政转移作用,加大这一群体高等教育的成本分担比例,在丰富高等教育资金来源的同时,有助于促进高等教育公平;高能力—高经济水平群体对于高等教育普及化做出的决策存在极大的不确定性,但高等教育普及化带来的高等教育质量下降,无疑会导致这一群体在更广的范围内寻求高等教育机会。针对这一群体,政府可以在加大高等教育普及化的同时,保留部分高校精英化特色;低能力—低经济水平群体对高等个体教育收益率弹性最小,高等教育普及化对其影响极小。提高这一群体的收入需社会、国家以及个人共同努力,采取多途径、多手段解决这一问题。

"格雷欣法则"的存在会使一部分低能力—高经济水平的学生群体进入高等教育市场,这一群体占用了稀缺教育机会,造成一定的资源浪费。针对这种情况,需要政府在扩大教育机会的同时,也加大教育入学条件的审核,争取做到相同能力的学生得到相同对待,进而促进教育公平。但是,众多研究表明能力较低的学生可以通过教育提高其能力。高等教育普及化虽然会使部分群体遭受不公平,但其整体收益是上升的,符合"帕累托改进"。因此,国家应当坚持高等教育普及化政策,在高等教育普及化过程中集合社会和国家的力量促进高等教育普及化过程中的教育公平。

关于个体教育收益率对教育公平的相关研究还有很多需要更进一步,特别是实证研究,需要更多的实证数据证实教育普及化过程中的教育公平问题。我国应结合基本国情,发挥特色社会主义优势,在促进高等教育普及化的同时兼顾教育公平。

教育满意度

Degree of Satisfaction with One's Education

B.19
2013年公众教育满意度网络调查报告

21世纪教育研究院*

摘　要：

在当代中国教育改革与发展进程中，测量教育满意度是不可或缺的重要议题。作为一项延续性的教育领域民意调查，21世纪教育研究院与搜狐网教育频道合作，于2013年底开展"2013年公众教育满意度调查活动"。2013年公众教育满意度网络调查报告阐述了教育满意度总体评价、分类评价、分项评价结果，反映公众对教育事业和改革效果的主观评价。调查显示，教育总体状况还没有获得公众的认可。

关键词：

教育调查　教育满意度

---

* 执笔人：杨旻，北京工商大学教师，21世纪教育研究院研究员。

在当代中国教育改革与发展进程中,测量教育满意度是不可或缺的重要议题。公众教育需求的多样化、多层次与教育满足度的相对性决定了教育满意度评价标准的相对性。以21世纪教育研究院为代表的第三方社会组织,围绕公众的主观态度表达设计指标命题,持续调查并发布了公众的教育满意度数据,反映公众对教育事业和改革效果的主观评价,累计公众对教育所持的情绪、态度等民意数据,试图助力政府教育决策者及教育服务提供者的行为改进和策略优化。作为一项延续性的教育领域民意调查,2013年11月21日至12月18日,21世纪教育研究院与搜狐网教育频道合作,开展"2013年公众教育满意度调查活动",共有来自全国各地的50801位网友参与了问卷调查。

问卷着力评价当前教育领域里的热点及表现突出的问题,涉及教育质量、教育过程、教育公平、教育收费,其中重点关注教育公平。本报告以此次调查数据为依据,使用李克特五级量表的赋值方法,采用百分制。

从5万余位网友自我报告情况来看(见表1),调查参与者以男性居多,男女性别比为7∶3;其所获得的最高学历以高等教育为主,大专、本科、双学位/硕士/博士的合计比例为92.04%;超过八成的调查参与者是家长身份(86.22%),小学生家长的比例(23.19%)最多,孩子已毕业工作的家长比例(5.20%)最少;调查参与者所在地主要分布在地级城市(28.98%)、县城(23.66%)、省会城市(20.43%)、直辖市(17.99%);家庭人均月收入2001~4000元(30.47%)的群体最大,家庭人均月收入8001~10000元

表1 调查参与者学历、孩子、收入的结构比例

单位:%

所获最高学历	占比	自述孩子情况	占比	家庭人均月收入	占比
小学及小学以下	0.12	未有孩子	13.78	2000元及以下	11.62
初中	1.14	未上幼儿园	9.25	2001~4000元	30.47
高中/职高/中专/技校	6.69	幼儿园	14.29	4001~6000元	20.67
大专	20.59	小学	23.19	6001~8000元	14.96
本科	58.62	初中	15.12	8001~10000元	8.94
双学位/硕士/博士	12.83	高中	9.05	10001元及以上	13.35
		大学	10.12		
		已毕业工作	5.20		

（8.94%）的群体最小。综合而言，调查在一定程度上反映了城市的高学历家长群体对当地教育事业和改革效果的感受。

一 公众对教育的总体评价

2013年，公众对目前所在地区的教育总体状况，满意度评价低于"一般"（见图1），所得的58.28分的分值没有达到60分的及格线。在公众评价所在地区教育总体状况的群体构成中，29.89%的公众认为所在地区教育总体状况比较好、非常好，30.31%的公众认为不太好或非常不好，约四成（39.80%）的公众认为一般。认为本市教育总体状况不太好、非常不好的低满意度群体所占比例，略高于高满意度群体比例。

从满意度评价的舆论结果来看，教育总体状况没有获得当地公众的认可，三成公众对教育总体状况持有不同程度的负面评价。如何消除教育领域若干负面事件和问题所带来的阴霾，提高公众对教育的综合评价，是目前地方教育主管部门面临的重要挑战。

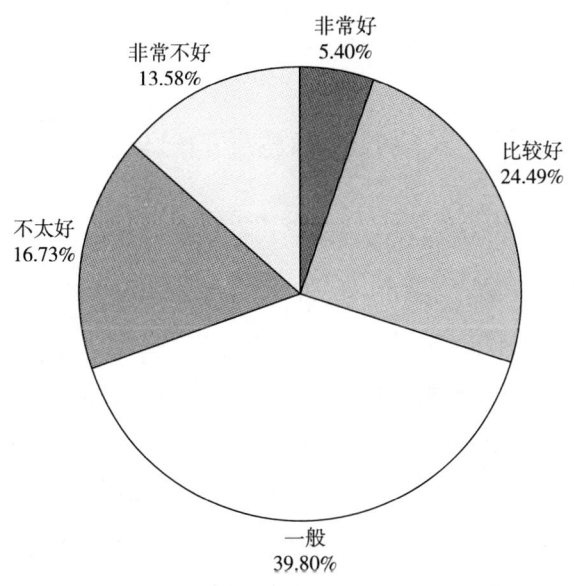

图1 公众评价所在地区教育总体状况的群体构成

二 公众教育满意度的分类评价

从教育质量、教育过程、教育公平、教育收费四类指标的满意度分值来看,公众对教育收费的评价优于教育过程,对教育质量的评价好于教育公平,而教育收费、教育过程两类指标的评价均高于教育质量、教育公平。

该调查结果反映了公众教育满意度评价的着力点变化。尽管教育收费仍是被公众质疑的指标,但受社会经济生活发展、教育收费的管控治理等因素的影响,它对公众教育满意度尤其是城市公众教育满意度的负面作用被显著地减弱,不再像以往教育满意度调查那样处于指标评价的低水平。

教育过程与教育质量、教育公平之间的公众满意度落差明显。这一情况说明相比教育过程,公众更看重教育机会平等与教育质量,并对"起点"的教育机会平等、"结果"的教育质量表达了日趋增长的落差感,更甚于对教育过程的落差感。教育公平在公众满意度评价中垫底,正是因为公众将教育视为社会公平的公器和利器,对教育自身存在的不公平十分敏感。而对教育公平价值内涵的质疑在扩散后,影响到教育整体性的观感。

三 公众教育满意度的分项评价

2013年公众教育满意度分项指标得分为35.54~59.66分,无一项指标获得公众"比较满意"的肯定。根据2013年公众教育满意度分项指标的分值测算(见表2),教育满意度分项指标评价由高到低依次为:教师队伍素质、教育总体状况、义务教育阶段农民工子女获得均等入学机会的情况、政府治理教育乱收费的成效、减轻中小学生课业负担问题、幼儿园"入园难入园贵"改善的情况、教育部门与学校的廉政风气状况、幼儿园升小学过程中公办学校的择校/考试现象、中小学推行素质教育的成效、解决义务教育阶段"择校热"问题、小学升初中过程中公办学校的择校现象、公办小学和初中学校的办学水平差距。

表2 2013年公众教育满意度分项指标评价

排序	指标命题	分值
1	教师队伍素质	59.66
2	教育总体状况	58.28
3	义务教育阶段农民工子女获得均等入学机会的情况	58.10
4	政府治理教育乱收费的成效	56.90
5	减轻中小学生课业负担问题	51.53
6	幼儿园"入园难入园贵"改善的情况	51.48
7	教育部门与学校的廉政风气状况	50.32
8	幼儿园升小学过程中公办学校的择校/考试现象	49.94
9	中小学推行素质教育的成效	49.93
10	解决义务教育阶段"择校热"问题	48.13
11	小学升初中过程中公办学校的择校现象	41.05
12	公办小学和初中学校的办学水平差距	35.54

（一）教育过程

调查参与者对本地区教师队伍素质的满意程度最高（59.66分），且高于对所在地区教育总体状况评价。相对于满意度调查的其他指标，教师获得了最多的肯定，对教师队伍素质很满意、比较满意的公众比例分别达到4.14%、27.24%，已非常接近及格评价。对教师队伍素质不太满意、很不满意的低满意度群体不足三成（26.65%），成为2013年度调查中低满意度群体最少的指标。认为教师队伍素质"一般"的比例则是调查中"一般"态度群体最多的指标。

减轻中小学生课业负担问题还未能获得公众"比较满意"的反馈（51.53分）。公众对所在地区减轻中小学生课业负担问题表示不太满意、很不满意的比例分别达到26.42%、19.84%，该指标的低满意度群体比例较教师队伍素质的低满意度群体比例高近20个百分点。表示很满意、比较满意所在地区减轻中小学生课业负担问题的高满意度群体占到二成（20.20%）。尽管2013年教育部新版减负令掀起又一轮"减负"进程，但是中国教育"减负难"问题依然持续。

表3　2013年教育过程分项指标满意度群体评价比例

单位：%

指标命题	高满意度群体	一般	低满意度群体
教师队伍素质	31.38	41.97	26.65
减轻中小学生课业负担问题	20.20	33.54	46.26

（二）教育收费

教育乱收费问题还未得到有效解决（56.90分）。在公众评价所在地区政府治理教育乱收费成效的群体构成中，32.56%的公众表示比较满意、很满意，37.71%的公众对此持相反的态度，29.72%的公众则表示"一般"。不过，参照21世纪教育研究院与搜狐网教育频道联合举办的2006年度中国教育满意度网络调查，2013年政府治理教育乱收费成效指标的高满意度群体比例增长了二成，同一指标低满意度群体的比例则下降了三成。八年间，公众的选择发生了明显的变化，反映出政府屡屡整治教育乱收费还是有了阶段性的成果，其公众认可度得到了提升。

（三）教育质量

公众评价"中小学推行素质教育的成效"指标的统计结果（49.93分），需要从两方面进行解读。一方面，27.72%、21.89%的公众分别表示不太满意、很不满意中小学推行素质教育的成效，约五成公众所给予的是负面评价，说明以"素质教育"为名、行"应试教育"之实的状况仍很严重；另一方面，2.56%、16.02%的公众分别很满意、比较满意中小学推行素质教育的成效，参照上述2006年度中国教育满意度网络调查结果，该指标的高满意度群体比例约上升了15个百分点，低满意度群体比例则约减少了25个百分点，反映出中小学推行素质教育成效的新进展还是赢得了公众的一些肯定。

（四）教育公平

教育公平的分项指标以教育机会平等为主，涉及义务教育阶段农民工子女入学机会，幼儿园"入园难入园贵"，幼儿园升小学、小学升初中、义务教育

2013年公众教育满意度网络调查报告

阶段"择校热",公办小学和初中学校的办学水平差距、教育部门与学校的廉政风气状况等问题。

"义务教育阶段农民工子女获得均等入学机会的情况"拔得公众教育公平分项指标满意度的头筹(58.10分)。认为义务教育阶段农民工子女获得均等入学机会情况非常好、比较好的公众分别占7.01%、23.86%,观点相悖者(不太好、非常不好)的比例分别占22.52%、12.44%(见表4)。该指标高满意度群体比例高于其他教育公平分项指标,其低满意度群体比例均低于其他教育公平分项指标。

与教育入学阶段的先后次序相呼应,"幼儿园'入园难入园贵'改善的情况"(51.48分)好于"解决义务教育阶段'择校热'问题"(48.13分),前一教育阶段入学机会的公众评价好于后一教育阶段。在公众评价所在地区幼儿园"入园难入园贵"改善情况、解决义务教育阶段"择校热"问题的群体构成中,对幼儿园"入园难入园贵"改善情况持肯定性评价(很满意、比较满意)的公众比例(17.91%),高出对解决义务教育阶段"择校热"问题持肯定性评价的比例(13.79%)约4个百分点;而对解决义务教育阶段"择校热"问题持否定性评价(不太好、非常不好)的公众比例(54.37%),则高出对幼儿园"入园难入园贵"改善情况持否定性评价的比例(47.32%)约7个百分点。

教育部门与学校的廉政风气状况紧随幼儿园"入园难入园贵"改善情况的满意度评价之后,获得50.32分。分别有3.23%、17.05%的公众表示对教育部门与学校的廉政风气状况很满意、比较满意,25.31%、23.31%的公众表示对教育部门与学校的廉政风气状况不太满意、很不满意。有鉴于该指标的低满意度群体比例接近五成,治理教育腐败还需要更深入、更有效的制度设计,管理监督和司法实践。

表4 2013年教育公平部分指标满意度群体评价比例

单位:%

指标命题	高满意度群体	一般	低满意度群体
义务教育阶段农民工子女获得均等入学机会的情况	30.87	34.17	34.96
幼儿园"入园难入园贵"改善的情况	17.91	34.76	47.32
教育部门与学校的廉政风气状况	20.28	31.10	48.62
解决义务教育阶段"择校热"问题	13.79	31.85	54.37

"幼儿园升小学过程中公办学校的择校/考试现象""小学升初中过程中公办学校的择校现象""公办小学和初中学校的办学水平差距"三项指标根据对题项的否定性回答进行统计。"幼儿园升小学过程中公办学校的择校/考试现象"的严重程度不及"小学升初中过程中公办学校的择校现象",而与之相类似的,"幼升小"指标的公众评价得分低于"幼儿园'入园难入园贵'改善的情况"。

从"幼升小""小升初"两个入学机会不平等的角度来看,认为"幼升小"公办学校的择校、考试现象非常严重、比较严重的低满意度群体比例为56.06%,而认为"小升初"公办学校的择校现象非常严重、比较严重的低满意度群体比例更是增至74.64%,两项指标同一类型群体的比例落差约18个百分点(见图2)。在公众评价所在地区"幼升小""小升初"择校现象的群体构成中,主张"幼升小"没有择校的比例仅为4.29%,主张"小升初"没有择校的比例更跌至2.17%;主张"幼升小"公办学校的择校、考试现象不太突出的比例高于"小升初"公办学校的择校现象同一评价的约11个百分点。

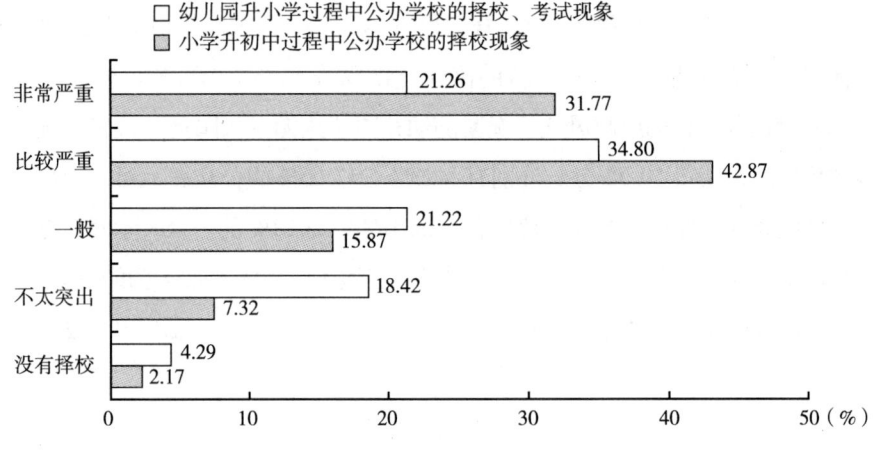

图2 公众评价所在地区"幼升小""小升初"择校现象的群体构成

三成公众(31.77%)认为小学升初中过程中公办学校择校现象"非常严重",两成公众(21.26%)认为幼儿园升小学过程中公办学校择校/考试现象"非常严重",结合两成公众(22.24%)认为所在地区解决义务教育阶段"择校热"问题"非常不好"等数据，义务教育阶段入学的机会平等问题令人堪忧。

"公办小学和初中学校的办学水平差距"处于全部指标评价垫底的位置，其公众评价仅有35.54分。城市义务教育阶段公办中小学办学水平的不均衡问题严重影响了教育公平。调查显示，超过八成（85.95%）的公众认为公办小学、初中之间的办学水平差距非常明显、比较明显，而认为不太明显、没有差距的公众比例不足7个百分点（6.89%），主张"一般"的公众群体比例（7.17%）在全部指标评价中最少，公众主观感受的倾向性可见一斑。

B.20
幼儿园家长教育满意度影响因素的实证研究及启示

李敏谊 丁芳华*

摘 要: 如何办好让人民满意的教育是一个经久不衰的热点话题，但是什么是人民满意的教育，如何根据人民群众的呼声改进教育工作，仍然是一个值得深入探讨的理论问题和实践诉求。基于幼儿园家长教育满意度的实证研究发现，幼儿的性别和家庭背景、幼儿园的质量等级和办学体制是影响教育满意度的重要因素。然而，由于家长缺乏有效的工具和信息判断儿童的发展水平，家长无法成为幼儿园教育质量评价的主体，大部分家长不具备基本的专业素质对儿童发展进行评估。因此，要办好让人民满意的教育，在教育质量评价中既要重视家长的主观判断，也要重视客观的外部专家评价。

关键词: 家长教育满意度 幼儿园教育 教育评价

党的十七大和十八大报告都明确指出要"努力办好让人民满意的教育"。随后，2013年11月12日通过的第十八届中央委员会第三次全体会议的相关公报中，描绘出我国下一个十年改革的宏伟蓝图。后续发布的《中共中央关于全面深化改革若干重大问题的决定》（以下简称《决定》）提出，"以促进社会公平正义、增进人民福祉为出发点和落脚点"，并要深化教育领域综合改

---

* 李敏谊，北京师范大学教育学部副教授、博士；丁芳华，福建省宁德市政协委员，阳光中英文幼儿园园长。

革。教育部据此提出"深化教育领域综合改革，就是要以实现好、维护好、发展好最广大人民根本利益为依归……努力满足人民群众对多样化高质量教育的现实需求"[1]。与此同时，教育部也在2013年正式开始全国范围内的教育满意度测评工作。这充分体现了党中央对教育事业的高度重视，对优先发展教育的坚定决心，也充分体现了教育部为实现中国梦，决心办人民满意的教育的思想力和行动力！

那么，什么样的教育是人民满意的教育呢？毫无疑问是公平且优质的教育。随着我国社会和经济的发展，居民对公平且优质教育的需求日趋强烈。社会结构的异质多样性和价值多元化也需要多种办学模式来满足家长多方面的教育需求。教育主管部门和一线的教育工作者要领会和落实《决定》精神，就需要将家长的意见纳入到教育质量评价体系中来，通过了解家长的教育需求以及家长对子女当前所接受教育的满意度，据此改进学校的办学质量和效率。同时在实践中，我们也看到很多中小学和幼儿园把"办家长满意的学校"当成教育宗旨。由此可见，弄清什么是人民满意的教育，人民对教育工作满意什么、不满意什么，如何根据人民群众的呼声改进教育工作，是各级政府和各级各类学校做好工作的重要前提。

有鉴于此，本研究拟根据大规模的家长调查，深入挖掘家长的教育需求并剖析其教育质量观，这对于办好人民满意的教育具有重要的现实意义。由于人力、财力和物力等方面的限制，全国各地针对家长教育需求和满意度的大规模问卷调查还不多，尤其是在学前教育阶段类似研究相对较少，由此可见，基于大样本的实证研究也具有一定的理论探索意义。

一 文献综述

（一）家长教育满意度的内涵

有关教育满意度的研究源自顾客满意度（Customer Satisfaction Degree）

---

[1] 袁贵仁：《深化教育领域综合改革》，《中国教育报》2013年11月20日。

的相关研究。20世纪80、90年代以来,随着西方问责制的发展,强调要研究公众对于政府公共服务的满意度,提高政府的绩效,建立服务型政府。由此不同社会群体对于教育满意度的研究开始进入研究人员的视野。

家长的教育满意度是一个主观性的、总体的复杂概念,综合反映了家长对于教育质量和教育公平的总体感受。国内已有的调查研究基本认为,家长的教育满意度就是家长作为孩子的监护人对孩子在某个领域内所得到的实际服务质量和预期应得到服务质量的对比。① 国外的有关研究,更多的是探讨家长的总体满意程度以及是否认同儿童的发展达到了预期的结果。

(二)家长教育满意度的影响因素

首先,儿童自身的因素会影响家长的教育满意度。儿童在学校的表现越好,家长的教育满意度就越高。也有研究揭示,儿童年龄越大,家长的教育满意度越低。②

其次,家长自身的因素也会影响教育满意度。不少研究都揭示出,家庭的社会经济地位对于教育满意度有正向的预测作用。③ 当然,也有不少研究的结果显示出家庭的社会经济地位所涵盖的三个要素:父母的教育程度、父母的职业地位和家庭的收入对于家长教育满意度的影响不尽相同。此外,家长参与教育活动的程度越高,满意度越高。

最后,学校的因素也会影响家长的教育满意度。不同办学体制的家长满意度不同。美国国家教育研究中心的纵向研究报告(2010)显示,1993~2007年美国私立学校的家长满意度明显高于公立学校的家长。④ 也有研究发现,在

---

① 王叶:《农村学前教育家长满意度调查研究》,浙江师范大学硕士学位论文,2012。
② Summers, Jean Ann; Hoffman, Lesa; Marquis, Janet; Turnbull, Ann; and Poston, Denise (2005). Relationship Between Parent Satisfaction Regarding Partnerships With Professionals and Age of Child, *Topics in Early Childhood Special Education*, 2005, 25 (1): 48 - 58.
③ 杨东平:《中国教育公平的理想与现实》,北京大学出版社,2006。
④ Grady, S., & Bielick, S. (2010). Trends in the Use of School Choice: 1993 to 2007 (NCES 2010 - 004). *National Center for Education Statistics*, Institute of Education Sciences, U. S. Department of Education. Washington, D. C..

控制了家长的社会经济地位以及学区等因素后，学校邀请家长参与学校事务的程度、学校资源的充沛程度以及管理层的领导力和财务状况都会影响家长的教育满意度。

（三）家长教育满意度与学前教育质量评价

多年以来，国外很多研究就已经开始把家长的观点纳入学前教育质量评价，主要是使用李克特量表测量家长的教育满意度以及对儿童发展成就的看法。这些研究无一例外地发现，如果让父母对项目做一个概括性的总体判断，他们的评价很容易出现"虚高"现象。此外，高学历和高收入家庭很容易对学前教育服务的数量问题不满，而低收入人群则更容易对学前教育服务的质量问题不满，同时不满意与教师互动的情况。尽管这些研究都关注父母的总体判断以及其对儿童发展的满意程度，但是基本上都根据各个项目本身的目标和特点去评估家长对于总目标的理解，并据此作为工作改进的依据。

二 数据与变量

本研究所使用的数据来自北京师范大学联合福建省宁德市教育局于2013年10月开展的"宁德市学前教育需求调查"。参照宁德市的人口分布以及区县间经济和社会发展水平的差异，本研究选取宁德市主城区（蕉城区），两县级市（福安市、福鼎市），四县（屏南县、古田县、柘荣县、霞浦县）进行调查，在各区县内依照幼儿园数量以及所有制性质分别对公办和民办幼儿园进行抽样。在发放家长问卷时，依照幼儿园规模和年级层次按一定比例发放50~100份问卷。最终样本包括15所幼儿园，其中公办幼儿园5所，民办幼儿园10所，有效家长问卷为1187份，其中托儿班家长占6.0%，小班家长占35.8%，中班家长占29.7%，大班家长占28.5%。

本研究的因变量为家长对幼儿园教育的满意度，采用李克特五分量表来衡量，1分为很不满意，5分为非常满意。结果表明，宁德市家长对幼儿园教质量的总体满意度较高，均值为4.28分。

本研究将影响家长教育满意度的因素分为以下几类：①区县层面的变量，按照国家统计局公布的城镇化率把研究中涉及的7个区县分成三种城镇化水平：高城镇化率（蕉城区），中城镇化率（福安市、福鼎市和柘荣县）和低城镇化率（屏南县、古田县和霞浦县）。②幼儿园层面的变量，将幼儿园按照所有制划分为公办幼儿园和民办幼儿园；按照幼儿园质量等级评定标准把幼儿园划分为：省级示范园，市县级示范园和非示范园三类。③个体层面的变量包括幼儿的性别（男性=1）；年级（包括托儿班、小班、中班和大班）；户籍类型（本地户口=1，城镇户口=1）；父母的教育水平（文盲/半文盲、小学以及初中文化程度为低教育水平，高中/中职/技校文化程度为中等教育水平，大专/本科/研究生学历为高教育水平），职业层级则依照陆学艺（2002）①提出的十大社会阶层标准，划分为国家与社会管理者阶层、经理人员阶层、私营企业主阶层、专业技术人员阶层、办事人员阶层、个体工商户阶层、商业服务人员阶层、产业工人阶层、农业劳动者阶层和城乡无业失业半失业者阶层（它们分属五种社会地位等级：上层、中上、中中、中下、底层）；家庭的月平均收入水平（2000元以下为低收入，2000~5000元为中低收入，5001~8000元为中等收入，8001~15000元为中高收入，15000元以上为高收入）以及家庭教育的基本情况（家长的教育期望值以及是否参加补习班）。

与此同时，本研究依照《3~6岁儿童学习与发展指南》②将儿童的发展分为健康发展、学习品质发展、社会性发展、语言能力发展、科学能力发展和艺术能力发展这六个维度，共26个具体指标，然后请家长依据孩子入园前后的变化，对孩子各方面的能力发展进行评价，4表示有较大进步，3表示略有提高，2表示不变，1表示降低。由于当地公办幼儿园基本没有托班儿童，因此描述性统计的结果仅提供大、中、小班三个年龄段的数据（见表1）。

---

① 陆学艺：《当代中国社会阶层研究报告》，社会科学文献出版社，2002。
② 教育部：《教育部关于印发〈3~6岁儿童学习与发展指南〉的通知》（教基二〔2012〕4号），2012年10月9日。

表1 家长的教育满意度及对幼儿能力发展评价的描述性统计

	小班		中班		大班		总体	
	公立	民办	公立	民办	公立	民办	公立	民办
家长的教育满意度	4.33	4.36	4.27	4.25	4.08	4.28*	4.24	4.30
儿童健康发展评价	2.90	3.02**	2.97	2.94	2.93	2.92	2.93	2.97
儿童学习品质发展评价	2.70	2.94***	2.79	2.82	2.73	2.79	2.74	2.86***
儿童社会性发展评价	3.15	3.23	3.16	3.15	3.13	3.13	3.15	3.17
儿童语言能力发展评价	3.10	3.19	3.13	3.15	3.07	3.08	3.10	3.14
儿童科学能力发展评价	3.15	3.33**	3.28	3.25	3.17	3.23	3.20	3.28*
儿童艺术能力发展评价	2.70	2.86**	2.78	2.76	2.75	2.73	2.74	2.79
儿童总体发展评价	2.89	3.04***	2.96	2.96	2.92	2.93	2.92	2.98*

注：* p<0.05， ** p<0.01， *** p<0.001。

三 研究方法与模型设定

由于家长调查采用的是分层抽样方法，本研究所使用的数据存在复杂的嵌套关系，个体嵌套于所在幼儿园，幼儿园又嵌套于所在区县，家长的满意度既受所在幼儿园教育质量的影响，也受所在区县整体教育水平及教育政策的影响。因此，本研究采用多层线性模型（Hierarchical Linear Models，HLM）来处理这种具有嵌套结构的数据。在建立的三层线性模型中，家长是第一层次，幼儿园为第二层次，不同城镇化率地区为第三层次。

本研究中家长对幼儿园教育质量非常满意的占43.7%，比较满意的占45.3%，一般的占8.3%，不太满意和很不满意的占2.7%，家长满意度因而被分为三个层次：非常满意、比较满意以及其他。由于因变量为分类变量，我们又将模型扩展为广义多层线性模型（Hierarchical Generalized Linear Models，HGLM），并采用其中的定序回归模型（Ordinal Model）。具体的模型设定为：

层一模型：

$\text{Prob}(S=m) = \eta_{ijk} = \pi_{0jk} + \pi_{1jk}(男性)_{ijk} + \pi_{2jk}(托儿班)_{ijk} \cdots + \pi_{24jk}(科学能力发展)_{ijk} + \pi_{25jk}(艺术能力发展)_{ijk} + D_{2jk}\delta_{2j}$

其中，$i=1,\cdots N$。N为样本规模；

$j=1,\cdots J$。J为幼儿园数；

$k=1$，…K。K 为调查区县数；

$m=3$，其中 Prob（$S=1$）= Prob（"其他"），Prob（$S=2$）= Prob（"比较满意"），Prob（$S=3$）= Prob（"非常满意"）。在估计这个模型之前，我们选择第一类家长作为参照组（对幼儿园质量评价为很不满意，不太满意或者一般），其系数标准化为零。

π_{pjk} 是区县 k 幼儿园 j 中家长特征所对应的系数。

层二模型：

$\pi_{0jk} = \beta_{00} + \beta_{01}$（公办幼儿园）$_{jk} + \beta_{02}$（省级示范园）$_{jk} + \beta_{03}$（县市示范园）$_{jk} + \gamma_{0jk}$

$\pi_{pjk} = \beta_{p0k}$

层三模型：

$\beta_{00k} = \gamma_{000} + \gamma_{001}$（高城镇化率地区）$_k + \gamma_{002}$（中城镇化率地区）$_k + u_{00k}$

$\beta_{p0k} = \gamma_{q00}$

四 研究结果

家长对幼儿园教育质量评价的影响因素见表2。模型一中使用的是全部家长的样本，结果表明，真正影响家长教育满意度的显著因素是幼儿园的质量等级，家长对于省级（$\beta_{02} = 2.323^*$）和市县级（$\beta_{03} = 1.353^*$）示范园的满意度都要显著高于非示范园。家长的满意度在区县间并不存在显著的差异，某些区县家长满意度高只是因为该区县内示范园所占比例较高。此外，民办幼儿园的家长比公办幼儿园家长的教育满意度更高（$\beta_{01} = -1.464^*$）。

表2 家长对幼儿园教育质量评价的广义多层线性模型定序回归的结果

变 量	模型一	模型二	模型三
截距，γ_{000}	0.191	1.376	-0.932
高城镇化率，γ_{001}	0.203	0.661	0.105
中城镇化率，γ_{002}	-0.371	-0.371	-0.424
公办幼儿园，β_{01}	-1.464*	—	—
省级示范园，β_{02}	2.323*	0.721	—
市县级示范园，β_{03}	1.353*	—	1.410*

续表

变 量	模型一	模型二	模型三
性别:男性,π_1	-0.282*	-0.043	-0.431**
年级:托儿班,π_2	0.020	—	0.127
年级:中班,π_3	-0.260*	-0.389	-0.226
年级:大班,π_4	-0.164	-0.569**	0.029
户籍:本地户口,π_5	0.106	0.844*	-0.086
户籍:城镇户口,π_6	-0.195	-0.272	-0.222
父母教育:中专/高中,π_7	-0.072	-0.146	-0.030
父母教育:大学/研究生,π_8	-0.335*	-0.141	-0.361*
父母职业:行政/企业管理人员,π_9	0.045	-0.109	0.103
父母职业:私营企业主,π_{10}	0.385*	-0.034	0.726**
父母职业:专业技术/办事人员,π_{11}	0.131	-0.228	0.358
父母职业:技术辅助/个体户,π_{12}	-0.147	-0.198	-0.137
父母职业:农民/工人/农民工,π_{13}	0.005	-0.181	0.005
家庭收入水平:低,π_{14}	-0.688*	-0.423	-0.833**
家庭收入水平:中,π_{15}	0.075	0.256	-0.074
家庭收入水平:中高,π_{16}	0.104	0.423*	-0.035
家庭收入水平:高,π_{17}	0.069	0.668*	-0.228
教育期望:研究生,π_{18}	0.170	0.274	0.144
参加补习班,π_{19}	-0.047	-0.080	0.004
儿童健康发展评价,π_{20}	0.151	0.319*	0.064
儿童学习发展评价,π_{21}	0.091	0.346**	0.213
儿童社会性发展评价,π_{22}	0.245*	0.033	0.350*
儿童语言能力发展评价,π_{23}	0.050	0.067	0.086
儿童科学能力发展评价,π_{24}	0.115	0.279*	0.087
儿童艺术能力发展评价,π_{25}	0.075	0.105	0.039

注:* $p<0.05$,** $p<0.01$,*** $p<0.001$。

在个体层面,我们发现男童家长对幼儿园教育的评价显著低于女童家长($\pi_1 = -0.282^*$)。相对于小班幼儿家长,中班家长和大班家长的满意度更低,并且中班家长的满意度显著低于小班家长($\pi_3 = -0.260^*$)。此外,不同户籍类型的家长之间对于幼儿园教育质量的评价没有显著差异。对于不同教育水平的父母而言,具有大学以上学历的家长对于幼儿园的满意度显著低于初中及以下教育水平的家长($\pi_8 = -0.335^*$)。对于不同职业的家长而言,相对于从事商业服务的家长,私营企业主对于幼儿园教育质量的评价显著较高($\pi_{10} = $

0.385*）。对于家庭收入水平而言，低收入水平的家长的教育质量评价显著低于中低收入水平的家长（$\pi_{14} = -0.688^*$），但其他收入水平家长间的教育满意度不存在显著差异。对于家长的家庭教育而言，对孩子教育期望高以及孩子参加课外补习班的家长对幼儿园教育质量评价没有显著影响。

本研究还假定，儿童的发展是幼儿园教育的核心，学前教育的质量关键体现在儿童在多个关键领域的全面发展上，家长对于幼儿园的满意度受其对子女各方面能力发展判断的影响，子女的能力进步越大，家长对幼儿园教育的评价越高。结果表明，对儿童社会性发展评价（$\pi_{22} = 0.245^*$）较高的家长，他们对幼儿园的教育满意度也越高，而家长对于幼儿其他领域能力发展的评价与其教育满意度之间不存在显著相关性。

公办幼儿园以及民办幼儿园在管理以及课程与教学上会存在较大差别，由于家长选择的存在，不同所有制类型幼儿园的家长群体也会存在较大差异，因此模型二以公办幼儿园家长为研究对象，模型三以民办幼儿园家长为研究对象，用以比较不同所有制幼儿园家长满意度决定机制的不同。在城镇化程度层面上，我们发现不管是公办幼儿园还是民办幼儿园，家长对于幼儿园的满意度并不存在显著的地区差异。

在个体层面，数据表明公办幼儿园中不同性别儿童家长的满意度不存在显著差异，而民办幼儿园中男童家长的满意度（$\pi_1 = -0.431^{**}$）则显著低于女童家长。公办幼儿园并不开设托儿班，相对于小班家长，随着年级的增加，家长对幼儿园的质量评价逐渐降低，并且大班家长的满意度显著低于小班家长（$\pi_4 = -0.569^{**}$），反观民办幼儿园的家长，他们对幼儿园质量的评价在不同年级间不存在显著差异。对于户籍，公办幼儿园中本地户籍儿童家长的满意度显著高于非本地户籍儿童家长（$\pi_5 = 0.844^*$）；而在民办幼儿园中，不同户籍儿童的家长对于幼儿园质量的评价没有显著差异。

就不同教育水平家长的教育满意度而言，公办幼儿园中不同群体的家长不存在显著差异，但民办幼儿园中大学及以上学历家长的满意度显著低于低学历家长的满意度（$\pi_8 = -0.361^*$）。不同职业的家长对幼儿园教育质量的评价，公办幼儿园中不存在显著差异，但民办幼儿园中私营业主家长对于幼儿园的满意度显著高于商业服务人员家长的满意度（$\pi_{10} = 0.726^{**}$）。对于不同收入水平的家长，公办幼儿园的中高收入（$\pi_{16} = 0.423^*$）以及高收入家长（$\pi_{17} = 0.668^*$）对于幼儿园的满意度显著高于中低收入家长；民办幼儿园中的低收入家长对幼儿园教育质量的评价显著低于中低收入家长（$\pi_{14} = -0.833^{**}$），而其他收入水平家长间对幼儿园的满意度不存在显著差异。

关于家长对幼儿发展的评价，表1中的数据表明，从总体来看，民办幼儿园家长在所有维度评价的均值都要高于公办幼儿园家长，并且有些指标的差异达到了统计上的显著水平。但表2的结果则表明，虽然公办幼儿园家长对于孩子能力发展的评价相对民办幼儿园家长低，但是公办幼儿园家长对于孩子能力发展评价的很多指标与其对于幼儿园教育质量的评价存在显著的相关性，比如那些对于孩子健康发展评价高（$\pi_{20} = 0.319^*$）、学习发展评价高（$\pi_{21} = 0.346^{**}$）以及科学能力发展评价高（$\pi_{24} = 0.279^*$）的家长，他们对于公办幼儿园教育质量的评价相对也较高。反观民办幼儿园，只有家长对于孩子社会性发展的评价（$\pi_{22} = 0.350^*$）与他们对于幼儿园的质量评价存在显著正相关。上述结果表明，公办幼儿园家长与民办幼儿园家长在对于孩子能力发展评价的准确性以及对不同种类能力发展的重视程度上都可能存在差别。在各种能力中，社会性发展相对而言对于家长来说比较好判断。

五　讨论与建议

（一）家长教育满意度的影响因素

本次研究发现，从儿童的背景因素看，男童家长的满意度显著低于女童家长。而且儿童在幼儿园的时间越长，满意度越低。其中的原因值得深入挖掘。已有研究揭示，父母的教育满意度与儿童的发展成就高度相关。简而言之，本研究中的男童家长对儿童发展不满意，没有达到家长的预期。实际上，"男孩掉队"和"男童危机"已经成为一种蔓延到各个教育阶段的国际教育现象，在我国教育领域也有广泛的体现。[①] 究其原因，首先与家长教养风格可能有关

---

① 孙云晓、李文道、赵霞：《拯救男孩》，作家出版社，2010。

系。国际比较研究发现,甚至在童年早期,4岁女童的父母更热衷于给女孩买书、讲故事以及去图书馆,可能也影响了女童更好地做好了学业准备,在后续的学校教育中有更好的表现。[1] 其次,与现行"女童偏好"(Girls Friendly)的教育模式有密切关系,男孩更容易成为"牺牲品"。与此同时,在儿童发展的早期阶段,性别差异在其中扮演着重要的影响因素,现有教育模式缺乏因材施教。此外,在幼儿园教育阶段,男教师的严重缺位也被认为是其中一个重要的原因。我国的教师性别失衡问题,一直没有得到有效的解决,尤其是东部和城市地区,义务教育阶段的女教师比例一直过高[2],幼儿园教育阶段的男教师更是凤毛麟角。综合来看,这种"男童掉队"的危机如果不从幼儿园教育阶段开始重视并进行干预,会对后续整个教育系统的学生学业成就带来深远的影响。

从学校的背景因素看,民办幼儿园的公众满意度显著高于公办幼儿园。主要原因可能有以下几个。第一,民办幼儿园和公办幼儿园的办园宗旨不一样。民办幼儿园更有可能直接针对家长的需求,直接满足家长的各种意愿。而公办幼儿园面对诸多的上级工作要求和各种检查,日常行政工作繁重。此外,本研究所涉及的公办幼儿园都是省市级示范幼儿园,学位供不应求。在这样的背景下,家长可能没有多少选择的机会。第二,上民办幼儿园的家长往往可以在若干所幼儿园中进行选择,更多地体现了家长自己的意愿。第三,家长的参与程度不一样。民办幼儿园的管理体制更有可能直接把家长纳入其中,而公办幼儿园家长的参与更多体现在参与具体的教育活动或者其他家园共建的活动,公办幼儿园在其中相对强势。

(二)如何把家长的教育满意度纳入学前教育质量评价

把家长的看法纳入教育质量评价有其合理之处,首先,家长是儿童的监护人,他们是儿童发展过程中的重要影响者;其此,不管是积极还是消极的家长看法,都有助于学校教育质量的改进。但是,也有一些研究者提出,家长的看

---

[1] Baker, M., Milligan, K. (March 2013), *Boy-Girl Differences in Parental Time Investments: Evidence from Three Countries.*, NBER Working Paper, No. 18893, http://www.nber.org/papers/w18893,2014/1/12.

[2] 曾晓东:《中国中小学教师发展报告(2012)》,社会科学文献出版社,2012。

法往往是基于主观判断，可能有失偏颇。更好的做法是使用儿童行为发展的事实证据来判断教育质量的高低。此外，由于家长一般相信自己为儿童选择的学校是最适合自己孩子的，再加上接触教育现场的机会不多和缺乏有效的信息等原因，家长的教育满意度总是容易出现"虚高"的现象。我国已有的研究中，针对把家长教育满意度纳入学前教育质量评价，有过学理层面的争论，① 也有过简单的调查研究，② 但是缺乏基于大样本调研并采用国际最新研究范式进行探讨的深度讨论。

本研究发现，除了儿童在社会性发展领域以外，家长的教育满意度与儿童在各个关键领域的发展没有显著相关性。此外，家长的教育满意度与他们对儿童发展的满意程度不匹配。这说明了几个问题：第一，家长的教育满意度出现了"虚高"的现象，更多的是主观的判断；第二，家长缺乏有效信息对儿童发展进行相对客观的评价。也就是说，如何把家长的教育满意度纳入学前教育质量评价必须更加谨慎，不能仅仅凭借主观判断，必须为家长提供更多有价值的综合信息。

首先，"办人民满意的教育"不能和"办家长满意的学校"画上等号。"办人民满意的教育"表明的是一种政治立场，表述的是学校教育的性质必须为最广大的人民群众服务，培养合格公民。"家长"并不等同于"人民"，家长也有着各自的利益取向，家长有可能为了眼前利益或者基于其价值取向，放弃儿童和谐发展的需要。家长到底是谁？如何让家长满意？诸如此类问题，一直在理论界存在支持派③和怀疑派④，与此同时，实践界也有不少的争议。本次研究发现，家长无法成为幼儿园教育质量评价的主体，大部分家长不具备基本的专业素质对儿童进行评估。对于家长而言，我们要提供学校的信息，提供儿童发展的事实证据，让家长自己做出价值判断。

其次，家长满意程度高不等同于幼儿园办学水平高。教育领导者和实践者需要继续努力将父母纳入学前教育质量评价中。当然，这并不是说在教育评价

---

① 原晋霞：《对把家长教育满意度作为幼儿园质量评价最主要依据的质疑》，《学前教育研究》2011年第12期。
② 张向葵、王元、刘佳、郭彦文：《教育执行力：家长对落实幼儿〈纲要〉满意度研究》，《东北师大学报》（哲学社会科学版）2009年第5期。
③ 刘复兴：《深化改革办人民满意的教育》，《光明日报》2013年11月21日。
④ 吴良奎：《"办家长满意的学校"：价值取向批判》，《中国教育学刊》2012年第3期。

过程中用家长的满意度来取代对客观结果的测量,两种方法的目的不同,但是可以互补。

毫无疑问,我们要坚持"办人民满意的教育",但是不能用家长的观点来代替政府的观点,代替教育应该追求的本来的功能和价值定位。正如研究人类思维与决策"非理性"作用的诺贝尔奖得主行为经济学家卡尼曼所说,我们人类大多数时候采用的是直觉判断和可得性启发法的有限归纳的快速思维方式,相信"眼见为实"和过度依赖个人的主观感受。① 实际上,重大的决策必须依靠更多审慎的慢思考,考虑更多的外部意见和集体决策。

---

① Kahneman, D. (2011), *Thinking, Fast and Slow*, London: Penguin.

附 录

Appendices

B.21
2012年全国教育事业发展统计公报[*]

2012年,在党中央国务院坚强领导下,各级党委政府大力支持,全社会共同努力,教育优先发展战略地位进一步落实,教育系统奋发进取,我国教育改革稳步推进。全国各级各类教育蓬勃发展,教育公平进一步推进,入学机会继续扩大,资源配置更趋合理,教育质量逐步提高。学前教育规模保持较大幅度增长,毛入园率继续上升;义务教育办学条件进一步改善,均衡化程度有所提升;高中阶段教育规模略有减少,普及水平稳步提高;高等教育规模适度增长,重点正转向优化结构与提高质量。

学前教育

全国共有幼儿园18.13万所,比上年增加1.45万所,在园幼儿(包括附设班)3685.76万人,比上年增加261.32万人。幼儿园园长和教师共167.75

---

[*] 资料来源:教育部网站。

万人,比上年增加18.15万人。学前教育毛入园率达到64.5%,比上年提高2.2个百分点。

义务教育

全国共有义务教育阶段学校28.2万所,比上年减少1.36万所。全国义务教育阶段共招生3285.43万人;在校生14458.96万人;九年义务教育巩固率91.8%;专任教师908.98万人。

1. 小学

全国共有小学22.86万所,比上年减少1.27万所;招生1714.66万人,比上年减少22.13万人;在校生9695.90万人,比上年减少230.47万人;毕业生1641.56万人,比上年减少21.25万人。小学学龄儿童净入学率达到99.85%;其中,男女童净入学率分别为99.84%和99.86%,女童高于男童0.02个百分点。

小学教职工553.85万人,比上年减少4.64万人;专任教师558.55万人,比上年减少1.94万人。小学专任教师学历合格率99.81%,比上年提高0.09个百分点,小学生师比17.36∶1,比上年的17.71∶1有所改善。

普通小学校舍建筑面积59061.93万平方米,比上年增长2148.8万平方米。小学体育运动场(馆)面积达标学校比例47.29%,比上年提高2个百分点;体育器械配备达标学校比例48.17%,比上年提高3个百分点;音乐器械配备达标学校比例44.78%,比上年提高2个百分点;美术器械配备达标学校比例46.28%,比上年提高4个百分点;数学自然实验仪器达标学校比例50.75%,比上年提高3个百分点。

2. 初中

全国共有初中学校5.32万所(其中职业初中49所),比上年减少901所。招生1570.77万人,比上年减少63.96万人;在校生4763.06万人,比上年减少303.74万人;毕业生1660.78万人,比上年减少75.90万人。初中阶段毛入学率102.1%,比上年提升2.0个百分点。初中毕业生升学率88.4%,与上年基本持平。

初中教职工 393.91 万人，比上年减少 0.51 万人；专任教师 350.44 万人，比上年减少 2.02 万人。初中专任教师学历合格率 99.12%，比上年提高 0.21 个百分点。生师比 13.59∶1，比上年的 14.38∶1 有所降低。

初中校舍建筑面积 47582.06 万平方米，比上年增长 2035.8 万平方米。初中体育运动场（馆）面积达标学校比例 67.40%，比上年提高 5 个百分点；体育器械配备达标学校比例 69.08%，比上年提高 5 个百分点；音乐器械配备达标学校比例 64.56%，比上年提高 4 个百分点；美术器械配备达标学校比例 65.79%，比上年提高 6 个百分点；理科实验仪器达标学校比例 75.05%，比上年提高 4 个百分点。

3. 进城务工人员随迁子女和农村留守儿童

全国义务教育阶段在校生中进城务工人员随迁子女共 1393.87 万人。其中，在小学就读 1035.54 万人，在初中就读 358.33 万人。

全国义务教育阶段在校生中农村留守儿童共 2271.07 万人。其中，在小学就读 1517.88 万人，在初中就读 753.19 万人。

特殊教育

全国共有特殊教育学校 1853 所，比上年增加 86 所；特殊教育学校共有专任教师 4.37 万人。全国共招收特殊教育学生 6.57 万人，比上年增加 1613 人；在校生 37.88 万人，比上年减少 2 万人。其中，视力残疾学生 4.09 万人，听力残疾学生 10.11 万人，智力残疾学生 18.67 万人，其他残疾学生 5.01 万人。普通小学、初中随班就读和附设特教班招收的学生 3.50 万人，在校生 19.98 万人，分别占特殊教育招生总数和在校生总数的 53.30% 和 52.74%。特殊教育毕业生 4.86 万人，比上年增加 0.44 万人。

高中阶段教育

全国高中阶段教育（包括普通高中、成人高中、中等职业学校）共有学校 26868 所，比上年减少 770 所；招生 1598.74 万人，比上年减少 65.90 万

人；在校学生4595.28万人，比上年减少91.33万人。高中阶段毛入学率85.0%，比上年提高1.0个百分点。

1. 普通高中

全国普通高中13509所，比上年减少179所；招生844.61万人，比上年减少6.17万人，降低0.73%；在校生2467.17万人，比上年增加12.35万人，增长0.50%；毕业生791.50万人，比上年增加3.76万人，增长0.48%。

普通高中教职工246.26万人，比上年增加3.52万人；专任教师159.50万人，比上年增加3.82万人，生师比15.47∶1，比上年的15.77∶1有所改善；专任教师学历合格率96.44%，比上年提高0.71个百分点。

普通高中共有校舍建筑面积42246.65万平方米，比上年增长1419.36万平方米。普通高中体育运动场（馆）面积达标学校比例83.01%，比上年提高6个百分点；体育器械配备达标学校比例83.39%，比上年提高3个百分点；音乐器械配备达标学校比例80.63%，比上年提高3个百分点；美术器械配备达标学校比例81.88%，比上年提高4个百分点；理科实验仪器达标学校比例85.81%，比上年提高4个百分点；建立校园网学校比例80.29%，比上年提高3个百分点。

2. 成人高中

全国成人高中696所，比上年减少161所；在校生14.42万人，比上年增加12.03万人；毕业生11.63万人，比上年减少10.57万人。成人高中教职工0.73万人，比上年增加201人；专任教师0.58万人，比上年增加20人。

3. 中等职业教育

全国中等职业教育（包括普通中等专业学校、职业高中、技工学校和成人中等专业学校）共有学校12663所，比上年减少430所。其中，普通中等专业学校3681所，比上年减少72所；职业高中4517所，比上年减少285所；技工学校2901所，比上年减少23所；成人中等专业学校1564所，比上年减少50所。

中等职业教育招生754.13万人，比上年减少59.73万人，占高中阶段教育招生总数的47.17%。其中，普通中专招生277.36万人，比上年减少22.21万人；职业高中招生213.90万人，比上年减少32.52万人；技工学校招生

213.90万人，比上年减少32.52万人；成人中专招生105.81万人，比上年增加1.85万人。

中等职业教育在校生2113.69万人，比上年减少91.64万人，占高中阶段教育在校生总数的46.00%。其中，普通中专在校生812.56万人，比上年减少42.65万人；职业高中在校生623.05万人，比上年减少57.93万人；技工学校在校生423.81万人，比上年减少6.62万人；成人中专在校生254.27万人，比上年增加15.55万人。

中等职业教育毕业生674.89万人，比上年增加14.55万人。其中，普通中专毕业生265.31万人，比上年减少4.92万人；职业高中毕业生217.44万人，比上年减少3610人；技工学校毕业生120.51万人，比上年增加1.29万人；成人中专毕业生71.63万人，比上年增加18.54万人。

中等职业教育学校共有教职工118.94万人，比上年减少2.18万人。其中，普通中等专业学校教职工43.06万人，比上年减少4394人；职业高中教职工39.43万人，比上年减少1.24万人；技工学校教职工26.81万人，比上年减少0.20万人；成人中等专业学校教职工7.75万人，比上年减少0.38万人。

中等职业教育学校共有专任教师88.10万人，比上年减少976人，生师比24.19:1，比上年的25.01:1有所改善。其中，普通中等专业学校专任教师30.56万人，比上年增加1700人；职业高中专任教师31.17万人，比上年减少3729人；技工学校专任教师19.69万人，比上年增加0.43万人；成人中等专业学校专任教师5.42万人，比上年减少985人。

高等教育

全国各类高等教育总规模达到3325万人，高等教育毛入学率达到30%。全国共有普通高等学校和成人高等学校2790所，比上年增加28所。其中，普通高等学校2442所（含独立学院303所），比上年增加33所；成人高等学校348所，比上年减少5所。普通高校中本科院校1145所，比上年增加16所；高职（专科）院校1297所，比上年增加17所。全国共有培养研究生单位811个，其中高等学校534个，科研机构277个。

研究生招生58.97万人，比上年增加2.95万人，增长5.27%，其中，博士生招生6.84万人，硕士生招生52.13万人。在学研究生171.98万人，比上年增加7.40万人，增长4.50%，其中，在学博士生28.38万人，在学硕士生143.60万人。毕业研究生48.65万人，比上年增加5.65万人，增长13.13%，其中，毕业博士生5.17万人，毕业硕士生43.47万人。

普通高等教育本专科共招生688.83万人，比上年增加7.33万人，增长1.08%；在校生2391.32万人，比上年增加82.81万人，增长3.59%；毕业生624.73万人，比上年增加16.58万人，增长2.73%。

成人高等教育本专科共招生243.96万人，比上年增加25.44万人；在校生583.11万人，比上年增加35.62万人；毕业生195.44万人，比上年增加4.77万人。

全国高等教育自学考试学历教育报考853.90万人次，取得毕业证书73.12万人；非学历教育报考871.1万人次。

普通高等学校本科、高职（专科）全日制在校生平均规模9675人，其中，本科学校13999人，高职（专科）学校5858人。

普通高等学校教职工225.44万人，比上年增加4.96万人；专任教师144.03万人，比上年增加4.76万人。普通高校生师比为17.52∶1。成人高等学校教职工6.56万人，比上年减少0.34万人；专任教师3.94万人，比上年减少0.15万人。

普通高等学校校舍总建筑面积81060.42万平方米（含非产权独立使用），比上年增加2984.28万平方米；教学科研仪器设备总值2935.37亿元（含非产权独立使用），比上年增加380.68亿元。

成人培训与扫盲教育

全国接受各种非学历高等教育的学生394.84万人次，当年已结业778.53万人次；接受各种非学历中等教育的学生达4969.81万人次，当年已结业5537.04万人次。

全国职业技术培训机构12.38万所，比上年减少0.58万所；教职工50.66万人；专任教师28.22万人。

全国有成人小学 2.7 万所，在校生 164.3 万人，教职工 5.7 万人，其中专任教师 3.0 万人；成人初中 1578 所，在校生 63.1 万人，教职工 0.9 万人，其中专任教师 0.8 万人。

全国共扫除文盲 58.57 万人，比上年减少 23.24 万人；另有 68.90 万人正在参加扫盲学习，比上年减少 5.98 万人。扫盲教育教职工 3.83 万人，比上年减少 1.13 万人；专任教师 1.78 万人，比上年减少 0.54 万人。

民办教育

全国共有各级各类民办学校（教育机构）13.99 万所，比上年增加 0.91 万所；招生 1454.03 万人，比上年增加 53.16 万人；各类教育在校生达 3911.02 万人，比上年增加 197.12 万人。其中：

民办幼儿园 12.46 万所，比上年增加 9234 所；入园儿童 865.62 万人，比上年增加 52.23 万人；在园儿童 1852.74 万人，比上年增加 158.54 万人。

民办普通小学 5213 所，比上年减少 27 所；招生 104.44 万人，比上年增加 3.61 万人；在校生 597.85 万人，比上年增加 30.03 万人。

民办普通初中 4333 所，比上年增加 51 所；招生 157.81 万人，比上年增加 4.16 万人；在校生 451.41 万人，比上年增加 8.85 万人。

民办普通高中 2371 所，比上年减少 23 所；招生 82.13 万人，比上年减少 1.41 万人；在校生 234.96 万人，与上年基本持平。

民办中等职业学校 2649 所，比上年减少 207 所；招生 83.75 万人，比上年减少 11.99 万人；在校生 240.88 万人，比上年减少 28.37 万人。另有非学历中等职业教育学生 34.82 万人。

民办高校 707 所（含独立学院 303 所），比上年增加 9 所；招生 160.28 万人，比上年增加 6.55 万人；在校生 533.18 万人，比上年增加 28.11 万人。其中，硕士研究生在校生 155 人，本科在校生 341.23 万人，专科在校生 191.94 万人；另有自考助学班学生、预科生、进修及培训学生 22.04 万人。民办的非学历高等教育机构 823 所，各类注册学生 82.82 万人。

另外，还有其他民办培训机构 20155 所，860.64 万人次接受了培训。

B.22 2012年全国教育经费执行情况统计公报

教财〔2013〕7号

一 全国教育经费情况

2012年,全国教育经费总投入为27695.97亿元,比上年的23869.29亿元增长16.03%。其中,国家财政性教育经费(主要包括公共财政预算教育经费、各级政府征收用于教育的税费、企业办学中的企业拨款、校办产业和社会服务收入用于教育的经费等)为22236.23亿元,比上年的18586.70亿元增长19.64%。

二 落实《教育法》规定的"三个增长"情况

1. 全国公共财政教育支出(包括公共财政预算教育事业费拨款,基建拨款,教育费附加)为20314.17亿元,比上年的16149.47亿元增长25.79%。其中,中央财政教育支出3781.55亿元,按同口径比较,比上年增长15.7%,高于中央财政经常性收入的增长幅度。

2. 各级教育生均公共财政预算教育事业费支出增长情况。2012年全国普通小学、普通初中、普通高中、中等职业学校、普通高等学校生均公共财政预算教育事业费支出情况是:

(1) 全国普通小学为6128.99元,比上年的4966.04元增长23.42%。其中,农村为6017.58元,比上年的4764.65元增长26.30%。普通小学增长最快的是贵州省(47.35%)。

---

* 资料来源:教育部网站。

（2）全国普通初中为 8137.00 元，比上年的 6541.86 元增长 24.38%。其中：农村为 7906.61 元，比上年的 6207.10 元增长 27.38%。普通初中增长最快的是陕西省（41.49%）。

（3）全国普通高中为 7775.94 元，比上年的 5999.60 元增长 29.61%。增长最快的是湖北省（54.05%）。

（4）全国中等职业学校为 7563.95 元，比上年的 6148.28 元增长 23.03%。增长最快的是湖南省（69.54%）。

（5）全国普通高等学校为 16367.21 元，比上年的 13877.53 元增长 17.94%。增长最快的是云南省（113.87%）。

3. 各级教育生均公共财政预算公用经费支出增长情况。2012 年全国普通小学、普通初中、普通高中、中等职业学校、普通高等学校生均公共财政预算公用经费支出情况是：

（1）全国普通小学为 1829.14 元，比上年的 1366.41 元增长 33.86%。其中：农村为 1743.41 元，比上年的 1282.91 元增长 35.89%。普通小学增长最快的是陕西省（86.79%）。

（2）全国普通初中为 2691.76 元，比上年的 2044.93 元增长 31.63%。其中：农村为 2602.13 元，比上年的 1956.66 元增长 32.99%。普通初中增长最快的是黑龙江省（88.91%）。

（3）全国普通高中为 2593.15 元，比上年的 1687.54 元增长 53.66%。增长最快的是黑龙江省（161.96%）。

（4）全国中等职业学校为 2977.45 元，比上年的 2212.85 元增长 34.55%。增长最快的是湖南省（213.65%）。

（5）全国普通高等学校为 9040.02 元，比上年的 7459.51 元增长 21.19%。增长最快的是江西省（205.07%）。

三　公共财政教育支出占公共财政支出比例情况

2012 年，全国公共财政教育支出占公共财政支出 125952.97 亿元的比例为 16.13%，比上年的 14.78% 增加了 1.35 个百分点。

四 国家财政性教育经费占国内生产总值比例情况

据统计,2012年全国国内生产总值为518942.11亿元,国家财政性教育经费占国内生产总值比例为4.28%,比2011年的3.93%增加了0.35个百分点。

教育部　国家统计局　财政部

2013年12月18日

注:1. 公告中所涉及的全国性统计数据,均不包括台湾省、香港特别行政区、澳门特别行政区。

2. 公告中的2012年全国国内生产总值518942.11亿元和公共财政支出125952.97亿元等数据来源于《中国统计年鉴(2013)》。

B.23
2013年教育大事记*

1月

1月3日

据《中国青年报》,安徽省将建立学生课业负担政府监察公告制,委托第三方调查机构对学生课业负担情况实行抽样调查,科学监测,并定期向社会公布。

1月4日

据《人民日报》,教育部等五部门联合下发《关于加强义务教育阶段农村留守儿童关爱和教育工作的意见》。要求做好留守儿童关爱和教育工作,建立16周岁以下学龄儿童登记制度,以保证将其纳入教育等基本公共服务体系,改善留守儿童教育条件,逐步构建社会关爱服务机制。

1月4日

据新华网,教育部发布2011年全国教育经费执行情况统计报告,国家财政性教育经费占国内生产总值比例为3.93%,比上年的3.65%增加了0.28个百分点。

1月7日

据《中国教育报》,2013年全国硕士研究生统一招生考试人数再创新高,约有180万人报考。随着现代科技手段的不断提升,保证考试安全和防范作弊成为一项重要工作。2013年硕士研究生考试被网友和考生称为"史上最严"。

1月8日

据《人民日报》,为遏止盲目撤并农村中小学,江西出台新规定,要求确

---

* 21世纪教育研究院整理,张琳琳编辑。

因生源减少需要撤并学校的，需要通过听证会，使群众充分参与并监督决策过程，撤并方案要具备招生区域调整、学生分流、周边学校接收能力、撤并后学生交通安全等方面的可行性。

1月9日

据中国新闻网，武汉大学推行博士生导师制改革，首创博士生导师动态上岗。规定每年博士生导师岗位数控制在800~900个，获得岗位聘任的博士生导师当年招收博士生不得超过3名，一些无经费、无课题、无成果的"三无"导师，及其他在审核中被认定不合格的导师将面临"下岗待业"。

1月26日

据新华网，教育部印发《关于2013年深化教育领域综合改革的意见》，提出2013年深化教育领域综合改革任务的重点领域和关键环节，重点任务是推进人才培养模式、办学体制、管理体制等方面的改革。

2月

2月18日

据《解放日报》，上海市质监局公布的一项学生服产品质量监督抽查结果让家长精神紧张，该结果显示，全市被抽到的学生服中约有三成经检验不合格。"欧霞"校服被检出含致癌芳香胺，21所中小学停穿。

2月20日

据中新网，内蒙古、山西、江苏、福建、重庆、贵州、青海、宁波8省市中职生学费全免，所免学费资金由财政补贴职业学校，补贴标准每生每年2000~4800元不等。

2月25日

据《光明日报》，国务院常务会议部署完善研究生教育投入机制，决定从2014年秋季学期起，向所有纳入国家招生计划的新入学研究生收取学费。全日制学术学位研究生收费标准，原则上每年硕士生不超过8000元、博士生不超过10000元。

2月26日

据中国新闻网,教育部颁布实施《义务教育学校校长专业标准》。该标准首次系统建构了中国义务教育学校校长的6项专业职责。这6项专业职责是"规划学校发展、营造育人文化、领导课堂教学、引领教师成长、优化内部管理、调适外部环境"。

3月

3月1日

据《金陵晚报》,中国社会科学院发布《中国社会保障发展报告(2012)》(社会保障绿皮书)显示,从1989年国家对高等教育进行收费开始到今天,25年间中国大学的学费增长了至少25倍。现在供养一个大学生需要一个城镇居民4.2年的纯收入,需要一个农民13.6年的纯收入。

3月3日

据《中国教育报》,全国17家校外培训机构签署由中国民办教育协会倡导发布的《中小学生校外培训机构自律公约》,回应了社会与家长的关切,如承诺杜绝通过"占坑班"等形式,将课外培训与中小学校的招生升学挂钩;杜绝以招生等任何方式与中小学校及其教师建立经济利益关系;杜绝超越学生所在年级课程提前上新课行为;等等。

3月5日

据南方网,温家宝在十二届人大一次会议作《政府工作报告》中提到,国家财政性教育经费支出五年累计7.79万亿元,年均增长21.58%,2012年占国内生产总值比例达到4%。这段话宣告中国实现了4%的目标。

3月5日

据《中国青年报》,长江教育研究院《中国教育黄皮书》(2013)中舆情报告显示,校车安全问题、虐童问题和大学校长"三不""四不"承诺(即新任校长不申报新科研课题、不招新研究生、不申报任何教学科研奖、个人不申报院士,把百分之百的精力用于学校管理)为2012年网络舆情中涉及中国教育热点的三大突出问题。其中,校车安全问题高居首位。

3月14日

据《人民日报》，北京、浙江等多个省市，连续打响"减负"攻坚战，向学生负担过重问题连续开炮。北京市教委发布"8个严格"为中小学生减负，杭州市向学生免费赠送"三斤半"书包等。

3月27日

据中国教育新闻网，陕西省榆林市从2013年起推行15年免费教育，市、县财政年投入资金约2.3亿元，受益学生达53万多名。

3月27日

据《人民日报》，教育部从4月1日起，启动"减负万里行"活动，通过自查、抽查等形式，对一些减负工作不力甚至加重学生课业负担的地区和学校予以曝光和处理，切实减轻义务教育阶段学生过重课业负担。

3月28日

据中国广播网，深圳市全面试行公办学校积分入学的办法，对深圳户籍和符合深圳市就读条件的非深圳户籍的儿童实行统一的积分，根据积分情况来安排学位。

3月30日

据中国新闻网，全国中小学生学籍信息管理系统预计于2013年秋季学期实现全国联网并试运行，该系统将为每名中小学学生建立全国唯一的、跟随一生的学籍编号，从小学一直沿用至研究生教育乃至继续教育，并在全国范围内实现学生转学、升学等动态跟踪管理。

3月30日

据《中国青年报》，由上海交通大学新媒体与社会研究中心、上海交通大学舆情研究实验室主办的《新媒体与社会》发布了《中国校园"冷暴力"的舆情研究及对策分析》报告。报告指出，校园"冷暴力"的责任主体主要是教师，教师个人素质应引起重视。

4月

4月1日

据《新京报》，《中国留学白皮书》显示，我国九成留学生为自费留学，

34%的留学生来自工薪家庭。报告还显示,留学呈现出人群朝低龄化方向发展,高考弃考人数增加,赴美国、加拿大的中学生人数不断增长的趋势。

4月6日

据中国广播网,为防止男女生"不正当"交往,漯河市漯河高中制定新的校规,其中多项条款对于男女同学交往提出了严格要求,男女生交往需5人以上在场。该校规也被学生及网友们称为"史上最严校规"。

4月11日

据《中国教育报》,浙江慈溪启动职校现代学徒制试点,每所职业学校在2013年招生中,选择一个专业对学生开展以订单培养为主要模式的现代学徒制。企业委派师傅对学生进行专业技术指导,学校安排教师进行理论辅导和学生管理。

5月

5月3日

据财新网,审计署公布了《1185个县农村中小学布局调整情况专项审计调查结果》。结果显示,2006~2011年,初中、小学学龄人口总量分别减少19%和11%,校均学生人数增加17%。

调查发现,70%的县学校平均服务半径有所增大,其中初中、小学的服务半径增幅分别为26%、43%,平均达到8.34千米、4.23千米;部分学生家庭教育支出负担加重,重点核实的52个县,辍学人数增加了1.1倍;生源向县镇学校集中,出现新的教育资源紧张,65人以上的特大班有2.36万个,100人以上的超级大班352个。

5月9日

据《中国教育报》,财政部发布2012年中央财政支持教育发展情况,指出,2012年,全国财政性教育经费支出达2.2万亿元,实现《教育规划纲要》提出的国家财政性教育经费支出占国内生产总值比例达4%的目标。其中,中央财政教育支出3781亿元,比2011年增长15.7%。

5月11日

据《中国青年报》，全国妇联发布《我国农村留守儿童、城乡流动儿童状况研究报告》。报告显示，我国农村留守儿童数量超过6000万，总体规模扩大。单独居住的留守儿童占所有留守儿童的3.37%，单独居住的农村留守儿童高达205.7万。流动儿童在广东省最为集中，占全国的12.13%，规模达434万。

5月13日

据《新京报》，北京首次放开异地中考，允许通过资格审核的随迁子女考生，报考中等职业学校。据北京市教委介绍，约有3000名随迁人员子女报名在京考中职，相关部门将对提出申请的考生进行资格审查。

5月13日

据《中国教育报》，辽宁省教育厅向社会集中发布了省内53所普通高校2012年度本科教学质量报告。报告有23组支撑数据，包括专业设置、投入经费、师生比、生均图书、开设课程、毕业率、就业率等，展示了高校本科人才培养状况和教学质量。

5月16日

据《中国青年报》，2013年我国高校毕业生总数达699万，这是新中国成立64年以来高校毕业生最多的一年。而来自用人一方的数字显示，招聘岗位与往年相比下降大概15%。一增一减，使得就业形势更加严峻，被称为"史上大学生最难就业季"。

5月15日

据《中国教育报》，上海长宁区从"作业"入手，围绕减负增效，成立作业效能监测中心。采取"单元作业指导建议"网上发布制、作业二级备案制、作业效能常态调研监控制等，对小学的作业设计与布置情况进行指导和监控，实施学业评价"绿色标准"。

5月22日

据中国新闻网，近日，教育部、国家发展改革委、财政部发布《中西部高等教育振兴计划（2012～2020年）》。为着重解决中西部高校基础设施和办学条件滞后问题，计划将投入100亿元支持100所中西部高校建设，覆盖安徽、江西等23个省以及新疆生产建设兵团。值得注意的是，此次获得支持的全部为地方本科高校，部属院校不在其中。

5月23日

据《中国青年报》，edX（哈佛大学和麻省理工学院在线课程项目）宣布新增15所高校的在线课程项目，首次增加了包括我国的北京大学、清华大学、香港大学、香港科技大学，日本京都大学，韩国首尔大学等在内的6所亚洲高校。

5月28日

据《合肥晚报》，安徽省教育厅规定义务教育择校比例不得超过学校招生计划总数的5%。对于择校生，一律在有择校需求的学生范围内通过公开摇号或其他公开公正的方式确定招生名单并公布。

5月31日

据解放网，针对海南等地相继出现的教师强奸猥亵学生的恶性犯罪案件，教育部、全国妇联、最高法院相继表态，要以最低限度的容忍从快从重打击侵害女童行为。有关案件发生后，地方教育部门要第一时间立即查清事实，果断把违法犯罪人员清除出教师队伍。

5月31日

据腾讯网，针对国家出台的中小学"减负"政策，21世纪教育研究院与腾讯网教育频道联合调查义务教育阶段中小学生"减负"情况并进行发布。调查发现，仅有近1/4的中小学生表示"减负"后课业负担"明显减轻"或"有所减轻"，有约三成的中小学生表示课业负担不减反增；并且，有超半数的中小学生完成家庭作业的时间超过1个小时；同时，超过六成的中小学生在接受各种课外培训，在接受课外培训的学生中每天完成课外作业的用时在30分钟以上的占了六成。

6月

6月1日

据《中国青年报》，《2013年中国部分城市留守儿童心理健康现状调查报告》显示，父母与留守儿童的沟通并不到位。近半数孩子不了解父母在外的工作和生活状况，21.6%的孩子明确表示不愿意去父母打工的地方生活，一部分孩子对父母产生了陌生感，不习惯和他们一起生活。

6月3日

据《中国教育报》，教育部出台《关于积极推进高等职业教育考试招生制度改革的指导意见》，要求建立和完善多样化的高等职业教育考试招生方式，逐步与普通高校本科考试分离，重点探索"知识＋技能"的考试评价办法，为学生接受高等职业教育提供多样化入学形式。

6月9日

据财新网，上海教育科学院原院长胡瑞文主持的一项研究预计，2010～2020年，中国将新增9400万名大学毕业生，由于同期就业市场提供的白领岗位只有4600万，预计有一半以上的大学毕业生将入职蓝领行业。

6月11日

据新华网，一段"湖北一高考点考生围堵异地监考老师"的视频在网上广泛流传。钟祥三中艺术体育考点监考老师遭围堵，持续一个多小时，有考生也有家长。

6月11日

据《中国教育报》，从2013年到2017年，广西将通过实施农村小学全科教师定向培养计划，培养5000名能胜任小学各门课程教学任务的农村小学教师。

6月12日

据《南方都市报》，全球著名国际高等教育研究机构QS公布了2013年亚洲大学排行榜。香港科技大学连续三年称霸"亚洲一哥"，排名第一位。香港大学与新加坡国立大学并肩第二，香港中文大学则由2012年第5位跌至2013年第7位，原来的位置则被首次打入5强的北京大学取代。

6月19日

据《中国教育报》，教育部印发了《关于推进中小学教育质量综合评价改革的意见》，中小学教育质量综合评价改革启动。我国将用一套全新的"绿色评价"体系为中小学校"全面体检"。具体内容包括学生品德发展水平、学业发展水平、身心发展水平、兴趣特长养成、学业负担状况等5个方面20个关键性指标。

6月21日

据《中国教育报》报道，我国首次太空授课成功进行。6月20日，"神舟十号"航天员聂海胜、张晓光、王亚平为全国中小学生演示基础物理实验，这是我国第一次尝试利用航天飞行开展科普教育。王亚平在另外两名航天员的协助下，向全国学生展示了失重环境下物体运动特性、液体表面张力特性等物理现象，并回答了学生们的提问。

6月27日

据《大河报》，随着各地高考分数线的出炉，各所大学为抢生源出新招。中国人民大学主页刊登了一张单人美女毕业照，很快被网友捧为"人大女神"。随即一些高校"当仁不让"，纷纷出招应对。同济大学网站主页晒出了6名身穿学士服的男学生；中国传媒大学学生则晒出了寝室的空调；清华大学更是把外教资源搬了出来……

7月

7月1日

据《中国教育报》，基于某省92个县级政府义务教育经费管理状况的调查报告显示，保障教育经费须规范县级政府行为，提高资金使用效益，提高预算的准确性、规范拨款的次数、厘清拨款的环节等五个方面的问题需引起高度重视，切实加以改善。

7月5日

据《现代教育报》和腾讯教育进行的《国际高中现状调查》显示，超两成学生去海外上中学，低龄学生比例持续走高。

7月9日

据《中国青年报》，四川眉山市委宣传部"照顾"子女上学的红头公文图片被网友在微博曝光。在此份公函中，该办公室主任动用宣传部公章，以红头公文的形式要求该市东坡区教育局"妥善安排"子女的上学事宜。这份引发争议的红头公文,已经被眉山市委宣传部收回,函件被宣布作废。

7月11日

据《中国教育报》,教育部把普职招生规模大体相当列入教育督导重要内容,要求各地切实落实高中阶段教育普职招生大体相当要求,继续稳定中等职业教育招生规模,原则上要按50%的比例引导应届初中毕业生向中等职业学校分流,每个学校择校生的比例最高不得超过本校招生计划的20%(不含择校生)。

7月12日

据中国新闻网,广东出台36条政策鼓励高校扩大办学自主权,包括鼓励高校自主设置本专科专业、新增专业自授学位、支持粤台职业教育合作项目和办学机构建设等。

7月25日

据《北京晨报》,从京城部分知名"高四"复读机构调查发现,"高四"复读招生火爆。不少"高分低录、高分不录"的考生加入复读群体,且选择复读的高分考生较往年也提升三成多。

7月28日

据《新京报》,《中国游戏绿色度测评统计报告》出炉,报告对市场上的598款游戏进行绿色度测评,超七成游戏不适合青少年使用,其中低俗广告宣传等是造成游戏成人化的主因。

7月29日

据《中国教育报》,一项针对3~6岁学龄前儿童参加兴趣班的研究调查显示,超过六成儿童参加了1个以上的兴趣班,儿童参加兴趣班的比例随年龄增长而增长。87%的家长赞同儿童参加兴趣班,近半数家长认可儿童参加兴趣班的效果。

7月30日

据《新京报》,中国教育科学研究院院长袁振国先后被曝"公费携妻出国考察""差旅费用超标"。在中国教育科学研究院职工大会上,中纪委驻教育部纪检组人员宣布,袁振国不再担任教育科学研究院院长等相关职务。

8月

8月7日

据《南方都市报》,"去行政化"呼声持续多年,全国多地都对小学校长管理制度进行改革。其中,实行中小学校长职级制,成为部分地方探索中小学"去行政化"的主要途径。但改革将近20年,中小学校长职级制改革仍然停留在"点"上,全国铺开进展缓慢。

8月12日

据新华网,我国首个中美合办大学上海纽约大学迎来首届新生,来自40个国家和地区的300名新生报到,其中中国学生、国际学生各占一半。

8月13日

据新华网,据教育部统计,截至2011年底,我国高校青年教师总量达88万,占全国高校教师总数的62%。因境遇尴尬,网络上将这一群体戏称为"青椒"。在一项关于"青椒"的调查中,84.5%的人认为自己处于社会中层及中层以下。

8月14日

据新华网,国际运动科学和体育理事会发布的调查显示:中国人与20世纪90年代初相比,运动量减少了45%。青少年是运动"滑坡"最明显的群体,约92%的孩子没有参加校外体育运动的习惯。义务教育阶段体育老师缺口高达30万名,一些农村学校或边远地区的学校,甚至没有专职体育教师。

8月21日

据《中国教育报》,中国加入《华盛顿协议》,成为该协会组织第21个成员。这在一定程度上表明我国工程教育的质量得到了国际社会的认可,标志着我国工程教育及其质量保障迈出重大步伐。

8月23日

据《中国青年报》,教育部就新拟定的《小学生减负十条规定(征求意见稿)》在全社会公开征询意见。从内容看,本次"十条规定"非常严格,要求按照课程标准从"零起点"开展教学,小学阶段不能留书面作业,小学一至

三年级不举行任何形式的统一考试;等等。

8月23日

据《中国教育报》,由教育部、国家语言文字工作委员会组织制定,历时10年研制的《通用规范汉字表》由国务院正式公布。新的《通用规范汉字表》共收字8105个,其中常用字6500个,比原来的通用字表减少了500个。

9月

9月4日

据《北京晨报》,我国中小学教师准入门槛有所提高,到2015年我国力争全面实施中小学教师资格考试和定期注册制度。在浙江、湖北等六省区的试点工作打破了教师资格终身制,实行5年一周期的定期注册。

9月4日

据《人民政协报》,中国高等教育学会对114所"985"、"211"高校以及743所普通高校网站建设信息公开专栏情况进行调查,近六成"985"、"211"高校信息公开专栏建设较好;而普通高校中,67.03%栏目未建或没有内容。

9月5日

据《南方周末》,解决小学代课教师问题的实施细则出台后,云南省十余万名代课教师终于看到了补偿的希望,但代课教师程兴贵因25年教龄不被认定,跳瀑布自杀。程兴贵自杀后,政府补偿程家6000多元,并终于认定程兴贵的代课教龄。

9月7日

据《中国教育报》,广西藤县某小学30多名孩子,无论刮风下雨还是烈日暴晒,自己撑着竹筏,渡过约500米的水面去上学。该帖子发到网络后,引起社会关注,37名小学生后被安置在临时教学点安全就学。

9月8日

据《新京报》,国务院法制办公布《教育法律一揽子修订草案(征求意见稿)》,拟规定每年9月28日即孔子诞辰日为教师节。网络调查显示,近17万名参与者中，超过65%的人对将孔子生日作为教师节表示支持。

9月11日

据《中国青年报》，21世纪教育研究院发布的《中国在家上学研究报告》（2013年版）引起广泛的关注。报告显示，目前在中国大陆地区在家上学群体规模约为1.8万人，这包括学生、家长、教师以及其他相关者。广州、浙江、北京这些经济发达地区是在家上学最集中的区域，其中广州在家上学人数最多，精确统计有1459人。

9月11日

据《现代快报》，教育部前发言人、语文出版社社长王旭明在微博和博客中呼吁"取消小学英语课，增加国学教育，取缔社会少儿英语班，解放孩子，救救汉语"，引发网友热议。

9月13日

据新华网，包括北京四中、河北衡水中学等在内的大陆近30所中学的高中生用上了来自台湾的国学和传统文化教材——《中华文化基本教材》。这是台湾国学教材首次进入大陆课堂。

9月19日

据《中国教育报》，由中国教育科学研究院课题组完成的《中国教师发展报告》显示，中国中小学教师发展总体处于世界中等水平。中国教师性别结构好于多数国家。2010年，在142个国家（地区）中，近一半的国家（地区）小学女教师比例在80%以上，中国小学女教师比例为58%，较为合理。报告还显示，我国各学段教师年龄结构比较合理，中青年教师比例较高，各学段的中青年教师比例均高于平均水平。

9月29日

据中国新闻网，湖南是全国5个农村留守儿童密集地区之一，共有0~14岁农村留守儿童286.1万人。湖南省率先在全国建设农村留守儿童信息数据库，对各村留守儿童信息进行数据采集，县、市、区邮政局名址中心组织专人集中进行信息录入，预计2014年4月底全面完成数据库建设工作。

9月30日

据《北京晨报》，中国科学技术信息研究所发布了2013年度中国科技论文统计结果。在过去的十年间,我国科技人员共发表了国际论文114.3万篇,排在世界第二位。我国每篇国际科技论文平均被引用6.92次,与世界平均10.69次的数字还有不小差距。

10月

10月8日

据《中国教育报》,云南省2013年10月1日颁布实施《云南省少数民族教育促进条例》。该条例突出了丰富办学形式、提高民族教师待遇、保障民族教育经费、明确民族学校的认定、促进双语教育等内容。

10月15日

据人民网,教育部部长袁贵仁在相关报告会的讲话中指出,目前,我国教育规模位居世界首位,52.3万所学校遍布城乡,2.6亿名在校学生占全国人口的1/5。截至2011年底,全国所有县级行政单位普及了九年义务教育;高中阶段教育加快普及,2012年高中阶段教育毛入学率达85%;高等教育进入大众化,2012年高等教育毛入学率为30%,2013年高考录取率达76.2%,总规模330多万人,比世界排名第二的美国多1000多万人。

10月16日

据《中国教育报》,浙江省宁波市宁海县越溪乡根据辖区面积小、民办幼儿园所相对较少,并有多处小学搬迁后有空余校舍的特点,以乡中心幼儿园为核心,将民办幼儿园转变成为公办幼儿园教学点,实行学前教育镇村一体化管理模式。

10月19日

据《中国教育报》,《中国留学发展报告(2013)No.2》(国际人才蓝皮书)显示,留学低龄化将成为一个持续多年的现象,青少年留学的群体在不断扩大。通过对北京某5所中学出国留学情况进行抽样调查显示,2010~2012年,高中生出国留学人数从2010年的215人上升到2012年的385人,占当年毕业生总数的比例从2010年的9.28%提高到2012年的15.74%。

10 月 22 日

据新华社，北京市考试院公布《中高考改革方案（征求意见稿）》，拟从 2016 年起，高考语文分值由 150 分提高到 180 分；英语分值由 150 分降到 100 分，并实行社会化考试，一年两次考试，学生可多次参加，按最好成绩计入高考总分，成绩 3 年内有效。分数一升一降，议题引发社会强烈关注。

10 月 22 日

据《中国青年报》，近年来，以"三公"消费乱象为代表的高校腐败问题，引起公众的关注与不满。中国青年报社会调查中心通过手机腾讯网进行的一项调查显示，95.0% 的受访者主张，高校"三公"经费应该定期强制公开。

10 月 24 日

据《中国教育报》，山东省采取"机动编制"补充急需学科师资。农村中小学教师可在现有编制基础上，按不超过农村教师编制总量 5% 的比例，以县为单位核定教师机动编制，全部用于补充农村中小学急需的学科教师。这一政策将有效解决农村学校结构性缺编以及占编不顶岗的问题。

10 月 28 日

据《中国教育报》，在工业化、城镇化背景下，农村教育怎么办？四川蒲江实施了新型农村教育发展模式——现代田园教育。将中国传统教育乡村性与现代性相融合，将地方文化特色、经济发展与教育理念相结合，创新了"学校+家庭+企业+社区"四位一体的教育模式，让农村教育反哺农村发展。

10 月 30 日

据中国新闻网，教育部办公厅发布关于开展高校信息公开工作专项监督检查的通知强调，教育部将根据高校自查情况，于 11 月抽取部分部属高校为检查对象，重点检查招生信息公开和财务信息公开情况。

11 月

11 月 5 日

据《中国教育报》，在第三届全国教育公益组织年会中发布的《中国教育公益组织现状及发展趋势研究》报告显示，近八成教育公益组织服务农村儿童。

在调研的223个教育公益组织的样本中，74%的组织针对农村儿童开展工作，18%的公益组织针对城市流动儿童开展工作，服务于困境儿童和学生的有13%。

11月7日

据《钱江晚报》，2012年教育统计数据显示：2012年，全国大学普通本专科生一共有2391万余人，其中女生人数超过男生人数64.78万人，占51.35%；全国硕士研究生人数143万余人，女硕士生比男硕士生多了4万人。在各级各类学校女生人数统计中，全国女大学生人数，已连续4年超过男生；女硕士生人数连续3年超过男硕士；女博士生的比例也每年在递增。

11月12日

据《中国青年报》，俞敏洪接手北京工业大学耿丹学院，并担任理事长。俞敏洪计划用基金会的方式办大学，基金会运作资本所得的赢利，用于支持学生的学费并聘请著名教授。

11月14日

据《南方周末》，中国科学院院士、复旦大学附属眼耳鼻喉科医院王正敏教授被其学生兼前任助手王宇澄举报，举报内容涉及其论文数目造假、专著抄袭以及临床试验造假等多个方面，并指控王正敏利用不规范的专著、论文获得了院士头衔。

11月25日

据《中国教育报》，为学习贯彻党的十八届三中全会精神，教育部下发通知，强调全会立足新形势、新要求，对深化教育领域综合改革进行全面部署。要全面贯彻党的教育方针，推进考试招生制度改革，加快职能转变和简政放权，构建政府学校社会新型关系。

11月26日

据《中国青年报》，从2014年起，浙江中小学将不再评选省级"三好学生"。"三好学生"评选表彰始于20世纪50年代初，成为"好孩子、好学生"的同义词。但近年来，这一评选机制因与学生升学挂钩，增添了不少功利色彩而颇受诟病。浙江省在2008年取消了省级"三好学生"高考加分优惠政策。

11月28日

据《新京报》，中国人民大学招生就业处原处长蔡荣生涉嫌腐败遭调查。

网上有消息称，蔡荣生持假护照从深圳闯关，欲赴加拿大被截获，其已交代招生等问题，涉案金额达数亿元。

11 月 30 日

据《中国教育报》，教育部制定《中小学教师违反职业道德行为处理办法（征求意见稿）》，向社会公开征求意见。该《办法》列举了 11 种教师违反职业道德行为，规定可以给予警告、记过、降低专业技术职务等级、撤销专业技术职务或者行政职务、开除等处分。

12 月

12 月 4 日

据中国新闻网，OECD 组织全球同步发布国际学生评估项目（PISA）2012 测试结果，上海没有悬念地蝉联第一：数学 613 分（比第二名新加坡高 40 分）、阅读 570 分（比第二名香港高 25 分）、科学 580 分（比第二名香港高 25 分），各项都比平均值高出一倍以上，更是把美国远远甩在后面。上海继 2009 年 PISA 测试夺冠后再度夺魁，受到国内公众乃至国际社会的瞩目。

12 月 7 日

据《中国教育报》，教育部决定从 2014 年起，高校要编制和发布本校毕业生就业质量年度报告。报告要反映毕业生就业的基本情况、主要特点、相关分析、发展趋势以及对教育教学的反馈等内容。

12 月 8 日

据《中国教育报》，温州"试水"民办校托管公办校。平阳县一所办学不足 20 年的民办普通高中——浙鳌高级中学，正式托管了办学 70 多年的公办普通高中。

12 月 9 日

据《中国教育报》，广东省出台随迁子女异地高考办法，随迁子女高考报名需提交的证明材料与征求意见稿相比，有三处变化：社保证明进一步简化；随迁子女父母的合法稳定住所证明有所细化；学籍证明要求有变化，改为"随迁子女具有广东省中职学校三年完整学籍的有关证明"。

12月12日

据《中国教育报》，甘肃临洮加大投入，提升了农村教学点教育教学质量。全县所有教学点全部实现数字教育资源覆盖，为农村课堂注入了新的活力。此外，临洮县还在部分农村教学点探索实施"垂直互动"复式教学模式改革，教学效果明显改善。

12月13日

据《华西都市报》，成都试行学业水平考试取代初中毕业升学考试。《成都市中小学教育质量综合评价改革实验方案》要求，在义务教育阶段，逐步推行"等级加评语"的评价方式，取消百分制，采取"优秀、良好、合格、待合格"等分级评价。在招考改革方面，严格控制考试次数和科目，小学一至三年级不举行任何形式的统一考试；从四年级开始，除语文、数学、外语每学期可举行1次全校统一考试外，不得安排其他任何统考。深入推进中考制度改革，探索试行以初中学业水平考试替代初中毕业升学考试的中考制度，逐步实行"自愿申报二次考试，考试结果择优记录"制度。

12月21日

据《中国教育报》，教育部出台意见，要求各地各高校深化高校科技评价改革。高校科技评价将实行分类评价，对主要从事创新性研究的科技活动人员实行以代表性成果为重点的评价，对应用研究人员的评价以具有自主知识产权和重大技术突破为重点。

12月23日

据《广州日报》，"北约""华约"和"卓越联盟"三大高校自主招生联盟公布各自2014年自主招生联考方案，都将联考时间定在2014年3月1日，因此考生只能"三选一"。

12月24日

据《南方都市报》，西北政法大学副教授谌洪果在微博发布了《辞职公开声明》，称"让我们做温和理性、善待权利的普通公民"。当晚，这条微博在被转发近1.7万次后被删除。此前他曾公开宣称"决定不参评教授职称"，被网友戏称为"终身副教授"。

12月27日

据《新京报》,《2014年中国社会形势分析与预测》公布了一组基于12所高校1678名应届毕业生的就业调查报告,应届毕业生就业率为82.4%,失业率为17.6%,就业状况好于人们预测。农村家庭出身的普通本科毕业生失业率高达30.5%,成为就业最困难的群体。

12月31日

据《中国教育报》,教育部通知要求不得克扣村小和教学点公用经费。各地要切实落实投入责任,加强省级统筹,督促市县落实分担资金;在编制年度预算核定学校公用经费时,适度向规模较小的村小学校倾斜,提高这些学校经费保障水平,切实保证其日常需要。

B.24
2013年度十大教育新闻

岁末年初之际,21世纪教育研究院评出"2013年度十大教育新闻"。

表1 2013年度十大教育热点排行

排名	教育事件
1	"异地高考"破冰
2	教育部施行"最严减负令",启动"减负万里行"
3	审计署公布对1185个县农村中小学布局调整专项审计结果
4	教师性侵小学生案件频发
5	高校毕业生遭遇"最难就业季"
6	湖北钟祥高考点出现围堵监考老师事件
7	我国首次进行太空授课成功
8	"在家上学"引热议
9	超六成网友支持教师节改至9月28日孔子诞辰
10	教育腐败事件频发

《中国教育报》和中国教育电视台联合评出2013年全国十大教育新闻。[①]

表2 2013年全国十大教育新闻

序号	名称
1	习近平向联合国"教育第一"行动发视频贺词"让13亿中国人民享有更好更公平教育"
2	深化教育领域综合改革 考试招生制度改革引发关注
3	最新教育经费统计公告发布 4%目标如期实现
4	县域义务教育均衡发展督导评估启动 293个县通过评估认定
5	全国统一学籍信息管理制度建立 中小学生"一人一号"终身不变
6	大学章程首批6高校实施 中国高校迈入宪章时代
7	完善研究生教育投入机制 研究生奖助体系全面建立
8	北大首开网络公开课 "慕课"引发在线教育热潮
9	《通用规范汉字表》发布 信息化时代汉字有了新规范
10	首次太空授课成功进行 6000万师生同听一堂课

---

① 《2013年全国十大教育新闻》,《中国教育报》2013年12月26日。

2013 年度十大教育新闻

据360新闻搜索数据显示,2013年度最受关注十大教育新闻。①

表3 2013年度最受关注十大教育新闻

序号	名称
1	中国航天员首次太空授课 王亚平登"最高"讲台
2	21个省区市公布高考加分政策 全国联动整体瘦身
3	3名儿童扶摔倒老太被指撞人 警方以欺诈立案
4	2013年各省市高考零分作文汇总 网友爆笑有才的学生
5	被批暴力粗俗《喜羊羊》《熊出没》被责令整改
6	教育部:9月1日起我国学生实行终身"一人一号"
7	湖南一公务员考生总分第一 因脸上长痘被判不合格
8	上海查处"毒校服"案件 涉案企业已被立案
9	大学生被强制安排进富士康实习 校方:体验生活
10	辽宁文科状元离开港大回高中复读 称北大更适合

---

① 光明网,教育12月20日电。

B.25
2013年高考语文作文题汇集

新课标全国卷 I
（河南、黑龙江、吉林、宁夏、山西、新疆、
云南、内蒙古、河北、陕西）

阅读下面的材料，根据要求写一篇不少于800字的文章。

一位商人发现并买下了一块晶莹剔透、大如蛋黄的钻石，他请专家检验，专家大加赞赏，但为钻石中有道裂纹表示惋惜，并说："如果没有裂纹切割成两块，能使钻石增值，只是一旦失败，损失就大了。"怎样切割这块钻石呢？商人咨询了很多切割师，他们都不愿动手，说风险太大。

后来，一位技艺高超的老切割师答应试试，他设计了周密的切割方案，然后指导年轻的徒弟动手操作。当着商人的面，徒弟一下子就把钻石切成了两块，商人捧起两块钻石，十分感慨，老切割师说："要有经验、技术，但更要有勇气，不去想价值的事，手就不会发抖。"

要求选择好角度，确定立意，明确文体，自拟标题，不要脱离材料内容及含意的范围作文，不要套作，不得抄袭。

新课标全国卷 II
（贵州、甘肃、青海、西藏、海南）

阅读下面的材料，根据要求写一篇不少于800字的文章。

---

* 资料来源：网络资源。

高中学习阶段，你一定在班集体里度过了美好的时光，收获了深厚的情谊。同窗共读，互相帮助，彼此激励，即使是一次不愉快的争执，都给你留下难忘的记忆，伴你走向成熟。

某机构就"同学关系"问题在几所学校作了一次调查，结果显示，60%的人表示满意，36%的人认为一般，4%的人觉得不满意。

如果同学关系紧张，原因是什么？有人认为是自我意识过强，有人认为是志趣、性格不合，也有人认为源于竞争激烈，等等。

对于增进同学间的友好关系，营造和谐氛围，72%的人表示非常有信心，他们认为互相尊重、理解和包容，遇事多为他人着想，关系就会更加融洽。

要求选好角度，确定立意，明确文体，自拟标题；不要脱离材料内容及含意的范围作文，不要套作，不得抄袭。

全国大纲卷（广西）

尚先生在出租车上丢了一部手机，然后他打了该手机号码，通了之后被挂掉。于是尚先生给该手机发了一条短信，说愿意用2000元酬金换回这部手机，一个多小时后，捡到手机的人表示愿意归还。后来捡到手机者把手机还给了失主，没有拿酬金就离开了。记者事后联系上捡到手机的人，他说，他本来不想归还手机，但看到手机里的照片和短信，得知这个失主最近给芦山地震灾区的人捐了款，所以他才决定把手机归还失主，他说，不能用贪心来对待爱心，我们要多一些真诚和友善。

要求根据上述材料写一篇不低于800字的作文，题目自拟，不能脱离材料的内容和意义。

北京卷

科学家：假如爱迪生来21世纪生活一星期，最让他感到新奇的是什么？

文学家：我想手机会不会让他感到不可思议呢？

科学家：我同意，手机是信息时代的一个标志物，简直称得上是一部掌中电脑，丰富功能一定会让这个大发明家感到新奇。

文学家：手机的广泛应用深刻影响了人们的交往方式、思想情感和观念意识，这或许也是爱迪生意想不到的吧。

科学家和文学家关于手机的不同看法引发你怎么样的想法和思考？

要求：自拟题目、自定角度、自选文体，诗歌除外，写一篇不少于800字的作文。

上海卷

生活中，大家往往努力做自己认为重要的事情，但世界上似乎总还有更重要的事。

这种现象普遍存在，人们对此的思考也不尽相同。请选取一个角度，写一篇文章，谈谈你的思考。

要求：（1）题目自拟；（2）全文不少于800字；（3）不要写成诗歌。

天津卷

中国自古有"学而知之"的说法，这里的"学"，通常被理解为从师学习。韩愈就说过："人非生而知之者，孰能无惑？惑而不从师，其为惑也，终不解矣。"随着时代的发展，我们获取知识、掌握技能或懂得道理的途径日趋多元。请结合你的心得和体验，在"＿＿而知之"中的横线处填入一字，构成题目，写一篇文章。

要求：
1. 不能以"学而知之"为题；2. 除诗歌外，文体不限；3. 不少于800字；4. 不得抄袭，不得套作。

重庆卷

　　大豆是蛋白质含量极其丰富而又十分廉价的食物。可它的境遇曾一度尴尬，煮熟的大豆难以引起人们的食欲，并且会使肠胃胀气。人们需要更好的大豆食用方式，后来，用盐卤点制豆浆而发明了豆腐。
　　豆腐的诞生彻底改变了大豆的命运。豆腐让人体对大豆蛋白的吸收和利用，变得更加容易；豆腐柔软变通的个性给擅长烹饪的中国人留有极大的创造空间，豆腐也因此被制作出品类繁多的菜肴，以适应不同地区人们的口味和喜好。所有这些，让普通的大豆得到了升华。

要求：
（1）结合材料的内容和含意，选准角度，明确立意；（2）自拟标题，自选文体（诗歌除外），不少于800字；（3）不得套作，不得抄袭。

山东卷

阅读下面的材料，根据要求写一篇不少于800字的文章。

　　近年来，素有"语林啄木鸟"之称的《咬文嚼字》开设专栏，为当代著名作家的作品挑错，发现其中确有一些语言文字和文史知识差错。对此，这些作家纷纷表示理解，并积极回应。中国作协主席铁凝诚恳地感谢读者对她的作品"咬文嚼字"；莫言在被"咬"之后，也表达了自己的谢

意,他表示,请别人挑错,可能是消除谬误的好办法。

要求:
1. 选准角度,自定立意;2. 自拟题目;3. 除诗歌外,文体不限,文体特征鲜明;4. 不要脱离材料内容及含意的范围。

江苏卷

一群探险者来到光线暗淡、人迹罕至的洞穴里探险,洞穴里很神秘,他们就点了几支蜡烛,发现里面竟然有一群色彩斑斓的蝴蝶,他们欣赏了一会儿,不想惊扰蝴蝶,就离开了。几天后,他们回到原地,想看看蝴蝶在不在,却发现蝴蝶已经栖居到更深更黑的地方去了。他们在想,是不是几只蜡烛的光亮影响了蝴蝶的生活习惯呢?

要求:阅读材料、自选角度,写一篇作文,体裁不限,诗歌除外。

湖南卷

作文是二选一:

1. 它被天边的彩云所吸引,奋力飞腾,寒冷、饥寒、风雨都无法阻止它,它毅然决然地向上飞,飞上高山之巅,它已经精疲力竭,伤痕累累,一个声音问,值得吗?天地苍茫、彩云缭绕,它内心充实而满足,喃喃地答道:我愿意!

2. 父亲的书桌对面有一把小椅子,儿子坐在那里陪伴回家在桌子前剪报的父亲,父子俩没有说话,静静相对,儿子望着父亲祥和的面容,心里充溢着宁静的幸福。父亲,您辛苦了,能这样陪陪您,我真的很愿意。

根据上面两则材料,结合自己的感受和思考,任选角度,自拟题目,写一篇不少于800字的记叙文或议论文。

福建卷

我仰望着夜空,感到一阵惊恐:如果地球失去引力,我就会变成流星,无依无附在天宇飘行。哦,不能!为了拒绝这种"自由",我愿变成一段树根,深深地扎进地层。

阅读以上材料,你有怎样的联想或感悟?
要求:文体不限(不含诗歌),不少于800字。

江西卷

一段时间以来,"中学生有三怕:奥数、英文、周树人"成了校园流行语。实际情况是,有些同学有这"三怕"(或其中"一怕""二怕"),有些同学不但不怕反倒喜欢。

你对上述"怕"或"不怕"(含喜欢)有何体验或思考?请自选角度,自拟题目,写一篇文章。
要求:(1)写记叙文或议论文;(2)不得透露个人信息;(3)不得抄袭,不得套作;(4)不少于700字。

安徽卷

阅读下面的材料,根据要求写一篇不少于800字的文章。

有的人看到已经发生的事情,问:"为什么会这样?"

我却梦想一些从未发生的事情,然后追问:"为什么不能这样?"

——萧伯纳

要求选好角度,确定立意,明确文体(诗歌除外),自拟标题;不要脱离材料内容及含意的范围作文;不要套作,不得抄袭,不得透露个人相关信息;书写规范,正确使用标点符号。

浙江卷

阅读下列文字,根据要求作文。

中国作家丰子恺:孩子的眼光是直线的,不会转弯。
英国作家赫胥黎:为什么人类的年龄在延长,而少男少女的心灵却在提前硬化?
美国作家菲尔丁:世界正在失去伟大的孩提王国,一旦失去这一王国,那就是真正的沉沦。

综合上述材料,你有什么所思所感?写一篇不少于800字的文章。
注意:(1)选好角度,确定立意,自拟题目;(2)不得脱离材料内容及含义的范围作文;(3)明确文体,但不得写成诗歌;(4)不得抄袭、套作。

辽宁卷

阅读下面的材料,根据要求写一篇不少于800字的文章。

一位年轻人事业无成,非常郁闷,一天他在海滩上遇到一位老人。老人抓起一把沙子扔在沙滩上,问:"你能找到吗?"年轻人说不能。老人又抓起一颗珍珠扔在沙滩上,问:"这回呢?"年轻人说能。年轻人恍然大悟，一个人，只有做珍珠才能得到别人的认可。

要求选好角度，确定立意，明确文体，自拟标题；不要脱离材料内容及含意的范围作文，不要套作，不得抄袭。

湖北卷

你注意到了吗？装鲜牛奶的容器一般是方盒子，装矿泉水的容器一般是圆瓶子，装酒的圆瓶子又一般放在方盒子里，方圆之间，各得其妙，古诗云：方圆虽异器，功用信具呈。人生也是如此，所谓：上善若水任方圆。

以方圆为话题，根据此材料，题目自拟写作文。

广东卷

阅读下面的文字，根据要求作文。

    有一个人白手起家，成了富翁。他为人慷慨，热心于慈善事业。
    一天，他了解到有三个贫困家庭，生活难以为继。他同情这几个家庭的处境，决定向他们提供捐助。
    一家十分感激，高兴地接受了他的帮助。
    一家犹豫着接受了，但声明一定会偿还。
    一家谢谢他的好意，但认为这是一种施舍，拒绝了。

要求：
（1）自选角度，确定立意，自拟题目，文体不限；（2）不要脱离材料内容及含义的范围；（3）不少于800字；（4）不得套作，不得抄袭。

四川卷

有人说：过一种平衡的生活——学些东西，想些问题，做些事情，打打球，针对这种说法，同学们展开了热烈的讨论。

请根据以上材料，结合自己的体验与感悟，写一篇不少于800字的文章。要求：（1）文体自选；（2）不得抄袭；（3）用规范汉书书写。

B.26 中国"在家上学"北京共识

2013年8月24日、25日,来自全国各地和国外在家上学的实践者和研究者在北京举行"学在民间:在家上学&多元教育国际研讨会"。与会者经热烈讨论,达成以下共识。

第一,在家上学(Homeschooling,Home Education)是指在正规的学校教育之外,儿童在家自学,家长自行教授或延师施教,家长组织微型学校、私塾等施行教育的形式,是一种非学校化的、家长自助的教育类型。由于儿童的身心发展迟速不一、个性兴趣千差万别,标准化、大一统的正规学校教育难以适应儿童个性化成长的需要。在家上学可以克服这一弊端,因材施教,有利于儿童的身心健康、个性发展和自主学习能力的培养;有利于多元文化背景下的教育选择和文化传承,有利于多样化的教育模式的创新,有利于学习型家庭和学习型个人的建设,是对正规学校教育的有益补充,是学习化时代一种崭新的教育探索。

第二,教育作为基本人权,家长对孩子的教育具有优先选择权。1948年12月联合国大会通过的《世界人权宣言》第二十六条第三款规定:"父母对其子女所应受的教育的种类,有优先选择的权利。"因此,在家上学的权利,应该得到社会的尊重和法律的保护。

第三,自20世纪70年代以来,在家上学在美国、欧洲等许多国家和地区快速发展,并通过修法成为合法的教育类型。在台湾地区,在家上学也已作为"非学校形态实验教育"纳入"国民教育法""高级中等教育法"等,得到学籍、学历等各方面的保障。国外的实践显示,在家上学的教育质量明显高于正规学校,这种全新的教育模式和学习方式具有强大的生命力。

第四,在我国,在家上学的实践还刚刚兴起。因此,要允许改革,允许探索。中国有着自学、家学、家塾、私塾等在家教育的悠久历史,有着"学在民间"的伟大传统。我们要鼓励这种家长自主的、自下而上的改革探索,鼓励各种地方的、民间的、多元的、开放的教育探索,营造良好的舆论环境和政策环境,上下合力,共同促进我国实现教育现代化、建设学习型社会的目标!

B.27
中国的教育问题，教育的中国问题
——2013年11月9日做客"岭南大讲堂"时的演讲

葛剑雄*

中国的教育问题，还是教育的中国问题，这是两个不同的概念。"中国的教育问题"是发生在中国的，单纯是教育方面的问题；但"教育的中国问题"，就不单纯是教育的问题，而是在中国有关教育的各种问题。

"钱学森之问"不是问大学而是问社会

中国现在的教育到底出了什么问题呢？在全国各地的媒体和我们日常言谈中，教育是最容易受到批评的。这就出现了很奇怪的现象，一方面大家都在讲素质教育，但另一方面又觉得素质教育行不通。一方面减负讲了多少年，甚至教育部也发了文，但是"负"减得了吗？

2009年，上海参加了每三年一次的国际学生评估项目测试（PISA），结果排名全球第一，引起了很多国家的震惊。这个测试不是上海自己搞的，是人家派人到上海来，而且测试的对象包括最差的学校，是一个全面的测试。我们一直在赞扬人家的教育怎么好，但奥巴马在美国说中国的教育搞得好，为什么会有这么强烈的反差？为什么我们培养的人在国内发挥不了作用，但到了外面有的很快就发展起来了？

杨振宁、李政道在西南联合大学读到本科，得诺贝尔奖主要归功于在美国受的教育。同样在我们这里打好了基础，为什么在研究生阶段、工作期间得不了诺贝尔奖呢？这也要问大学吗？我不是为大学推卸责任，这绝对不是简单的

---

* 葛剑雄，复旦大学教授、博士生导师。文章来源于《南方都市报》2013年11月20日。

大学问题。

"为什么我们的学校总是培养不出杰出人才?"这是所谓的"钱学森之问"。"钱学森之问"不是问大学,而是问社会,我想钱学森本人心里也很明白。他是上海交通大学毕业的,但一生基本上没讲过上海交通大学的好话。他很幸运,当初中美关系非常好,所以他可以进入美国最尖端的军用部门,如果是20世纪50年代的麦卡锡时代能进吗?根本不可能。回国之后,国家也为他创造了最好的条件。"三年灾害""文化大革命"期间,他的生活都得到了保证,同时跟他回来的国家功臣,有人就被红卫兵、造反派活活打死,有的就被剥夺了工作权利。教育再好,需要社会提供学生发展的空间。中国的问题,更多是要问社会,而不要仅仅问大学。

教育出路应合理分流

有人说现在高考一考定终身,要多考几次才公平。大学四六级英语可以不断地考下去,但是好不好呢?也不好。有没有好好做过一个调查,比如说每年高考究竟多少人是正常发挥、多少人是失常发挥呢?永远都会有人认为自己没有正常发挥,比如你说考5次,他说为什么不能考6次,我前5次都没有发挥好。任何制度都有弊病,考试总是有局限性的,这个问题不在考试本身。从客观标准来看,我们应该改善考试方法,但是能不能保证每个人都自我感觉是正常发挥呢?最关键的问题不在具体方法上,如果这个压力本身能够通过理性的分流来解决,那就不存在这些问题了。

如果社会本身是健全的,高考指挥棒你可以不听。你不受高考的影响总可以吧,比尔·盖茨当初辍学自己创业,请问,如果你们的孩子放弃上大学要创业,你会支持吗?如果家长不将自己的意志强加给学生,指挥棒就起不了什么作用。现在东西部差距、城乡差距非常大,社会不解决,难道靠高考就可以解决吗?直接解决社会公正不是靠学校、教育,也不是靠观念,而要靠政府。

根据《国家中长期教育改革和发展规划纲要》,2020年大学的毛入学率应该是30%,根据"十二五"规划是30%多。也就是说,到2020年,理论上会有30%~35%(应为40%——编者注)的学生能够进入大学,其他人就是非大学、工作或失业。如果这60%多没有出路,或者说跟那30%多差异很大,会出现什么情况?美国、德国也不是人人都上大学,问题是在上大学之前,剩下的这一部分人各得其所,当然他们的大学就不会有太大的压力。美国的义务制教育结束后,有些孩子不想念书,就直接工作了,有的人想进工厂,有的人自由职业。还有一部分上学的,那也不是人人都上常青藤高校,有些就知道自己的能力只有一点,或者认为读书太苦,上一下大学然后就去工作了,总而言之不太像我们,不管自己本人能力、家庭条件,都一定要上大学、上名校。

现在因为其他途径的出路越来越窄,就只有靠上大学了。农村孩子只有上了大学才有可能成为城里人,才有可能有体面的职业。否则他永远只是农民工,即使在城里工作很多年,他们还是不行,很可能他的孩子将来还是农民工。

城里的孩子千方百计也要上大学,因为现在做什么都讲学历。前年我们图书馆要招古籍修补人员,人事处说要本科毕业,我说要本科干什么,中专就可以了,后来我让步说大专。修补古籍难道博士修得就好吗?很多以前没有文化的,修补得也很好,现在希望他有一点文化,专科就够了嘛。现在没有大学文凭,寸步难行。我们图书馆一个干得很好的小伙子,就因为没有大学文凭不能转正。

现在如果一个人要改变自己的境遇,唯一的出路就是上大学。大学一多,就必须要名校,于是现在招工就看"211""985"大学。《宪法》规定了每个公民有受教育的权利,在这样的情况下,不是简单把教育当做一个权利,而是将教育作为一种个人的出路,但这个出路又是有限的,到2020年也就只有30%多。如果这个社会的青年都已经合理分流了,最后剩下的30%多准备上大学,而他们又很明确自己是要上应用型大学还是要继续研究,等等,这样继续地分流,大学就没有压力了。在这样的情况下,你就可以施行各种考试的方法,可以自主招生,也可以全国统一招生,否则永远解决不了问题。

解决青年的出路问题,不是大学的事情,而是政府、社会的事。社会解决好这个大的前提,使青年人能够在不同的阶段找到不同的出路,才能够保证各级学校是良性竞争,也能保证各种人才得到发挥,也能够使学校、老师尽心尽责让孩子成才。一味将社会的责任推到学校,这对政府来说是不负责任,对舆

论来说是误导，对家长来说加重了不必要的负担，对孩子来说扼杀了个性，迫使他们走这样一条独木桥。我认为这才是中国教育的实质问题。

社会不能过度干涉教育

教学是人对人的艺术，是因人而异、因校而异的。世界的一些名校，都有一些奇奇怪怪的规矩，社会用不着去干涉，学校如果什么都被社会干涉，那这个学校是办不好的。现在我们校长规定学生不许带手机，马上报纸就要讨论，只要家长、学生签字同意，不违反法律和国家规定的教育方针学校就可以做，形成自己的传统。

韩国到现在为止，还允许老师体罚学生，一般是打到初中，高中就不打了。日本规定，幼儿园、小学、初中，哪怕是冬天，女孩子一律穿短裙，男孩子穿短裤。到高中，才可以穿长裙、长裤。我看小孩子的小腿都冻得发紫，规规矩矩还在那里，这些都是有规定的。

现在有人说研究生招生面试不公平，但不是由老师说了算，难道你说了算？如果这个学生我觉得不需要，怎么能够带好？如果你不相信我，送孩子到我这干什么？现在片面要求社会公正一定要由教育来体现，根本不尊重教学的规律，让教育承担不应该承担的任务，那么中国的教育是办不好的。

近年来，又加上了一些民粹化的成分。特别是一些不负责任的言论，更起了误导的作用。比如说不能让一个农村孩子因为家庭困难而上不了大学。我认为应该跟大家讲清楚，现在大学还不是义务制教育，不是免费的，所以农村孩子如果家庭经济困难可以考虑先工作，今后有条件再上学，或者你的表现特别好，争取拿到奖学金，还可以劝他选择上免费的，或者是少交学费的，比如师范。

一度很多人批评大学圈地借钱，圈地其实是地方政府利用大学达到它的目的，名义上给大学圈地，趁机旁边留一块建房子。复旦大学现在有一个江湾校区，近3000亩用地，原来是飞机场，现在报废了，地方政府一定要给复旦，果然不久我就看到房地产兴起了，打的广告就是"与名校为邻、与书香结伴"，这里的房价就带动起来了。借钱则是由领导出的主意，说银行那么多钱贷不出去，贷给大学，这是优质资产，大学借了钱就搞建设，招生之后收学费还钱，这是赖不掉的，实在不行政府会帮助他们埋单。当时报纸上骂吉林大学负债40亿（元），我就写了一篇评论说请政府派人查一下，这中间有没有贪污腐败、渎职和挥霍浪费，有的话就要处理。如果这些都没有的话，这就是为政府分担困难，那政府不埋单谁埋单？等到真借了钱招生之后，大家骂学费交不起，所以就限制学费，钱就还不了了。大学如果想圈地借钱，地方政府、国有银行不同意怎么可能呢？怎么都变成了大学的事情了呢？

再比如学术腐败。所谓的学术腐败是利用权力、金钱、社会地位去谋取自己的学术成果、学术地位和学术声誉。今天研究生抄袭别人的文章，老师为了职称将别人的文章改一改，其实都不是学术腐败。国家开发银行副行长王益被抓后我写过一篇文章，王益原来是北京大学历史系硕士，他做了国家证监会副主任后，在两年之内拿到西南财经大学的经济学博士学位。人在北京，学位在西南，从历史学转为经济学，而且比一般人快两年。他为什么有那么大的能量呢？这才叫学术腐败！多少高官都是异地拿学位，而且有的根本就跟自己的专业没有关系。刚才说的教师、学生的行为是学术不端，也是应该纠正的，但是这跟利用职权谋私还是有区别的，而且应该明白中间有一部分还是制度造成的。现在规定硕士生一定要发表多少文章，而且必须是在核心刊物，甚至是权威刊物上发表。中国有多少核心刊物、权威刊物，全部给硕士生发表都不够，何况还有老师要发表文章评职称。这样的情况，根子是在学校吗？光靠学校是解决不了的。

义务教育需"在同一条起跑线"

学校的公正首先要靠政府，义务制教育是强制的。孩子到了规定的年龄，家长或者监护人就必须要送孩子上学，在美国，如果孩子不上学是要申请的。对政府也是强制的，政府必须要保证孩子有这样的机会，比如说这个孩子家离学校很远，那么就要提供交通工具或者住宿。

教育部早就宣布普九了，我说应该公布国家义务教育最低标准，多少孩子要配一个教师，餐厅要达到什么样的标准。像美国、日本，穷乡僻壤的学校和城市的没有多大的差别，并没有我们想象的那么好，但是基本设施都是有的。

我们说要办世界一流大学，这不能是梦想，但是如果说要办成世界一流的义务制教育，绝对可以做到。如果我们的义务制教育是一流的，那么绝大多数家庭就是在同一条起跑线上，今后能不能上大学就靠你自己了。

任何大学对国民素质的提高，基础第一是家庭，根据我个人的体会，很多规矩、规范，涉及信仰的某种行为，最关键的是从小的灌输，习惯成自然。到了大学甚至是高中就根本来不及了。现在很多家庭教育，为什么出现那么多的问题，根子就是他们的父母甚至是祖父母从小就没有受到很好的教育——将一些全人类都普遍认为的美德当做工具和手段。

第二就是小学或者学前教育。义务教育在同一条起跑线上，就能纠正家庭教育的一些问题。现在强调不输在起跑线上，不是将责任交给每一个家庭，因为家庭做不到，但是至少进入学校，孩子们要在同一起跑线上。输在起跑线上，往往就在义务制教育阶段，所以大家拼命地往名校挤。国家要做的最基本的事情，不是创造一个个所谓的教育奇迹，我很奇怪有些领导为什么要跑到名校去，为什么不能去一般的学校，或者是比较贫苦的学校去看看？难道还要花更多的钱制造一个远远脱离中国实际的超级学校吗？如果一个国家不从基础教育开始，不是通过政府做到教育资源的相对均衡，不是使孩子从小就得到良好的教育，那么今后我们怎么保证这个国家稳定的发展？

这些不是中国的教育问题，而是教育的中国问题，面对这样的情况，教育不能推卸自己的责任，但是如果不引起全社会的关注，政府不全面来解决这个问题，那么单独要求中国的教育办好是不可能的。

B.28 我们期待什么样的中国教育

戴志勇*

临近开学，教育部公布《小学生减负十条规定（征求意见稿）》，以空前严厉的措辞，要求各地招生不得依据任何证书和考级证明，落实就近、免试入学；小学阶段不得留书面家庭作业；不得以任何形式补课；减少考试且全面取消百分制；等等。

年年减负，年年重负。不少家长、学校和专家疑虑重重。最新一期《中国周刊》封面专题便是"小升初畸变"，导语一针见血："权力、金钱与欲望，公开地破坏了小升初就近、免试的入学原则，几乎使教育公平成了一句空话。"

如果社会结构使弱势者别无选择，力图千方百计挤进中国最好的大学，便是万千考生唯一的出路。高考压力传导下，"战斗"毫无悬念地要从小学一年级甚至幼儿园打响。以减负之名，考学生变为考家长，这只能更深地错失教育的真意，更尖锐地显露社会的两极对垒。

但教育的真意，并非培养高官，也非培养巨富，而是使一粒粒种子在生活中开花结果。家长们没法订制一个个朱镕基、马化腾、李云迪、王羲之、李白、李连杰，只能提供足够的空间和可能，让孩子自然生长。

是生长，不是揠苗助长，也不是强硬宰制。不能用化肥去浇灌，用模子去形塑。死记硬背，逼着孩子考五花八门的"素质证书"，效果多是"负教育"，遏制了种子由内往外的萌生力与成长力，待孩子长大成人，还得花费更多精力，来洗掉这些生硬与错误教育留下的创伤。

调查数据显示，中国已有1.8万个孩子选择在家学习。顺应40多年来在

---

* 戴志勇，《南方周末》评论员。文章来源于《南方周末》2013年8月30日。

欧美和台湾地区兴起的 Home education（在家上学）的探索，一些家长正试图在学校之外寻找新的教育可能。《世界人权宣言》规定："父母对其子女所应受的教育的种类，有优先选择的权利。"我们究竟要养育出什么样的孩子？这必然是家长们萦绕心头的第一大问题。

《南方周末》在2011年中国梦践行者致敬盛典时，编选了一本《修身老课本》，第一课名为"人"，就是一张父母兄弟、祖父祖母的插画。这幅画里流溢出来的，便是爱，是敬，是生命的相互依存。民吾同胞，物吾与也！这就是最深沉的人文教育，是小儿们最亲切的第一课。上好这一课，人心就有了着落，社会就有了一剂消除戾气的良药。

我们需要这种植根于孩子天性的教育。孩子自有敏锐的感知能力，教育者只需将他们领进丰富多彩的世界；孩子自有语言能力，教育者只需用词语接龙、编故事、戏剧扮演等方式，创造出更有吸引力的情境，让音、字、词、句、篇章展示出自身的魅力，让孩子在语言中体验参与和创造的快乐。

语言从生活中涌出，孩子又借语言的魔力，更深地领悟生活。通过广博的阅读，他们对话古今中西那些鲜活的人物，与其中一些灵魂产生强烈共鸣，并自然而然地思慕和反省。在此过程中，生命和自然，向他们层层敞开。

为什么说"学而时习之，不亦乐乎"？通过学习，人从固化的生存中超拔，感受到新的生命颤动，新的自然奥秘，如渴而饮水，饥而进食。将学习植根于天性，愉悦必然尾随而来。

这便是快乐成长，是各种才能逐渐扩展的过程。我们从生存入手，从对语言的使用与学习入手，从对世界最原本的体验入手，去感知、说出、思考、动手实验，改善周遭世界。在这个过程中，各种方法生长，各种观念涌出，各种思想交锋，自然地磨砺出理性的锋芒与实践的能力。

这种教育不限于课堂、概念与记诵，它悠游于生活和自然的大天地。当学习与周遭世界血脉贯通，孩子们才有望带着活泼泼的生命力，冲入文学，撞入艺术，有激情探寻物之理，有兴趣铺设路桥、搭建居所，在这个过于古旧与过于现代纠缠在一起的魔幻时代，建筑依然残存诗意的生存环境，追求依然残存诗意的日常生活。"物物而不物于物"，这就是学习修得的正果，庄子的智慧在今天尤其切身。

这样的教育，当能生长出这样的人：他卓然立于天地之间，有自己的良知、才情和志趣，能大致处理好自己的欲望，跟他人合理地相处；他好学不已，对未知怀有深刻的好奇，决不会对诗歌、宇宙学、量子物理、商业创新采取封闭的态度；他大致知晓人之为人的来龙去脉，作为公民，在现代国家的框架里享自由、尽义务；他能领略自然的奥秘与生活的况味，通过概念思考，达到生命理念的贞定……

生命只有一次，我们的教育体系却还问题丛生。教育部门不仅要给孩子减负，更要如履薄冰地去开放和改造教育体系，改进课本，增加经费，让这些宝贵的生命、宝贵的童年彻底享受基于天性的美好教育。那些冥顽不灵地制造"负教育"的人，面对上天，面对这些活生生的孩子，会不会有一分深深的负罪感？

B.29 财政补贴公办重点校是中国教育最大的不公平

郎咸平*

我为什么反对教育部减负令？新中国成立以来，政府总共推出了56个减负法令，结果学生的负担还是与日俱增，不但没有减少，反而更重！中国的家长最担心的就是政府胡乱出法令，我想告诉我们的教育有关单位，你搞懂了教育制度的本质之后再决定下一步怎么做，好吗？

美国教育的"拼爹模式"

美国教育体系是什么样的？我把它叫做"拼爹模式"。各位千万不要对美国有太多的幻想，美国的教育制度是全世界最不公平的教育制度。它不是看你的学习能力，而是看你的爸爸妈妈有没有钱。也就是说，它是一个真真正正的资本主义市场经济国家，你出生家庭的财富决定了你能够上什么样的学校。

2012年按照升学比例来看，全美32所最好的高中，其中31所是私立的，只有一家，排在第9位的亨特学院是免费的公立学校。顶级私立学校占美国高中的4%，是真正培养美国精英的学校，学费一年3万~4万美元，学生的父母必须有钱，否则交不起学费。学校用这些钱聘请最好的老师，买最好的设备，建最好的环境，来培养美国最好的学生，这些顶级私立学校的升学率比一般的公立高中高出20%。

除了这4%的顶级私立学校，还有一类是名牌公立高中，占高中总数的

---

* 郎咸平，著名学者，经济学家。文章来源于作者博客，原标题为：《中国教育综合了美国"拼爹模式"与日本"公平模式"的缺点》。

5%。这些名牌公立高中是怎么来的呢？基本上地方政府收的房产税50%以上投到了教育里，高的能达到70%。所以很简单，如果是富人居住的高档社区，那么房价就高，房产税自然也高，因此学校的经费就特别充足。富人区能收的房产税肯定多过中产阶级社区，中产阶级社区能收到的房产税又高于城市的贫民窟，教育的差别就产生了。因此这5%的名牌公立高中往往是在富人区，也不是一般人可以读的。

因此，美国的教育制度就是以财富为基础的制度，我称为"拼爹模式"，父母的经济状况决定了子女能上什么样的学校。美国社会的权力基础是金钱，比如说美国总统要竞选，州长要竞选，议员要竞选，人人可以参选，很公平对不对？但你如果要当选就需要大量的金钱。教育也是一样，美国人人能享受免费教育，但如果你想获得最好的教育，想上4%的顶级私立学校，那么你必须出生在大富大贵之家。我当然不建议我们学习这样的美国。

日本教育的"公平模式"

日本教育是另外一个极端，叫做"公平模式"。日本的成功和它的教育制度是密不可分的。日本的教育制度是绝对公平的教育制度。它有两个政策，第一硬件标准化，第二师资标准化。在日本，硬件标准化一百年前就已经时兴了。全国每个学校的教室、图书馆、宿舍、运动场都是一样的，连午饭吃什么菜都是一样的，每个学校像是克隆出来的。而且请你记住，全部是由国家财政补贴。这就是日本的教育。

师资标准化这一点很值得我们关注。我们市区学校的条件好，农村学校的条件差，所以农村老师都想往城市挤，城里老师打死也不去农村。日本不是这样的。日本的小学、初中的老师薪水最高，其次是幼儿园老师，再次是高中老师，大学老师最低。你知道为什么？因为日本的小学、初中基础教育的老师必须要轮岗，六年一次，在市区的老师每六年就得从这个区转到另外一个区，甚至还要到农村去，因此必须给他们最好的待遇。为了激励中小学老师，不但薪水高，同时还把他们纳入日本的公务员体系，进入体制内，给编制。这就叫师资标准化，我可以说，全世界能够做到这一点的国家是凤毛麟角，日本做到了。

所以这两点,第一硬件标准化,第二师资标准化,塑造了一个公平的日本教育制度。日本的高考制度和我们不一样,我们的高考制度是非常奇怪的,各地有各地的考卷,而日本是全国统考,同一张考卷,你考得上你就念东京大学,你考不上也不会抱怨,因为它是一个绝对公平的制度。

中国模式综合了美国模式与日本模式的缺点

我为什么要谈美国模式和日本模式?那就是因为我们这几年非常辛苦地学了日本模式,也学了美国模式,但很不幸的是,我们学的都不是优点,而是缺点。我们各学两个国家的缺点,然后自己加以发扬光大,就成了我们的教育模式。

我们学习日本的教育公平制度,看起来很公平,其实一点都不公平。我们也用国家财政的钱补贴各个学校,这个好像是对的,是不是?但是我们既没有硬件标准化,也没有师资标准化,到最后我发现我们拿着国家财政的钱又学习美国模式,拿很大一部分比例去搞了重点学校、重点班。你们猜一下中国的重点学校有多少?这比例非常巧合,刚好就是5%,和美国的顶级私立学校比例差不多,也就是说,我们拿老百姓纳税的钱去补贴给这5%的重点学校。

各位朋友一定知道名牌学校有多么重要吧。比如2010年清华、北大在陕西省招生,考上的学生98.9%来自陕西省五所名牌重点高中,其他高中就是三个字,没希望。这就是为什么家长们一定要千方百计利用权力、利用金钱,用各种方法让自己的子女进入这些重点学校。那谁去念重点学校呢?我们就以北京市为例,叫三三制。1/3的学生是这些学校自己培养的"占坑班"的学生,或者是成绩好的,或者是奥数好的,这些凭成绩进来的占1/3;学区房(户籍标准)的学生占1/3;另外,靠领导批条子进来的"条子生"占1/3。所以你发现有2/3的学生是靠着金钱和权力进入了所谓的重点学校。

问题就在这里,用全体老百姓的钱,来学习美国的教育模式,来建设这5%的重点学校,这公平吗?美国老百姓对所谓的顶级私立学校没什么好抱怨的，人家是学生家长自己出钱。那我们的重点学校呢？不是学生自己出钱，是国家财政出钱，也就是全体老百姓出钱。凭什么全体老百姓出钱培养少数人的子女？所以这才是最大的教育不公平。

我们学日本的公平制没学会，学美国的财富制也没学好，再加上我们自己的区域歧视制，形成了一个前所未有的特权制，这才是我们的教育制度改革要搞明白的问题。

B.30
我为什么去深圳？

程红兵*

最近一段时间，我的电话被打爆了，许许多多的教育同行问我：你真的要到深圳去？你为什么到深圳去办学？

于是我非常耐心地对朋友们解说一番，最后几乎是一样的结尾："佩服你的勇气，要是我肯定不敢这样。"我不置可否地笑笑，因为我也听到有人说我是因为年薪百万元而去深圳的，深圳的媒体已经刊登"百万年薪聘校长"的文章，煞是引人注目。

或许这在我看来是一件小事，他人未必这样认为；或许我应该正面解说一番，用文章的形式，一本正经地说。

1994年5月，33岁的我到上海市建平中学报到，至今整整20年。现在我已经是年过半百的老教师了，当语文教师，担任学校中层干部，担任常务副校长，最后担任校长，后来又担任教育发展研究院院长，教育局副局长。

我最留恋的还是课堂的日子，留恋在学校的日子，毕竟有近30年的工作生涯是在学校度过的。

不知是2013年2月还是3月，接到一个自称是某著名猎头公司的人打给我的电话，谈起了深圳将创办一所前景非常灿烂的学校，需要一位优秀的校长去领衔，我非常自然地推荐一位资深的卓越校长，对方以年龄为由婉拒了，但马上问我："难道你没有兴趣吗？"我笑笑："这是不可能的。"

我有太多的理由说这句话，因此可以说是毫不犹豫脱口而出。但对方耐心地听我说完，然后继续用一种委婉而执著的语气介绍学校。

后来我到北京学习，他又赶赴北京约我谈教育，谈课改，谈学校，这是我

---

* 程红兵，现任深圳明德实验学校校长。文章来源于《东方早报》2013年11月5日。

十分愿意谈的话题，不知不觉我们之间的共识多了很多。后来与这所学校有关的领导，深圳市福田区教育局局长、腾讯公司的创始人赶到上海与我面谈，他们还邀请我飞赴深圳与他们面商学校发展大计。

这是一所具有全新管理机制的学校，是公立学校，但不是公办学校，福田区教育局委托腾讯教育基金会管理这所学校，腾讯是把它作为一种慈善项目来做，而不是以赢利项目来做，也就是说腾讯要注入资金办学，但绝不从学校获取一分钱报酬，由福田区教育局、腾讯教育基金会、社会贤达、家长代表、教师代表、校长组成校董会，实施校董会领导下的校长负责制。他们试图在基础教育上探索一条新的路子，有点像美国的特许学校和英国的自由学校。

记得我曾经撰文点评过英国的自由学校：我们不能把突破今天教育僵局的希望寄托在当下的民办学校身上，当下中国虽然有不少的民办学校，但尚未进入教育家办学的阶段，而基本停留在企业家办学阶段，他们基本摆脱不了借办学以求经济回报的思路，说得重一点，媚俗是其基本表征。

也不能寄希望于重点中学，因为这些学校承载了社会太多的功利性需求，来自家长的、政府的、社会各界的，都毫无例外地对他们寄予教育质量的高要求，即升学标准的高要求，所有的期望都是重重的负担，就像一把把沉重的锁链把他们的双翅捆得死死的，他们已经习以为常，飞不起来了，他们已经容不得半点闪失，容不得半点所谓的失败。

我在文章中呼吁政府给有识之士一定的支持，办中国的自由学校，这或许能给陷入僵局的基础教育以突破的可能。

我的这些想法与腾讯、福田区政府相关领导对创办这所学校的初衷有着惊人的相似。

他们允诺将给校长以非常大的办学自主权，学校可以有自己的办学理念，与功利主义教育完全不同的教育理念，给校长自主招生的权力，给所有对他们产生兴趣的学生、家长选择这样学校的权力，给校长和老师经营自己特色的权力，给他们设置课程的权力，给校长自己管理学校的权力，给校长自己设定教师工资标准的权力，给校长独立招聘教师的权力，给校长不参加任何评比（政府只保留对他们督学的权力）、检查、考核的权力。

作为校长，我已经体验了其中一些权力，我们确定了自由教育的办学理念;我们自主招聘了学校教师,全校 26 位教师是从 3000 多位应聘者中选出来的,最后都是经过我面试确定的;教师的薪酬待遇全部是学校制定的,与其他公办学校不同,自成体系;我们设立了富有特色的学校课程谱系……

腾讯基金会、福田区教育局已经部分兑现了他们的承诺,让我真切地感受到他们的大气、真诚,以及对中国基础教育改革的拳拳之心。

作为一个年满 52 岁的教育工作者,生命留给我创造的时间和机会都不多了,从这个意义上说深圳办学,就是我的一个机遇。

挑战自我,我决定尝试一下。

Abstract

It has been three years since the *Outlines of China's National Plan for Medium-and Long-Term Education Reform and Development 2010 − 2020* issued in 2010. In 2013, education, at different levels, got improved through development, with initial achievement in promoting balanced development of regional compulsory education. In the meantime, the reformation have come to the further phase, with each step of exploration being related to the vital interest of hundreds of millions of people, and each innovation being involved with the collaboration of a number of departments. In November 2013, the Third Plenary Session of the Eleventh Central Committee of the Communist Party of China issued *the Decision* on deepening the comprehensive reformation, which put forward new requirements and specific measures to improve governance and further develop the comprehensive reformation of education. Multi-format education system comes into being, and the reformation is poised to take off.

It requires more sustained material guarantee to take a series of reform initiatives. According to the *Statistics Bulletin of National Education Funds Budget of 2012*, which was issued by the Ministry of Education, the National Bureau of Statistics and the Ministry of Finance, the national financial budget on education accounted for 4.28% of GDP in 2012, which became an important milestone in China's education development history. Following the "4%", Chinese educational funding should pay attention to the problem of the efficiency of financial investment in education, to promote the rational use of public financial resources, besides facing the problem of guaranteeing adequate financial investment and equality,

In 2013, the global economy was experiencing slow recovery, with lack of power in growth, which largely influences China, which is the world's largest exporter. This year, the number of college graduates reached the new record of 6.99 million. However, due to the slow pace of economic growth of our country, the demand of labor market for college graduates cannot increase accordingly. That is the reason why the year of 2013 is called the "most difficult year of employment in

history" for college students. In 2013, the Institute of Economics of Education at Peking University conducted the sixth large-scale national survey on employment of college students, and the results showed that the initial employment rate of graduates after they left school reached 71.9%, not as low as people thought.

The Immigration Policy of College Entrance Examination and the reform of College Entrance Examination were hot topics in 2013. In the first half year, the media focused on the implementation and promotion of the immigration policy of College Entrance Examination; in the second half year, with Beijing as representative, the local reform plan of College Entrance Examination draw lots of attention to taking English into "experiment". The issued "Decision" from the Third Plenary Session of the Eleventh Central Committee of the Communist Party of China started the reform of College Entrance Examination, and specifically stated measures like reducing unified subjects, no separation of arts and science, multi-exams for English per year, etc. in order to solve the drawbacks of taking the future on one test. The reform on national examination system is about to put forward and take pilot, which could be a major breakthrough in the substantive reform of education.

In recent years, the discussion of Chinese education development has been changed into the new phase of promoting equality and improving quality, on the base of guaranteeing the supply to some extent. "The 17th National Congress of the CPC" report and the "eighteenth" report both regarded education equality as a prominent thing. The "*Decision*" of the Third Plenary Session stated again that "we should promote quality in education vigorously". According to the analysis on average years of schooling and Gini coefficient, China's achievements and the extent of quality in education has improved significantly during 2002 - 2012. Education inequality degree declines from west to east. Education gaps between genders have the trends of convergence year by year.

Recent years, it continues to occur that primary and secondary school students committed suicide. Further analysis shows that the suicide is caused by psychological collapse with high level of academic burden, instead of individual psychological vulnerability. Overloaded school work on primary and secondary school students has become serious educational and social problems. In 2013, the Ministry of Education carries out the activity of "Reducing Burden of Miles", and the "Ten Provisions to

Reduce Burden of Primary School Students" is called the most effective "order of reducing burden" in the history. However, surveys show that many parents do not support the act, which causes that schools reduce burden, while parents add burden on children, and extracurricular cram is still very popular.

The spirit of reform, which is the focus of the "*Decision*" of the Third Plenary Session, means that we should further release the reform bonus and enhance social vitality through deepening reform of marketing economy, which is mainly achieved by reform of governance, promoting the modernization of national governance system and capacity. The locals explore some effective practices in reconstruction of the relations of governments and schools, such as government decentralization, separating managing, implementing and evaluating, changing administrative functions of governments on education, etc., to construct a new type of government-school relations helping to guarantee social justice and equality and students' better development.

The development of social organizations is one the signs of social modernization, which adapt to the demand of governance modernization. The Third Annual Conference of Social Welfare Organizations in Education, held in November 2013, shows that social educational organizations of China comes into a fast growing phase in recent years. As of October 2013, there were 983 national education foundations, with a number of educational charity organizations in stable development. Education charity organizations mainly get involved in education support, volunteering teaching, children's reading, and children left behind and immigrant children.

In addition to school education, various types of education with diversity and pluralism grow gradually. Firstly, family education regains attention, and types of traditional education, like "private school" and "academy", which disappear for a long time, revives slowly. As parent-self-help and non-schooling education, "home schooling" has become an option recently. Secondly, the rise of MOOCs strongly impacts on Chinese education. Large-scale of video and flip open classed make it possible to realize individualized, autonomous and interactive teaching, which would profoundly change the existed situations of schools and education.

It is an important political goal of deepening the comprehensive reform in the field of education to "take efforts to implement education satisfied by the people". In 2013, the Ministry of Education started the nationwide evaluation on education

satisfaction, which indicates the great importance CPC Central Committee attaches on education, and its firm commitment to give priority to education development. The "2013 Survey of Public Satisfaction on Education", conducted by 21st Century Education Research Institute and Sohu Learning Channel (learning. Sohu. com), shows that the overall situations of education have not been approved by the public. Moreover, it is still a theoretical problem and practice demand worthy of further exploration, to figure out what education satisfied by the public is, and how to improve education in accordance with people's voice.

Contents

B I General Report

B. 1 Multi-format Education System Comes into Being,
the Reform is Poised to Take Off　　　　　*Yang Dongping* / 001

Abstract: In 2013, China continues to promote balanced development of compulsory education and guarantee education equality. The national financial budget on education reached the goal of 4% of GDP. It achieved new development in education opening up, and the education reform of modern school system construction and governance transformation started. Multi-format education system comes into being. In the meantime, problems like examinations-oriented education and overloaded academic burden are still not solved, with frequent occurrences of education corruption. The issued "*Decision*" from the Third Plenary Session of the Eleventh Central Committee of the Communist Party of China inspired public expectation for education reform again. The reform of College Entrance Examination system is poised to take off, which may become the important breakthrough of a substantive reform of education.

Keywords: Balanced Development of Compulsory Education; Education Funding; Education Equality; Reform of College Entrance Examination System

B II Topics of Special Concern

B. 2 Report on the Survey of Employment for College
Graduates in 2013　　　　　*Yue Changjun* / 015

Abstract: Since enlarge recruitment of higher education, the supply of college

graduates has increased. In 2013, the number of college graduates reached the new record of 6.99 million. However, due to the slow pace of economic growth country, the demand of labor market for college graduates cannot increase accordingly. That is the reason why the year of 2013 is called the "most difficult year of employment in history" for college students. After conducting national survey of employment for college students in 2003, 2005, 2007, 2009 and 2011, the Institute of Economics of Education at Peking University conducted the sixth large-scale national survey. This article will discuss the analytical results of the survey statistics of employment and job-hunting for college students.

Keywords: "Most Difficult Year of Employment in History"; Employment; Job-hunting

B.3 China Educational Attainment and Education Equality: Empirical Data from 2002 to 2012

Sun Baicai, Liu Yunpeng / 028

Abstract: Realizing the education equality is the basic requirement of building a well-off society in an all-round way, and basic value orientation to deepen comprehensive education reform in the future. Applying China educational distribution data during 2002 – 2012, this article calculated the average years of schooling and education gini coefficient of the gender and all the population. Based on the hierarchical clustering analysis between regions and decomposition of education gini coefficient, the study found that in 2002 – 2012 China's education achievement and education equality have been significantly improved. China's northern education attainment is significantly higher than the south. Education inequality degree declines from west to east. Education gaps between genders have the trends of convergence year by year, but education gap between regions is slightly expanded.

Keywords: Educational Attainment; Education Equality; Average Years of Schooling; Gini Coefficient of Schooling

B. 4 Public Finance Investment, Trend of Career Development and Challenge of Equality in Early Childhood Education

Song Yingquan / 048

Abstract: Chinese government has largely increased financial investment in early childhood education since 2010. With increased financial input, early childhood education change significantly and face the challenge of equality at the same time. This article briefly sketches central and local financial investment in early childhood education since 2010, and reveals the change of quality and standards in gross enrollment rate of three-year preschool, kindergarten scale, scale of kindergarten children, and supply and structure of public and private kindergartens according to the macro data in time order. This article also analyzes the challenge of education equality, which is specified in four aspects: (1) public finance tends to invest in public kindergarten, which children from high levels have more opportunity to enroll in; (2) tuition fees of generally-benefit kindergartens lay overloaded financial burden on low and medium income families; (3) there is a huge gap between rural and urban kindergartens in the quality of nurse and education; (4) the majority of peasant-workers' children cannot be guaranteed access to preschool education with quality in city. Finally, this article will propose political suggestions to try to change the inequality in early childhood education.

Keywords: Public Finance Investment in Early Childhood Education; Trend of Career Development; Quality

B. 5 Retrospect and Evaluation of Chinese Education Financial Investment during the Two Decades

Zhou Jinyan, Yuan Liansheng and Zou Xue / 073

Abstract: In 2012, the ratio of national education financial budget to GDP

firstly broke "4%". It realized the goal of "4%" which was stated in 1993 and supposed to be reached in the end of the 20th century. It has been 20 years since then, and it means the beginning of the new phase of education financial policy. This article takes "adequacy" and "equality" as evaluating dimensions, with major fiscal policy in 20 years, to retrospect, to evaluate and to analyze the history of Chinese education financial investment. This article points out that following the "4%", Chinese financial investment still face the problem that how to guarantee the adequacy, equality and efficiency of the financial investment.

Keywords: Education Financial Investment; Adequacy; Equality

B Ⅲ New Observations

B.6 Reform of College Entrance Examination is "Knocking the Door"　　　　　　　　　　Xiong Bingqi / 090

Abstract: Reform of College Entrance Examination is one of the most popular education topics in 2013. The reform shows an imminent trend with the implementation of the Immigration Policy of College Entrance Examination, restricting English scores in local college entrance examination (take Beijing as representative), and detailed measures of reform are put forward in the Third Plenary Session of the Eleventh Central Committee of the Communist Party of China. The public hold full expectations for the introduction of the new reform plan. However, if the reform achieves expected results, the existed interest structure of college entrance examination has to be broken to seek reform ideas. We should recognize that the core problem of examination system in China is concentrated recruitment according to plan, but detachment of college students' enrollment and examination is the soul of the reform. Without soul, reform of others is not likely to came effect.

Keywords: Reform of College Entrance Examination; The Immigration Policy of College Entrance Examination; Detachment of Enrollment and Examination

Contents

B.7 "Floating Island" and Its Breakout
—Restart of Rural Education in China   *Liu Yunshan* / 098

Abstract: This article points out that "words-up-moving" is in accompany with "Floating Governance" in villages, "school in city" is more likely an island floating over the lives of country and common people. In the pursuit of "Knowledge changes fate", education becomes the agency to distribute scarce resources. A series of oppressive rules are derived from the island. How to break out of the island? The practices of "Beautiful Rural Education in China" reveal that good rural education is rooted in rural areas, with life as basis and integration in the countryside.

Keywords: Rural Education; Layout of School; Isolated Islands

B.8 Practical Exploration on Construction of Small Rural Schools in Post "Canceling Teaching Centers and Merging Schools" Era   *Liu Huquan* / 110

Abstract: The spirit of profile of the State Council has been implemented throughout the country to restore and construct small schools since 2012. Local regions take exploration and practices related to school conditions improvement, innovation of education administrative mode, supply and stabilization of small school teachers, teaching quality improvement, and closeness to community. The exploration and practices laid the political foundation for the construction of small rural schools in the future.

Keywords: Post "Canceling Teaching Centers and Merging Schools" Era; Small Schools; Rural Education

B.9 Exploration and Thinking on Reconstruction of Relationship between the Government and Schools   *Zeng Guohua* / 123

Abstract: During the process of the reconstruction of the relationship between the

321

government and schools, locals explore some effective practices, such as government decentralization, significant reduction in unnecessary tests and evaluations of schools, promoting separation of management, implementation and evaluation, establishing management system and modern school system with specific accountabilities, transferring administrative functions of governments on education, and changing unlimited government into limited government in management and service styles. It is put forward that in the reconstruction of the relationship between the government and schools, we should focus on the purposes of the reform and problems like how to tighten the "hands" of the government, and how to monitor the autonomy in running schools. It is recommended to draft the "Act of School" to clarify the boundary of political powers and school powers. We could construct a new type of government-school relations helping to guarantee social justice and equality and students' better development, with application of education administrative system, education investment system and accountability system, etc. to strengthen the achievements.

Keywords: Relationship between the Government and Schools; Simplifying Administration and Decentralization; Autonomy in Running Schools; "Negative Listings"; Accountability System

B. 10 Current Situation and Policy Recommendations on Children's Rights and Interests Protection in China *Yu Mingxiao* / 131

Abstract: As a large developing country, China develops unevenly in different regions, where the protection of child rights and interests is a complex problem. Through the detailed summary of the achievements, challenges of children's rights and interest protection and all practices and policies concerning it in three aspects of children's rights to survive, to be protected and to develop, this article proposes specific policy recommendations on realizing the protection system of children's rights, guaranteeing children's rights of survival, protection and development.

Keywords: Child Rights and Interests Protection; Current Situation; Policy Recommendation

B.11 The Development Trend of Online Education in China
Miao Jingmin, Shang Junjie / 143

B.12 Development Report on Non-Governmental Public Welfare Organizations in Reading in Mainland since 2008
Xu Dongmei / 151

Abstract: After 2008, non-governmental public welfare organizations in reading develop rapidly, and children's reading has gradually become the topic of it in recent four to five years. Meanwhile, country reading, with its unique features and value, gets involved in effective changing of education and construction of countryside and communities. In order to better develop public welfare reading, we need to improve the environment of public welfare reading continuously, to strengthen cooperation, to improve the professional level, to target specifically and keep uniqueness, to perfect the administrative system of the organizations, to recruit outstanding personnel in operating organizations, and to improve the team's ability of planning, running and managing organizations.

Keywords: Children's Reading; Public Welfare Organizations; Prospect

B Ⅳ Investigations and Comments

B.13 Analysis of Recruitment and Employment Problems in the Development of Higher Vocational Education in China
Fang Jianfeng / 160

Abstract: This article starts from the drop of population with appropriate age for College Entrance Examination and stable increase of recruitment of universities. Then, it analyzes the drop of recruitment of higher vocational education year by year. In the aspect of data collection, the recruitment of higher vocational education of more than half provinces and cities shows a trend of declining, and the private drops more than the public. Meanwhile, in the field of higher vocational education,

majors of finance, electronic information and cultural education have high rate of repeating settings. And students with management, art and literature majors have difficulties in job-hunting. It is recommended to adjust training objectives and disciplines structure, encourage combination of demand of marketing and employment, gradually implement "registration enrollment" system, and deal with the problem of student resources in the development of higher vocational education.

Keywords: Higher Vocational Education; Recruitment; Employment

B.14 National Survey on Suicide Problems of Primary and
  Secondary School Students in 2013   *Cheng Pingyuan* / 175

Abstract: Recently, suicides of primary and secondary school students have become an increasingly serious social problem. Based on collection and analysis of media reports about primary and secondary school student suicides in 2013, the article briefly summarizes the basic features of the suicides, and categorizes the causes into four aspects of conflicts between teachers and students, family conflicts, academic burden, and suicide pacts. However, further analysis shows that the suicide is caused by psychological collapse with high level of academic burden, instead of individual psychological vulnerability, which is basically caused by high level of examination-oriented education system. In order to radically reduce and stop such more and more serious problems of primary and secondary student suicide caused by academic burden, we need to make changes in the bottom of Chinese education system.

Keywords: Primary and Secondary School Students; Suicide Problems; Cause Analysis

B.15 Research on the Present Situation and the Development
  of the Educational Information Publicity of Some
  Prefecture-level Cities Administration Website
          Zhang Tianxue, Gao Sha / 191

Abstract: Based on the implementing of regulation of the People's Republic of

China on Open Government information, the present situation of the educational information publicity of 286 prefecture-level cities administration Website is under the research. The index system consists of three first-class indexes, including the content of the educational information, the form of the educational information and the convenience of the educational information. Then the following are nine second-level indexes and the level two indexes consists of many indicators in level three. According to the data, there are five Ways to the development, as what, why, whom, how and the eventual performance of the educational information publicity.

Keywords: Prefecture-level Cities; Educational Information Publicity; Index System; Development

B. 16　From "Homeschooling" to Non-School Experimental Education　　　　　　　　　　*Yuan Fangyan, Liu Huquan* / 201

Abstract: As the development of free choices of education movement and education diversity, "homeschooling" is promoted in every country of the world. It is legal now in America and has complete supporting system. In Taiwan, there is legislation to involve homeschooling and other types of self-organized education into non-school experimental education of the Ministry of Education. And self-studying senior high school students could get financial subsidy and have the qualification to enter university. Homeschooling does not only means restore the function of family education and promotion of personalized education, but also has positive influence on all kinds of reforms of public schools.

Keywords: "Homeschooling"; Development; Legislation

B. 17　Research on the Current Situation and Trend of Education and Training Institutions　　　　　　*Zhou Cuiping* / 213

Abstract: Education and training institutions are playing an important role in satisfying the public needs of alternative education. Education and training market with diverse types of organizations, abundant training contents and various training

modes has come into being. However, the quality of the service in education and training institutions needs improvement. The structure has not been organized. Unclear understanding and definition of education and training industry is the main obstacle of its healthy and sustained development. In the future, with regulative and supporting policies, we should promote the development of education and training industry and support the development of education and training institutions through various policies, to make full use of the administrative and service functions of education and training organizations.

Keywords: Education and Training Institutions; Innovation; Regulation; Support

B. 18 Analysis on the Effect of Universalization of Higher Education on Education Equality　　　　　*Shi Yongxiao, Wu Yang* / 226

Abstract: Promoting universalization of higher education through enlarging recruitment of higher education is and would be implemented as education policy now and in the future years. The universalization provides more opportunities to get higher education and help more people get access to higher education. However, the universalization also brings drop in individual rate of return to education. The Gresham's Law, existing in education market, influences the structure of students under the universalization of higher education, while the structure of students is an important criteria to assess education equality. This article would analyze the effect Gresham's Law and universalization of higher education have on education equality.

Keywords: Gresham's Law; Universalization of Higher Education; Education Equality; Individual Rate of Return to Education

B V Degree of Satisfaction with One's Education

B. 19 Report on Online Survey of Public Satisfaction of Education in 2013　　　　*21st Century Education Research Institute* / 233

Abstract: In the process of reform and development of contemporary Chinese education, investigation on satisfaction of education is an indispensable issue. As a public survey of education with continuity, 21st Century Education Research Institute and Sohu Learning Channel (learning. Sohu. com) cooperated to conduct the "2013 Survey of Public Satisfaction on Education" in the end of 2013. Report on online survey of public satisfaction of education in 2013 elaborate the results of satisfaction on education in overall evaluation, classification evaluation and item evaluation, which reflects the subjective evaluation of the public on education and the effect of the reform. The survey shows that the overall situations of education have not been approved by the public.

Keywords: Education Survey; Satisfaction of Education

B. 20 An Empirical Study from Parent Satisfaction of Kindergarten Education *Li Minyi, Ding Fanghua* / 242

Abstract: How to make education satisfy the people has been a sore one for years, which has become an essential precondition for local governments and schools to guide its work. The ministry of education has announced its survey on parent satisfaction of education domestically in 2013. However, how to define the parent satisfaction and how to improve education based on the collected data about parent satisfaction and dissatisfaction has still need deepen studied theoretically and practically. Based on a survey from Fujian Province, the hierarchical linear model is applied to examine the relative importance of individual, kindergarten and local government factors on parent satisfaction. The empirical results indicate the gender and social economical status, kindergarten rating system and school-running system play a more important role. Furthermore, parents might not be good candidates to assess children development without needed tools and information. In terms of how to make education satisfy the people, the governments might need to include parent satisfaction and professional outsiders' judgments as well.

Keywords: Parents' Satisfaction of Education; Kindergarten Education; Educational Assessment

B VI Appendices

B.21 Bulletin of Statistics of National Educational Development for 2012 / 255

B.22 Official National Report on the Implementation of Budgetary Revenues and Expenditures in the Educational Sector for 2012 / 262

B.23 Chronicles of Major Educational Events in 2013 / 265

B.24 Ten Significant News Reports on Education in 2013 / 284

B.25 A Collection of Topics of Chinese Composition Used in the College Entrance Examinations Administered in 2013 / 286

B.26 the Beijing Consensus on Home Schooling in China / 295

B.27 Ge Jianxiong: Educational Problems of China vs. Problem of China Reflected in the Field of Education *Ge Jianxiong* / 297

B.28 Dai Zhiyong: What is the Ideal Education that We Long for in China? *Dai Zhiyong* / 303

B.29 Lang Xianping: The Most Extreme Unfairness in China's Education is the 'Key School' System Subsidized by Public Funds *Lang Xianping* / 306

B.30 Cheng Hongbing: Why I choose to run a new school in Shenzhen? *Cheng Hongbing* / 310

中国皮书网
www.pishu.cn

发布皮书研创资讯，传播皮书精彩内容
引领皮书出版潮流，打造皮书服务平台

栏目设置：

- □ 资讯：皮书动态、皮书观点、皮书数据、皮书报道、皮书新书发布会、电子期刊
- □ 标准：皮书评价、皮书研究、皮书规范、皮书专家、编撰团队
- □ 服务：最新皮书、皮书书目、重点推荐、在线购书
- □ 链接：皮书数据库、皮书博客、皮书微博、出版社首页、在线书城
- □ 搜索：资讯、图书、研究动态
- □ 互动：皮书论坛

中国皮书网依托皮书系列"权威、前沿、原创"的优质内容资源，通过文字、图片、音频、视频等多种元素，在皮书研创者、使用者之间搭建了一个成果展示、资源共享的互动平台。

自2005年12月正式上线以来，中国皮书网的IP访问量、PV浏览量与日俱增，受到海内外研究者、公务人员、商务人士以及专业读者的广泛关注。

2008年、2011年中国皮书网均在全国新闻出版业网站荣誉评选中获得"最具商业价值网站"称号。

2012年，中国皮书网在全国新闻出版业网站系列荣誉评选中获得"出版业网站百强"称号。

皮书数据库

中国社会科学院 社会科学文献出版社

权威报告　热点资讯　海量资源

当代中国与世界发展的高端智库平台

皮书数据库　www.pishu.com.cn

皮书数据库是专业的人文社会科学综合学术资源总库，以大型连续性图书——皮书系列为基础，整合国内外相关资讯构建而成。该数据库包含七大子库，涵盖两百多个主题，囊括了近十几年间中国与世界经济社会发展报告，覆盖经济、社会、政治、文化、教育、国际问题等多个领域。

皮书数据库以篇章为基本单位，方便用户对皮书内容的阅读需求。用户可进行全文检索，也可对文献题目、内容提要、作者名称、作者单位、关键字等基本信息进行检索，还可对检索到的篇章再作二次筛选，进行在线阅读或下载阅读。智能多维度导航，可使用户根据自己熟知的分类标准进行分类导航筛选，使查找和检索更高效、便捷。

权威的研究报告、独特的调研数据、前沿的热点资讯，皮书数据库已发展成为国内最具影响力的关于中国与世界现实问题研究的成果库和资讯库。

皮书俱乐部会员服务指南

1. 谁能成为皮书俱乐部成员？

- 皮书作者自动成为俱乐部会员
- 购买了皮书产品（纸质皮书、电子书）的个人用户

2. 会员可以享受的增值服务

- 加入皮书俱乐部，免费获赠该纸质图书的电子书
- 免费获赠皮书数据库100元充值卡
- 免费定期获赠皮书电子期刊
- 优先参与各类皮书学术活动
- 优先享受皮书产品的最新优惠

卡号：0209163479857005
密码：

3. 如何享受增值服务？

（1）加入皮书俱乐部，获赠该书的电子书

　　第1步 登录我社官网（www.ssap.com.cn），注册账号；

　　第2步 登录并进入"会员中心"—"皮书俱乐部"，提交加入皮书俱乐部申请；

　　第3步 审核通过后，自动进入俱乐部服务环节，填写相关购书信息即可自动兑换相应电子书。

（2）**免费获赠皮书数据库100元充值卡**

　　100元充值卡只能在皮书数据库中充值和使用

　　第1步 刮开附赠充值的涂层（左下）；

　　第2步 登录皮书数据库网站（www.pishu.com.cn），注册账号；

　　第3步 登录并进入"会员中心"—"在线充值"—"充值卡充值"，充值成功后即可使用。

4. 声明

　　解释权归社会科学文献出版社所有

皮书俱乐部会员可享受社会科学文献出版社其他相关免费增值服务，有任何疑问，均可与我们联系
联系电话：010-59367227　企业QQ：800045692　邮箱：pishuclub@ssap.cn
欢迎登录社会科学文献出版社官网（www.ssap.com.cn）和中国皮书网（www.pishu.cn）了解更多信息

社会科学文献出版社

皮书系列

"皮书"起源于十七、十八世纪的英国，主要指官方或社会组织正式发表的重要文件或报告，多以"白皮书"命名。在中国，"皮书"这一概念被社会广泛接受，并被成功运作、发展成为一种全新的出版形态，则源于中国社会科学院社会科学文献出版社。

皮书是对中国与世界发展状况和热点问题进行年度监测，以专业的角度、专家的视野和实证研究方法，针对某一领域或区域现状与发展态势展开分析和预测，具备权威性、前沿性、原创性、实证性、时效性等特点的连续性公开出版物，由一系列权威研究报告组成。皮书系列是社会科学文献出版社编辑出版的蓝皮书、绿皮书、黄皮书等的统称。

皮书系列的作者以中国社会科学院、著名高校、地方社会科学院的研究人员为主，多为国内一流研究机构的权威专家学者，他们的看法和观点代表了学界对中国与世界的现实和未来最高水平的解读与分析。

自20世纪90年代末推出以《经济蓝皮书》为开端的皮书系列以来，社会科学文献出版社至今已累计出版皮书千余部，内容涵盖经济、社会、政法、文化传媒、行业、地方发展、国际形势等领域。皮书系列已成为社会科学文献出版社的著名图书品牌和中国社会科学院的知名学术品牌。

皮书系列在数字出版和国际出版方面成就斐然。皮书数据库被评为"2008~2009年度数字出版知名品牌"；《经济蓝皮书》《社会蓝皮书》等十几种皮书每年还由国外知名学术出版机构出版英文版、俄文版、韩文版和日文版，面向全球发行。

2011年，皮书系列正式列入"十二五"国家重点出版规划项目；2012年，部分重点皮书列入中国社会科学院承担的国家哲学社会科学创新工程项目；2014年，35种院外皮书使用"中国社会科学院创新工程学术出版项目"标识。

法律声明

"皮书系列"(含蓝皮书、绿皮书、黄皮书)由社会科学文献出版社最早使用并对外推广,现已成为中国图书市场上流行的品牌,是社会科学文献出版社的品牌图书。社会科学文献出版社拥有该系列图书的专有出版权和网络传播权,其LOGO( )与"经济蓝皮书"、"社会蓝皮书"等皮书名称已在中华人民共和国工商行政管理总局商标局登记注册,社会科学文献出版社合法拥有其商标专用权。

未经社会科学文献出版社的授权和许可,任何复制、模仿或以其他方式侵害"皮书系列"和LOGO( )、"经济蓝皮书"、"社会蓝皮书"等皮书名称商标专用权的行为均属于侵权行为,社会科学文献出版社将采取法律手段追究其法律责任,维护合法权益。

欢迎社会各界人士对侵犯社会科学文献出版社上述权利的违法行为进行举报。电话:010-59367121,电子邮箱:fawubu@ssap.cn。

社会科学文献出版社

权威·前沿·原创

社会科学文献出版社

皮书系列

2014年

盘点年度资讯 预测时代前程

社会科学文献出版社
SOCIAL SCIENCES ACADEMIC PRESS (CHINA)

社会科学文献出版社成立于1985年，是直属于中国社会科学院的人文社会科学专业学术出版机构。

成立以来，特别是1998年实施第二次创业以来，依托于中国社会科学院丰厚的学术出版和专家学者两大资源，坚持"创社科经典，出传世文献"的出版理念和"权威、前沿、原创"的产品定位，社科文献立足内涵式发展道路，从战略层面推动学术出版的五大能力建设，逐步走上了学术产品的系列化、规模化、数字化、国际化、市场化经营道路。

先后策划出版了著名的图书品牌和学术品牌"皮书"系列、"列国志"、"社科文献精品译库"、"中国史话"、"全球化译丛"、"气候变化与人类发展译丛""近世中国"等一大批既有学术影响又有市场价值的系列图书。形成了较强的学术出版能力和资源整合能力，年发稿3.5亿字，年出版新书1200余种，承印发行中国社科院院属期刊近70种。

2012年，《社会科学文献出版社学术著作出版规范》修订完成。同年10月，社会科学文献出版社参加了由新闻出版总署召开加强学术著作出版规范座谈会，并代表50多家出版社发起实施学术著作出版规范的倡议。2013年，社会科学文献出版社参与新闻出版总署学术著作规范国家标准的起草工作。

依托于雄厚的出版资源整合能力，社会科学文献出版社长期以来一直致力于从内容资源和数字平台两个方面实现传统出版的再造，并先后推出了皮书数据库、列国志数据库、中国田野调查数据库等一系列数字产品。

在国内原创著作、国外名家经典著作大量出版，数字出版突飞猛进的同时，社会科学文献出版社在学术出版国际化方面也取得了不俗的成绩。先后与荷兰博睿等十余家国际出版机构合作面向海外推出了《经济蓝皮书》《社会蓝皮书》等十余种皮书的英文版、俄文版、日文版等。

此外，社会科学文献出版社积极与中央和地方各类媒体合作，联合大型书店、学术书店、机场书店、网络书店、图书馆，逐步构建起了强大的学术图书的内容传播力和社会影响力，学术图书的媒体曝光率居全国之首，图书馆藏率居于全国出版机构前十位。

作为已经开启第三次创业梦想的人文社会科学学术出版机构，社会科学文献出版社结合社会需求、自身的条件以及行业发展，提出了新的创业目标：精心打造人文社会科学成果推广平台，发展成为一家集图书、期刊、声像电子和数字出版物为一体，面向海内外高端读者和客户，具备独特竞争力的人文社会科学内容资源供应商和海内外知名的专业学术出版机构。

社长致辞

我们是图书出版者，更是人文社会科学内容资源供应商；

我们背靠中国社会科学院，面向中国与世界人文社会科学界，坚持为人文社会科学的繁荣与发展服务；

我们精心打造权威信息资源整合平台，坚持为中国经济与社会的繁荣与发展提供决策咨询服务；

我们以读者定位自身，立志让爱书人读到好书，让求知者获得知识；

我们精心编辑、设计每一本好书以形成品牌张力，以优秀的品牌形象服务读者，开拓市场；

我们始终坚持"创社科经典，出传世文献"的经营理念，坚持"权威、前沿、原创"的产品特色；

我们"以人为本"，提倡阳光下创业，员工与企业共享发展之成果；

我们立足于现实，认真对待我们的优势、劣势，我们更着眼于未来，以不断的学习与创新适应不断变化的世界，以不断的努力提升自己的实力；

我们愿与社会各界友好合作，共享人文社会科学发展之成果，共同推动中国学术出版乃至内容产业的繁荣与发展。

社会科学文献出版社社长
中国社会学会秘书长

2014 年 1 月

社会科学文献出版社　皮书系列

"皮书"起源于十七、十八世纪的英国，主要指官方或社会组织正式发表的重要文件或报告，多以"白皮书"命名。在中国，"皮书"这一概念被社会广泛接受，并被成功运作、发展成为一种全新的出版形态，则源于中国社会科学院社会科学文献出版社。

皮书是对中国与世界发展状况和热点问题进行年度监测，以专家和学术的视角，针对某一领域或区域现状与发展态势展开分析和预测，具备权威性、前沿性、原创性、实证性、时效性等特点的连续性公开出版物，由一系列权威研究报告组成。皮书系列是社会科学文献出版社编辑出版的蓝皮书、绿皮书、黄皮书等的统称。

皮书系列的作者以中国社会科学院、著名高校、地方社会科学院的研究人员为主，多为国内一流研究机构的权威专家学者，他们的看法和观点代表了学界对中国与世界的现实和未来最高水平的解读与分析。

自 20 世纪 90 年代末推出以经济蓝皮书为开端的皮书系列以来，至今已出版皮书近 1000 余部，内容涵盖经济、社会、政法、文化传媒、行业、地方发展、国际形势等领域。皮书系列已成为社会科学文献出版社的著名图书品牌和中国社会科学院的知名学术品牌。

皮书系列在数字出版和国际出版方面成就斐然。皮书数据库被评为"2008~2009 年度数字出版知名品牌"；经济蓝皮书、社会蓝皮书等十几种皮书每年还由国外知名学术出版机构出版英文版、俄文版、韩文版和日文版，面向全球发行。

2011 年，皮书系列正式列入"十二五"国家重点出版规划项目，一年一度的皮书年会升格由中国社会科学院主办；2012 年，部分重点皮书列入中国社会科学院承担的国家哲学社会科学创新工程项目。

权威 前沿 原创

皮书系列 重点推荐

 经济类

经 济 类

经济类皮书涵盖宏观经济、城市经济、大区域经济，提供权威、前沿的分析与预测

经济蓝皮书
2014年中国经济形势分析与预测（赠阅读卡）

李 扬/主编　2013年12月出版　估价：69.00元

◆ 本书课题为"总理基金项目"，由著名经济学家李扬领衔，联合数十家科研机构、国家部委和高等院校的专家共同撰写，对2013年中国宏观及微观经济形势，特别是全球金融危机及其对中国经济的影响进行了深入分析，并且提出了2014年经济走势的预测。

世界经济黄皮书
2014年世界经济形势分析与预测（赠阅读卡）

王洛林　张宇燕/主编　2014年1月出版　估价：69.00元

◆ 2013年的世界经济仍旧行进在坎坷复苏的道路上。发达经济体经济复苏继续巩固，美国和日本经济进入低速增长通道，欧元区结束衰退并呈复苏迹象。本书展望2014年世界经济，预计全球经济增长仍将维持在中低速的水平上。

工业化蓝皮书
中国工业化进程报告（2014）（赠阅读卡）

黄群慧　吕 铁　李晓华 等/著　2014年11月出版　估价：89.00元

◆ 中国的工业化是事关中华民族复兴的伟大事业，分析跟踪研究中国的工业化进程，无疑具有重大意义。科学评价与客观认识我国的工业化水平，对于我国明确自身发展中的优势和不足，对于经济结构的升级与转型，对于制定经济发展政策，从而提升我国的现代化水平具有重要作用。

皮书系列 重点推荐 经济类

金融蓝皮书
中国金融发展报告（2014）（赠阅读卡）

李 扬 王国刚 / 主编　2013 年 12 月出版　　定价：69.00 元

◆ 由中国社会科学院金融研究所组织编写的《中国金融发展报告（2014）》，概括和分析了 2013 年中国金融发展和运行中的各方面情况，研讨和评论了 2013 年发生的主要金融事件。本书由业内专家和青年精英联合编著，有利于读者了解掌握 2013 年中国的金融状况，把握 2014 年中国金融的走势。

城市竞争力蓝皮书
中国城市竞争力报告 No.12（赠阅读卡）

倪鹏飞 / 主编　　2014 年 5 月出版　　估价：89.00 元

◆ 本书由中国社会科学院城市与竞争力研究中心主任倪鹏飞主持编写，汇集了众多研究城市经济问题的专家学者关于城市竞争力研究的最新成果。本报告构建了一套科学的城市竞争力评价指标体系，采用第一手数据材料，对国内重点城市年度竞争力格局变化进行客观分析和综合比较、排名，对研究城市经济及城市竞争力极具参考价值。

中国省域竞争力蓝皮书
中国省域经济综合竞争力发展报告（2012~2013）（赠阅读卡）

李建平　李闽榕　高燕京 / 主编　　2014 年 3 月出版　估价：188.00 元

◆ 本书充分运用数理分析、空间分析、规范分析与实证分析相结合、定性分析与定量分析相结合的方法，建立起比较科学完善、符合中国国情的省域经济综合竞争力指标评价体系及数学模型，对 2011~2012 年中国内地 31 个省、市、区的经济综合竞争力进行全面、深入、科学的总体评价与比较分析。

农村经济绿皮书
中国农村经济形势分析与预测（2013~2014）（赠阅读卡）

中国社会科学院农村发展研究所　国家统计局农村社会经济调查司 / 著

2014 年 4 月出版　　估价：59.00 元

◆ 本书对 2013 年中国农业和农村经济运行情况进行了系统的分析和评价，对 2014 年中国农业和农村经济发展趋势进行了预测，并提出相应的政策建议，专题部分将围绕某个重大的理论和现实问题进行多维、深入、细致的分析和探讨。

经济类　皮书系列 重点推荐

西部蓝皮书

中国西部经济发展报告（2014）（赠阅读卡）

姚慧琴　徐璋勇／主编　　2014年7月出版　　估价:69.00元

◆ 本书由西北大学中国西部经济发展研究中心主编，汇集了源自西部本土以及国内研究西部问题的权威专家的第一手资料，对国家实施西部大开发战略进行年度动态跟踪，并对2014年西部经济、社会发展态势进行预测和展望。

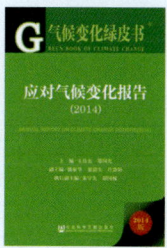

气候变化绿皮书

应对气候变化报告（2014）（赠阅读卡）

王伟光　郑国光／主编　　2014年11月出版　　估价:79.00元

◆ 本书由社科院城环所和国家气候中心共同组织编写，各篇报告的作者长期从事气候变化科学问题、社会经济影响，以及国际气候制度等领域的研究工作，密切跟踪国际谈判的进程，参与国家应对气候变化相关政策的咨询，有丰富的理论与实践经验。

就业蓝皮书

2014年中国大学生就业报告（赠阅读卡）

麦可思研究院／编著　　王伯庆　郭　娇／主审
2014年6月出版　　估价:98.00元

◆ 本书是迄今为止关于中国应届大学毕业生就业、大学毕业生中期职业发展及高等教育人口流动情况的视野最为宽广、资料最为翔实、分类最为精细的实证调查和定量研究；为我国教育主管部门的教育决策提供了极有价值的参考。

企业社会责任蓝皮书

中国企业社会责任研究报告（2014）（赠阅读卡）

黄群慧　彭华岗　钟宏武　张　蒽／编著
2014年11月出版　　估价:69.00元

◆ 本书系中国社会科学院经济学部企业社会责任研究中心组织编写的《企业社会责任蓝皮书》2014年分册。该书在对企业社会责任进行宏观总体研究的基础上，根据2013年企业社会责任及相关背景进行了创新研究，在全国企业中观层面对企业健全社会责任管理体系提供了弥足珍贵的丰富信息。

皮书系列重点推荐　社会政法类

社会政法类

社会政法类皮书聚焦社会发展领域的热点、难点问题，提供权威、原创的资讯与视点

社会蓝皮书

2014年中国社会形势分析与预测（赠阅读卡）

李培林　陈光金　张　翼/主编　2013年12月出版　估价:69.00元

◆ 本报告是中国社会科学院"社会形势分析与预测"课题组2014年度分析报告，由中国社会科学院社会学研究所组织研究机构专家、高校学者和政府研究人员撰写。对2013年中国社会发展的各个方面内容进行了权威解读，同时对2014年社会形势发展趋势进行了预测。

法治蓝皮书

中国法治发展报告No.12（2014）（赠阅读卡）

李　林　田　禾/主编　2014年2月出版　估价:98.00元

◆ 本年度法治蓝皮书一如既往秉承关注中国法治发展进程中的焦点问题的特点，回顾总结了2013年度中国法治发展取得的成就和存在的不足，并对2014年中国法治发展形势进行了预测和展望。

民间组织蓝皮书

中国民间组织报告（2014）（赠阅读卡）

黄晓勇/主编　2014年8月出版　估价:69.00元

◆ 本报告是中国社会科学院"民间组织与公共治理研究"课题组推出的第五本民间组织蓝皮书。基于国家权威统计数据、实地调研和广泛搜集的资料，本报告对2012年以来我国民间组织的发展现状、热点专题、改革趋势等问题进行了深入研究，并提出了相应的政策建议。

社会政法类　皮书系列 重点推荐

社会保障绿皮书

中国社会保障发展报告（2014）No.6（赠阅读卡）

王延中 / 主编　　2014年9月出版　　估价：69.00元

◆ 社会保障是调节收入分配的重要工具，随着社会保障制度的不断建立健全、社会保障覆盖面的不断扩大和社会保障资金的不断增加，社会保障在调节收入分配中的重要性不断提高。本书全面评述了2013年以来社会保障制度各个主要领域的发展情况。

环境绿皮书

中国环境发展报告（2014）（赠阅读卡）

刘鉴强 / 主编　　2014年4月出版　　估价：69.00元

◆ 本书由民间环保组织"自然之友"组织编写，由特别关注、生态保护、宜居城市、可持续消费以及政策与治理等版块构成，以公共利益的视角记录、审视和思考中国环境状况，呈现2013年中国环境与可持续发展领域的全局态势，用深刻的思考、科学的数据分析2013年的环境热点事件。

教育蓝皮书

中国教育发展报告（2014）（赠阅读卡）

杨东平 / 主编　　2014年3月出版　　估价：69.00元

◆ 本书站在教育前沿，突出教育中的问题，特别是对当前教育改革中出现的教育公平、高校教育结构调整、义务教育均衡发展等问题进行了深入分析，从教育的内在发展谈教育，又从外部条件来谈教育，具有重要的现实意义，对我国的教育体制的改革与发展具有一定的学术价值和参考意义。

反腐倡廉蓝皮书

中国反腐倡廉建设报告No.3（赠阅读卡）

中国社会科学院中国廉政研究中心 / 主编
2013年12月出版　　估价：79.00元

◆ 本书抓住了若干社会热点和焦点问题，全面反映了新时期新阶段中国反腐倡廉面对的严峻局面，以及中国共产党反腐倡廉建设的新实践新成果。根据实地调研、问卷调查和舆情分析，梳理了当下社会普遍关注的与反腐败密切相关的热点问题。

皮书系列 重点推荐　行业报告类

行业报告类

行业报告类皮书立足重点行业、新兴行业领域，
提供及时、前瞻的数据与信息

房地产蓝皮书
中国房地产发展报告 No.11（赠阅读卡）

魏后凯　李景国 / 主编　　2014年4月出版　　估价:79.00元

◆ 本书由中国社会科学院城市发展与环境研究所组织编写，秉承客观公正、科学中立的原则，深度解析2013年中国房地产发展的形势和存在的主要矛盾，并预测2014年及未来10年或更长时间的房地产发展大势。观点精辟，数据翔实，对关注房地产市场的各阶层人士极具参考价值。

旅游绿皮书
2013~2014年中国旅游发展分析与预测（赠阅读卡）

宋　瑞 / 主编　　2013年12月出版　　定价:69.00元

◆ 如何从全球的视野理性审视中国旅游，如何在世界旅游版图上客观定位中国，如何积极有效地推进中国旅游的世界化，如何制定中国实现世界旅游强国梦想的线路图？本年度开始，《旅游绿皮书》将围绕"世界与中国"这一主题进行系列研究，以期为推进中国旅游的长远发展提供科学参考和智力支持。

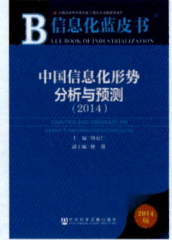

信息化蓝皮书
中国信息化形势分析与预测（2014）（赠阅读卡）

周宏仁 / 主编　　2014年7月出版　　估价:98.00元

◆ 本书在以中国信息化发展的分析和预测为重点的同时，反映了过去一年间中国信息化关注的重点和热点，视野宽阔，观点新颖，内容丰富，数据翔实，对中国信息化的发展有很强的指导性，可读性很强。

行业报告类 — 皮书系列重点推荐

企业蓝皮书
中国企业竞争力报告（2014）（赠阅读卡）

金碚 / 主编　　2014年11月出版　　估价：89.00元

◆ 中国经济正处于新一轮的经济波动中，如何保持稳健的经营心态和经营方式并进一步求发展，对于企业保持并提升核心竞争力至关重要。本书利用上市公司的财务数据，研究上市公司竞争力变化的最新趋势，探索进一步提升中国企业国际竞争力的有效途径，这无论对实践工作者还是理论研究者都具有重大意义。

食品药品蓝皮书
食品药品安全与监管政策研究报告（2014）（赠阅读卡）

唐民皓 / 主编　　2014年7月出版　　估价：69.00元

◆ 食品药品安全是当下社会关注的焦点问题之一，如何破解食品药品安全监管重点难点问题是需要以社会合力才能解决的系统工程。本书围绕安全热点问题、监管重点问题和政策焦点问题，注重于对食品药品公共政策和行政监管体制的探索和研究。

流通蓝皮书
中国商业发展报告（2013~2014）（赠阅读卡）

荆林波 / 主编　　2014年5月出版　　估价：89.00元

◆《中国商业发展报告》是中国社会科学院财经战略研究院与香港利丰研究中心合作的成果，并且在2010年开始以中英文版同步在全球发行。蓝皮书从关注中国宏观经济出发，突出中国流通业的宏观背景反映了本年度中国流通业发展的状况。

住房绿皮书
中国住房发展报告（2013~2014）（赠阅读卡）

倪鹏飞 / 主编　　2013年12月出版　　估价：79.00元

◆ 本报告从宏观背景、市场主体、市场体系、公共政策和年度主题五个方面，对中国住宅市场体系做了全面系统的分析、预测与评价，并给出了相关政策建议，并在评述2012~2013年住房及相关市场走势的基础上，预测了2013~2014年住房及相关市场的发展变化。

皮书系列 重点推荐　国别与地区类

国别与地区类

国别与地区类皮书关注全球重点国家与地区，提供全面、独特的解读与研究

亚太蓝皮书

亚太地区发展报告（2014）（赠阅读卡）

李向阳 / 主编　　2013 年 12 月出版　　定价：69.00 元

◆ 本书是由中国社会科学院亚太与全球战略研究院精心打造的又一品牌皮书，关注时下亚太地区局势发展动向里隐藏的中长趋势，剖析亚太地区政治与安全格局下的区域形势最新动向以及地区关系发展的热点问题，并对 2014 年亚太地区重大动态作出前瞻性的分析与预测。

日本蓝皮书

日本研究报告（2014）（赠阅读卡）

李　薇 / 主编　　2014 年 2 月出版　　估价：69.00 元

◆ 本书由中华日本学会、中国社会科学院日本研究所合作推出，是以中国社会科学院日本研究所的研究人员为主完成的研究成果。对 2013 年日本的政治、外交、经济、社会文化作了回顾、分析与展望，并收录了该年度日本大事记。

欧洲蓝皮书

欧洲发展报告(2013~2014)（赠阅读卡）

周　弘 / 主编　　2014 年 3 月出版　　估价：89.00 元

◆ 本年度的欧洲发展报告，对欧洲经济、政治、社会、外交等面的形式进行了跟踪介绍与分析。力求反映作为一个整体的欧盟及 30 多个欧洲国家在 2013 年出现的各种变化。

国别与地区类 皮书系列重点推荐

拉美黄皮书
拉丁美洲和加勒比发展报告（2013~2014）（赠阅读卡）
吴白乙/主编　2014年4月出版　估价:89.00元

◆ 本书是中国社会科学院拉丁美洲研究所的第13份关于拉丁美洲和加勒比地区发展形势状况的年度报告。本书对2013年拉丁美洲和加勒比地区诸国的政治、经济、社会、外交等方面的发展情况做了系统介绍，对该地区相关国家的热点及焦点问题进行了总结和分析，并在此基础上对该地区各国2014年的发展前景做出预测。

澳门蓝皮书
澳门经济社会发展报告（2013~2014）（赠阅读卡）
吴志良　郝雨凡/主编　2014年3月出版　估价:79.00元

◆ 本书集中反映2013年本澳各个领域的发展动态，总结评价近年澳门政治、经济、社会的总体变化，同时对2014年社会经济情况作初步预测。

日本经济蓝皮书
日本经济与中日经贸关系研究报告（2014）（赠阅读卡）
王洛林　张季风/主编　2014年5月出版　估价:79.00元

◆ 本书对当前日本经济以及中日经济合作的发展动态进行了多角度、全景式的深度分析。本报告回顾并展望了2013~2014年度日本宏观经济的运行状况。此外，本报告还收录了大量来自于日本政府权威机构的数据图表，具有极高的参考价值。

美国蓝皮书
美国问题研究报告（2014）（赠阅读卡）
黄平　倪峰/主编　2014年6月出版　估价:89.00元

◆ 本书是由中国社会科学院美国所主持完成的研究成果，它回顾了美国2013年的经济、政治形势与外交战略，对2013年以来美国内政外交发生的重大事件以及重要政策进行了较为全面的回顾和梳理。

皮书系列重点推荐　地方发展类

地方发展类

地方发展类皮书关注大陆各省份、经济区域，提供科学、多元的预判与咨政信息

社会建设蓝皮书
2014年北京社会建设分析报告（赠阅读卡）
宋贵伦／主编　2014年4月出版　估价:69.00元

◆ 本书依据社会学理论框架和分析方法，对北京市的人口、就业、分配、社会阶层以及城乡关系等社会学基本问题进行了广泛调研与分析，对广受社会关注的住房、教育、医疗、养老、交通等社会热点问题做了深刻了解与剖析，对日益显现的征地搬迁、外籍人口管理、群体性心理障碍等进行了有益探讨。

温州蓝皮书
2014年温州经济社会形势分析与预测（赠阅读卡）
潘忠强　王春光　金浩／主编　2014年4月出版　估价：69.00元

◆ 本书是由中共温州市委党校与中国社会科学院社会学研究所合作推出的第七本"温州经济社会形势分析与预测"年度报告，深入全面分析了2013年温州经济、社会、政治、文化发展的主要特点、经验、成效与不足，提出了相应的政策建议。

上海蓝皮书
上海资源环境发展报告（2014）（赠阅读卡）
周冯琦　汤庆合　王利民／著　2014年1月出版　估价：59.00元

◆ 本书在上海所面临资源环境风险的来源、程度、成因、对策等方面作了些有益的探索，希望能对有关部门完善上海的资源环境风险防控工作提供一些有价值的参考，也让普通民众更全面地了解上海资源环境风险及其防控的图景。

地方发展类　皮书系列 重点推荐

广州蓝皮书

2014年中国广州社会形势分析与预测（赠阅读卡）

易佐永　杨　秦　顾涧清 / 主编　　2014年5月出版　　估价：65.00元

◆ 本书由广州大学与广州市委宣传部、广州市人力资源和社会保障局联合主编，汇集了广州科研团体、高等院校和政府部门诸多社会问题研究专家、学者和实际部门工作者的最新研究成果，是关于广州社会运行情况和相关专题分析与预测的重要参考资料。

河南经济蓝皮书

2014年河南经济形势分析与预测（赠阅读卡）

胡五岳 / 主编　　2014年4月出版　　估价：59.00元

◆ 本书由河南省统计局主持编纂。该分析与展望以2013年最新年度统计数据为基础，科学研判河南经济发展的脉络轨迹、分析年度运行态势；以客观翔实、权威资料为特征，突出科学性、前瞻性和可操作性，服务于科学决策和科学发展。

陕西蓝皮书

陕西社会发展报告（2014）（赠阅读卡）

任宗哲　石　英　江　波 / 主编　　2014年1月出版　　估价：65.00元

◆ 本书系统而全面地描述了陕西省2013年社会发展各个领域所取得的成就、存在的问题、面临的挑战及其应对思路，为更好地思考2014年陕西发展前景、政策指向和工作策略等方面提供了一个较为简洁清晰的参考蓝本。

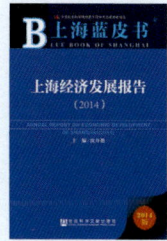

上海蓝皮书

上海经济发展报告（2014）（赠阅读卡）

沈开艳 / 主编　　2014年1月出版　　估价：69.00元

◆ 本书系上海社会科学院系列之一，报告对2014年上海经济增长与发展趋势的进行了预测，把握了上海经济发展的脉搏和学木研究的前沿。

皮书系列 重点推荐

地方发展类·文化传媒类

广州蓝皮书
广州经济发展报告（2014）（赠阅读卡）
李江涛 刘江华/主编　2014年6月出版　估价:65.00元

◆ 本书是由广州市社会科学院主持编写的"广州蓝皮书"系列之一，本报告对广州2013年宏观经济运行情况作了深入分析，对2014年宏观经济走势进行了合理预测，并在此基础上提出了相应的政策建议。

文化传媒类

 文化传媒类皮书透视文化领域、文化产业，探索文化大繁荣、大发展的路径

新媒体蓝皮书
中国新媒体发展报告No.4(2013)（赠阅读卡）
唐绪军/主编　2014年6月出版　估价:69.00元

◆ 本书由中国社会科学院新闻与传播研究所和上海大学合作编写，在构建新媒体发展研究基本框架的基础上，全面梳理2013年中国新媒体发展现状，发表最前沿的网络媒体深度调查数据和研究成果，并对新媒体发展的未来趋势做出预测。

舆情蓝皮书
中国社会舆情与危机管理报告（2014）（赠阅读卡）
谢耘耕/主编　2014年8月出版　估价:85.00元

◆ 本书由上海交通大学舆情研究实验室和危机管理研究中心主编，已被列入教育部人文社会科学研究报告培育项目。本书以新媒体环境下的中国社会为立足点，对2013年中国社会舆情、分类舆情等进行了深入系统的研究，并预测了2014年社会舆情走势。

经济类

产业蓝皮书
中国产业竞争力报告（2014）No.4
著(编)者：张其仔　2014年5月出版／估价：79.00元

长三角蓝皮书
2014年率先基本实现现代化的长三角
著(编)者：刘志彪　2014年6月出版／估价：120.00元

城市竞争力蓝皮书
中国城市竞争力报告No.12
著(编)者：倪鹏飞　2014年5月出版／估价：89.00元

城市蓝皮书
中国城市发展报告No.7
著(编)者：潘家华　魏后凯　2014年7月出版／估价：69.00元

城市群蓝皮书
中国城市群发展指数报告(2014)
著(编)者：刘士林　刘新静　2014年10月出版／估价：59.00元

城乡统筹蓝皮书
中国城乡统筹发展报告（2014）
著(编)者：程志强、潘晨光　2014年3月出版／估价：59.00元

城乡一体化蓝皮书
中国城乡一体化发展报告（2014）
著(编)者：汝信　付崇兰　2014年8月出版／估价：59.00元

城镇化蓝皮书
中国城镇化健康发展报告（2014）
著(编)者：张占斌　2014年10月出版／估价：69.00元

低碳发展蓝皮书
中国低碳发展报告（2014）
著(编)者：齐晔　2014年7月出版／估价：69.00元

低碳经济蓝皮书
中国低碳经济发展报告（2014）
著(编)者：薛进军　赵忠秀　2014年5月出版／估价：79.00元

东北蓝皮书
中国东北地区发展报告（2014）
著(编)者：鲍振东　曹晓峰　2014年8月出版／估价：79.00元

发展和改革蓝皮书
中国经济发展和体制改革报告No.7
著(编)者：邹东涛　2014年7月出版／估价：79.00元

工业化蓝皮书
中国工业化进程报告（2014）
著(编)者：黄群慧　吕铁　李晓华　等
2014年11月出版／估价：89.00元

国际城市蓝皮书
国际城市发展报告（2014）
著(编)者：屠启宇　2014年1月出版／估价：69.00元

国家创新蓝皮书
国家创新发展报告（2013~2014）
著(编)者：陈劲　2014年3月出版／估价：69.00元

国家竞争力蓝皮书
中国国家竞争力报告No.2
著(编)者：倪鹏飞　2014年10月出版／估价：98.00元

宏观经济蓝皮书
中国经济增长报告（2014）
著(编)者：张平　刘霞辉　2014年10月出版／估价：69.00元

减贫蓝皮书
中国减贫与社会发展报告
著(编)者：黄承伟　2014年7月出版／估价：69.00元

金融蓝皮书
中国金融发展报告（2014）
著(编)者：李扬　王国刚　2013年12月出版／定价：69.00元

经济蓝皮书
2014年中国经济形势分析与预测
著(编)者：李扬　2013年12月出版／估价：69.00元

经济蓝皮书春季号
中国经济前景分析——2014年春季报告
著(编)者：李扬　2014年4月出版／估价：59.00元

经济信息绿皮书
中国与世界经济发展报告（2014）
著(编)者：王长胜　2013年12月出版／定价：69.00元

就业蓝皮书
2014年中国大学生就业报告
著(编)者：麦可思研究院　2014年6月出版／估价：98.00元

民营经济蓝皮书
中国民营经济发展报告No.10（2013~2014）
著(编)者：黄孟复　2014年9月出版／估价：69.00元

民营企业蓝皮书
中国民营企业竞争力报告No.7（2014）
著(编)者：刘迎秋　2014年1月出版／估价：79.00元

农村绿皮书
中国农村经济形势分析与预测（2014）
著(编)者：中国社会科学院农村发展研究所
　　　　　国家统计局农村社会经济调查司　著
2014年4月出版／估价：59.00元

企业公民蓝皮书
中国企业公民报告No.4
著(编)者：邹东涛　2014年7月出版／估价：69.00元

企业社会责任蓝皮书
中国企业社会责任研究报告（2014）
著(编)者：黄群慧　彭华岗　钟宏武　等
2014年11月出版／估价：59.00元

气候变化绿皮书
应对气候变化报告（2014）
著(编)者：王伟光　郑国光　2014年11月出版／估价：79.00元

区域蓝皮书
中国区域经济发展报告（2014）
著(编)者：梁昊光　2014年4月出版／估价：69.00元

经济类·社会政法类

人口与劳动绿皮书
中国人口与劳动问题报告No.15
著(编)者：蔡昉　2014年6月出版 / 估价：69.00元

生态经济（建设）绿皮书
中国经济（建设）发展报告（2013~2014）
著(编)者：黄浩涛　李周　2014年10月出版 / 估价：69.00元

世界经济黄皮书
2014年世界经济形势分析与预测
著(编)者：王洛林　张宇燕　2014年1月出版 / 估价：69.00元

西北蓝皮书
中国西北发展报告（2014）
著(编)者：张进海　陈冬红　段庆林　2014年1月出版 / 定价：65.00元

西部蓝皮书
中国西部发展报告（2014）
著(编)者：姚慧琴　徐璋勇　2014年7月出版 / 估价：69.00元

新型城镇化蓝皮书
新型城镇化发展报告（2014）
著(编)者：沈体雁　李伟　宋敏　2014年3月出版 / 估价：69.00元

新兴经济体蓝皮书
金砖国家发展报告（2014）
著(编)者：林跃勤　周文　2014年3月出版 / 估价：79.00元

循环经济绿皮书
中国循环经济发展报告（2013~2014）
著(编)者：齐建国　2014年12月出版 / 估价：69.00元

中部竞争力蓝皮书
中国中部经济社会竞争力报告（2014）
著(编)者：教育部人文社会科学重点研究基地
　　　　南昌大学中国中部经济社会发展研究中心
2014年7月出版 / 估价：59.00元

中部蓝皮书
中国中部地区发展报告（2014）
著(编)者：朱有志　2014年10月出版 / 估价：59.00元

中国科技蓝皮书
中国科技发展报告（2014）
著(编)者：陈劲　2014年4月出版 / 估价：69.00元

中国省域竞争力蓝皮书
中国省域经济综合竞争力发展报告（2012~2013）
著(编)者：李建平　李闽榕　高燕京　2014年3月出版 / 估价：188.00

中三角蓝皮书
长江中游城市群发展报告（2013~2014）
著(编)者：秦尊文　2014年6月出版 / 估价：69.00元

中小城市绿皮书
中国中小城市发展报告（2014）
著(编)者：中国城市经济学会中小城市经济发展委员会
　　　　《中国中小城市发展报告》编纂委员会
2014年10月出版 / 估价：98.00元

中原蓝皮书
中原经济区发展报告（2014）
著(编)者：刘怀廉　2014年6月出版 / 估价：68.00元

社会政法类

殡葬绿皮书
中国殡葬事业发展报告（2014）
著(编)者：朱勇 主编　副主编 李伯森　2014年3月出版 / 估价：59.00元

城市创新蓝皮书
中国城市创新报告（2014）
著(编)者：周天勇　旷建伟　2014年7月出版 / 估价：69.00元

城市管理蓝皮书
中国城市管理报告2014
著(编)者：谭维克　刘林　2014年7月出版 / 估价：98.00元

城市生活质量蓝皮书
中国城市生活质量指数报告（2014）
著(编)者：张平　2014年7月出版 / 估价：59.00元

城市政府能力蓝皮书
中国城市政府公共服务能力评估报告（2014）
著(编)者：何艳玲　2014年7月出版 / 估价：59.00元

创新蓝皮书
创新型国家建设报告（2014）
著(编)者：詹正茂　2014年7月出版 / 估价：69.00元

慈善蓝皮书
中国慈善发展报告（2014）
著(编)者：杨团　2014年6月出版 / 估价：69.00元

法治蓝皮书
中国法治发展报告No.12（2014）
著(编)者：李林　田禾　2014年2月出版 / 估价：98.00元

反腐倡廉蓝皮书
中国反腐倡廉建设报告No.3
著(编)者：李秋芳　2013年12月出版 / 估价：79.00元

非传统安全蓝皮书
中国非传统安全研究报告（2014）
著(编)者：余潇枫　2014年5月出版 / 估价：69.00元

社会政法类 — 皮书系列 2014全品种

妇女发展蓝皮书
福建省妇女发展报告（2014）
著(编)者：刘群英　2014年10月出版 / 估价：58.00元

妇女发展蓝皮书
中国妇女发展报告No.5
著(编)者：王金玲　高小贤　2014年5月出版 / 估价：65.00元

妇女教育蓝皮书
中国妇女教育发展报告No.3
著(编)者：张李玺　2014年10月出版 / 估价：69.00元

公共服务满意度蓝皮书
中国城市公共服务评价报告（2014）
著(编)者：胡伟　2014年11月出版 / 估价：69.00元

公共服务蓝皮书
中国城市基本公共服务力评价（2014）
著(编)者：侯惠勤　辛向阳　易定宏
2014年10月出版 / 估价：55.00元

公民科学素质蓝皮书
中国公民科学素质调查报告（2013~2014）
著(编)者：李群　许佳军　2014年2月出版 / 估价：69.00元

公益蓝皮书
中国公益发展报告（2014）
著(编)者：朱健刚　2014年5月出版 / 估价：78.00元

国际人才蓝皮书
中国海归创业发展报告（2014）No.2
著(编)者：王辉耀　路江涌　2014年10月出版 / 估价：69.00元

国际人才蓝皮书
中国留学发展报告（2014）No.3
著(编)者：王辉耀　2014年9月出版 / 估价：59.00元

行政改革蓝皮书
中国行政体制改革报告（2014）No.3
著(编)者：魏礼群　2014年3月出版 / 估价：69.00元

华侨华人蓝皮书
华侨华人研究报告（2014）
著(编)者：丘进　2014年5月出版 / 估价：128.00元

环境竞争力绿皮书
中国省域环境竞争力发展报告（2014）
著(编)者：李建平　李闽榕　王金南
2014年12月出版 / 估价：148.00元

环境绿皮书
中国环境发展报告（2014）
著(编)者：刘鉴强　2014年4月出版 / 估价：69.00元

基本公共服务蓝皮书
中国省级政府基本公共服务发展报告（2014）
著(编)者：孙德超　2014年1月出版 / 估价：69.00元

基金会透明度蓝皮书
中国基金会透明度发展研究报告（2014）
著(编)者：基金会中心网　2014年7月出版 / 估价：79.00元

教师蓝皮书
中国中小学教师发展报告（2014）
著(编)者：曾晓东　2014年4月出版 / 估价：59.00元

教育蓝皮书
中国教育发展报告（2014）
著(编)者：杨东平　2014年3月出版 / 估价：69.00元

科普蓝皮书
中国科普基础设施发展报告（2014）
著(编)者：任福君　2014年6月出版 / 估价：79.00元

口腔健康蓝皮书
中国口腔健康发展报告（2014）
著(编)者：胡德渝　2014年12月出版 / 估价：59.00元

老龄蓝皮书
中国老龄事业发展报告（2014）
著(编)者：吴玉韶　2014年2月出版 / 估价：59.00元

连片特困区蓝皮书
中国连片特困区发展报告（2014）
著(编)者：丁建军　冷志明　游俊　2014年3月出版 / 估价：79.00元

民间组织蓝皮书
中国民间组织报告（2014）
著(编)者：黄晓勇　2014年8月出版 / 估价：69.00元

民族发展蓝皮书
中国民族区域自治发展报告（2014）
著(编)者：郝时远　2014年6月出版 / 估价：98.00元

女性生活蓝皮书
中国女性生活状况报告No.8（2014）
著(编)者：韩湘景　2014年3月出版 / 估价：78.00元

汽车社会蓝皮书
中国汽车社会发展报告（2014）
著(编)者：王俊秀　2014年1月出版 / 估价：59.00元

青年蓝皮书
中国青年发展报告（2014）No.2
著(编)者：廉思　2014年6月出版 / 估价：59.00元

全球环境竞争力绿皮书
全球环境竞争力发展报告（2014）
著(编)者：李建平　李闽榕　王金南　2014年11月出版 / 估价：69.00元

青少年蓝皮书
中国未成年人新媒体运用报告（2014）
著(编)者：李文革　沈杰　季为民　2014年6月出版 / 估价：69.00元

区域人才蓝皮书
中国区域人才竞争力报告No.2
著(编)者:桂昭明 王辉耀　2014年6月出版 / 估价:69.00元

人才蓝皮书
中国人才发展报告(2014)
著(编)者:潘晨光　2014年10月出版 / 估价:79.00元

人权蓝皮书
中国人权事业发展报告No.4(2014)
著(编)者:李君如　2014年7月出版 / 估价:98.00元

世界人才蓝皮书
全球人才发展报告No.1
著(编)者:孙学玉 张冠梓　2013年12月出版 / 估价:69.00元

社会保障绿皮书
中国社会保障发展报告(2014)No.6
著(编)者:王延中　2014年4月出版 / 估价:69.00元

社会工作蓝皮书
中国社会工作发展报告(2013~2014)
著(编)者:王杰秀 邹文开　2014年8月出版 / 估价:59.00元

社会管理蓝皮书
中国社会管理创新报告No.3
著(编)者:连玉明　2014年9月出版 / 估价:79.00元

社会蓝皮书
2014年中国社会形势分析与预测
著(编)者:李培林 陈光金 张翼 2013年12月出版 / 估价:69.00元

社会体制蓝皮书
中国社会体制改革报告(2014)No.2
著(编)者:龚维斌　2014年5月出版 / 估价:59.00元

社会心态蓝皮书
2014年中国社会心态研究报告
著(编)者:王俊秀 杨宜音　2014年1月出版 / 估价:59.00元

生态城市绿皮书
中国生态城市建设发展报告(2014)
著(编)者:李景源 孙伟平 刘举科　2014年6月出版 / 估价:128.00元

生态文明绿皮书
中国省域生态文明建设评价报告(ECI 2014)
著(编)者:严耕　2014年9月出版 / 估价:98.00元

世界创新竞争力黄皮书
世界创新竞争力发展报告(2014)
著(编)者:李建平 李闽榕 赵新力　2014年11月出版 / 估价:128.00元

水与发展蓝皮书
中国水风险评估报告(2014)
著(编)者:苏杨　2014年9月出版 / 估价:69.00元

危机管理蓝皮书
中国危机管理报告(2014)
著(编)者:文学国 范正青　2014年8月出版 / 估价:79.00元

小康蓝皮书
中国全面建设小康社会监测报告(2014)
著(编)者:潘璠　2014年11月出版 / 估价:59.00元

形象危机应对蓝皮书
形象危机应对研究报告(2014)
著(编)者:唐钧　2014年9月出版 / 估价:118.00元

政治参与蓝皮书
中国政治参与报告(2014)
著(编)者:房宁　2014年7月出版 / 估价:58.00元

政治发展蓝皮书
中国政治发展报告(2014)
著(编)者:房宁 杨海蛟　2014年6月出版 / 估价:98.00元

宗教蓝皮书
中国宗教报告(2014)
著(编)者:金泽 邱永辉　2014年8月出版 / 估价:59.00元

社会组织蓝皮书
中国社会组织评估报告(2014)
著(编)者:徐家良　2014年3月出版 / 估价:69.00元

政府绩效评估蓝皮书
中国地方政府绩效评估报告(2014)
著(编)者:负杰　2014年9月出版 / 估价:69.00元

行业报告类

保健蓝皮书
中国保健服务产业发展报告No.2
著(编)者:中国保健协会 中共中央党校
2014年7月出版 / 估价:198.00元

保健蓝皮书
中国保健食品产业发展报告No.2
著(编)者:中国保健协会
　　　　中国社会科学院食品药品产业发展与监管研究中心
2014年7月出版 / 估价:198.00元

保健蓝皮书
中国保健用品产业发展报告No.2
著(编)者:中国保健协会　2014年3月出版 / 估价:198.00元

保险蓝皮书
中国保险业竞争力报告(2014)
著(编)者:罗忠敏　2014年1月出版 / 估价:98.00元

行业报告类

皮书系列 2014全品种

餐饮产业蓝皮书
中国餐饮产业发展报告（2014）
著(编)者：中国烹饪协会 中国社会科学院财经战略研究院
2014年5月出版 / 估价：59.00元

测绘地理信息蓝皮书
中国地理信息产业发展报告（2014）
著(编)者：徐德明　2014年12月出版 / 估价：98.00元

茶业蓝皮书
中国茶产业发展报告（2014）
著(编)者：李闽榕 杨江帆　2014年4月出版 / 估价：79.00元

产权市场蓝皮书
中国产权市场发展报告（2014）
著(编)者：曹和平　2014年1月出版 / 估价：69.00元

产业安全蓝皮书
中国出版与传媒安全报告（2014）
著(编)者：北京交通大学中国产业安全研究中心
2014年1月出版 / 估价：59.00元

产业安全蓝皮书
中国医疗产业安全报告（2014）
著(编)者：北京交通大学中国产业安全研究中心
2014年1月出版 / 估价：59.00元

产业安全蓝皮书
中国医疗产业安全报告（2014）
著(编)者：李孟刚　2014年7月出版 / 估价：69.00元

产业安全蓝皮书
中国文化产业安全蓝皮书（2013~2014）
著(编)者：高海涛 刘益　2014年3月出版 / 估价：69.00元

产业安全蓝皮书
中国出版传媒产业安全报告（2014）
著(编)者：孙万军 王玉海　2014年12月出版 / 估价：69.00元

典当业蓝皮书
中国典当行业发展报告（2013~2014）
著(编)者：黄育华 王力 张红地
2014年10月出版 / 估价：69.00元

电子商务蓝皮书
中国城市电子商务影响力报告（2014）
著(编)者：荆林波　2014年5月出版 / 估价：69.00元

电子政务蓝皮书
中国电子政务发展报告（2014）
著(编)者：洪毅 王长胜　2014年2月出版 / 估价：59.00元

杜仲产业绿皮书
中国杜仲橡胶资源与产业发展报告（2014）
著(编)者：杜红岩 胡文臻 俞瑞
2014年9月出版 / 估价：99.00元

房地产蓝皮书
中国房地产发展报告No.11
著(编)者：魏后凯 李景国　2014年4月出版 / 估价：79.00元

服务外包蓝皮书
中国服务外包产业发展报告（2014）
著(编)者：王晓红 李皓　2014年4月出版 / 估价：89.00元

高端消费蓝皮书
中国高端消费市场研究报告
著(编)者：依绍华 王雪峰　2013年12月出版 / 估价：69.00元

会展经济蓝皮书
中国会展经济发展报告（2014）
著(编)者：过聚荣　2014年9月出版 / 估价：65.00元

会展蓝皮书
中外会展业动态评估年度报告（2014）
著(编)者：张敏　2014年8月出版 / 估价：68.00元

基金会绿皮书
中国基金会发展独立研究报告（2014）
著(编)者：基金会中心网　2014年8月出版 / 估价：58.00元

交通运输蓝皮书
中国交通运输服务发展报告（2014）
著(编)者：林晓言 卜伟 武剑红
2014年10月出版 / 估价：69.00元

金融监管蓝皮书
中国金融监管报告（2014）
著(编)者：胡滨　2014年9月出版 / 估价：65.00元

金融蓝皮书
中国金融中心发展报告（2014）
著(编)者：中国社会科学院金融研究所
　　　　中国博士后特华科研工作站 王力 黄育华
2014年10月出版 / 估价：59.00元

金融蓝皮书
中国商业银行竞争力报告（2014）
著(编)者：王松奇　2014年5月出版 / 估价：79.00元

金融蓝皮书
中国金融发展报告（2014）
著(编)者：李扬 王国刚　2013年12月出版 / 估价：69.00元

金融蓝皮书
中国金融法治报告（2014）
著(编)者：胡滨 全先银　2014年3月出版 / 估价：65.00元

金融蓝皮书
中国金融产品与服务报告（2014）
著(编)者：殷剑峰　2014年6月出版 / 估价：50.00元

金融信息服务蓝皮书
金融信息服务业发展报告（2014）
著(编)者：鲁广锦　2014年11月出版 / 估价：69.00元

19

皮书系列 2014全品种
行业报告类

抗衰老医学蓝皮书
抗衰老医学发展报告（2014）
著(编)者：罗伯特·高德曼 罗纳德·科莱兹
尼尔·布什 朱敏 金大鹏 郭弋
2014年3月出版 / 估价：69.00元

客车蓝皮书
中国客车产业发展报告（2014）
著(编)者：姚蔚 2014年12月出版 / 估价：69.00元

科学传播蓝皮书
中国科学传播报告（2014）
著(编)者：詹正茂 2014年4月出版 / 估价：69.00元

流通蓝皮书
中国商业发展报告（2014）
著(编)者：荆林波 2014年5月出版 / 估价：89.00元

旅游安全蓝皮书
中国旅游安全报告（2014）
著(编)者：郑向敏 谢朝武 2014年6月出版 / 估价：79.00元

旅游绿皮书
2013~2014年中国旅游发展分析与预测
著(编)者：宋瑞 2013年12月出版 / 估价：69.00元

旅游城市绿皮书
世界旅游城市发展报告（2013~2014）
著(编)者：张辉 2014年1月出版 / 估价：69.00元

贸易蓝皮书
中国贸易发展报告（2014）
著(编)者：荆林波 2014年5月出版 / 估价：49.00元

民营医院蓝皮书
中国民营医院发展报告（2014）
著(编)者：朱幼棣 2014年10月出版 / 估价：69.00元

闽商蓝皮书
闽商发展报告（2014）
著(编)者：李闽榕 王日根 2014年12月出版 / 估价：69.00元

能源蓝皮书
中国能源发展报告（2014）
著(编)者：崔民选 王军生 陈义和
2014年10月出版 / 估价：59.00元

农产品流通蓝皮书
中国农产品流通产业发展报告（2014）
著(编)者：贾敬敦 王炳南 张玉玺 张鹏毅 陈丽华
2014年9月出版 / 估价：89.00元

期货蓝皮书
中国期货市场发展报告（2014）
著(编)者：荆林波 2014年6月出版 / 估价：98.00元

企业蓝皮书
中国企业竞争力报告（2014）
著(编)者：金碚 2014年11月出版 / 估价：89.00元

汽车安全蓝皮书
中国汽车安全发展报告（2014）
著(编)者：赵福全 孙小端 等 2014年1月出版 / 估价：69.00元

汽车蓝皮书
中国汽车产业发展报告（2014）
著(编)者：国务院发展研究中心产业经济研究部
中国汽车工程学会 大众汽车集团（中国）
2014年7月出版 / 估价：79.00元

清洁能源蓝皮书
国际清洁能源发展报告（2014）
著(编)者：国际清洁能源论坛（澳门）
2014年9月出版 / 估价：89.00元

人力资源蓝皮书
中国人力资源发展报告（2014）
著(编)者：吴江 2014年9月出版 / 估价：69.00元

软件和信息服务业蓝皮书
中国软件和信息服务业发展报告（2014）
著(编)者：洪京一 工业和信息化部电子科学技术情报研究所
2014年6月出版 / 估价：98.00元

商会蓝皮书
中国商会发展报告 No.4（2014）
著(编)者：黄孟复 2014年4月出版 / 估价：59.00元

商品市场蓝皮书
中国商品市场发展报告（2014）
著(编)者：荆林波 2014年7月出版 / 估价：59.00元

上市公司蓝皮书
中国上市公司非财务信息披露报告（2014）
著(编)者：钟宏武 张旺 张蒽 等
2014年12月出版 / 估价：59.00元

食品药品蓝皮书
食品药品安全与监管政策研究报告（2014）
著(编)者：唐民皓 2014年7月出版 / 估价：69.00元

世界能源蓝皮书
世界能源发展报告（2014）
著(编)者：黄晓勇 2014年9月出版 / 估价：99.00元

私募市场蓝皮书
中国私募股权市场发展报告（2014）
著(编)者：曹和平 2014年4月出版 / 估价：69.00元

体育蓝皮书
中国体育产业发展报告（2014）
著(编)者：阮伟 钟秉枢 2013年2月出版 / 估价：69.00元

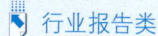 行业报告类

皮书系列 2014全品种

体育蓝皮书·公共体育服务
中国公共体育服务发展报告（2014）
著(编)者：戴健　2014年12月出版 / 估价：69.00元

投资蓝皮书
中国投资发展报告（2014）
著(编)者：杨庆蔚　2014年4月出版 / 估价：79.00元

投资蓝皮书
中国企业海外投资发展报告（2013~2014）
著(编)者：陈文晖　薛誉华　2013年12月出版 / 估价：69.00元

物联网蓝皮书
中国物联网发展报告（2014）
著(编)者：龚六堂　2014年1月出版 / 估价：59.00元

西部工业蓝皮书
中国西部工业发展报告（2014）
著(编)者：方行明　刘方健　姜凌 等
2014年9月出版 / 估价：69.00元

西部金融蓝皮书
中国西部金融发展报告（2014）
著(编)者：李忠民　2014年10月出版 / 估价：69.00元

新能源汽车蓝皮书
中国新能源汽车产业发展报告（2014）
著(编)者：中国汽车技术研究中心
　　　　　日产（中国）投资有限公司
　　　　　东风汽车有限公司
2014年9月出版 / 估价：69.00元

信托蓝皮书
中国信托业研究报告（2014）
著(编)者：中建投信托研究中心　中国建设建投研究院
2014年9月出版 / 估价：59.00元

信托蓝皮书
中国信托投资报告（2014）
著(编)者：杨金龙　刘屹　2014年7月出版 / 估价：69.00元

信息化蓝皮书
中国信息化形势分析与预测（2014）
著(编)者：周宏仁　2014年7月出版 / 估价：98.00元

信用蓝皮书
中国信用发展报告（2014）
著(编)者：章政　田侃　2014年4月出版 / 估价：69.00元

休闲绿皮书
2014年中国休闲发展报告
著(编)者：刘德谦　唐兵　宋瑞
2014年6月出版 / 估价：59.00元

养老产业蓝皮书
中国养老产业发展报告（2013~2014年）
著(编)者：张车伟　2014年1月出版 / 估价：69.00元

移动互联网蓝皮书
中国移动互联网发展报告（2014）
著(编)者：官建文　2014年5月出版 / 估价：79.00元

医药蓝皮书
中国药品市场报告（2014）
著(编)者：程锦锥　朱恒鹏　2014年12月出版 / 估价：79.00元

中国林业竞争力蓝皮书
中国省域林业竞争力发展报告No.2（2014）
（上下册）
著(编)者：郑传芳　李闽榕　张春霞　张会儒
2014年8月出版 / 估价：139.00元

中国农业竞争力蓝皮书
中国省域农业竞争力发展报告No.2（2014）
著(编)者：郑传芳　宋洪远　李闽榕　张春霞
2014年7月出版 / 估价：128.00元

中国信托市场蓝皮书
中国信托业市场报告（2013~2014）
著(编)者：李旸　2014年10月出版 / 估价：69.00元

中国总部经济蓝皮书
中国总部经济发展报告（2014）
著(编)者：赵弘　2014年9月出版 / 估价：69.00元

珠三角流通蓝皮书
珠三角商圈发展研究报告（2014）
著(编)者：王先庆　林至颖　2014年8月出版 / 估价：69.00元

住房绿皮书
中国住房发展报告（2013~2014）
著(编)者：倪鹏飞　2013年12月出版 / 估价：79.00元

资本市场蓝皮书
中国场外交易市场发展报告（2014）
著(编)者：高峦　2014年3月出版 / 估价：79.00元

资产管理蓝皮书
中国信托业发展报告（2014）
著(编)者：智信资产管理研究院　2014年7月出版 / 估价：69.00元

支付清算蓝皮书
中国支付清算发展报告（2014）
著(编)者：杨涛　2014年4月出版 / 估价：45.00元

文化传媒类

传媒蓝皮书
中国传媒产业发展报告（2014）
著(编)者:崔保国　2014年4月出版 / 估价:79.00元

传媒竞争力蓝皮书
中国传媒国际竞争力研究报告（2014）
著(编)者:李本乾　2014年9月出版 / 估价:69.00元

创意城市蓝皮书
武汉市文化创意产业发展报告（2014）
著(编)者:张京成　黄永林　2014年10月出版 / 估价:69.00元

电视蓝皮书
中国电视产业发展报告（2014）
著(编)者:卢斌　2014年4月出版 / 估价:79.00元

电影蓝皮书
中国电影出版发展报告（2014）
著(编)者:卢斌　2014年4月出版 / 估价:79.00元

动漫蓝皮书
中国动漫产业发展报告（2014）
著(编)者:卢斌　郑玉明　牛兴侦　2014年4月出版 / 估价:79.00元

广电蓝皮书
中国广播电影电视发展报告（2014）
著(编)者:庞井君　杨明品　李岚
2014年6月出版 / 估价:88.00元

广告主蓝皮书
中国广告主营销传播趋势报告N0.8
著(编)者:中国传媒大学广告主研究所
　　　　中国广告主营销传播创新研究课题组
　　　　黄升民　杜国清　邵华冬等
2014年5月出版 / 估价:98.00元

国际传播蓝皮书
中国国际传播发展报告（2014）
著(编)者:胡正荣　李继东　姬德强
2014年1月出版 / 估价:69.00元

纪录片蓝皮书
中国纪录片发展报告（2014）
著(编)者:何苏六　2014年10月出版 / 估价:89.00元

两岸文化蓝皮书
两岸文化产业合作发展报告（2014）
著(编)者:胡惠林　肖夏勇　2014年6月出版 / 估价:59.00元

媒介与女性蓝皮书
中国媒介与女性发展报告（2014）
著(编)者:刘利群　2014年8月出版 / 估价:69.00元

全球传媒蓝皮书
全球传媒产业发展报告（2014）
著(编)者:胡正荣　2014年12月出版 / 估价:79.00元

视听新媒体蓝皮书
中国视听新媒体发展报告（2014）
著(编)者:庞井君　2014年6月出版 / 估价:148.00元

文化创新蓝皮书
中国文化创新报告（2014）No.5
著(编)者:于平　傅才武　2014年7月出版 / 估价:79.00元

文化科技蓝皮书
文化科技融合与创意城市发展报告（2014）
著(编)者:李凤亮　于平　2014年7月出版 / 估价:79.00元

文化蓝皮书
2014年中国文化产业发展报告
著(编)者:张晓明　胡惠林　章建刚
2014年3月出版 / 估价:69.00元

文化蓝皮书
中国文化产业供需协调增长测评报（2013）
著(编)者:高书生　王亚楠　2014年5月出版 / 估价:79.00元

文化蓝皮书
中国城镇文化消费需求景气评价报告（2014）
著(编)者:王亚南　张晓明　祁述裕
2014年5月出版 / 估价:79.00元

文化蓝皮书
中国公共文化服务发展报告（2014）
著(编)者:于群　李国新　2014年10月出版 / 估价:98.00元

文化蓝皮书
中国文化消费需求景气评价报告（2014）
著(编)者:王亚南　2014年5月出版 / 估价:79.00元

文化蓝皮书
中国乡村文化消费需求景气评价报告（2014）
著(编)者:王亚南　2014年5月出版 / 估价:79.00元

文化蓝皮书
中国中心城市文化消费需求景气评价报告（2014）
著(编)者:王亚南　2014年5月出版 / 估价:79.00元

文化蓝皮书
中国少数民族文化发展报告（2014）
著(编)者:武翠英　张晓明　张学进
2014年3月出版 / 估价:69.00元

皮书系列 2014全品种

文化传媒类·地方发展类

文化建设蓝皮书
中国文化建设发展报告（2014）
著(编)者：江畅 孙伟平　2014年3月出版 / 估价：69.00元

文化品牌蓝皮书
中国文化品牌发展报告（2014）
著(编)者：欧阳友权　2014年5月出版 / 估价：75.00元

文化软实力蓝皮书
中国文化软实力研究报告（2014）
著(编)者：张国祚　2014年7月出版 / 估价：79.00元

文化遗产蓝皮书
中国文化遗产事业发展报告（2014）
著(编)者：刘世锦　2014年3月出版 / 估价：79.00元

文学蓝皮书
中国文情报告（2014）
著(编)者：白烨　2014年5月出版 / 估价：59.00元

新媒体蓝皮书
中国新媒体发展报告No.5（2014）
著(编)者：唐绪军　2014年6月出版 / 估价：69.00元

移动互联网蓝皮书
中国移动互联网发展报告（2014）
著(编)者：官建文　2014年4月出版 / 估价：79.00元

游戏蓝皮书
中国游戏产业发展报告（2014）
著(编)者：卢斌　2014年4月出版 / 估价：79.00元

舆情蓝皮书
中国社会舆情与危机管理报告（2014）
著(编)者：谢耘耕　2014年8月出版 / 估价：85.00元

粤港澳台文化蓝皮书
粤港澳台文化创意产业发展报告（2014）
著(编)者：丁未　2014年4月出版 / 估价：69.00元

地方发展类

安徽蓝皮书
安徽社会发展报告（2014）
著(编)者：程桦　2014年4月出版 / 估价：79.00元

安徽社会建设蓝皮书
安徽社会建设分析报告（2014）
著(编)者：黄家海 王开玉 蔡宪　2014年4月出版 / 估价：69.00元

北京蓝皮书
北京城乡发展报告（2014）
著(编)者：黄序　2014年4月出版 / 估价：59.00元

北京蓝皮书
北京公共服务发展报告（2014）
著(编)者：张耘　2014年3月出版 / 估价：65.00元

北京蓝皮书
北京经济发展报告（2014）
著(编)者：赵弘　2014年4月出版 / 估价：59.00元

北京蓝皮书
北京社会发展报告（2014）
著(编)者：缪青　2014年10月出版 / 估价：59.00元

北京蓝皮书
北京文化发展报告（2014）
著(编)者：李建盛　2014年5月出版 / 估价：69.00元

北京蓝皮书
中国社区发展报告（2014）
著(编)者：于燕燕　2014年8月出版 / 估价：59.00元

北京蓝皮书
北京公共服务发展报告（2014）
著(编)者：施昌奎　2014年8月出版 / 估价：59.00元

北京旅游绿皮书
北京旅游发展报告（2014）
著(编)者：鲁勇　2014年7月出版 / 估价：98.00元

北京律师蓝皮书
北京律师发展报告No.2（2014）
著(编)者：王隽 周塞军　2014年9月出版 / 估价：79.00元

北京人才蓝皮书
北京人才发展报告（2014）
著(编)者：于淼　2014年10月出版 / 估价：89.00元

城乡一体化蓝皮书
中国城乡一体化发展报告·北京卷（2014）
著(编)者：张宝秀 黄序　2014年6月出版 / 估价：59.00元

创意城市蓝皮书
北京文化创意产业发展报告（2014）
著(编)者：张京成 王国华　2014年10月出版 / 估价：69.00元

创意城市蓝皮书
青岛文化创意产业发展报告（2014）
著(编)者：马达　2014年5月出版 / 估价：69.00元

创意城市蓝皮书
无锡文化创意产业发展报告（2014）
著(编)者：庄若江 张鸣年　2014年8月出版 / 估价：75.00元

皮书系列 2014全品种
地方发展类

服务业蓝皮书
广东现代服务业发展报告（2014）
著(编)者:祁明 程晓　2014年1月出版 / 估价:69.00元

甘肃蓝皮书
甘肃舆情分析与预测（2014）
著(编)者:陈双梅 郝树声　2014年1月出版 / 估价:69.00元

甘肃蓝皮书
甘肃县域社会发展评价报告（2014）
著(编)者:魏胜文　2014年1月出版 / 估价:69.00元

甘肃蓝皮书
甘肃经济发展分析与预测（2014）
著(编)者:魏胜文　2014年1月出版 / 估价:69.00元

甘肃蓝皮书
甘肃社会发展分析与预测（2014）
著(编)者:安文华　2014年1月出版 / 估价:69.00元

甘肃蓝皮书
甘肃文化发展分析与预测（2014）
著(编)者:周小华　2014年1月出版 / 估价:69.00元

广东蓝皮书
广东省电子商务发展报告（2014）
著(编)者:黄建明 祁明　2014年11月出版 / 估价:69.00元

广东蓝皮书
广东社会工作发展报告（2014）
著(编)者:罗观翠　2013年12月出版 / 估价:69.00元

广东外经贸蓝皮书
广东对外经济贸易发展研究报告（2014）
著(编)者:陈万灵　2014年3月出版 / 估价:65.00元

广西北部湾经济区蓝皮书
广西北部湾经济区开放开发报告（2014）
著(编)者:广西北部湾经济区规划建设管理委员会办公室 广西社会科学院 广西北部湾发展研究院
2014年7月出版 / 估价:69.00元

广州蓝皮书
2014年中国广州经济形势分析与预测
著(编)者:庾建设 郭志勇 沈奎　2014年6月出版 / 估价:69.00元

广州蓝皮书
2014年中国广州社会形势分析与预测
著(编)者:易佐永 杨秦 顾涧清　2014年5月出版 / 估价:65.00元

广州蓝皮书
广州城市国际化发展报告（2014）
著(编)者:朱名宏　2014年9月出版 / 估价:59.00元

广州蓝皮书
广州创新型城市发展报告（2014）
著(编)者:李江涛　2014年8月出版 / 估价:59.00元

广州蓝皮书
广州经济发展报告（2014）
著(编)者:李江涛 刘江华　2014年6月出版 / 估价:65.00元

广州蓝皮书
广州农村发展报告（2014）
著(编)者:李江涛 汤锦华　2014年8月出版 / 估价:59.00元

广州蓝皮书
广州青年发展报告（2014）
著(编)者:魏国华 张强　2014年9月出版 / 估价:65.00元

广州蓝皮书
广州汽车产业发展报告（2014）
著(编)者:李江涛 杨再高　2014年10月出版 / 估价:69.00元

广州蓝皮书
广州商贸业发展报告（2014）
著(编)者:陈家成 王旭东 荀振英
2014年7月出版 / 估价:69.00元

广州蓝皮书
广州文化创意产业发展报告（2014）
著(编)者:甘新　2014年10月出版 / 估价:59.00元

广州蓝皮书
中国广州城市建设发展报告（2014）
著(编)者:董皞 冼伟雄 李俊夫
2014年8月出版 / 估价:69.00元

广州蓝皮书
中国广州科技与信息化发展报告（2014）
著(编)者:庾建设 谢学宁　2014年8月出版 / 估价:59.00元

广州蓝皮书
中国广州文化创意产业发展报告（2014）
著(编)者:甘新　2014年10月出版 / 估价:59.00元

广州蓝皮书
中国广州文化发展报告（2014）
著(编)者:徐俊忠 汤应武 陆志强
2014年8月出版 / 估价:69.00元

贵州蓝皮书
贵州法治发展报告（2014）
著(编)者:吴大华　2014年3月出版 / 估价:69.00元

贵州蓝皮书
贵州社会发展报告（2014）
著(编)者:王兴骥　2014年3月出版 / 估价:59.00元

贵州蓝皮书
贵州农村扶贫开发报告（2014）
著(编)者:王朝新 宋明　2014年3月出版 / 估价:69.00元

贵州蓝皮书
贵州文化产业发展报告（2014）
著(编)者:李建国　2014年3月出版 / 估价:69.00元

皮书系列 2014全品种 — 地方发展类

海淀蓝皮书
海淀区文化和科技融合发展报告（2014）
著(编)者：陈名杰 孟景伟　2014年5月出版 / 估价：75.00元

海峡经济区蓝皮书
海峡经济区发展报告（2014）
著(编)者：李闽榕 王秉安 谢明辉（台湾）
2014年10月出版 / 估价：78.00元

海峡西岸蓝皮书
海峡西岸经济区发展报告（2014）
著(编)者：福建省人民政府发展研究中心
2014年9月出版 / 估价：85.00元

杭州蓝皮书
杭州市妇女发展报告（2014）
著(编)者：魏颖 揭爱花　2014年2月出版 / 估价：69.00元

河北蓝皮书
河北省经济发展报告（2014）
著(编)者：马树强 张贵　2013年12月出版 / 估价：69.00元

河北蓝皮书
河北经济社会发展报告（2014）
著(编)者：周文夫　2013年12月出版 / 估价：69.00元

河南经济蓝皮书
2014年河南经济形势分析与预测
著(编)者：胡五岳　2014年3月出版 / 估价：65.00元

河南蓝皮书
2014年河南社会形势分析与预测
著(编)者：刘道兴 牛苏林　2014年1月出版 / 估价：59.00元

河南蓝皮书
河南城市发展报告（2014）
著(编)者：林宪斋 王建国　2014年1月出版 / 估价：69.00元

河南蓝皮书
河南经济发展报告（2014）
著(编)者：喻新安　2014年1月出版 / 估价：59.00元

河南蓝皮书
河南文化发展报告（2014）
著(编)者：谷建全 卫绍生　2014年1月出版 / 估价：69.00元

河南蓝皮书
河南工业发展报告（2014）
著(编)者：龚绍东　2014年1月出版 / 估价：59.00元

黑龙江产业蓝皮书
黑龙江产业发展报告（2014）
著(编)者：于渤　2014年10月出版 / 估价：79.00元

黑龙江蓝皮书
黑龙江经济发展报告（2014）
著(编)者：曲伟　2014年1月出版 / 估价：59.00元

黑龙江蓝皮书
黑龙江社会发展报告（2014）
著(编)者：艾书琴　2014年1月出版 / 估价：69.00元

湖南城市蓝皮书
城市社会管理
著(编)者：罗海藩　2014年10月出版 / 估价：59.00元

湖南蓝皮书
2014年湖南产业发展报告
著(编)者：梁志峰　2014年5月出版 / 估价：89.00元

湖南蓝皮书
2014年湖南法治发展报告
著(编)者：梁志峰　2014年5月出版 / 估价：79.00元

湖南蓝皮书
2014年湖南经济展望
著(编)者：梁志峰　2014年5月出版 / 估价：79.00元

湖南蓝皮书
2014年湖南两型社会发展报告
著(编)者：梁志峰　2014年5月出版 / 估价：79.00元

湖南县域绿皮书
湖南县域发展报告No.2
著(编)者：朱有志 袁准 周小毛　2014年7月出版 / 估价：69.00元

沪港蓝皮书
沪港发展报告（2014）
著(编)者：尤安山　2014年9月出版 / 估价：89.00元

吉林蓝皮书
2014年吉林经济社会形势分析与预测
著(编)者：马克　2014年1月出版 / 估价：69.00元

江苏法治蓝皮书
江苏法治发展报告No.3（2014）
著(编)者：李力 龚廷泰 严海良　2014年8月出版 / 估价：88.00元

京津冀蓝皮书
京津冀区域一体化发展报告（2014）
著(编)者：文魁 祝尔娟　2014年3月出版 / 估价：89.00元

经济特区蓝皮书
中国经济特区发展报告（2014）
著(编)者：陶一桃　2014年3月出版 / 估价：89.00元

辽宁蓝皮书
2014年辽宁经济社会形势分析与预测
著(编)者：曹晓峰 张晶 张卓民　2014年1月出版 / 估价：69.00元

流通蓝皮书
湖南省商贸流通产业发展报告No.2
著(编)者：柳思维　2014年10月出版 / 估价：75.00元

皮书系列 2014全品种

地方发展类

内蒙古蓝皮书
内蒙古经济发展蓝皮书(2013~2014)
著(编)者：黄育华　2014年7月出版 / 估价:69.00元

内蒙古蓝皮书
内蒙古反腐倡廉建设报告No.1
著(编)者：张志华　无极　2013年12月出版 / 估价:69.00元

浦东新区蓝皮书
上海浦东经济发展报告（2014）
著(编)者：左学金　陆沪根　2014年1月出版 / 估价:59.00元

侨乡蓝皮书
中国侨乡发展报告（2014）
著(编)者：郑一省　2013年12月出版 / 估价:69.00元

青海蓝皮书
2014年青海经济社会形势分析与预测
著(编)者：赵宗福　2014年2月出版 / 估价:69.00元

人口与健康蓝皮书
深圳人口与健康发展报告（2014）
著(编)者：陆杰华　江捍平　2014年10月出版 / 估价:98.00元

山西蓝皮书
山西资源型经济转型发展报告（2014）
著(编)者：李志强　容和平　2014年3月出版 / 估价:79.00元

陕西蓝皮书
陕西经济发展报告（2014）
著(编)者：任宗哲　石英　裴成荣　2014年3月出版 / 估价:65.00元

陕西蓝皮书
陕西社会发展报告（2014）
著(编)者：任宗哲　石英　江波　2014年1月出版 / 估价:65.00元

陕西蓝皮书
陕西文化发展报告（2014）
著(编)者：任宗哲　石英　王长寿　2014年3月出版 / 估价:59.00元

上海蓝皮书
上海传媒发展报告（2014）
著(编)者：强荧　焦雨虹　2014年1月出版 / 估价:59.00元

上海蓝皮书
上海法治发展报告（2014）
著(编)者：潘世伟　叶青　2014年1月出版 / 估价:59.00元

上海蓝皮书
上海经济发展报告（2014）
著(编)者：沈开艳　2014年1月出版 / 估价:69.00元

上海蓝皮书
上海社会发展报告（2014）
著(编)者：卢汉龙　周海旺　2014年1月出版 / 估价:59.00元

上海蓝皮书
上海文化发展报告（2014）
著(编)者：蒯大申　2014年1月出版 / 估价:59.00元

上海蓝皮书
上海文学发展报告（2014）
著(编)者：陈圣来　2014年1月出版 / 估价:59.00元

上海蓝皮书
上海资源环境发展报告（2014）
著(编)者：周冯琦　汤庆合　王利民　2014年1月出版 / 估价:59.00元

上海社会保障绿皮书
上海社会保障改革与发展报告（2013~2014）
著(编)者：汪泓　2014年1月出版 / 估价:65.00元

社会建设蓝皮书
2014年北京社会建设分析报告
著(编)者：宋贵伦　2014年4月出版 / 估价:69.00元

深圳蓝皮书
深圳经济发展报告（2014）
著(编)者：吴忠　2014年6月出版 / 估价:69.00元

深圳蓝皮书
深圳劳动关系发展报告（2014）
著(编)者：汤庭芬　2014年6月出版 / 估价:69.00元

深圳蓝皮书
深圳社会发展报告（2014）
著(编)者：吴忠　余智晟　2014年7月出版 / 估价:69.00元

四川蓝皮书
四川文化产业发展报告（2014）
著(编)者：向宝云　2014年1月出版 / 估价:69.00元

温州蓝皮书
2014年温州经济社会形势分析与预测
著(编)者：潘忠强　王春光　金浩　2014年4月出版 / 估价:69.00元

温州蓝皮书
浙江温州金融综合改革试验区发展报告（2013~2014）
著(编)者：钱水土　王去非　李义超
2014年4月出版 / 估价:69.00元

扬州蓝皮书
扬州经济社会发展报告（2014）
著(编)者：张爱军　2014年1月出版 / 估价:78.00元

义乌蓝皮书
浙江义乌市国际贸易综合改革试验区发展报告（2013~2014）
著(编)者：马淑琴　刘文革　周松强
2014年4月出版 / 估价:69.00元

云南蓝皮书
中国面向西南开放重要桥头堡建设发展报告（2014）
著(编)者：刘绍怀　2014年12月出版 / 估价:69.00元

长株潭城市群蓝皮书
长株潭城市群发展报告（2014）
著(编)者：张萍　2014年10月出版 / 估价:69.00元

地方发展类·国别与地区类

皮书系列 2014全品种

郑州蓝皮书
2014年郑州文化发展报告
著(编)者:王哲　2014年7月出版 / 估价:69.00元

中国省会经济圈蓝皮书
合肥经济圈经济社会发展报告No.4(2013~2014)
著(编)者:董昭礼　2014年4月出版 / 估价:79.00元

国别与地区类

G20国家创新竞争力黄皮书
二十国集团(G20)国家创新竞争力发展报告(2014)
著(编)者:李建平　李闽榕　赵新力
2014年9月出版 / 估价:118.00元

澳门蓝皮书
澳门经济社会发展报告(2013~2014)
著(编)者:吴志良　郝雨凡　2014年3月出版 / 估价:79.00元

北部湾蓝皮书
泛北部湾合作发展报告(2014)
著(编)者:吕余生　2014年7月出版 / 估价:79.00元

大湄公河次区域蓝皮书
大湄公河次区域合作发展报告(2014)
著(编)者:刘稚　2014年8月出版 / 估价:79.00元

大洋洲蓝皮书
大洋洲发展报告(2014)
著(编)者:魏明海　喻常森　2014年7月出版 / 估价:69.00元

德国蓝皮书
德国发展报告(2014)
著(编)者:李乐曾　郑春荣等　2014年5月出版 / 估价:69.00元

东北亚黄皮书
东北亚地区政治与安全报告(2014)
著(编)者:黄凤志　刘雪莲　2014年6月出版 / 估价:69.00元

东盟黄皮书
东盟发展报告(2014)
著(编)者:黄兴球　庄国土　2014年12月出版 / 估价:68.00元

东南亚蓝皮书
东南亚地区发展报告(2014)
著(编)者:王勤　2014年11月出版 / 估价:59.00元

俄罗斯黄皮书
俄罗斯发展报告(2014)
著(编)者:李永全　2014年7月出版 / 估价:79.00元

非洲黄皮书
非洲发展报告No.15(2014)
著(编)者:张宏明　2014年7月出版 / 估价:79.00元

港澳珠三角蓝皮书
粤港澳区域合作与发展报告(2014)
著(编)者:梁庆寅　陈广汉　2014年6月出版 / 估价:59.00元

国际形势黄皮书
全球政治与安全报告(2014)
著(编)者:李慎明　张宇燕　2014年1月出版 / 估价:69.00元

韩国蓝皮书
韩国发展报告(2014)
著(编)者:牛林杰　刘宝全　2014年6月出版 / 估价:69.00元

加拿大蓝皮书
加拿大国情研究报告(2014)
著(编)者:仲伟合　唐小松　2013年12月出版 / 估价:69.00元

柬埔寨蓝皮书
柬埔寨国情报告(2014)
著(编)者:毕世鸿　2014年6月出版 / 估价:79.00元

拉美黄皮书
拉丁美洲和加勒比发展报告(2014)
著(编)者:吴白乙　刘维广　2014年4月出版 / 估价:89.00元

老挝蓝皮书
老挝国情报告(2014)
著(编)者:卢光盛　方芸　吕星　2014年6月出版 / 估价:79.00元

美国蓝皮书
美国问题研究报告(2014)
著(编)者:黄平　倪峰　2014年5月出版 / 估价:79.00元

缅甸蓝皮书
缅甸国情报告(2014)
著(编)者:李晨阳　2014年4月出版 / 估价:79.00元

欧亚大陆桥发展蓝皮书
欧亚大陆桥发展报告(2014)
著(编)者:李忠民　2014年10月出版 / 估价:59.00元

欧洲蓝皮书
欧洲发展报告(2014)
著(编)者:周弘　2014年3月出版 / 估价:79.00元

皮书系列 2014全品种

国别与地区类

葡语国家蓝皮书
巴西发展与中巴关系报告2014（中英文）
著(编)者：张曙光　David T. Ritchie
2014年8月出版　估价：69.00元

日本经济蓝皮书
日本经济与中日经贸关系发展报告（2014）
著(编)者：王洛林　张季风　2014年5月出版 / 估价：79.00元

日本蓝皮书
日本发展报告（2014）
著(编)者：李薇　2014年2月出版　估价：69.00元

上海合作组织黄皮书
上海合作组织发展报告（2014）
著(编)者：李进峰　吴宏伟　李伟　2014年9月出版 / 估价：98.00元

世界创新竞争力黄皮书
世界创新竞争力发展报告（2014）
著(编)者：李建平　2014年1月出版 / 估价：148.00元

世界能源黄皮书
世界能源分析与展望（2013~2014）
著(编)者：张宇燕 等　2014年1月出版 / 估价：69.00元

世界社会主义黄皮书
世界社会主义跟踪研究报告（2014）
著(编)者：李慎明　2014年5月出版 / 估价：189.00元

泰国蓝皮书
泰国国情报告（2014）
著(编)者：邹春萌　2014年6月出版 / 估价：79.00元

亚太蓝皮书
亚太地区发展报告（2014）
著(编)者：李向阳　2013年12月出版 / 估价：69.00元

印度蓝皮书
印度国情报告（2014）
著(编)者：吕昭义　2014年1月出版 / 估价：69.00元

印度洋地区蓝皮书
印度洋地区发展报告（2014）
著(编)者：汪戎　万广华　2014年6月出版 / 估价：79.00元

越南蓝皮书
越南国情报告（2014）
著(编)者：吕余生　2014年8月出版 / 估价：65.00元

中东黄皮书
中东发展报告No.15（2014）
著(编)者：杨光　2014年10月出版 / 估价：59.00元

中欧关系蓝皮书
中国与欧洲关系发展报告（2014）
著(编)者：周弘　2013年12月出版 / 估价：69.00元

中亚黄皮书
中亚国家发展报告（2014）
著(编)者：孙力　2014年9月出版 / 估价：79.00元

中国皮书网
www.pishu.cn

栏目设置：

- □ 资讯：皮书动态、皮书观点、皮书数据、 皮书报道、皮书新书发布会、电子期刊
- □ 标准：皮书评价、皮书研究、皮书规范、皮书专家、编撰团队
- □ 服务：最新皮书、皮书书目、重点推荐、在线购书
- □ 链接：皮书数据库、皮书博客、皮书微博、出版社首页、在线书城
- □ 搜索：资讯、图书、研究动态
- □ 互动：皮书论坛

皮书大事记

☆ 2012年12月,《中国社会科学院皮书资助规定(试行)》由中国社会科学院科研局正式颁布实施。

☆ 2011年,部分重点皮书纳入院创新工程。

☆ 2011年8月,2011年皮书年会在安徽合肥举行,这是皮书年会首次由中国社会科学院主办。

☆ 2011年2月,"2011年全国皮书研讨会"在北京京西宾馆举行。王伟光院长(时任常务副院长)出席并讲话。本次会议标志着皮书及皮书研创出版从一个具体出版单位的出版产品和出版活动上升为由中国社会科学院牵头的国家哲学社会科学智库产品和创新活动。

☆ 2010年9月,"2010年中国经济社会形势报告会暨第十一次全国皮书工作研讨会"在福建福州举行,高全立副院长参加会议并做学术报告。

☆ 2010年9月,皮书学术委员会成立,由我院李扬副院长领衔,并由在各个学科领域有一定的学术影响力、了解皮书编创出版并持续关注皮书品牌的专家学者组成。皮书学术委员会的成立为进一步提高皮书这一品牌的学术质量、为学术界构建一个更大的学术出版与学术推广平台提供了专家支持。

☆ 2009年8月,"2009年中国经济社会形势分析与预测暨第十次皮书工作研讨会"在辽宁丹东举行。李扬副院长参加本次会议,本次会议颁发了首届优秀皮书奖,我院多部皮书获奖。

皮书数据库
www.pishu.com.cn

皮书数据库三期即将上线

● 皮书数据库（SSDB）是社会科学文献出版社整合现有皮书资源开发的在线数字产品，全面收录"皮书系列"的内容资源，并以此为基础整合大量相关资讯构建而成。

● 皮书数据库现有中国经济发展数据库、中国社会发展数据库、世界经济与国际政治数据库等子库，覆盖经济、社会、文化等多个行业、领域，现有报告30000多篇，总字数超过5亿字，并以每年4000多篇的速度不断更新累积。2009年7月，皮书数据库荣获"2008～2009年中国数字出版知名品牌"。

● 2011年3月，皮书数据库二期正式上线，开发了更加灵活便捷的检索系统，可以实现精确查找和模糊匹配，并与纸书发行基本同步，可为读者提供更加广泛的资讯服务。

更多信息请登录

| 中国皮书网 | 皮书微博 | 皮书博客 | 皮书微信 |
| http://www.pishu.cn | http://weibo.com/pishu | http://blog.sina.com.cn/pishu | 皮书说 |

请到各地书店皮书专架/专柜购买，也可办理邮购

咨询/邮购电话：010-59367028　59367070　　　邮　　箱：duzhe@ssap.cn
邮购地址：北京市西城区北三环中路甲29号院3号楼华龙大厦13层读者服务中心
邮　　编：100029
银行户名：社会科学文献出版社
开户银行：中国工商银行北京北太平庄支行
账　　号：0200010019200365434
网上书店：010-59367070　　qq：1265056568
网　　址：www.ssap.com.cn　　　www.pishu.com